HERMANN SCHREIBER

GESCHICHTE
DER PÄPSTE

HERMANN SCHREIBER

GESCHICHTE DER PÄPSTE

BECHTERMÜNZ

Bildquellen:
Bildarchiv Preußischer Kulturbesitz
dpa

Copyright © 1995 by Drei Ulmen Verlag, München
AVA GmbH, München-Breibrunn
Bechtermünz Verlag GmbH, Eltville am Rhein
Gesamtherstellung: Mohndruck Grafische Betriebe GmbH, Gütersloh
Umschlaggestaltung: Klaus Werner, Taunusstein
ISBN 3 86047 091 4

Inhalt

Ein Mann und eine Stadt

Selbst wenn man sich in der Weltgeschichte gründlich umgesehen hat, wenn man den Zügen der Völker gefolgt ist oder den komplizierten Reichsbildungen auf dem Boden des alten China, wird man sich schließlich sagen, daß der fesselndste und geheimnisvollste aller großen historischen Vorgänge die Ausbreitung des Christentums ist. Wie von einer Keimzelle am östlichen Mittelmeer aus ein Dutzend erleuchteter Missionare zu reisen beginnt, wie kleine Gemeinden entstehen, wie sie sich organisieren, über die junge Lehre Briefe austauschen und langsam wachsen, sich einig werden und Selbstvertrauen gewinnen über Tausende von Kilometern hinweg – das ist vielleicht kein Wunder, aber es ist wunderbar, dieses Werden einer Idee zu verfolgen, die sich gestaltet und festigt, während sie sich ausbreitet. Und nicht minder faszinierend ist es, aus den frühesten Quellen zu erleben, wie diese in einer römischen Kolonie aufgebrochene neue Lehre auszieht, sich die Hauptstadt der Welt zu erobern, das sündige Rom, das für die Anhänger des jungen Christentums nichts anderes war als Babylon, die große Hure unter den Städten, und das doch gewonnen werden mußte, wenn Christus sich die Welt erobern sollte.

Angesichts dieses gewaltigen, den ganzen Mittelmeerraum umfassenden und in vielen eindrucksvollen Schriftzeugnissen belegten Vorgangs ist es heute völlig unwesentlich geworden, ob für einzelne Persönlichkeiten und Jahre schlüssige Dokumente vorliegen, ob dieser Jünger zu einem bestimmten Zeitpunkt hier oder zu einem anderen woanders war. Mit der Akribie solcher Suche verfallen wir in einen durchaus überflüssigen Fehler, nämlich den des Anachronismus. Wir bringen unsere moderne Denkweise, unsere Zeit-und-Raum-Schemata, an eine Welt heran, die in anderen Dimensionen lebte und darum auch anders von sich selbst sprach, als wir dies heute gewohnt sind.

Wir wissen aus vielen Zeugnissen, daß Petrus als der Erste der Jünger galt, daß er oft aus ihnen herausgehoben wird und an erster Stelle genannt erscheint. Paulus gibt im ersten Brief an Timotheus eine Definition des Bischofs, wie er ihn sich vorstellt, wobei man noch nicht an Diözesen zu denken braucht, sondern an die noch kleinen Gemeinden, in denen jeder jeden kennt. »Wenn jemand ein Bischofsamt begehrt«, schreibt Paulus, »so begehrt er ein köstliches Werk. Darum soll ein Bischof unsträflich sein, eines Weibes Mann, nüchtern, mäßig, sittig, gastfrei, geschickt zur Lehre, nicht dem Wein ergeben, nicht händelsüchtig, sondern friedfertig, nicht zänkisch, nicht geldgierig, ein Mann, der seinem eigenen Hause wohl vorsteht, der seine Kinder in Gehorsam hält mit aller Ehrbarkeit. Denn wenn jemand seinem eigenen Haus nicht weiß vorzustehen, wie soll er dann die Gemeinde Gottes versorgen? Er sei kein Neubekehrter und nicht hochfahrend, damit er nicht dem Teufel verfalle. Er muß aber auch ein gutes Zeugnis haben von denen, die draußen sind, auf daß er nicht geschmäht werde.«

Petrus ist der Kopf und das Herz der Weltmission, die nach der pfingstlichen Erleuchtung einsetzt, und wenn er auch vielleicht nicht so scharfsinnig und nicht so selbstsicher ist wie Paulus, der gelehrte römische Bürger, so ist der Fischer Petrus doch begeisterungsfähig und weiß das Feuer weiterzugeben, das in ihm brennt. Daß er und Paulus auf ihren Missionsreisen nach Rom kommen, ist nur natürlich, und es scheint auch ihren Mitstreitern etwas Selbstverständliches gewesen zu sein. Und daß sie dort im ersten Jahrhundert, unter heidnischen Kaisern, das Martyrium erleiden, ist ebenfalls eine beinahe zwangsläufige Entwicklung, so daß wir im Johannes-Evangelium (21,19) in einer der bewegendsten Stellen des ganzen Neuen Testaments die Voraussagung vom Märtyrertod des Petrus lesen. Wir besitzen Zeugnisse darüber, daß Petrus in Rom gekreuzigt wurde, und zwar mit dem Kopf nach unten; dies ereignete sich im Jahr 67 n. Chr., vielleicht auch schon zwischen 64 und 67. Daß er vorher fünfundzwanzig Jahre lang Bischof von Rom gewesen sei, ist in unserem modernen Verständnis dieses Begriffes zweifellos nicht richtig; er war aber nach heutiger Annahme der katholischen Kirche zweimal in Rom, jeweils für mehrere Jahre, und sein Märtyrertod gibt schon aus Gründen der Pietät und der Erinnerung an den großen Apostel der Tiberstadt den Anspruch, Mittelpunkt der christlichen Welt zu sein, so wie es Mittelpunkt der antiken Mittelmeerkultur war.

Paulus, ein Diasporajude aus Kilikien im heutigen Kleinasien, war jünger als Petrus, begann um das Jahr 45 mit seinen Reisen (Zypern, Griechenland, Smyrna und andere Orte Kleinasiens, aber auch Spanien) und wurde, da er als römischer Bürger nicht gekreuzigt werden durfte, vermutlich im Jahr 67 unter Kaiser Nero enthauptet. Weder Petrus noch Paulus sind die Begründer der christlichen Gemeinde in Rom, aber ihr Martyrium heiligte den Boden der heidnischen Metropole für alle Zeit.

Die Päpste, die diese Bezeichnung erst zweihundert Jahre nach Petrus führen werden, sind zunächst nichts anderes als die Bischöfe von Rom, und Bischof wiederum ist noch ein sehr vage definiertes Amt, das nicht selten unter der Bezeichnung Presbyter erscheint, etwa in den mittelalterlichen Heiligenviten zum Beispiel des heiligen Severin. Sie leben in den ersten Jahrhunderten im verborgenen und oft verfolgt mit ihren Gemeinden, und es ist nur natürlich, daß wir über das Katakombenchristentum nicht allzuviel Präzises wissen, gab es doch noch dreihundert Jahre nach Christus die blutigste aller Christenverfolgungen. Die Alte Welt wehrte sich jahrhundertelang gegen den neuen Glauben, und die Päpste dieser ersten Jahrhunderte, der Zeit des Untergrundchristentums, sind Presbyter der Gejagten, Tröster der Verfolgten, Bewahrer eines Glaubens, der zeitweise mehr Blutzeugen hervorbringt, als er an Zuwachs zu verzeichnen hat. In diesen Zeiten, ja in der gesamten ein Drittel des Jahrtausends währenden Frühzeit, war die Verbindung der Christengemeinden untereinander so gefährdet, der Gedankenaus-

tausch so dürftig und so risikoreich, daß es zu zahlreichen Sonder-
entwicklungen kommen mußte. In den römischen Städten Nordafrikas, am Ostrand des Mittelmeers und in Italien selbst entstanden Zentren des neuen Glaubens mit herausragenden Persönlichkeiten, die das Christentum gedanklich weiter ausformten, und je
stärker diese Kirchenlehrer waren, um so deutlicher unterschieden
sich ihre Lehren von denen der anderen Schwerpunkte.

Diese Phase des Auseinanderstrebens und des Wiederver-
schmelzens, der Abstoßung von Irrlehren und der Festigung der
Grundsätze war es, die das Papsttum, den Kirchenmittelpunkt, zu
einer zwingenden Notwendigkeit machte – nur für uns sind die
nicht selten sehr weit ins Theoretische und Philosophische getrie-
benen Spitzfindigkeiten dieser Prinzipienkämpfe heute glücklicherweise durch die Erscheinungsformen modernen kirchlichen
Lebens verdrängt.

Rein geschichtlich aber ist das Papsttum jener frühen Zeit schon
dadurch ein faszinierender Gegenstand, weil wir inmitten einer
überreich dokumentierten, sich in zahllosen schriftlichen und bau-
lichen Zeugnissen manifestierenden heidnischen Antike die noch
schwankende Flamme des Christentums erkennen. Das beginnt
mit dem Apostelgrab, mit der Auffindung der Gebeine des Petrus
beinahe neunzehnhundert Jahre nach seinem Martyrium, und
setzt sich mit jenen ersten Bischöfen von Rom fort, von denen wir
oft nicht mehr wissen als die Namen und sehr ungefähre Regie-
rungszeiten: Linus (etwa 67–76), der erste Name nach dem des
Petrus, Anacletus, der zweite Nachfolger des Fischers, Clemens I.
(etwa 88–97), der erste Bischof von Rom, von dem wir etwas mehr
wissen: Er war vermutlich ein jüdischer Freigelassener, also einer
der bevorzugten ehemaligen Haussklaven, und zwar aus einer
dem Kaiserhaus nahestehenden Familie, und seine Missionsarbeit
war besonders erfolgreich, weil er offenbar gute Verbindungen im
römischen Adel besaß. Anicetus, der elfte Papst (155–166), ist der
erste, der gegen Irrlehren Stellung nehmen muß, und Victor I.
(189–199) exkommuniziert christliche Gemeinden in Kleinasien,
weil sie andere Osterbräuche pflegen, als Rom sie vorschreibt.

Damit sind wir bereits bei einer Thematik, die das kirchliche

10

Leben fortan beherrschen wird: das Ringen um die innere Einheit und der von Jahrhundert zu Jahrhundert deutlicher werdende Kampf um weltliche Macht. Nach dem Ende der Antike werden die Päpste die Herren der Ewigen Stadt sein; sie werden das große, alte Rom, den Mittelpunkt der Welt, mit einer neuen Weihe und neuer Ausstrahlung versehen – nach jenem Jahr 410, in dem die Urbs aeterna von den Goten des Alarich erobert wurde.

Niemand vermag heute, sich das Papsttum in einer anderen Stadt zu denken als in jener alten Metropole am Tiber, dem Herzstück des einstigen Bauernstaates, der sich nach und nach Italien, danach das Mittelmeer und endlich Europa unterworfen hat. Wir werden die Bischöfe von Rom, die man bald Päpste zu nennen beginnt, immer wieder um diese viel zu große Ruinenstadt kämpfen sehen, um dieses gärende, von Parteiungen zerrissene Rom, das allem, was ein Papst eigentlich als seine Aufgabe empfand, so viele Hindernisse in den Weg legt wie keine andere Stadt unseres kleinen Erdteils.

Sie werden – bis auf Intervalle von wenigen Jahrzehnten – an Rom festhalten, nach Rom zurückkehren, die Tiberstadt mit einem ganzen päpstlichen Machtstaat umgeben, der von der Adria bis an die tyrrhenische Küste reicht, statt etwa in Monte Cassino oder in einem verschwiegenen Abruzzental in Stille und Sammlung einen nur religiösen Mittelpunkt und Wallfahrtsort zu ihrem Sitz zu erheben. Vieles, was die Papstgeschichte mit Blut und Untaten erfüllt, was sie in die Weltgeschichte verstrickt und mit dem ewig unruhigen Italien verbindet, bräuchte man nicht hinzuschreiben, wären die Päpste Mönche wie jene vom Berg Athos oder in einem Sinaikloster. Ebendas aber waren sie nicht und sind sie nicht; sie sind bis heute und wohl noch für lange Zeit nicht nur Priester, sondern auch Statthalter, und darum wird die Geschichte der Päpste für uns Laien, die wir sie von außen sehen, stets sehr deutliche weltliche Züge behalten. Der Bewunderung des Verfassers für die Institution des Papsttums im ganzen, in seinem überzeitlichen Glanz, hat diese weltliche Bedingtheit nie Abbruch tun können, und ebendarum ist er an ihr auch nicht vorübergegangen.

Von Konstantin bis Attila

Im vierten Jahrhundert endlich geht das Licht des Christentums deutlich, ja strahlend über einer Welt auf, die wohl noch heidnisch ist, es aber nicht mehr sein will. Endete das dritte Jahrhundert mit jenem Papst Marcellinus, der unter dem Druck der furchtbarsten Verfolgung vielleicht – vielleicht! – den heidnischen Göttern opferte und dann doch als Märtyrer starb, einem Papst mit Katakombengrab und Märtyreraura, so begann das vierte mit der längsten Sedisvakanz der Papstgeschichte, mit vier Jahren, in denen die Kirche kein Oberhaupt hatte.

Papst Marcellus I. hatte die ungeheuer schwierige Aufgabe, die Kirche nach ihrer Zerschlagung durch Diokletian neu zu organisieren, und es scheint, daß die harten Erfordernisse des Augenblicks auch ihn selbst allzu hart urteilen ließen: Er wandte sich gegen all jene, die unter der Todesdrohung schwach geworden waren und nun die Wiederaufnahme begehrten, und es waren die Wirren dieser Schwachen, Heimkehrwilligen, die den Papst schließlich aus Rom in die Verbannung trieben, nicht das neuerliche Aufflackern der Verfolgungen unter Kaiser Maxentius. Auch sein Nachfolger Eusebius ging mit gleicher Strenge vor, und auch er starb in der Verbannung, woraus man schließen muß, daß den heidnischen Machthabern in Rom vor allem an der Ruhe in der Stadt gelegen war. Die Kämpfe innerhalb der kleinen und gefährdeten Christengemeinde gewinnen damit byzantinischen Charakter: Statt einmütig gegen den übermächtigen Feind, das Heidentum der Kaiser, zu stehen, erweisen sich die heiligen Männer, die damals Roms Bischofsstuhl innehaben, als feurig und unnachsichtig. Noch sind die Päpste eben keine Diplomaten, noch fühlen sie sich ausschließlich als Priester, noch steht ihnen die Verantwortung für die Lehre höher als jede andere ihrer vielen Pflichten.

Nach dem Tod des Eusebius um 310 auf der Insel Sizilien gab es wieder zwei Jahre lang keinen Papst, und als er dann gewählt war, hatte die Kirche keinen Römer auf dem Stuhl Petri, sondern einen Afrikaner. Noch Jahrhunderte hindurch wird das römische Nordafrika den besten Nährboden für die christliche Lehre bieten, ja es wird dort so üppig gedeihen, daß auch die Irrlehren wie die der Donatisten und der Arianer zu außerordentlicher Blüte gelangen.

Der Papst aus dem christlich-römischen Nordafrika nennt sich Miltiades, ist aber gewiß kein Grieche, und er war vielleicht von dunkler Hautfarbe, wie sein zweiter Name Melchiades anzudeuten scheint. Unter seinem Pontifikat siegte Konstantin am 28. Oktober 312 über seinen Gegner Maxentius in der so wichtigen Schlacht, die an der Saxa Rubra, neun römische Meilen vor Rom, begonnen hatte und an der Milvischen Brücke am Nordrand der Stadt endete. An der Tiberbrücke entschied sich auch die Zukunft des Christentums, das Maxentius noch verfolgt hatte und dem Konstantin nicht nur Duldung gewährte, sondern das er im Jahr 324 zur Staatsreligion erhob, vermutlich ohne selbst Christ zu sein, also wohl aus Staatsraison. So oft hatten die unruhigen Christen sich selbst geschadet; nun waren sie so stark, daß der Kaiser, den religiöser Streit nicht interessierte, in der Alleinherrschaft des Christentums den wichtigsten Garanten der inneren, der geistig-religiösen Zufriedenheit seiner Völker sah – eine Überlegung, welche die Größe dieses Entschlusses nicht mindert.

Von allen Quellen, die Konstantins Weg zum Christentum und seinen schließlichen Übertritt schildern, ist die sogenannte *Donatio Constantini* am bekanntesten geworden, eine im neunten Jahrhundert aufgetauchte Fälschung, die siebenhundert Jahre lang immer wieder Verfechter ihrer Echtheit gefunden hat und vermutlich zwischen 840 und 850 sehr geschickt und unter Verwendung alter

Formeln aus der Kaiserzeit im Kloster Saint Denis bei Paris angefertigt worden ist. Sie enthält eine Unmenge Zusicherungen, Privilegien und Schenkungen des Kaisers, die den Papst für alle Zeiten mit außerordentlicher Macht ausstatten und darum von so manchem energischen Nachfolger des Petrus nur allzugern ernst genommen wurde.

In einem irrte die Fälschung jedoch nicht: Kaiser Konstantin hatte den Päpsten schon zu Zeiten des Papstes Miltiades den Lateranpalast überlassen, den bis dahin Fausta, die Gemahlin des Konstantin, benützte. Die Laterankirche, die Peterskirche und Santa Croce wurden jedoch erst nach 324 erbaut, also zur Zeit des Papstes Sylvester I. (314–335). Damit erhielt nicht nur der Apostel Petrus, der erste Papst, ein endgültiges Grab, sondern auch das christliche Rom die ersten jener Gebäude, die fortan an geschichtlichem Ruhm mit den Überresten des heidnischen Rom in Wettstreit treten sollten: San Pietro, San Giovanni in Laterano und Santa Croce in Gerusalemme, eine etwa zwei Jahrzehnte später in veränderter Maurertechnik errichtete Kirche auf halbem Weg zwischen San Giovanni und der Porta Maggiore.

Diesen Triumphen standen jedoch die ersten großen Schwierigkeiten im nunmehr christlichen Römerreich gegenüber: die neue Lehre des Presbyters Arius, nach der Christus zwar Gottes Sohn sei, seinem Wesen nach aber Mensch, nicht Gottheit. Dieser menschliche Christus übte auf die Völker des großen Reiches eine ungleich stärkere Anziehungskraft aus als die schwer zu begreifende göttliche Dreifaltigkeit, und als sich schließlich Kaiser Konstantin auch für den Arianismus erklärte, schien der Sieg dieser neuen Form des Christentums besiegelt.

Da der Arianismus-Streit die Päpste bis über Leo den Großen hinaus beschäftigte, müssen wir uns fragen, wie es noch drei-, ja vierhundert Jahre nach den Aposteln zu einer so grundlegenden Auseinandersetzung kommen konnte und worin der Reiz des neuen Dogmas denn eigentlich bestand. Die Antwort geben uns nicht die theologischen Spitzfindigkeiten, mit denen die Streitschriften jener Jahre angefüllt waren und die vor allem den Kirchenlehrer Athanasius als unermüdlichen Kämpfer gegen Arius ausweisen; die Antwort gibt uns vielmehr das Weltgeschehen selbst: Auf der großen geschichtlichen Bühne des Mittelmeerraumes war die eigentliche Macht längst an neue, aus dem Osten und Nordosten zugewanderte Völker übergegangen – an die Germanenstämme, die aus dem Ostseeraum und an den Küsten des Schwarzen Meeres entlang in römisches Reichsgebiet eingesickert waren, und an die Alanen, ein tüchtiges und intelligentes Steppenvolk, das sich erstaunlich schnell in jener östlichen Reichshälfte durchsetzte, die Kaiser Konstantin als die wahre Mitte des Reiches ansah: in Konstantinopolis, der neuen Residenz, der späteren Hauptstadt des Ostreiches.

Germanen wie Alanen waren seit vielen Generationen auf Wanderschaft und hatten sich dabei ihren eigenen Göttern entfremdet; das Christentum trat ihnen in der Form entgegen, die der Presbyter Arius ihm gegeben hatte, und Christus als Heerkönig, als der höchste Mensch, aber nicht Gott, das fügte sich zur germanischen Heldenverehrung und Kampfmoral ungleich besser als die Annahme eines leidenden und mitleidenden, alles verzeihenden Gottes, wie ihn die Erlösungsreligion des Paulus den Christen des römischen Reiches als Vorbild vor Augen stellte.

Eine besondere Machtstellung errang sich der Arianismus, als nach dem Jahr 400 die Vandalen gemeinsam mit suebischen und alanischen Stämmen quer durch Mitteleuropa, Frankreich und Spanien zogen und nach kurzem Aufenthalt in Andalusien (Vandalusien) die Meerenge von Gibraltar überwanden, um Nordafrika zu erobern. Diese bis dahin besonders produktive Kirchenprovinz, in der allseits verehrt der große Kirchenlehrer Augustinus wirkte, ging damit dem Katholizismus verloren. Ja mehr noch: Der energische Halbgermane Geiserich, hochbegabter unehelicher Sohn des beim Rheinübergang gefallenen alten Vandalenkönigs, errichtete um die Hauptstadt Karthago ein arianisches Reich, das sich dank der außerordentlichen militärischen und seemännischen Tüchtigkeit der Vandalen auch die Inseln Korsika, Sardinien und Sizilien unterwarf. Da die Germanen bis in die langobardische Hoch-Zeit des sechsten Jahrhunderts arianisch blieben, der Südrand und die Mitte des Mittelmeers aber vandalisch beherrscht waren, verdankt es der römische Katholizismus vor allem der Beständigkeit und der Besonnenheit großer Päpste, daß die Arianer nicht endgültig siegten.

Die Reihe dieser großen Selbstbehauptungspäpste begann nicht, wie die Fama es will, mit Sylvester I., er ist nur dank einer reichen Legendenbildung und der suggestiven Fresken der Kirche Quattro Coronati besonders populär. Auch Marcus und Julius I. hatten keine Erfolge gegen die Arianer zu verzeichnen. Liberius I. (352 bis 366) bezeichnet die tiefste Krise des Papsttums, einen arianischen Gegenpapst (Felix II.) und des Liberius eigene Annäherung an die arianische Lehre, allerdings unter stärkstem Druck durch den arianischen Kaiser Konstantius und zermürbt nach einem langen, harten Exil. Erst gegen Ende seines Pontifikats ermannte sich Liberius, begründete die Basilika von Santa Maria Maggiore und nahm gegen den Arianismus wieder eine feste Haltung ein.

Auf den schwachen, vielgeprüften Liberius folgte mit Damasus I. einer der großen Päpste der Kirchengeschichte (366–384), ein Spanier, der aber 304 am Tiber zur Welt gekommen war. Auch Damasus hatte einen Gegenpapst zu bekämpfen, den Arianer Ursinus, und dabei floß zwischen den beiden Parteien Blut in den Straßen Roms. Auch innere Mißstände im Klerus bereiteten dem sittenstrengen Papst manche Schwierigkeit, vor allem die Erbschleicherei und der allzu vertraute Umgang mancher Beichtväter mit vermögenden Witwen. Es war vermutlich der Papst selbst, der die Aufmerksamkeit des Kaisers auf diese illegalen Bereicherungen lenkte, und die betroffenen Kleriker revoltierten naturgemäß gegen einen Oberhirten, der diese ständig fließende Geldquelle zum Versiegen bringen wollte.

Doch hatte Damasus I., in höherem Maß als alle Päpste vor ihm, auch sehr wertvolle und tatkräftige Helfer. Kaiser Theodosius war an der Einheit der Kirche selbst stark interessiert, und bedeutende Kirchenlehrer wie Gregor von Nyssa, Gregor von Nazianz, Johannes Chrysostomos und der mit dem Papst eng befreundete heilige Hieronymus stärkten den Widerstand gegen den Arianismus. In dem Erzbischof Ambrosius von Mailand erstand dem Papst ein Kirchenfürst von stärkster Autorität selbst über die Alpen hinaus,

17

also bei noch heidnischen oder noch arianischen Völkern. Er fing vieles auf, was sonst gegen das Papsttum in Rom vorgedrungen wäre, und gab dem Papst damit die Möglichkeit zu dringend notwendigen organisatorischen Maßnahmen auf rechtlichem und verwaltungstechnischem Gebiet. Der gesicherte lateinische Bibeltext, die Vulgata, ist eine Arbeit des Hieronymus, geht aber auf eine Initiative des Papstes zurück.

Spätere Zeiten haben einen besonderen Grund, gerade diesem Papst dankbar zu sein, denn er sicherte die jedem Christen teuren Gedenkstätten in den ausgedehnten Katakomben. Die von Diokletian zugeschütteten Eingänge wurden aufgegraben, Lichtschächte und Stützmauern angelegt, und im Inneren wurde durch Marmortäfelungen, Inschriften und Bilder für eine würdige Ausgestaltung dieser Erinnerungsstätten an die frühesten Zeiten des Christentums gesorgt, was in den meisten Fällen einer Rettung und Bewahrung der heiligen Orte gleichkam. (Die Gebeine des Ende 384 verstorbenen Papstes wurden 1639 wieder aufgefunden, und zwar in der von ihm erbauten Kirche an der Adreatischen Straße.)

Was Damasus in den Katakomben an konservierenden Maßnahmen setzte, bezeichnet aber auch eine neue Epoche im Verhältnis der großen Stadt Rom zu der neuen Religion des Christentums. Die Katakomben, einst die Geheimwelt der Christen unterhalb und außerhalb der heidnischen Metropole, hatten musealen Charakter gewonnen, denn die Christen schickten sich an, die nunmehr vom Heidentum aufgegebene Stadt mit ihren eigenen Kirchen in Besitz zu nehmen. Noch stehen die neuen Gotteshäuser klein und verlassen zwischen den mächtigen Tempeln, nur Sankt Paul, die zweite Basilika dieses Namens, wird in den alten Schriften als eine herrliche Kirche gerühmt. Zwischen 386 und 400 erbaut, soll sie hundertzwanzig Meter lang und sechzig Meter breit gewesen sein und so schön, daß selbst die Goten des Romeroberers Alarich das erhabene Bauwerk verschonten.

»Das Christentum«, schreibt Gregorovius, »in den Besitz der ungeheuren Stadt gesetzt, war begreiflicherweise unvermögend, dieses unermeßliche Erbe der Väter in sein neues Leben aufzunehmen. Die großen Denkmäler der Kultur des Altertums, die Schönheit und Fülle ihrer Künste, die Arbeit und Lust der Jahrhunderte, ließ es in Ruinen zerfallen, und es brauchte endlich nichts von ihnen als hier und da einen Tempelraum und losgerissene Säulen und Marmorsteine. Nie sah die Geschichte ein gleiches Schauspiel der Abwendung des Menschengeschlechts von einer noch völlig stehenden Kultur.«

Das Bedauern des großen Historikers ist verständlich; wir finden es etwa gleichzeitig auch bei Grillparzer, dem ein Gedicht verwandten Inhalts (»Die Ruinen des Campo Vaccino«) die Ungnade Seiner apostolischen Majestät des Kaisers eintrug. Papst Damasus aber, der Spanier oder Portugiese, verdammte das heidnische Rom nicht, er tat nur die wichtigsten Schritte, um diese ungeheure steinerne Karkasse mit dem neuen Leben seines Glaubens zu erfüllen und die Heiligen und Märtyrer aus ihren Gräbern und Gedenkstätten vor den Mauern in die Ewige Stadt selbst hereinzuholen – vielleicht weil er fühlte, daß die uralte Macht dieser großen Stadt auch die Macht der Päpste mitbegründen und stützen werde.

So groß die Stadt Rom auch noch war, so deutlich sie Mittelpunkt einer ganzen alten Kultur blieb, so schwach waren die Grenzen des Reiches verteidigt, so geringfügig waren die Kräfte, die Roms Kaiser den auf Wanderung und Kampf angewiesenen Germanenvölkern entgegenstellen konnten.

In das Pontifikat des Damasus fällt die schwere Niederlage eines Römerheeres bei Adrianopel gegen die Westgoten im Jahr 378, und unter dem ersten Papst mit dem später so häufigen Namen Innozens eroberten die Westgoten gar die Stadt Rom und plünderten sie drei Tage lang (August 410). Der Papst hatte vergeblich versucht, den Kaiser Honorius zu Verhandlungen mit Alarich zu bewegen, und als die Goten Rom eingeschlossen hatten, war es zu spät. Nach vielen Jahrzehnten, in denen die Stadt Rom den Kaisern als zu unsicher erschienen war, hatte Honorius 403 seinen Einzug in Rom gehalten und ein Jahr lang hier residiert, in einem teils heidnischen, teils christlichen Hofstaat, wobei die Christen wiederum zum Teil Arianer waren, denn nicht wenige kaiserliche Generale waren Germanen.

Das war nun mit einemmal wieder alles vorbei. Der Kaiser hatte sich in das von Sümpfen und Lagunen schützend umgebene Ravenna zurückgezogen, und die Goten, wiewohl als Barbaren verschrien, plünderten zwar die reiche Stadt, zerstörten sie aber nicht. Hieronymus hat uns in seinen drastischen Briefen geschildert, wie gut man bis dahin in den achtzehnhundert Palästen der Stadt gelebt hatte; damit hatte es nun für eine Weile sein Ende, und die etwa dreihunderttausend Menschen, die in der einstigen Millionenstadt zurückgeblieben waren, duckten den Nacken unter der Drohung der Barbarenschwerter.

Rom hatte nicht zum erstenmal Fremdvölker in seinen Mauern gesehen, und es wurde wenig später wiederholt von Germanen erobert; aber dieser Triumph des Alarich über die alte große Stadt prägte sich dem Bewußtsein der Welt doch auf eine ganz besondere Weise ein. Eben hatte das Papsttum unter großen Autoritäten wie Damasus und Siricius mit Geschick, mit Erfolg und mit Überzeugungskraft Rom als einen Mittelpunkt des christlichen Abendlandes proklamiert und damit an die große Tradition der Apostelfürsten Petrus und Paulus angeknüpft, da ging diese Riesenstadt mit Tempeln und Kirchen, Palästen und Monumenten in die Hand eines Volkes über, das in allem völlig fremd war, eine barbarische Sprache durch eine Bibelübersetzung geadelt hatte und dem Presbyter Arius anhing. Sie hatten nichts gegen den Papst, aber vor dem Bischof von Rom verehrten sie ihren eigenen Bischof Ulfila, der ihnen die Bibel mundgerecht gemacht und ein Alphabet gegeben hatte, durchwegs Neuerungen, von denen eine einzige genügte, dem christlichen Römer den Zusammenbruch seiner Welt und seiner angestammten Vorstellungen anzukündigen. Es fehlte auch nicht an Stimmen, die behaupteten, das alte heidnische Rom hätte mit dem Segen seiner Götter die Barbaren geschlagen und die Stadt Rom gerettet. Die christliche Lehre aber habe den Römern sowohl Festigkeit als auch Mannesmut genommen und den Kampfeswillen unterhöhlt.

Das sagte sich so leicht, widersprach aber einigen allen bekannten Tatsachen: Schließlich waren auch die Germanen Christen und siegten dennoch, und vor allem hatte der große Vandale Stilicho, der Schwiegervater und Heermeister des Kaisers Honorius, jahrelang alle anrückenden Barbarenheere geschlagen, wo immer er sie treffen konnte, und Stilicho war ebenfalls Christ – wenn auch Arianer.

Die Päpste Damasus, Siricius, Anastasius und Cölestin, alle die ersten ihres Namens, besaßen als fromme und rechtliche Oberhirten die Gabe des Wortes und der zuschlagenden Polemik nicht in dem Maß wie Augustinus, nunmehr Bischof von Hippo Regius in Nordafrika. Es war darum Augustinus, der in seinem Buch vom Gottesstaat *(De civitate Dei)* die Gläubigen zu trösten suchte und ihnen klarmachte, daß Rom nicht mit seinen Palästen und Mauern zerfallen könne, sondern ein unverletzlicher geistiger Begriff sei, gleichsam eine Stadt über den Wolken.

Zwei gewaltige Stimmen stehen einander gegenüber, und keine ist die eines Papstes. Hieronymus, der gerade an der Textsicherung des Alten Testaments, vornehmlich der prophetischen Bücher, gearbeitet hatte, empfand den Verlust der Ewigen Stadt als eine schwere Prüfung für die ganze Menschheit und wurde nicht müde, in seinen Briefen die furchtbarsten, für uns heute aber sehr bezeichnenden Einzelheiten von der Auflösung der Ordnungen zu berichten. Selbst auf kleinste Inseln vor der italienischen Küste retteten sich die Menschen, um Rom nahe und den Goten fern zu sein.

Aurelius Augustinus aber, der große und von seiner Mission durchdrungene Kirchenlehrer aus dem nordafrikanischen Hippo, hatte in der fernen Stadt Rom ohnedies nur das Babel des Alten Testaments gesehen, die Heidenstadt der Sünde und des Wohllebens, die nun empfing, was ihr gebührte. Wären auch nur fünfzig Gerechte in ihr gewesen, so befand Augustinus, so hätte Gott die Stadt Rom gerettet, und er habe sie ohnedies sehr viel besser behandelt als Sodom und Gomorrha, hätten doch aus dem eroberten Rom so viele Tausende von Menschen fliehen können.

In diese einander widersprechenden Annahmen fiel die Nachricht vom überraschenden Tod des noch jungen Königs Alarich wenige Monate nach seinem Triumph in Rom. Hatte Gott also doch noch den Bannstrahl geschleudert? Hatte er die Stadt der

Päpste, den Sitz der Kirche, verteidigt, indem er den Eroberer mit seinem Zorn traf?

Ataulf, der Nachfolger Alarichs, gab sich jedenfalls friedlich und versöhnungsbereit, ehelichte eine Schwester jenes Kaisers Honorius, der vom Fall Roms kaum Notiz genommen hatte, und sprach als erster von der Möglichkeit eines Germanenreichs in den Organisationsformen des bewundernswerten römischen Staatswesens, so wie Odoaker und Theoderich dies später verwirklichten.

Als könne er den verblaßten Glanz der Stadt allein wiederherstellen, befahl Papst Sixtus III. (432–440) einen Kirchenbau nach dem anderen. Er hatte Namensvorgänger, von denen wenig Glaubwürdiges bekannt ist, schuf selbst aber so manches, das wir noch heute und leibhaft vor uns sehen: Die Kirche Santa Maria Maggiore wurde von ihm in allen Teilen erneuert, da sich nun die Marienverehrung in der Kirche voll durchgesetzt hatte. Fast alles, was Sixtus an dieser Kirche tun ließ, hat sich bis heute erhalten. Die Basilica maior, die er zu Ehren des heiligen Laurentius errichten ließ, bildet heute das Hauptschiff dieser Kirche, und im Baptisterium von San Giovanni in Laterano ragen noch jene acht Porphyrsäulen auf, die Sixtus III. dort einbauen ließ.

Sixtus war ein Papst aus Rom, aber er kämpfte auch um die Zuständigkeit des Stuhles Petri für Illyrien, und er hatte den Mut, den Sieg des Katholizismus über die Nestorianer in jenen vielsagenden Mosaiken zu feiern, in denen Maria als die Mutter Gottes verherrlicht wird, obwohl die Nestorianer ihr die Bezeichnung Gottesgebärerin hatten verweigern wollen.

Sixtus ist ein Beispiel dafür, wie der nicht enden wollende Kirchenstreit, wie vor allem die Abwehr zahlreicher Irrlehren, das Papsttum letztlich doch stärkt. Die Sehnsucht der stummen Millionen ist zu gewaltig; sie wollen Ruhe und Sicherheit im Glauben, sie kümmern sich nicht um das Theologengezänk und verstehen wohl auch nicht allzuviel von diesem Streit der gelehrten und zweifellos durchwegs frommen Männer. Diese Basis der Kirche ist es, die Sixtus trösten und erbauen will, indem er in seiner Vaterstadt die großen Kirchen errichtet.

Bauen kostet Geld, und Rom ist arm geworden durch die große

und anhaltende gotische Plünderung. Aber die Beharrlichkeit des Sixtus setzt es durch, daß sich nach und nach wieder Weihegaben einstellen, zumeist aus Silber zunächst, später dann auch wieder aus Gold. Wohin die unermeßlichen Schätze geraten sind, die im Jahr 410 aus Rom weggeschleppt wurden, weiß freilich niemand; sie sind zerstreut in alle Winde, wie die Geschichte die Goten selbst zerstreut hat.

Schon unter Sixtus III. und dessen Vorgänger, dem ersten Cölestin, hatte ein Diakon von sich reden gemacht, der auf weiten und gefahrvollen Reisen außerordentliches diplomatisches Geschick bewiesen hatte, dazu persönlichen Mut und unerschütterliches Vertrauen zur Sendung des Papsttums. Dieser Diakon stammte aus der Toskana, wo sein Vater Quintianus offenbar größeren Besitz hatte, und er befand sich gerade in wichtiger Mission in Gallien, als ihn die Nachricht ereilte, er sei in der Nachfolge des im August 440 verstorbenen Sixtus III. zum Papst gewählt worden.

Leo hatte von der die Regierung führenden Kaiserinmutter Galla Placidia den Auftrag erhalten, den für das römische Westreich bedrohlichen Streit zwischen Aëtius und dem Gouverneur Albinus beizulegen. Am 19. August 440 war Sixtus gestorben, und schon am 29. September wurde Leo I. geweiht: Sowohl der Bote als auch der Erwählte waren sehr schnell geritten ...

Die Kirche sieht die Größe und die Bedeutung Leos, des gelehrten Papstes, vor allem auf »christologischem« Gebiet, also in seinem energischen Kampf gegen die rund um das Mittelmeer üppig wie Unkraut aufblühenden Sekten; und es ist natürlich auch dieser Kampf, der die Zeugnisse der Zeit beherrscht, ja der Leo schon beschäftigte, ehe er Papst wurde. Doch sind sie inzwischen beinahe alle vergessen, die Donatisten wie die Pelagianer, die Arianer und sogar die Manichäer, von denen nur das Gedenken an Manes, den Sektenstifter selbst, sich erhalten hat. Manes, der im dritten Jahrhundert die suggestive Vereinigung persischer und christlicher Religionsgedanken zu einem gewissen Erfolg geführt hatte, war längst tot, und daran, daß er 276 am Kreuz starb wie Christus, trifft die Päpste keine Schuld; aber Leo ließ die zählebige und bis nach Rom vorgedrungene Sekte durch die weltliche Macht verfolgen und die manichäischen Bücher verbrennen, Maßnahmen von großer Härte gegen eine Lehre, zu der sich in seiner Frühzeit selbst der große Augustinus bekannt hatte.

Leo handelte mit größter Umsicht und Entschlossenheit in einer Weise, die für die kommenden Jahrhunderte und die weiteren Schicksale der Kirche entscheidend wurde. Er ließ die Akten des Manichäerprozesses nicht nur an die italienischen Bischöfe senden, sondern auch an die wichtigsten Zentren im Westen und Osten, und er machte deutlich, daß nur das Papsttum und der Primat der Päpste Sicherheit dafür böten, daß Christentum und Kirche unversehrt aus solchen Gefahren hervorgingen.

Die Selbstverständlichkeit, mit der Leo weltliche Autoritäten für Straf- und Verfolgungsmaßnahmen heranzog, die häufige Übereinstimmung päpstlicher und kaiserlicher Strafgrundsätze und Strafandrohungen, legten den Grund für die bis ins Hochmittelalter immerzu wachsende Macht der Päpste. So mancher Nachfolger des großen Leo leitete daraus eine politische Vorherrschaft über die Länder Europas ab und verwies – wie etwa Bonifatius VIII. – die Fürsten seiner Zeit in die Rolle von Befehlsempfängern. Auf Leo selbst fällt aus diesen späteren Übersteigerungen päpstlichen Machtverlangens kein Schatten. In einer Welt, deren Ordnungen sich auflösten, in einem Europa, in dem die hunnischen Reiter die oberste Vollzugsgewalt waren und die Kaiser lasterhafte und intrigante Schwächlinge, konnte ein auch politisch starkes Papsttum die letzte Hoffnung aller Einsichtigen werden.

Der Kaiser – Valentinian III. – sagte es kürzer, Papst Leo selbst ausführlicher, aber sie meinten damit so sehr das gleiche, daß wir auf eine Verständigung zwischen den Kanzleien schließen dürfen: »Nachdem der Vorrang des Apostolischen Stuhles befestigt ist durch das Verdienst des heiligen Petrus, der der erste ist im Kranz der Bischöfe, sowie durch die Würde der Stadt Rom . . . so versuche niemand, sich unrechtmäßigerweise etwas herauszunehmen, das dem Ansehen jenes Apostolischen Stuhles abträglich wäre. Denn erst dann wird überall in den Kirchen der Friede gewahrt sein, wenn die Gesamtheit ihn als ihren Herrn und Meister anerkennt« (Edikt vom Jahr 445).

»Der heilige Petrus hat«, schrieb Leo I., »in der ihm von Gott verliehenen Felsenfestigkeit verharrend, das übernommene Steuerruder der Kirche nicht verlassen. Seine Stellung hebt ihn über die anderen Apostel hinaus. Da er Fels genannt, da er als das Fundament bezeichnet, da er als Türhüter des Himmelreiches bestellt ist, da er weiter mit einer Binde- und Lösegewalt ausgestattet wurde, die auch im Himmel Geltung haben solle, so können wir schon aus diesen geheimnisvollen Beziehungen ersehen, wie innig seine Verbindung zu Christus war und ist. Er vollbringt jetzt mit noch größerer Machtfülle, was ihm einst übertragen worden; er unterzieht sich in allen Bereichen den Pflichten und Hirtensorgen in dem und mit dem, der ihn solchermaßen erhöht hat. Wenn wir daher etwas in rechter Weise tun, etwas richtig entscheiden, wenn wir im täglichen Gebet etwas von Gottes Barmherzigkeit erlangen, so ist es Werk und Verdienst des Apostels Petrus, auf dessen Stuhl seine Macht und seine Autorität weiterleben.«

Deutlicher konnte man es nicht sagen, und alles, was das Mittelalter später in seinem verzweifelten Glauben an die Macht auch der gefälschten Dokumente dazu noch hervorbrachte, hat diese grundsätzliche Erklärung eines großen Papstes nicht mehr erweitern und nicht mehr stützen können, es hat sie freilich auch nicht nachhaltig zu verdunkeln vermocht.

Als dieser oberste Anspruch klar deponiert war, ging Leo daran, die Hierarchie der Kirche, also den Mikrokosmos ihrer zahlreichen Diener, zu ordnen, eine Aufgabe, die so manchen sonst tüchtigen Papst überforderte, an der aber auch energische und unerschrockene Missionare wie etwa der Germanenapostel Bonifatius scheiterten. Die wichtige Synode von Serdica oder Sardika, wie die Römerstadt Sofia damals hieß, hatte im Jahr 343, also hundert Jahre vor Leo, schon den Grundsatz festgehalten, daß es keinen Königsweg zu den hohen Kirchenrängen gebe (oder vielmehr geben sollte, die Wirklichkeit sah dann doch anders aus): »Auch darauf müßt ihr genau achten, daß ein Reicher oder Rechtsgelehrter, der vom Forum weg zum Bischofsamt gefordert werden sollte, nicht eher eingesetzt werden darf, bevor er die Ämter eines Vorlesers, eines Diakonen und eines Presbyters versehen hat, damit er unter

Voraussetzung seiner Würdigkeit über jede Stufe bis zur Höhe des Bischofsamtes emporsteigen kann. Er soll aber natürlich jede Rangstufe nicht eine allzu kurze Zeit bekleiden, damit man seinen Glauben und die Tüchtigkeit seines Charakters und seine Festigkeit und seine Milde erkennen kann. Erst wenn er dann würdig befunden ist, Gott im Heiligtum zu dienen, so soll er diese hohe Ehre genießen. Es ziemt sich also nicht, einen Bischof . . . ohne weiteres einzusetzen.«

Diese wichtige Empfehlung aus der Synode von Sofia ergänzte Leo durch die Verbote über das Wandern der Geistlichen von einer Diözese in die andere. Denn diese Kirchenprovinzen hatten im fünften Jahrhundert noch einen sehr unterschiedlichen Charakter, ja sie waren sogar von sehr ungleicher Treue gegenüber der katholischen Lehre gekennzeichnet, was man höflich umschrieb, wenn man da und dort »mangelnde Wachsamkeit gegenüber den Irrlehren« feststellte. Zweifellos stellten sich hier der nunmehr unbestrittenen Vormacht des Papstes in Rom die am schwersten zu überwindenden Hindernisse entgegen, denn trotz der noch guten und einigermaßen unterhaltenen Römerstraßen war das gewaltige Reich viel zu ausgedehnt, um dem Papst oder auch nur seinen fähigsten Helfern jene Seelsorgereisen zu gestatten, die heute eine so große Bedeutung erlangt haben. Schon in Oberitalien begannen Verhältnisse, die sich von jenen Roms in jeder Hinsicht unterschieden, und die Verbindungen mit dem Ostrand des Mittelmeers erlangten überhaupt nur dann eine gewisse Tragfähigkeit, wenn gutwillige Oberhirten von sich aus dem Papst entgegenkamen.

Leo versuchte, diese Kommunikations- und Strukturprobleme zu lösen, indem er ein alljährliches Konzil proklamierte. Jeweils am 29. September, dem Jahrestag seiner Amtsübernahme, sollten sich mindestens drei Bischöfe eines bestimmten geographischen Bereichs in Rom einfinden; zunächst waren es die Sizilianer, die drei aus ihrer Mitte entsenden mußten, weil sich Sizilien offenbar nur langsam an die Vorschriften aus Rom gewöhnte, später wurden andere Gegenden des großen Reiches zur Entsendung von solchen Dreierdelegationen aufgefordert. Alle Bischöfe zusammenzurufen verbot sich: Jede der entfernter liegenden Diözesen wäre dann einen Großteil des Jahres über ohne ihren Oberhirten gewesen.

Im Sommer 450, als Leo I. sein zehntes Jahr als Papst beendete, setzten politische Entwicklungen ein, die an sich günstig erschienen, für Italien und das Papsttum in Rom aber große Gefahren bargen. Im römischen Ostreich war auf den frommen, aber in Glaubensdingen eigenwilligen Kaiser Theodosius II. dessen fromme Schwester Pulcheria gefolgt. Sie hatte sich nach dem Tod des Kaisers mit ihrem Günstling, dem General Markianos, vermählt, und dieser energische Mann machte sofort eine ganz andere Politik als die Eunuchen, die vor ihm die Kaiser beraten und den Frieden mit den Hunnen durch immerfort wachsende Tributzahlungen erkauft hatten. Markianos brachte dem Ostreich und damit der Kaiserstadt Konstantinopel beinahe über Nacht einen beträchtlichen Zuwachs an Macht und Prestige, was sich naturgemäß auch auf die Position des Erzbischofs Anatolius von Konstantinopel auswirkte. Die große Synode von Chalcedon im Herbst 451 verlief zwar für das Papsttum im ganzen befriedigend, aber da Leo wegen der unsicheren Wegeverhältnisse nicht selbst anwesend sein konnte, zeigten sich doch gewisse Strömungen vor allem unter dem Episkopat der Balkanhalbinsel, den Bischofsstuhl von Konstantinopel aufzuwerten. Dies war zwar letztlich gegen Rom gerichtet, traf aber zunächst die alten Vorrechte von Aquileia, Antiochia und Alexandria, so daß die Oberhirten dieser Diözesen zu natürlichen Verbündeten des Papstes wurden. Entscheidend aber wurden in dieser schwelenden Krise der römischen Vorherrschaft sowohl der Mut als auch die Menschenkenntnis des Papstes. Er richtete nach und nach drei berühmt gewordene Briefe an Kaiser Markianos, die im Grunde für die fromme Pulcheria bestimmt waren und sie über die Pflichten eines christlichen Herrschers aufklären sollten, und Leo fand in Bischof Julian von Kos einen ihm unbedingt ergebenen, zugleich aber scharfsinnigen und temperamentvollen Vertreter, den ersten großen Nuntius, der damit ein später ungemein wichtig werdendes Institut der Kirche zu frühen Erfolgen führte.

Die zweite Gefahr, die das Erstarken Ostroms mit sich brachte, waren die Hunnen. Da sie die leichten Beutezüge und reichen Tribute aus den Kämpfen auf dem Balkan jahrelang wie selbstverständlich hingenommen hatten, nötigte sie die mit Drohungen verbundene Absage des Markianos zu einer Neuorientierung. Sie hatten die Mitte und den Westen Europas bis dahin weitgehend geschont, denn Attila und Aëtius waren aus gemeinsamen Jahren als Geiseln und durch lange währende Waffenbruderschaft beinahe freundschaftlich miteinander verbunden. Aëtius hatte wiederholt hunnische Soldtruppen gegen unbotmäßige Stämme in Gallien und Germanien eingesetzt, wovon die zwei Hunnenüberfälle auf das rheinische Reich der Burgunder am furchtbarsten waren und am bekanntesten geworden sind.

Als Raubkrieger par excellence gedachten die Hunnen auch weiterhin von ausgedehnten Feldzügen zu leben und die Beute auf den ihnen zugesprochenen Märkten im heutigen Jugoslawien zu verkaufen; aber bei Markianos gab es nichts mehr zu holen, also wurde ein Zug nach Westen vorbereitet, den Weg zum Rhein kannte man ja nun. Die gewaltige Woge drang im Frühjahr 451 gegen Westen vor. Mit Attilas Hunnen marschierten die Gepiden, deren tapferer und umsichtiger König Ardarich mit Attila verschwägert war, und die Ostgoten unter ihrem König Walamir. So weit ihr Anmarschweg auch war, es gelang dem Aëtius doch erst an der Loire, also in Mittelfrankreich, nennenswerte Kräfte gegen die Angreifer zusammenzubringen. Schlagkräftiger als die gallischen Garnisonstruppen waren nämlich die Westgoten, und diese zur Heerfolge zu bestimmen hatte Aëtius lange Verhandlungen gekostet.

Die großen Ereignisse vom Frühherbst 451 sind uns allen aus dem Geschichtsunterricht bekannt: Bei der Belagerung von Orléans über das Herannahen eines Entsatzheeres informiert, zog sich Attila in die Champagne zurück, wo er seine Reiterscharen besser einsetzen konnte als im schwierigen Hügelland der Sologne oder Touraine. Römische Legionen und Westgoten verstärkten sich aus den zuvor von den Hunnen leergeplünderten Dörfern, und es kam – nach einem verlustreichen Reitergefecht bei Troyes – im Raum nordöstlich der heutigen Stadt Châlons-sur-Marne zu jener Monsterschlacht, die man bald nach den Katalaunischen, bald nach den Mauriazensischen Feldern benennt und deren Ausgang wohl als unentschieden bezeichnet werden muß. Die Verluste waren jedenfalls auf beiden Seiten so schwer, daß die Hunnen und Ostgoten an den Folgetagen weder angegriffen noch verfolgt wurden; die Gegner lösten sich voneinander – wie betäubt von den blutigen Verlusten.

Auf dem Balkan ohne Chance, in Nordfrankreich zumindest abgewehrt, vielleicht sogar geschlagen, sahen die Hunnen nur noch ein einziges lohnendes Ziel vor Augen: die norditalienische Ebene. Daß sie schon im Jahr 452, also nur Monate nach der großen Schlacht bei Châlons, dorthin aufbrachen, läßt erkennen, daß ihr Mut ungebrochen, ihre Offensivkraft ungemindert war. Italien wurde schnell durchmessen; die Städte in der Poebene wurden beinahe widerstandslos erobert, denn Aëtius hatte für Italien keine westgotischen Hilfstruppen zur Verfügung, und die Garnisonen hatten gegen die hunnische Übermacht keine Aussicht auf Erfolg. Obwohl die schmale Apenninenhalbinsel den Reiterheeren Attilas und Ardarichs manche Schwierigkeit bereitet hätte, befürchteten die Römer eine hunnische Eroberung Roms. Schließlich waren so gut verteidigte Städte wie Aquileia oder Verona den Hunnen in die Hände gefallen, hatten sie so bedeutende Zentren wie Mailand oder Pavia geplündert ...

Während sich Aëtius ohne sichtbaren Erfolg um die Aufstellung einer Eingreifarmee bemühte und niemand so recht wußte, wo er sich aufhielt, bewogen die ängstlichen Römer den Papst, nicht zu warten, bis Attila den Weg nach Süden einschlug, sondern ihm noch in Norditalien, vor der entscheidenden Schwenkung, mit der Bitte um Verhandlungen entgegenzutreten. Die Zumutung war groß, nicht nur weil es damals noch ein sehr seltenes Ereignis war, den Papst die heilige Stadt verlassen zu sehen, sondern vor allem deswegen, weil niemand wußte, wie die Hunnen auf solch einen Schritt reagieren würden. In Nordfrankreich hatten sie berühmte Bischofssitze erobert: Reims, Metz, Troyes und Châlons. In Reims war der mutige Bischof Niçaise vor den Toren der Stadt oder auf den Stufen seiner Kathedrale erschlagen worden; in Trier hatte es

Feuersbrünste, Mord an Priestern und Gewaltakte in der ganzen Stadt gegeben. In Châlons aber und in Troyes hatte sich Attila mit den dortigen Oberhirten im Guten verständigt, Châlons verschont und den berühmten Bischof Lupus von Troyes gar viele Monate lang an seiner Seite im Hunnenzug mitgeführt, so daß Lupus schon verdächtigt wurde, gemeinsame Sache mit den Hunnen zu machen.

Niemand konnte also wissen, ob Papst Leo die Begegnung mit Attila überleben würde und ob sie – selbst wenn Leo überlebte – die große Stadt Rom, das natürliche Ziel aller Italienzüge, retten könnte. Während der Kaiser im Schutz seiner Sümpfe alles ringsum geschehen ließ, als gebe es ihn gar nicht, machte sich Leo mit dem Präfekten Trigetius und Avienus, Konsul der Stadt Rom, tatsächlich auf und zog nach Norden. Am Flüßchen Mincio, unweit der Stadt Mantua, hatte König Attila seine Zelte aufgeschlagen; er lagerte also bereits an der Pforte nach Süden, und es war vielleicht wirklich der letzte Augenblick, wenn man ihn von seinem Eroberungsplan abbringen wollte.

Es wurde eine der großen Szenen der Weltgeschichte, auch wenn wir nicht an die Erscheinung des Apostels Petrus glauben, der mit dem gezückten Schwert, über Papst Leo am Himmel glänzend, den Hunnenkönig zutiefst erschreckt haben soll, eine Legende, die erst Jahrhunderte später erstmals erzählt wird, während die Begegnung zwischen Leo und Attila gut bezeugt und verschiedentlich beschrieben ist.

Es ist eine Begegnung, vergleichbar nur mit dem Zusammentreffen des Hernán Cortés mit Montezuma, dem Kaiser der Azteken, vor den Brücken der Stadt Tenochtitlan, des heutigen Mexiko, und es ist ein Augenblick, der nur zum Sieg der gewaltlosen Kraft führen konnte, weil Attila denn doch nicht der primitive Barbarenfürst war, als den man ihn oft hingestellt findet. Wir wissen heute, daß in seiner ständigen Tafelrunde kluge Köpfe verschiedener Völker saßen, daß vermutlich sogar der heilige Severin zumindest zeitweise dieser Runde angehört und Attila somit schon einiges über das Christentum erfahren hatte. Die vielbesprochene, zwei Jahre während Verbindung Attilas mit Bischof Lupus von Troyes legt aber noch eine zweite Erklärung dafür nahe, daß die Begegnung mit dem Papst zu dem überraschenden Erfolg, zum Verzicht des Hunnenkönigs auf den Romzug, führte: Attila war religiös verunsichert. Seine angestammte Vielgötterreligion, in der Dämonen und Naturgeister eine große Rolle spielten, hatte offenbar den starken Eindrücken vor allem des Zuges nach Gallien nicht standgehalten. Vor den nordfranzösischen Städten waren ihm die Kleriker singend und betend, aber waffenlos entgegengezogen. Hundertmal hatten ihm seine Unterführer berichtet, mit welcher Ruhe und mit welchem stolzen Glücksgefühl die Anhänger einer neuen Religion in den Tod gingen, und Attila empfand wohl, daß hier starke Kräfte am Werk seien, welche die große Angst und den allgegenwärtigen Tod zu überwinden vermochten.

Attila hatte schon auf dem Rückzug aus Gallien, zum Teil persönlich eingreifend, Unmenschlichkeiten verhindert; er hatte mit Bischof Lupus von Troyes lange Gespräche geführt und war wohl noch kein Christ, denn er sah in Lupus vor allem einen großen Zauberer. Aber vielleicht ahnte dieser offenbar mit einem gewissen Ingenium begabte und damals zweifellos mächtigste Mann seiner Zeit, wie nah der Tod ihm schon war, wie wenig Zeit ihm noch bleiben würde. Er trat – darin stimmen alle Berichte überein – Papst Leo nicht als Sieger und nicht drohend gegenüber, er gab sich nicht herablassend, sondern er drückte dem Papst seine Befriedigung darüber aus, daß dieser den Weg zu ihm gesucht habe. Und er willigte ein, auf den Romzug zu verzichten, gegen Geschenke und Tribute, die man ihm überreichte und noch anzuliefern versprach.

Die Szene ist von Späteren viel besprochen worden; man hat die Römer zaghaft genannt, weil die mit ihrer Beute beladenen Hunnen ja doch nicht den langen Weg nach Süden angetreten hätten. Und man hat dem Papst vorgeworfen, sich mit einem Barbarenfürsten, einem blutbedeckten Unhold, auf einer Landstraße getroffen, sich gleichsam auf eine Ebene mit ihm gestellt zu haben. Das sind billige Einwände, denn vom sicheren Port läßt sich gut raten. Schließlich waren auch Alarichs Goten, sogar nach noch längerem Anmarsch, eines Tages vor Rom gestanden.

Die Szene hat die Künstler verschiedener Epochen angeregt, wie nicht anders zu erwarten. Wir kennen die Plastik von Algardi in Sankt Peter, das berühmte Fresko von Raffael in den Stanzen des Vatikans und eine Glasmalerei aus der ersten Hälfte des sechzehnten Jahrhunderts im Freiburger Münster. Mehr in diesen Darstellungen als aus den historischen Berichten wird klar, daß Leo der Große sich der Pflicht, die Stadt zu retten, nicht nur als christliches Kirchenoberhaupt unterzieht, sondern auch als Pontifex Maximus der Römer. Der begehrte Titel eines obersten Priesters der Tiberstadt war seit Augustus stets den Kaisern zugefallen; erst auf Drängen des Papstes Damasus hatte ihn Kaiser Gratian abgelegt, worauf er faktisch auf die Päpste überging. Kein anderer Papst hat für diesen Übergang aber so deutliche und bewußte Ansprüche erhoben wie Leo der Große eben mit diesem Gespräch am Fluß Mincio.

Ein Jahr nach der Begegnung mit Leo starb König Attila unter bis heute nicht völlig geklärten Umständen; er hatte seinen Verzicht auf Rom kaum länger überlebt als Alarich seinerzeit die Eroberung und die Plünderung der heiligen Stadt. Im übrigen ging es in Italien aber recht unheilig zu: Kaiser Valentinian ließ den Reichsfeldherrn Aëtius, den vielfachen Retter Italiens, heimtückisch ermorden, ja führte sogar den ersten Streich bei einer Audienz. Valentinian wurde bald darauf selbst ermordet, und das seines Feldherrn wie seines legitimen Herrschers beraubte Reich lud bald Räuber wie die Vandalen geradezu ein, die unklare Lage auszunützen. Der wenige Jahre nach den Ereignissen schreibende und im allgemeinen gut informierte Chronist Jordanes sagte von Geiserich, daß dieser oft schneller handle, als andere dachten, und so landeten die Vandalen ihre Raubtruppen im Frühjahr 455 in Portus, dem damals wichtigsten Hafen von Rom. Auf der breiten Via Portuensia zogen sie vor die Mauern der Stadt und umzingelten sie. Schon im Mai war Rom von der Außenwelt völlig abgeschnitten.

Der neue Kaiser, er hieß Maximus, versuchte natürlich, aus der Stadt zu fliehen, aber seine Soldaten steinigten ihn für diese Feigheit. Damit war es abermals an Leo dem Großen, für Rom zu sprechen, und er begab sich am 2. Juni 455 ins Lager Geiserichs.

Den Vandalenkönig zum Abzug zu bewegen mußte als aussichtslos gelten. Auch war Geiserich, älter und klüger als Attila, Arianer und nach Jahren heftigen Klerikerstreits in Karthago den Katholiken keineswegs gut gesinnt. Leo versprach, daß sich keine Hand zum Widerstand regen würde, und nach allem, was man von diesem Stadtbürgertum im fünften und sechsten Jahrhundert hört, gab es in der Tiberstadt ohnedies keinen kämpferischen Ehrgeiz, keinen Selbstbehauptungswillen mehr, man fühlte sich als Objekt stärkerer Mächte. Als Gegenleistung für einen kampflosen Einzug in die Stadt erbat der Papst die Schonung der Menschenleben und der Bauwerke, was Geiserich zugestand: Brennende Paläste lassen sich ohnedies nur unter Lebensgefahr leerplündern, und tote Römer und Römerinnen konnte Geiserich auch nicht mehr zu Geld machen. Geiserich war dem Papst zweifellos aus einer anderen Position entgegengetreten als Attila, Geiserich hatte einen festen Glauben, der ihn eher zum Gegner als zum Verehrer des Bischofs von Rom machte, denn das katholische Episkopat Nordafrikas intrigierte mit außerordentlicher Findigkeit von Spanien bis Konstantinopel gegen die Vandalen. Und Geiserich hatte keinen langen Anmarschweg zurückzulegen, sondern stand bereits vor und schließlich in der Ewigen Stadt.

Es ist darum nicht mit Sicherheit zu sagen, ob das, was sich in den zwei Wochen nach der kampflosen Übergabe in Rom abspielte, das Ergebnis der Verhandlungen zwischen zwei großen und selbstsicheren Fürsten ist oder eine freiwillige Leistung Geiserichs für einen Papst, dessen persönliche Größe auch einen Mann beeindrucken mußte, der das Amt als solches nicht anerkannte. Tatsache bleibt, daß Geiserich nicht nur die Vandalen, sondern auch die maurischen Hilfstruppen zu erstaunlicher Disziplin anhielt, und das nicht nur drei Tage wie nach dem Gotensturm, sondern dreizehn Tage lang, eine Frist, in der beinahe jede Armee noch ihren Kommandeuren entglitt. Dreizehn Plünderungstage verliefen im Rom Leos I. wie eine wohlgeregelte Übung. Straßenzug um Straßenzug wurde von den Trupps abgegangen, jedes Haus vom Boden bis zum Keller durchsucht und gleichsam ausgeleert, denn die maurischen Wüstenkrieger waren ja bettelarm, gegen sie waren

33

selbst die römische Dienerschaft und die armen Römer noch wohlhabend, bedeuteten doch einfachstes Hausgerät und Kupfergeschirr einen Besitz in den Zelten der Nomaden.

Geiserich hatte seine Leute in der Gewalt wie kein anderer Eroberer von Rom, aber seine Schiffe überschätzte er. Um seine neue Hauptstadt, das im Handstreich eroberte Karthago, besonders gut auszustatten, hatte er Bronze- und Marmorplatten, Beschläge und Kupfertafeln, Leuchter und Steintische und noch sehr viel anderen schönen, aber schweren Hausrat auf ein Schiff laden lassen, das bei der Heimfahrt der Vandalen als einziges sank.

Die frommen Römer schrieben natürlich auch diesen Schiffsuntergang den Wunsch- und Flucheskräften ihres großen Papstes zu. Aber auch Leo hatte Geiserich nicht davon abhalten können, wohlhabende Familien auszuwählen und mit der Gefühlskälte des großen Räubers stets jenes Familienmitglied auszusuchen, für das der Vater die größte Lösegeldsumme bezahlen würde: schöne junge Frauen, eben erblühte Töchter, hoffnungsvolle Knaben. Es war zu einer Zeit, da das Christentum bereits erfolgreich gegen die Sklaverei vorging, jene neue Form des Menschenraubes, die sich bis an die Schwelle des neunzehnten Jahrhunderts gerade im Mittelmeer halten sollte: Die Lösegelderpressung, den Seeräubern vertraut seit Cäsars Zeiten. Ihre Folgen zu mildern wurde später die besondere Aufgabe einiger jener Orden, die mit den Ungläubigen in Oran oder Algier zu verhandeln verstanden. Das war hart für Rom, aber es zeigt, wonach Geiserich der Sinn stand, der kühle Sinn eines antiken Mafioso, der niemals – wie dreizehnhundert Jahre später die Jakobiner – steinerne Figuren von den Fassaden der Dome gerissen oder königliche Skelette aus den Gräbern geholt hätte.

»Die ruhige Forschung verdammt die triviale Fabel, daß die Vandalen die Gebäude Roms zerstört haben«, schreibt Gregorovius, und der weiß schließlich, wovon er spricht. »Kein einziger Geschichtsschreiber, der nur irgend von dieser Begebenheit erzählt, nennt auch nur ein einziges Gebäude, welches sie vernichtet hätten. Prokopios berichtet nur, daß die Vandalen das Kapitol und das Palatium ausplünderten; und es sind allein die späteren, voneinander abschreibenden Byzantiner, welche in allgemeinen Phrasen von einer Anzündung der Stadt und einem Verbrennen ihrer Wunderwerke hören.«

Anders als die Begegnung mit Attila hat die Zusammenkunft mit Geiserich auf der Via Portuensis, zwischen der Küste und den Mauern von Rom, die Späteren nicht mehr sonderlich beschäftigt, und doch hätte es für die beiden Großen mehr zu besprechen gegeben als nur die Modalitäten der Übergabe einer Stadt: Geiserich war als König des Vandalenreiches auch der mächtigste Ketzer seiner Zeit. Er hielt Dutzende von Bischöfen, darunter hochgebildete Kirchenlehrer, in Verbannungshaft auf Sardinien, Dutzende katholischer Pamphletisten in seinen Gefängnissen zu Karthago, Hippo und an anderen Orten. Während Attila trotz seiner Tafelrunde und seiner germanischen Weggenossen im Grunde nur die barbarische Gegenwelt verkörperte, war Geiserich der kongeniale Widerpart eines großen Papstes, und es scheint, daß Leo wie Geiserich sich an der Via Portuensis zu schnell wieder voneinander getrennt haben: Ein Frieden zwischen diesen beiden Großen hätte vielleicht den Zugriff des Ostens, die Söldnerinvasionen aus Byzanz, verhindert, denen die großen Germanenreiche schließlich zum Opfer fielen, in Nordafrika ebenso wie auf der Apenninenhalbinsel.

Der Konsul Gottes
und die große Mission

Zwischen Leo dem Großen und Gregor dem Großen liegen die schwersten eineinhalb Jahrhunderte des Papsttums, wenn auch nicht der Kirche. Dank seiner günstigen Lage an den Meerengen kaum angreifbar, hatte sich Konstantinopel gegen die Barbarenstürme besser behauptet als Rom, und dank seiner großen Reichtümer hatte das byzantinische Kaisertum die Versprengten der großen Kriege als Söldner gewinnen können: die so gut wie überall siegreich bleibenden hunnischen Truppen, die Reste der Heruler, ja sogar Vandalen, Gepiden und Alanen. Gestützt auf heimatlose Berufskrieger, eroberten die Eunuchen aus Byzanz nach und nach alle Küsten des Mittelmeerraums und kreisten damit das altehrwürdige Rom ein, in dem die letzten Römer, die diese Bezeichnung verdienen, die geistige Macht des Papsttums gegen die skrupellose Machtpolitik von Kaisern, Kaiserinnen und Usurpatoren behaupteten.

Dieser Vorgang ist in der Weltgeschichte einmalig, und wenn es eines historischen Beweises für die Sendung des Papsttums bedürfte, so wäre er eben darin zu erblicken, daß es selbst einer Reihe weniger bedeutender Päpste gelang, die Institution des Papsttums und den Primat des Römischen Stuhles gegen Belisar und gegen die Langobarden, gegen Arianer und andere Abweichler zu behaupten. Aus der Kette von Päpsten, die sich hartnäckig, standhaft und nicht immer mit den saubersten Methoden gegen all diese Gefahren durchsetzten, ragt nur Gelasius I. (492–496), ein Papst aus Nordafrika, durch seine hohe Intelligenz heraus. Den anderen – Hilarius, Simplicius, Hormisdas, und wie sie alle hießen – ist vor allem eine gewisse diplomatische Geschmeidigkeit zustatten gekommen, haben doch einige unter ihnen den Arianer Theoderich als weltlichen Herrscher über Italien anerkennen, Gegenpäpste besiegen, in einem eroberten Rom residieren müssen.

Noch immer waren die kräftigsten Völker – jene, auf denen auch die Zukunft des europäischen Christentums ruhte – Arianer. Theoderich, im Grunde nur Statthalter, aber wie ein Kaiser verehrt, erbaute in Ravenna die herrlichsten Kirchen und Baptisterien des Arianismus, und die im nächsten Jahrhundert in Italien einfallenden Langobarden hielten an dieser Lehre fest bis in karolingische Zeiten. Eine Gegenkraft zeigte sich nur – noch sehr zaghaft – unter den Franken, die mit den anderen Germanenstämmen im Unfrieden lagen. Der mächtigste Frankenfürst Chlodwig hatte sich gegen Ende des fünften Jahrhunderts, unter dem Pontifikat Anastasius' II., dem Christentum römischer Prägung zugewandt, und wenn auch die fränkische Herrscherfamilie der Merowinger sich in den folgenden Jahrzehnten so ziemlich aller Verbrechen schuldig machte, die Menschen sich ausdenken können, so wurde das christliche Frankenreich schließlich doch eine bedeutende Stütze der päpstlichen Macht gegen die arianischen Germanenvölker. Von Rom, also vom Süden, und aus dem Frankenreich, also vom Westen her, setzte eine zunächst missionarische und später auch militärische Gegenbewegung gegen den Arianismus ein; ihre eifrigsten und hingebungsvollsten Glaubensboten kamen jedoch aus Irland und England.

Gregor I. entstammte einem der ältesten Geschlechter Roms – er war ein Anicier, die schon in vorchristlicher Zeit der Stadt Rom und vor allem in Praeneste zahlreiche Würdenträger stellten. In der Kaiserzeit ergaben sich für das in verschiedenen Linien blühende Geschlecht Verflechtungen mit der römischen Geschichte, die zumindest für Vorfahren zweier Päpste (Felix III. und Gregor I.) als Kuriosa gelten müssen: Es war ein Anicier, der den halbverrückten

Caligula vor einer Verschwörung warnte, bald darauf aber in Ungnade fiel und sich den Tod geben mußte. Ein Quintus Anicius Faustus war Legat in Numidien, andere waren Präfekten, Konsuln oder Prokonsuln, und zwei Anicier waren gar Kaiser: Flavius Anicius Justinianus und Flavius Anicius Justinus. Quintus Aurelius Anicius Symmachus, Konsul des Jahres 522, war mit Boëthius befreundet, ist aber nicht der 525 hingerichtete Symmachus, der ein Mitverschworener des Boëthius und in den Augen Theoderichs des Großen ein Aufrührer war.

Gregor war dank solcher Vorfahren schon in jungen Jahren zu einer großen Karriere bestimmt, erhielt eine sehr sorgfältige Ausbildung und wurde in verhältnismäßig jungen Jahren Präfekt von Rom: um 570, als er kaum mehr als dreißig Jahre zählen konnte. Das Amt war nicht leicht; Seuchen wüteten noch schlimmer als die Kriege, und nach Ostgoten und oströmischen Truppen hatten nun die Langobarden begonnen, sich der wehrlosen Halbinsel zu bemächtigen.

Als Gregors Vater, einer der höchsten Beamten in Italien, starb, erbte Gregor ein sehr großes Vermögen mit ausgedehntem Landbesitz, der zum Teil auf Sizilien lag. Es ist bezeugt, daß Gregor nicht weniger als sechs Klöster auf seinen sizilianischen Grundstücken errichtete, ein siebentes aber in Rom, in das er um 576/77 selbst als Mönch eintrat. Die Jahre der Einkehr brachten die Wendung vom weltlichen zum geistlichen Leben, aber auch die Bereitschaft, der Kontemplation zu entsagen, wenn die Kirche seine Dienste brauchen würde. Unter Benedikt I. und Pelagius II. erwies sich der junge Benediktinermönch als außerordentlich geschickter Diplomat und wirkte auch – wie man heute sagen würde : als päpstlicher Nuntius – in Konstantinopel, also auf dem wichtigsten Gesandtenposten, den das Papsttum zu vergeben hatte. Die Kaiser Tiberius Constantinus und Mauritius kamen Gregor allerdings mehr in weltlichen als in Glaubensdingen entgegen, vor allem weil sie gegen die verschiedenen Barbarenvölker erschöpfende Kriege führen mußten und die Sektenstreitigkeiten als Laien nicht so ernst zu nehmen vermochten. Als Mauritius dann durch den Empörer Phokas ein fürchterliches Ende nahm, war Gregor längst Papst, konnte aber nichts dagegen tun, daß Phokas fünf Söhne des Mauritius vor den Augen des Vaters abschlachten und dann diesen selbst töten ließ. Es charakterisiert die Zeit, daß Phokas selbst wenige Jahre später von seinem Nachfolger ebenfalls auf schauerliche Weise umgebracht wurde.

In solchen Zeiten, sagte Gregorovius, sei die Kirche der Hort der Gesellschaft geworden, vor allem da ein Patrizier aus ältestem Geschlecht den Thron des Petrus innehatte, eine kaiserliche Familie zu einem Geschlecht zweier Päpste geworden war. Gregor soll lange gezaudert haben, ehe er 590, nach dem Pesttod des Papstes Pelagius, die Wahl zum Papst akzeptierte, aber es gab in der bedrängten Lage der Kirche, des Papsttums und der Stadt Rom nur *eine* Stimme: Die Kleriker wie das Volk verlangten nach Gregor, und der Kaiser, der keinen Römer besser kannte als eben Gregor, beharrte ebenfalls auf dieser Wahl, so daß Gregor sich am 3. September 590 zum Papst weihen ließ.

Gregor nahm geistliche wie weltliche Aufgaben mit der gleichen Energie auf sich, bekämpfte die Pest in Rom zugleich mit der Hungersnot und reinigte die mit allzu vielen Laien durchsetzte Kirchenverwaltung. Auch die Klöster selbst erhielten durch Gregor neue, strengere Ordnungen, wobei er sich gewisse Klöster unmittelbar – also unter Umgehung des Bischofs – unterstellte. Dies erlangte schon in den nächsten Jahrzehnten besondere Bedeutung, weil vor allem in Missionsgebieten die Klöster die eigentlichen Stützpunkte der ausschwärmenden Glaubensboten wurden, die Bischöfe aber nicht selten den Ruhm und den Ertrag missionarischen Landgewinns für sich beanspruchten. Bedeutende deutsche Klöster wie zum Beispiel Fulda hatten unter den Ansprüchen der Bischöfe viel zu leiden und beriefen sich dagegen auf die unmittelbare Unterstellung unter den Papst.

Die schwierigste Aufgabe stellte sich auch diesem großen Papst in Gestalt jener christlichen Gruppen, die in dem einen oder anderen Punkt ihre eigene Auffassung vom Christentum hatten. Gregor, der gegenüber weltlichen Herrschern gelegentlich zu nachsichtig wirkt, etwa gegenüber dem sadistischen Ungeheuer Phokas auf dem Thron zu Konstantinopel, bewies allen Rückkehrwilligen väterliche Güte. Mit einer versöhnlichen Ketzerpolitik, an der sich so mancher seiner Nachfolger ein Beispiel hätte nehmen können, führte er in Nordafrika, Mailand und Illyrien die Abtrünnigen in den Schoß der Kirche zurück, nur mit den die besondere Rolle des Papsttums gefährdenden Ansprüchen des Patriarchen von Konstantinopel vermochte Gregor sich nicht abzufinden. Als Patriarch Johannes sich als den Bischof des Erdenrunds apostrophieren ließ, beschämte ihn Gregor, indem er sich *Servus servorum Dei* (Knecht der Diener Gottes) nannte.

Seinen größten Erfolg errang Gregor auf politischem Gebiet, nämlich in dem Friedensschluß mit den Langobarden. Dabei kam dem Papst allerdings zustatten, daß ein arianischer Langobardenfürst eine (natürlich streng katholische) bayrische Prinzessin geheiratet hatte. Diese Fürstin, sie hieß Theodolinde, wirkte auch nach dem Tod ihres Gatten noch so mäßigend auf das arianische Volk ein, daß es Gregor zumindest als eine politische Autorität anerkannte. Während Konstantinopels Statthalter in Ravenna in diesem Friedensschluß einen Akt des Hochverrats erblickten, errang sich Gregor auch noch das Vertrauen des arianischen Westgotenkönigs Rekkared. Es hatte in der westgotischen Königsfamilie nämlich tragische Vater-Sohn-Konflikte gegeben, bei denen die Religion eine große Rolle gespielt hatte. Bischof Leander von Sevilla, der mit Papst Gregor in freundschaftlichem Briefwechsel stand, führte mit König Rekkared nach und nach die ganze gotische Oberschicht vom arianischen Glauben weg zum Katholizismus, ein Akt, der freilich keine länger währende Wirkung mehr erlangte, weil etwa hundert Jahre nach Gregors Tod das nunmehr katholische Spanien von den Berbern und Arabern erobert wurde.

Das mächtige Frankenreich im Rücken der Langobarden und an den Grenzen des heidnischen Norddeutschland wurde für Gregor zu einem Gegenstand besonderen Interesses. Er war vielleicht der erste Papst, der seine Aufgabe wahrhaft europäisch empfand und sich über die Grenzen Italiens hinaus mit der Welt beschäftigte, obwohl gerade er durch Schenkung und Erwerb von Grundstücken an den Heiligen Stuhl den Grundstein zur vatikanischen Eigenstaatlichkeit gelegt hatte. Der Osten unter dem Einfluß Konstantinopels, der Westen noch sehr unsicher in seinem jungen, erst von Rekkared angenommenen katholischen Glauben, das war eine Situation, die dem Frankenreich eine Schlüsselstellung zuwies. Die Verbindung der Kirche mit den merowingischen Herrschern mußte von allen Schwierigkeiten freigehalten werden, wenn der Einfluß der Päpste über Italien hinausdringen sollte. Diese Überlegung war es wohl, die Gregor den Großen gegenüber einer so unbedenklich, ja verbrecherisch handelnden Fürstin wie Brunichildis beide Augen zudrücken ließ. Gregors Briefe an diese vielfache Mörderin beschränken sich auf väterliche Ermahnungen, gelegentlichen sanften Tadel und die Bitte, die ihr untergebenen Bischöfe zu ihren Pflichten anzuhalten. Es war wie im Falle des Phokas ganz so, als habe Gregor im voraus gewußt, welch schreckliches Ende auch Brunichildis finden werde: Von einem wilden Pferd zu Tode geschleift, büßte sie ihre Sünden ab.

Wir dürfen annehmen, daß Gregors Bemühungen um das Frankenreich auch auf England zielten. Dem hochgebildeten Römer mußte bekannt gewesen sein, daß die britische Insel von Kelten bewohnt und schon zur Zeit der Legionen christianisiert war, also ein sehr wichtiger Verbündeter des Papsttums im Kampf gegen die arianisch-germanische Übermacht sein konnte. Aber ebendas oft feurige, ja überschäumende religiöse Engagement der Kelten hatte der katholischen Kirche bislang mehr Probleme geschaffen als Hilfe gebracht. Aus England stammte nämlich jener Mönch Pelagius, der das alte Christentum aus römischen Besatzungszeiten in eine gefährliche Irrlehre umgemünzt hatte – gefährlich, weil sie eine große Anziehungskraft auf die Gläubigen ausübte. Pelagius, der etwa ein Menschenalter vor Papst Gregor gelebt hatte, war überzeugt, daß der Mensch ohne die Last der Erbsünde geboren werde, daß ein Neugeborenes sich also in jenem Status befinde, den Adam und Eva *vor* dem Sündenfall gehabt hatten. Pelagius bekannte sich zu den natürlichen Anlagen des Menschen und deren Entwicklung und stand damit viel enger in den antiken Traditionen als der alle Lebenslust und viele irdische Freuden verdammende strenggläubige Katholizismus der großen Kirchenväter.

Es konnte nicht ausbleiben, daß Pelagius bei den geistig regsamen, kunstsinnigen und sinnlichen Kelten des südlichen England schnell Anhänger gewann, und ähnlich ging es zu, als er nach Nordafrika reiste. Er fand dort zwar in Augustinus, dem später heiliggesprochenen Bischof von Hippo, seinen geistvollsten Gegner und schließlichen Überwinder, aber die britische Insel blieb ein Hort des Pelagianismus, bis sich bedeutende Bischöfe wie Germanus von Auxerre und Lupus von Troyes auf die Insel begaben, Germanus sogar ein zweites Mal, wobei ihn dann Severus von Trier begleitete. Danach konnte der Pelagianismus in England zwar als besiegt gelten, und es gab vielbesuchte katholische Kirchen in Canterbury, Glastonbury, Dover, Richborough und an anderen Orten. Aber die Invasion der heidnischen Angeln und Sachsen gefährdete alle diese frühen Erfolge wieder. Die germanischen Krieger drangen nämlich kämpfend und plündernd ungestüm vom Norden nach Süden und, als sie Südengland erreicht hatten, nach Westen vor, wobei die keltisch-christliche Bevölkerung in das schwerer zugängliche Bergland von Devon und Cornwall abgedrängt wurde. Die Eroberer nahmen weder aus der Sprache noch aus der Religion der Unterworfenen nennenswerte Elemente auf, so daß man annehmen muß, es seien damals weite Landstriche durch mörderische Schlachten völlig entvölkert worden.

Die tüchtigen Kämpfer aus Skandinavien schufen für Papst Gregor eine schwierige Situation; sie waren nicht einmal Arianer, sie waren Heiden, von denen man noch herzlich wenig wußte. Darum beauftragte er einen ihm gut bekannten, verdienstvollen, nur vielleicht schon etwas zu alten Prälaten namens Augustinus, den Abt des Benediktinerklosters von Sankt Andreas zu Rom, mit der Englandmission. Er ging, wie es heißt, mit vierzig Gefährten im Jahr 596 nach England, doch ist die Zahl seiner Helfer gewiß zu hoch gegriffen. Es scheint, daß in Nordfrankreich, unter dem Eindruck genauerer Nachrichten von der heidnischen Insel, so mancher den Mut verlor und es vorzog, im Frankenreich zu bleiben oder nach Rom zurückzukehren.

Indessen – Augustinus hatte Erfolg, zweifellos auch wegen der klugen Direktiven, die Papst Gregor ihm mitgegeben hatte und die darauf hinausliefen, die Angelsachsen nicht vor den Kopf zu stoßen. Ihnen teure Elemente aus dem alten, heidnischen Brauchtum sollten so weit als angängig bestehenbleiben. Augustinus sollte mit Behutsamkeit und Toleranz vorgehen. Wenn man bedenkt, wieviel Blut in späteren Epochen floß, weil gläubiger Fanatismus Bräuche und Symbole des Heidentums mit Stumpf und Stiel ausrotten zu müssen meinte, dann bewundert man Gregor den Großen, den Papst des sechsten Jahrhunderts, noch mehr. Augustinus erreichte viel; er wurde Erzbischof von Canterbury und starb im Mai 604, aber erst im achten Jahrhundert und nach der weisen Herrschaft König Alfreds des Großen konnte England als wahrhaft christianisiert gelten.

Die Diskussion um das Wirken Gregors und um seine Grundsätze wird von katholischer Seite naturgemäß verehrungsvoll-vorsichtig geführt; aber es ist doch sehr klar, daß dieser große Mann sehr oft an die Grenzen dessen ging, was selbst das Oberhaupt der Kirche verantworten konnte, und so mancher seiner Nachfolger mag dieses Maß an Toleranz im stillen verurteilt haben. »Er befahl nämlich«, lesen wir bei Pfarrer Dr. J. N. Brischar, »die Götzentempel nicht zu zerstören, sondern bloß die Götzenbilder hinauszuwerfen, die Tempel mit Weihwasser zu besprengen, Altäre zu erbauen und Reliquien hineinzulegen, um auf diese Weise die Tempel dem Kultus der Dämonen zu entreißen und zur Verehrung des wahren Gottes zu benutzen. Denn das Volk, welches seine Tempel nicht zerstört sehe, werde im Herzen leichter seinen Irrtum ablegen und mit willigem Gemüt die gewohnten Opfer dem wahren Gott darbringen. Daher sollten die den Göttern gebrachten Opfer von Rindern nicht abgeschafft, sondern nur in christlicher Weise abgeändert werden. Das Volk werde nämlich, während ihm die äußere Freude gelassen werde, um so leichter sich der innern Freude zuwenden. Den rohen Gemütern alles zugleich nehmen sei unmöglich. Wer die höchste Stufe erlangen wolle, müsse schrittweise, aber nicht im Sprunge sich dazu erheben.«

Noch zweihundert Jahre nach Gregor wird sich das bayrische Episkopat mit der Tatsache herumschlagen müssen, daß auf den

Dörfern in den Kirchen getanzt, gesungen und getrunken wird, weil sie nun einmal der Begegnungsort sind und es stets waren. Gregors Einsicht in diese überall wichtige Macht des Sekundären, seine Klugheit, wegen des Bades nicht auch das Kind auszuschütten, haben die englische Kirche bis herauf in die Renaissance zu einer wichtigen Stütze des Papsttums werden lassen. Als während des vierzehnten Jahrhunderts ganz Italien gärte und die Päpste in Avignon residieren mußten, flossen die Unterhaltsgelder aus keiner Kirchenprovinz so regelmäßig wie aus dem treuen England.

Im engeren Einzugsgebiet von Rom, im alten Reichsgebiet, erkennt man an Gregors Maßnahmen allerdings den Patrizier und ehemaligen Präfekten. Gegen die ins Heidentum zurückgefallenen Sklaven auf den einst vandalischen Inseln Korsika, Sardinien und Sizilien geht der Papst mit größerer Strenge vor als gegen die Nordgermanen, die vom Christentum noch nicht viel gehört hatten. Hatten sich Sklaven vom katholischen Glauben abgewandt, so wurden sie durch Geißel und Tortur wieder in die Kirche zurückgeführt. Freie Abtrünnige wurden ins Gefängnis geworfen, und im übrigen wurde mit Hilfe der Steuern verfahren: Wer sich taufen ließ, erhielt einen gewissen Nachlaß der sonst drückenden Abgaben.

Sehr interessant, weil besonders folgenschwer, ist Gregors Verhalten gegenüber den Juden. Hier scheint er gewisse königliche Gesetze aus dem spanischen Westgotenreich gebilligt und auf Italien übertragen zu haben, vor allem das Verbot, daß Christen und Christinnen in jüdischen Familien als Sklaven gehalten würden. Mit Verordnungen dieser Art begannen unter den westgotischen Königen in Spanien die Zerwürfnisse zwischen den Herrschenden und den sehr zahlreichen Juden, die schließlich zur Ausweisung der Juden führten und zu deren Rückkehr im Troß der arabischen und berberischen Eroberer.

Gregor machte sich diese unter damaligen Verhältnissen für einen Römer sehr naheliegenden Grundsätze zu eigen; er verbot allen Juden, christliche Sklaven oder gar Sklavinnen zu halten, wachte andererseits aber auch über die Sicherheit von Person und Eigentum der wohlhabenden Juden, die manchen Anfeindungen ausgesetzt waren. Im übrigen ordnete Gregor an, daß jeder jüdische oder heidnische Sklave, der Christ zu werden wünschte, von seinen jüdischen Besitzern freigelassen werden mußte. Obwohl in früheren Jahrhunderten die sogenannten Judenchristen einen zeitweise starken Zustrom zu den christlichen Gemeinden ausgelöst hatten, sprach sich Gregor stets gegen Judenbekehrungen unter Druck oder Zwang aus.

Der Begriff, in dem dieser große Papst am deutlichsten und auch für weitere Kreise weiterlebt, ist jedoch der *Gregorianische Choral*, die älteste römische Kirchenmusik, die von mittelalterlichen Chronisten auf Gregor den Großen zurückgeführt wird. Daran ist sicherlich richtig, daß der Papst eine Knabenchorschule einrichtete, deren Name *Orphanatrophium* anzudeuten scheint, daß es sich um Waisenkinder handelte. Die Bemühungen um den Kirchengesang waren im römischen Ostreich schon wesentlich weiter gediehen als in Rom und im Westen, und wenn Gregor die Kirchengesänge und die Kirchenmusik zu pflegen wünschte, dann sah er damit wohl voraus, daß der katholische Gottesdienst, die Messe, dieser frommen Musik bedürfe, um die Weihe, aber auch die Anziehungskraft auf Laien zu verstärken.

Dennoch gibt es keine schlüssigen Beweise dafür, daß tatsächlich Papst Gregor am Anfang der nach ihm benannten Erneuerung der Kirchenmusik und des Chorgesangs steht, denn die ersten Notenaufzeichnungen zu den Gesangbüchern stammen aus dem neunten Jahrhundert. Andererseits gibt es Briefe, in denen Gregor sich gegen den Vorwurf verteidigt, den Gesang des Halleluja außerhalb der Osterzeit eingeführt und damit byzantinische Vorbilder übernommen zu haben. Wäre es so, Papst Gregor hätte auch in diesem Punkt besondere Voraussicht bewiesen, denn wir kennen die liebenswürdig-naive Anekdote über die religiösen Entscheidungen, wie sie Wladimir von Kiew im zehnten Jahrhundert zu fällen hatte: Araber, Juden, Ostchristen und Römer warben um die Sympathie des großen Königs, aber die Gesandten, die er nach Konstantinopel geschickt hatte, kehrten mit so großer Begeisterung über die herrlichen Choräle in der Ostkirche nach Kiew zurück, daß Wladimir sich entschloß, diese Form des Christentums anzunehmen, nicht den römischen Katholizismus.

Am 12. März 604 starb Gregor der Große nach einem Pontifikat von dreizehneinhalb Jahren, die zuletzt durch beinahe dauernde Krankheit gekennzeichnet waren. Aber selbst ans Bett gefesselt, hatte Gregor noch seine vielen Pflichten wahrgenommen und seine volle Autorität ausgeübt, ein echter Römer nicht nur in seinem klassischen Profil, sondern auch in seiner Mißachtung der körperlichen Behinderungen und Krankheiten. Seine zahlreichen Schriften haben es mit sich gebracht, daß er als der vierte der großen Kirchenlehrer angesehen wird, doch stimmt die heutige Beurteilung selbst unter seinen Verehrern darin überein, daß Gregors Wirken auf diesem Gebiet überschätzt wurde. Im Unterschied zu Augustinus oder Hieronymus verstand er das Griechische nicht, was um so erstaunlicher ist, als er ja jahrelang in Konstantinopel als Gesandter gewirkt hatte. Das bedeutendste seiner Werke ist ein weit ausgesponnenes moralisches Repertorium in fünfunddreißig Büchern, das Gregor bereits als Gesandter am Bosporus begann, vermutlich in regem Gedankenaustausch mit dem damals ebenfalls dort wirkenden geistvollen Leander von Sevilla. Dieses Werk wurde ins Spanische und – von keinem Geringeren als Notker dem Stammler – ins Deutsche übertragen und schließlich 1475 in Rom gedruckt, also immerhin neunhundert Jahre nach seiner Niederschrift!

Sehr bekannt wurde auch Gregors *Regula pastoralis*, ein Buch mit autobiographischen Zügen, das zu einer der beliebtesten frommen Schriften des Mittelalters wurde. König Alfred der Große hat es selbst ins Altsächsische übertragen. Auf dem Konzil zu Mainz im Jahr 806 waren sich die Teilnehmer einig, daß dieses ausgezeichnete Werk den Gläubigen auch noch in karolingischen Zeiten als Richtschnur dienen könne (Gregor berichtet darin unter anderem von seinen Versuchen, sich der hohen Würde zu entziehen, die man ihm nach dem Tod Pelagius' II. antrug).

Gregors Leib wurde in der Peterskirche neben Papst Leo I. beigesetzt, doch erhielten die Bistümer Sens und Soissons einzelne Reliquien. Reste des St.-Andreas-Klosters sind am Clivus Scauri noch erkennbar, einem bis heute erhalten gebliebenen antiken Straßenzug, an dem jenes Haus von Gregors Vater lag, das er in ein Kloster umwandelte.

Es ist aus heutiger Sicht schwer verständlich, daß der Nachfolger dieses großen Papstes, ein Toskaner aus Volterra mit dem Papstnamen Sabinianus, Gregor geschmäht und sein Andenken verunglimpft haben soll, aber die Überlieferung und die Legenden geben doch gewisse Hinweise in dieser Richtung. Dabei hat Sabinianus nicht den Vorwurf aufgegriffen, der sich heute als beinahe einziger gegen die Regierung Gregors erhalten hat – den Huldigungsbrief an Kaiser Phokas (gestorben 610), in dem Gregor den tüchtigen Mauritius noch nach dessen Tod angreift und in den damals üblichen überhöflichen Wendungen dem Phokas seine Ergebenheit versichert, obwohl dieses Ungeheuer gerade die Frau, die Töchter und die Söhne des Mauritius vor dessen Augen hatte abschlachten lassen. Der Kaiser des römischen Ostreiches war für die Kirche und die Päpste leider der wichtigste weltliche Machthaber, der einzige, der den Primat der Päpste ernsthaft gefährden konnte.

Sabinianus scheint eher die außerordentliche Großzügigkeit Gregors angegriffen zu haben, eines Mannes, der auch auf dem Stuhl Petri der reiche Patrizier geblieben war und als solcher gehandelt hatte, ohne auf die bedrängte Lage der Kirche Rücksicht zu nehmen. Sabinianus übertrieb nach der anderen Seite: Er ließ während einer Hungersnot Getreide von kirchlichen Latifundien auf Sizilien heranschaffen und zu überhöhten, ja vielleicht sogar zu Wucherpreisen verkaufen. Damit hatte er sich in Rom so verhaßt gemacht, daß 606, als Sabinianus starb, sein Leichnam auf Schleichwegen vom Lateranpalast nach Sankt Peter gebracht werden mußte. Die Legende behauptet, Gregor der Große sei diesem Unwürdigen in einer Winternacht erschienen und habe ihn eigenhändig getötet.

Auf Sabinianus folgten bis 649 sieben Päpste, die in ihren größtenteils sehr kurzen Pontifikaten nichts Entscheidendes bewirken konnten. Der bedeutendste unter ihnen ist der Gregor-Schüler Honorius I. (625–638), der auch die von Gregor dem Großen in Angriff genommene Englandmission weiter förderte und die ersten Rückschläge überwand. In Rom erwies er sich als ein umsichtiger und großzügiger Bauherr. In einer besonders kniffligen theologischen Streitfrage über die Einheit des Willens Christi (!), im *Monotheletismus*-Streit, hatte er mit Rücksicht auf Byzanz eine tolerante Haltung eingenommen und wurde darum auf einem späteren Konzil als Ketzer gebrandmarkt. Diese Tatsache gewann Bedeutung, als es in späteren Jahrhunderten um die Unfehlbarkeit des Papstes ging, und darum blieb die sogenannte Honorius-Frage bis ins neunzehnte Jahrhundert ein Thema des Theologenstreits.

Byzanz war auch die Ursache für die allzu bewegten Schicksale im Leben jenes Papstes, der sich Martin I. nannte (649–655). Er hatte sich konsekrieren lassen, ohne die Bestätigung des Kaisers Konstans II. abzuwarten. Da eine Lateransynode überdies auch in der oben erwähnten Monotheletismus-Frage für Martin und gegen den Kaiser entschied, wurde der Papst 653 vom kaiserlichen Statthalter verhaftet, und zwar vom Altar der Lateranbasilika weg, und trotz schwerer Krankheit in Ketten nach Konstantinopel/Byzanz gebracht. Nach Chersonesus (nicht nach Cherson am Dnjepr, wie man lesen kann) verbannt, in jene Stadt auf der Halbinsel Krim, die als Grenzstadt Ostroms schon so manchen Verbannten aufgenommen hatte, lebte Martin I. noch ein Jahr unter den schlimmsten Verhältnissen stets am Rand des Hungertodes, dem er im September 655 erlag. Weniger bekannt als der große Mantelheilige von Tours, ist Martin I. doch kanonisiert und unvergessen als eines der ersten Opfer des die Jahrtausende durchwaltenden Streites zwischen Kaisertum und Papsttum, ein Märtyrer, wie die Fachsprache sagt, des Cäsaropapismus, ein Heiliger auch der griechisch-orthodoxen Kirche – und neben alledem ein Beispiel großer persönlicher Tragik. Sie entstand, weil ihm nur Geist und Charakter zu Gebote standen und noch nicht die militärische, weltliche Macht späterer Bekennerpäpste.

Die Auseinandersetzungen zwischen dem Papsttum in Rom und den Kaisern in Byzanz muten tatsächlich byzantinisch, also engstirnig und selbstgefährdend an, angesichts der Tatsache, daß dem Christentum inzwischen der mächtigste Feind entstanden ist – wie sich heute zeigt, mächtiger als selbst der Marxismus: Unter dem Pontifikat des Papstes Honorius starb Mohammed, der geniale Stifter der islamitischen Religion, und seine Getreuen schwärmten aus, um die neue Lehre in allen Ländern rings um Arabien zu verkünden. Seit jenem Jahr 632 begann eine Wandlung der Welt, die in der erstaunlich kurzen Spanne von nur achtzig Jahren bereits ihren Höhepunkt erreichen und Europa in gewaltigem Zangengriff bis nach Spanien und Portugal umfassen sollte. Achtzig Jahre brauchten die Erben des Propheten, um ihre Herrschaft zwischen dem Indischen Ozean und dem Atlantik aufzurichten, achthundert Jahre werden die ewig zerstrittenen christlichen Reiche des kleinen Europa brauchen, um den Islam wieder auf sein Hauptverbreitungsgebiet im Osten zu beschränken. In Byzanz aber streitet man noch bis zum Beginn des achten Jahrhunderts über die Frage des Willens Christi, ein rein theoretisches, für die Gläubigen und das Leben der Kirche durchaus sekundäres, im Grunde unlösbares Problem ...

Hoffnung gibt der durch soviel inneren Zwist gefährdeten Kirche nicht das Kaisertum in Byzanz, sondern nach wie vor das emphatische England. Dort war durch den keltischen Briten Patrick schon im fünften Jahrhundert Irland christianisiert worden, eine Insel, die fortan zum Hort des Katholizismus werden sollte wie neben ihr nur noch Italien und Polen, und aus Irland wie aus England traten gebildete, energische und unverbrauchte Glaubensboten zur Missionierung der letzten heidnischen Gebiete im Herzen und im Norden Europas an. Es war Papst Sergius I. (687–701), der in dem später heiliggesprochenen Willibrord den ersten großen Kämpfer gegen das friesische Heidentum zum Missionsbischof weihte.

Im engeren Machtbereich der Päpste sind das siebente und in besonderem Maße das achte Jahrhundert durch ein Erstarken der germanischen Kräfte gekennzeichnet. Während die frühen Germanenreiche wie die der Ostgoten und der Vandalen von Byzanz zerschlagen wurden und das Westgotenreich auf seine innere und äußere Krise zusteuert, festigen die Franken und die Langobarden ihre jungen Staatsbildungen.

Mit den arianischen Langobarden, die zum Teil kluge und gebildete Könige haben, gelingen den Päpsten um den Preis von Tributen und anderen Zugeständnissen Friedensschlüsse, die jedoch nur kurzfristige Erleichterung bedeuten – so etwa unter Papst Johannes VI. (701–705) und unter seinem Nachfolger Johannes VII., der von 705 bis 707 regierte. Dieser Grieche hat uns ein Denkmal seiner Wirksamkeit in Roms Griechenkirche hinterlassen: In Santa Maria in Cosmedin finden sich Überreste aus der auf diesen Papst zurückgehenden Marienkapelle in der alten Peterskirche.

Unter Papst Konstantin I. (der zweite Konstantin war ein Gegenpapst) erreichten die Auseinandersetzungen mit Byzanz einen letzten Höhepunkt und ihr spätes Ende. Am Bosporus herrschte der zunächst stark religiös interessierte Kaiser Justinian II., der in umfassenden Verordnungen die letzten Reste heidnischer Bräuche auszumerzen versuchte, andererseits aber auch die Priesterehe zuließ, so daß sich nun deutlichere Unterschiede zwischen der Ost- und der Westkirche offenbarten, in der es schon Fürsprecher des Zölibats gab. Unter den hundertzwei Artikeln über das kirchliche Leben, die dieser Kaiser in seiner ersten Herrschaftsperiode erließ, waren nicht wenige, die jeden Versuch einer Einigung mit Rom illusorisch machten.

In Italien herrschte darum eine gewisse Erleichterung, als Justinian nach innenpolitischen Wirren seinen Thron verlor und auf die Krim in die Verbannung geschickt wurde wie einst Papst Martin (zuvor hatte man dem Kaiser noch die Nase abgeschnitten . . .). Justinian jedoch, ein Mann großer Energien, schloß trotz der Verstümmelung eine für ihn sehr günstige Ehe mit einer Chasarenprinzessin, und als sich auch noch ein raublustiger Bulgarenkhan für einen Feldzug gegen Konstantinopel gewinnen ließ, stand einer Rückkehr Justinians II. auf den Thron nicht mehr viel im Wege. Damit begann aber auch jenes Schreckensregiment, das die Historiker zu Vergleichen mit dem blutgierigen Scheusal Phokas herausforderte: Der einst so fromme Kaiser, der sich auf Münzen als einen Diener Gottes hatte bezeichnen lassen, wütete gegen seine Feinde mit außerordentlicher Grausamkeit. Jene, die er nicht an die Palastmauer hängte, mußten fortan geblendet weiterleben.

51

Der mutige Fürst, der Konstantinopel zurückerobert hatte, indem er sich selbst mit wenigen Getreuen durch ein Abflußrohr in die Stadt schlich, überspannte den Bogen in jeder Hinsicht. Statt sich um die Araber zu kümmern, die in Nordafrika auf einem gewaltigen Eroberungsmarsch begriffen waren, entsandte er 709 eine Strafexpedition nach Ravenna und provozierte damit jenen italienischen Aufstand, den sich bald auch die Justinian-Gegner auf der Krim zum Vorbild nahmen: Ein Gegenkaiser namens Bardanes konnte mit seiner Flotte Konstantinopel erobern, Justinian wurde geköpft und sein Haupt nach Ravenna und nach Rom gesandt, damit man sich auch dort über den Tod des Tyrannen freuen könne.

Auf diese Abwendung von Byzanz, dem ungeliebten Kaisertum, folgte die Hinwendung zum Frankenreich und zu den Karolingern, die in diesen Jahren deutlich machten, daß sie aus einem anderen Holz geschnitzt seien als die Merowinger, deren Herrschaft in einem Sumpf von Blut und Ausschweifungen jeglichen moralischen Kredit verspielt hatte. Papst Gregor II. (715–731), der die Kirche in diese große Wende führte, nahm 722 die Verbindung mit Karl Martell auf, obwohl es noch regierende Merowinger gab: Karl Martell, der sogenannte Hausmeier des Frankenreiches, war als Majordomus und Statthalter längst der eigentliche Herrscher, auch wenn er sich nicht krönen ließ. Er war der Großvater Karls des Großen.

Gregor II. war der erste Römer nach sieben Päpsten griechischer oder syrischer Herkunft, und diese wesenhafte Verbindung mit der Stadt Rom und dem Land Italien brauchte er auch in den unsäglichen Schwierigkeiten, die Kaiser Justinian, sein Statthalter in Ravenna und die Langobarden gegen das Papsttum heraufführten. Als es für Rom schon keine Rettung mehr zu geben schien, als Byzanz und Langobarden gemeinsame Sache gegen den Papst machten, ging Gregor II. wie einst Leo der Große ins Lager des Feindes, sprach lange und eingehend mit Luitprand, dem König der Langobarden, und zog diesen hochbegabten Fürsten tatsächlich auf seine Seite.

Einen zweiten Erfolg errang Gregor, als er sich im *Bilderstreit* gegen Byzanz durchsetzte – eine Entscheidung, die für die gesamte abendländische Kunst ungeheure Bedeutung erlangte. Der fromme Justinian hatte in der Abbildung zumindest der Gottesmutter, aber auch ihres Sohnes und Gottes selbst eine blasphemische Annäherung der Künstler an das Allerheiligste erblickt, so wie schon mancher vor ihm. Tatsächlich war die Bilderverehrung im fünften, sechsten und siebenten Jahrhundert oft sehr weit gegangen und hatte ganze Wallfahrten ausgelöst, so daß der 717 in Byzanz auf den Thron gelangte Kaiser Leo der Isaurier energisch gegen den Bilderdienst – die Bilder in den Kirchen und deren Verehrung – vorzugehen begann. In Rom erhob sich dagegen sogleich ein allgemeiner Protest, und während der Papst die Römer auf seiner Seite hatte, versuchte sich Byzanz mit den dort üblichen Methoden den Erfolg zu sichern: Auf Papst Gregor II. wurden zwei Mordanschläge verübt, die jedoch nicht zum Ziel führten.

Sehr wichtig vor allem für Deutschland wurde die Betrauung des englischen Abtes Winfried mit der Heidenmission in Deutschland, eine Entscheidung, die Papst Gregor im Jahr 719 traf. Winfried, auch Wynfreth geschrieben, war nicht mehr jung, ein Mann Ende Vierzig; er hatte drei Jahre zuvor eine erste, gleichsam private Missionsreise zu den Friesen unternommen, aber dabei noch keine Erfolge erzielen können, weil dieses Volk von dem zähen und unwandelbar heidnischen Fürsten Radbod geführt wurde. Am 15. Mai 719 wurde nun in Rom, nach langen Gesprächen zwischen dem Papst und dem englischen Abt, der große Feldzug für den Glauben beschlossen, der die Christianisierung der Deutschen abschließen sollte. Da der vorangegangene Tag, der 14. Mai, im Kalender dem heiligen Bonifatius zugeordnet worden war, empfing Winfried nun von Papst Gregor II. den Namen, unter dem ihn die Geschichte kennt: Er nannte sich fortan Bonifatius. Dreieinhalb Jahre später, im November 722, erhebt ihn der Papst zum Missionsbischof ohne festen Sitz. Im Jahr 737 macht schließlich Gregor III., Nachfolger Gregors II., Bonifatius/Winfried zum päpstlichen Legaten in Deutschland.

Diese Daten bezeichnen nach vielen Jahrzehnten fruchtlosen

Dogmen- und Kompetenzstreits zwischen Byzanz und Rom nun endlich echte Fortschritte für die Kirche und einen wahren Zugewinn an Gläubigen, wenn es sich auch als sehr schwierig erwies, die im Norden Deutschlands niemals unter römischer Herrschaft gewesenen heidnischen Stämme mit der christlichen Religion vertraut zu machen. Diese war inzwischen immerhin sechshundert Jahre alt geworden und hatte sich zu einem ziemlich komplizierten Gebilde ausgeformt. Die jahrhundertelang von scharfsinnigen Theologen und Philosophen, von Kirchenlehrern, Kaisern und Päpsten im Mit- und Gegeneinander erstrittene Religion und kirchliche Ordnung hatten sich zu einem das ganze Leben erfassenden Imperativ entwickelt, dem sich von allen Völkern die Germanen am widerwilligsten fügten. Die große Leistung des Bonifatius und seiner ihm folgenden Helfer mußte darin bestehen, jene tiefe Kluft zu überbrücken, die noch dreihundert Jahre zuvor einem genialen Apostel wie Ulfila als durchaus bezwingbar erschienen war. Die Stagnation der Expansion und die Beschränkung des Christentums auf den Mittelmeerraum hatten sich hier zweifellos sehr nachteilig, wenn nicht gar verhängnisvoll ausgewirkt.

Hätte Bonifatius nicht soviel echt britisches Abenteurerblut in sich gehabt – man denke nur an die Tour de Force bei der Donareiche –, so wäre er vermutlich der große Papst dieser Weltstunde gewesen. Denn selbst mit dem Herrn Europas, mit dem Araberbezwinger Karl Martell, hatte er einen guten und auf gegenseitige Hochschätzung begründeten Kontakt, sooft auch das fränkische Episkopat seine Adelsrechte gegen die kompromißlose Frömmigkeit des Briten in die Waagschale zu werfen versuchte. Aber Bonifatius blieb eben Missionar, Missionsbischof und endlich Legat, und der Herr über ihn saß stets in Rom.

Von den nicht ganz hundert Briefen des Bonifatius, die sich erhalten haben, sind die meisten an die vier Päpste Gregor II., Gregor III., Zacharias (741–752) und Stephanus II. (752–757) gerichtet. Obwohl einige der wichtigsten Berichte, zum Beispiel über die Mission bei den Thüringern, leider verlorengegangen sind, ist dieser Schriftwechsel zu einer außerordentlich wertvollen Quelle für das frühmittelalterliche Leben in Deutschland geworden, aber auch für das Papsttum selbst. Denn Bonifatius war immer wieder genötigt, vom Papst gewisse Erleichterungen vor allem der strengen und komplizierten Vorschriften über Verwandtenehen zu verlangen, aber auch andere Anpassungen der Kirchenregeln an die altdeutsche oder spätgermanische Lebensweise, die wiederum Rückschlüsse auf Position und Aufgaben des Papstes selbst zulassen. Mitunter ergibt sich aus dem, was die Päpste verlangten, die bestürzende Tatsache, daß sie sich das Leben der beinahe schriftlosen heidnischen Gemeinschaften in den deutschen Wäldern ganz und gar nicht vorzustellen vermochten. Sie verlangten komplizierte Ahnenforschung bis über die Urgroßeltern hinaus, um Verwandtschaftsgrade festzustellen, und verpflichteten die Bischöfe, ja selbst die Ortspfarrer, zum oft lebensgefährlichen Widerstand gegen jenen germanischen Brauch, nach dem die Witwen (schon wegen des Besitzstandes) in zweiter Ehe einen Schwager heirateten. Auch Fürsten, denen die Frau gestorben war, ehelichten oft deren überlebende Schwester.

Die dem Bonifatius im Dezember 722 mitgeteilte bischöfliche Vollmacht hat sich zum Beispiel als eine Abschrift aus dem *Liber Diurnus*, dem päpstlichen Kanzlei- und Formularbuch, erwiesen und befiehlt dem Bonifatius unter anderem »keinen zur (Priester-) Weihe zuzulassen, der in Bigamie lebt oder eine Frau geheiratet hat, die nicht Jungfrau war; weiters keinen, der nicht lesen und schreiben kann (!) oder an irgendeinem Körperteil bresthaft ist ... Afrikaner, die sich allenthalben herandrängen (!), soll er auf keinen Fall (als Priester) annehmen, weil einige von diesen schon öfters als Manichäer, andere als wiedergetauft überführt worden sind ... Das Sakrament der Heiligen Taufe darf, wie er wissen soll, nur am Osterfest und zu Pfingsten gespendet werden, ausgenommen Personen in Todesgefahr ...«

Ein anderes päpstliches Schreiben an die sogenannten Altsachsen (*Antiqua Saxonia*) wendet sich an jene Heiden, die im Unterschied zu den nach England gezogenen Angeln und Sachsen an der Elbe und an der Weser zurückgeblieben sind. Aber es ist ein kunstvoll aus Bibel- und Psalmenzitaten zusammengestelltes, ja gedrechseltes Schreiben, selbstgefällige Sekretärsarbeit, die in keinem Satz auf die tatsächlichen Verhältnisse im Sachsenland eingeht. Erst zum Schluß wird der Brief persönlicher: »Geliebteste! Meinen treuen Helfer und Mitknecht im Herrn habe ich zu Euch geschickt, den Bonifatius, meinen Bruder und Mitbischof, gerade deswegen, damit er sieht, wie es bei Euch steht, und Eure Herzen tröstet (Zitat aus dem Brief an die Kolosser) ... damit Ihr, von teuflischem Trug befreit, würdig seid, unter die an Kindes Statt angenommenen Söhne eingereiht zu werden, und damit Ihr, von ewiger Verdammnis erlöst, das ewige Leben erlanget.«

Ein etwa gleichzeitiger Geleitbrief Karl Martells für Bonifatius spricht hingegen die wirklichkeitsnahe Sprache des Praktikers und schließt mit der wesentlichen Bestimmung, daß niemand, kein Graf, Fürst oder Statthalter, irgendein Urteil über Bonifatius fällen dürfe, auch wenn es Streit gegeben hat: Bonifatius soll vielmehr »wohlbehalten sein und unangefochten bleiben bis vor Uns, sowohl er selbst als auch alle, die durch ihn hoffen, so daß niemand etwas Nachteiliges oder Schädliches gegen ihn verüben darf, sondern er allezeit unter Unserem Schutz und Schirm (*sub nostro mundoburdio*) unangefochten und wohlbehalten wohnen soll. Und zur größeren Glaubwürdigkeit haben Wir eigenhändig unterzeichnet und mit Unserem Ring unten gesiegelt.«

Es war demnach im wesentlichen das persönliche Geschick des Bonifatius, es war aber auch sein bis ins hohe Alter festzustellender Mut, wodurch zunächst Marl Martell und danach der Karolinger Karlmann für die Kirche eingenommen wurden. Die Frankenherrscher haben ja Deutschland nicht für die Päpste christianisiert, sondern aus machtpolitischen Gründen und zur Befriedung der fränkischen Grenzen unterworfen. Das fränkische Episkopat kam aus den großen und reichen Adelsfamilien des Landes; ihm war die karolingische Politik ungleich wichtiger als die Rücksichtnahme auf Rom, auf die Ziele des Papstes oder der Kirche. Angesichts solcher Machtverhältnisse, ohne anderen Rückhalt als den einiger Sendschreiben, Klöster zu gründen und Rom zu unterstellen, Bischöfe zu ernennen, die aus England oder aus Bayern kamen, christianisierte Gebiete und getaufte Fürsten in die Obhut des Heiligen Stuhles zu geben und nicht unter die Botmäßigkeit der Franken, das war eine ungeheure Leistung, das war der fast übermenschliche Erfolg einer besonderen Persönlichkeit. Mehr als das Verdienst, die großen Fähigkeiten des britischen Abtes erkannt zu haben, kann man in diesem Fall den vier Päpsten in der Wirkungszeit des Bonifatius nicht zuschreiben. Sie haben ihm aber alle die Treue gehalten, noch über seinen Tod am 5. Juni 754 hinaus. Als Bonifatius an diesem Tag bei Dokkum von den Friesen erschlagen wurde, stand es für Rom wie für das ganze Germanien fest, daß dieser Apostel der Deutschen heiliggesprochen werden würde.

In jenem Jahrzehnt saßen längst die begabtesten Schüler des Bonifatius, der bayrische Adelige Sturmi, der Bonifatius besonders ergebene Bischof Lul und andere, an jenen Stellen, an denen sie das Werk des großen Missionars fortsetzen konnten, und es hatte zweifellos keine Notwendigkeit bestanden, daß der greise Bonifatius sich selbst an die Spitze eines Zuges gegen die Friesen setzte. So mancher, der die Berichte seiner Biographen und der Zeitgenossen las, gewann den Eindruck, Bonifatius habe zur Krönung seines Lebens den Märtyrertod gesucht und durch sein Beispiel die jüngeren Missionare begeistern wollen, das große Werk zu vollenden.

Es wurde vollendet, weniger durch die Kraft der religiösen Gedanken als durch das schnelle Erstarken des Frankenreiches, das sich nach anfänglichem Zaudern entschlossen zur Schutzmacht des Papsttums entwickelte. Als sich Papst Stephanus II., von den Langobarden bedrängt und von Byzanz im Stich gelassen, an den Frankenkönig Pippin den Kurzen um Hilfe wandte, wurde er nach Saint Denis eingeladen, in jenes uralte Kloster hart nördlich von Paris, das inzwischen auch als Handelsplatz Bedeutung erlangt hatte. Von fränkischen Truppen sicher geleitet, konnte der Papst hier Pippin und dessen Söhne für ihr hohes Amt segnen und salben und in Quiercy die Zukunft der Kirche mit Pippin besprechen. Pippin herrschte allein über das Frankenreich, seit sein Bruder Karlmann sich ins Kloster zurückgezogen hatte; die Krönung Pippins durch den Papst, wenige Wochen nach dem Tod des Bonifatius, befestigte die wichtige Verbindung zwischen dem Papsttum und der stärksten politischen Macht des achten Jahrhunderts.

Als Verbündeter des Papstes, einig mit ihm über das Konzept der Kirche und ihre Position in den eroberten heidnischen Gebieten, zog Pippin dann gegen Aistulf, den Langobardenkönig, und nahm ihm die ehemals byzantinischen Gebiete der Statthalterschaft Ravenna ab. Sie bildeten fortan den Grundstock des Kirchenstaates, sein Territorium für Jahrhunderte.

Damit war eine komplizierte und schwer zu überblickende Entwicklung nun in rechtliche Bahnen geleitet, wenn auch noch lange nicht zum Abschluß gekommen. Wir wissen aus Urkunden noch der römischen Zeit, daß die Kirche bereits Grundstücke in Rom besaß, als sie noch von Verfolgungen bedroht war. Rechtlich denkende heidnische Kaiser wie Alexander Severus (222–235) bestätigten solche Besitzrechte für den »Bischof von Rom«, dessen Primat damals ja noch nicht wirklich anerkannt war.

Den nächsten und vielleicht wichtigsten Schritt bedeutete die Schenkung, die Kaiser Konstantin der Große oder seine fromme Mutter um das Jahr 314 machte: Seither blieb der Lateranpalast etwa tausend Jahre lang Wohnsitz der Päpste. Konstantin war es auch, der Legate zugunsten der Kirche zuließ, womit sich nun spontan oder nach dem erwähnten Drängen mancher Kleriker immer mehr Haus- und Grundbesitz einstellte, allerdings verstreut und zunächst ohne Möglichkeit, durch Verkauf, Ankauf oder Tausch solchen Besitz zu einem Kirchendominium zu arrondieren. Immerhin kam auf diese Weise so viel Grundbesitz zusammen, daß Kaiser Valentinian I. schon im Jahr 370 diese Konstantinische Genehmigung wieder einschränkte, andererseits aber den Päpsten gewisse politische Rechte über diesen bis dahin rein privaten Besitz einräumte.

Nach dem bedeutenden Gebietszuwachs durch die Schenkungen des reichen Gregor I. darf man den Besitz der Päpste dann auf etwa achthundert Quadratkilometer schätzen – allerdings verteilt auf die verschiedensten Landstriche zwischen Dalmatien, Sizilien und Norditalien. Der Ertrag dieser Ländereien erreichte nach heutiger Kaufkraft – eine nur sehr approximative Umrechnung – siebzig bis hundert Millionen DM, davon zwei Drittel in Naturalien. »Der Papst war um jene Zeit der größte Grundherr nicht bloß Italiens, sondern des gesamten Abendlandes, und diesem Besitz entsprach selbstverständlich sein politischer Einfluß« (Heinrich Weber).

Diese Macht des Papstes, vor allem aber seine Vormacht in der Stadt Rom, muß man als eine der Ursachen dafür ansehen, daß sich die Kaiser mit Vorliebe andere Residenzorte wählten als Rom, nämlich Ravenna oder Byzanz, die allerdings beide auch leichter zu verteidigen waren als die im späten Altertum und frühen Mittelalter insgesamt siebenmal eroberte Tiberstadt.

Während Karl Martell sich noch zurückhaltend verhielt, weil er gegen die Araber den Rücken frei haben wollte und darum einen Waffengang gegen die Langobarden scheute, stellte sich Pippin auf die Seite des Papstes, und die z. T. auf gefälschten Unterlagen beruhende Pippinische Schenkung von Quiercy wurde im Herbst 754 auf einem fränkischen Kriegszug gegen Pavia noch einmal ausdrücklich bestätigt. Als Gesandte des Kaisers aus Byzanz Ravenna und andere Gebiete für das Ostkaisertum reklamierten und Geld anboten, erklärte Pippin, die Donation sei nicht zugunsten eines Menschen oder eines bestimmten Kirchenfürsten erfolgt, sondern »aus Verehrung und Liebe zum heiligen Petrus«. Im April 774 bestätigte Pippins Sohn Karl der Große die Schenkung in einer Urkunde, die sein Kanzler Etherius ausgefertigt hatte und die zunächst auf dem Altar von Sankt Peter, danach aber auf dem Grab des Apostels niedergelegt wurde.

Dieser nunmehr gefestigte Kirchenstaat reichte von der Stadt Luna (nördlich von Lucca) bis in den Raum von Capua, grob gesprochen also vom Potal bis zum Lirifluß, wozu vereinzelte Besitztümer in Istrien, Venetien, im Raum Spoleto, auf Korsika und auf Sizilien kamen. Vorgreifend kann schon hier gesagt werden, daß fromme Fürstinnen wie Mathilde von Tuscien (der Toskana) und deutsche Könige wie Heinrich II. und Heinrich III. diesen Besitzstand ganz erheblich vermehrten (Mantua, Parma, Modena, Reggio, das Herzogtum Benevent, die Lehenshoheit über Apulien und Kalabrien usf.). Energische Könige wie der Staufer Friedrich II. beschnitten diesen Besitz wieder, was aber ohne besondere Bedeutung blieb: Die Päpste übten in diesem für die Kirche überdimensionierten Besitz ohnedies nur eine gewisse Oberhoheit aus, die eigentliche Herrschaft lag in der Hand von Duodezfürsten und Grafen.

Die Pippinische Schenkung und ihre Bestätigung durch Karl den Großen wurden in der Vergangenheit wiederholt bezweifelt, vielleicht weil die Konstantinische Schenkung, die Pippin zu der seinen bewog, ja tatsächlich höchst unsicher ist – und wohl auch deswegen, weil in der Zwischenzeit so manche gefälschte Urkunde aus dem Mittelalter zum Vorschein kam, ja für gewisse Abschnitte zum Beispiel der niederdeutschen Klostergeschichte (um nur ein Beispiel zu nennen) beinahe mehr Fälschungen in den Archiven liegen als echte und den wahren Vorgängen entsprechende Urkunden. Heute steht die Forschung auf dem Standpunkt, daß das persönliche Opfer des greisen Papstes Stephanus II., der im Winter über die Alpen ins Frankenreich zog, ebenso wie die große Frömmigkeit Pippins des Kurzen tatsächlich weltgeschichtlich neue Verhältnisse geschaffen haben, und wenn es einen Düpierten dabei gab, so war es nicht so sehr Pippin, der diese Neuordnung in Italien auch aus politischen Gründen begrüßte, sondern der Kaiser in Byzanz. Der aber hatte schließlich gegen Vandalen und Goten Unrecht genug gesetzt und im übrigen in Vorderasien und im Südosten Europas ohnedies genug zu tun.

Die Päpste waren nun also reich, das Papsttum eine Institution, an die sich Macht und Besitz banden; und hatten sich bis dahin die großen Geschlechter im allgemeinen nicht nach der Papstwürde gedrängt, so wurde dies nun sogleich anders. Auf Stephanus II. folgte noch sein Bruder Paul I. (757–767), ein erfolgloser Papst, dem der Langobardenkönig Desiderius viel zu schaffen machte. Dann aber war es der Herzog Toto von Nepi, einer kleinen Herrschaft in der Toskana, der – noch ehe Stephan II. gestorben war – in Nepi aufbrach, die Besatzung des dortigen Kastells mit sich führte und mit drei Brüdern seinen römischen Palast bezog, um beim Tod des Papstes handstreichartig handeln zu können. Tatsächlich gelang es ihm, seinen Bruder Constantin an einem Tag durch willfährige oder eingeschüchterte Prälaten vom Laien über das Diakonat zum Bischof erheben und endlich zum Papst wählen zu lassen. Angesichts des stürmischen Toskaners war der Lateran wie ausgestorben, selbst dem sterbenden Papst hatten nur zwei Getreue, darunter der spätere Papst Stephanus III., beigestanden. Constantin II. wurde erst nach dreizehn Monaten seines Amtes enthoben, nach Straßenschlachten und unter byzantinischen Grausamkeiten: Man blendete ihn, und als in einer kurzen Phase langobardischer Vormacht die Hauptgegner dieses Constantin ihren Rückhalt in Rom verloren, wurden auch sie festgenommen und geblendet. Es handelte sich um den *Primicerius* (heute etwa: Kardinal-Staatssekretär) Christophorus, den höchsten Beamten der Kurie in Rom, und seinen Sohn Sergius. Ihnen hatte Papst Stephan III. seine Erhebung auf den Stuhl Petri zu verdanken, aber retten konnte er sie nicht, so hoch gingen damals die Wogen der Erregung. Und fern war alle Hilfe, da Karolinger und Langobarden sich soeben auch familiär verbunden hatten und der alte Gegensatz, aus dem noch Stephanus II. seinen Nutzen gezogen hatte, so gut wie nicht mehr existierte.

Die Lösung der römischen Schwierigkeiten kam durch die große Politik. Pippin der Kurze starb und hinterließ zwei in der Herrschaft gleichberechtigte Söhne, Karlmann und Karl. Karlmann, Herr über Burgund, die Provence, Aquitanien und andere Provinzen, starb überraschend erst zwanzig Jahre alt, noch ehe ein offener Konflikt zwischen ihm und seinem Bruder Karl ausbrechen konnte, hinterließ aber zwei kleine Söhne. Da die Großen des Frankenreiches Karlmanns Erbe nicht dessen Söhnen übertrugen, sondern dem überlebenden Bruder Karl, flüchtete Karlmanns Witwe mit ihren Kindern, um deren Leben zu schützen, an den Hof von König Desiderius, dem Langobarden. Karl, mit der Langobardenprinzessin Desideria verheiratet, verstieß diese 771, als der neue Konflikt mit König Desiderius offen ausbrach, und eroberte Pavia.

Wie wichtig bei solchen Konflikten das Papsttum war, hatte sich darin gezeigt, daß König Desiderius den Papst zwingen wollte, die kleinen Söhne Karlmanns zu Königen zu salben, eine symbolische Handlung, die dem Langobarden aber doch erhebliche Möglichkeiten im Streit um Karlmanns Erbe eröffnet hätte. Stephanus III., schon dem Tode nahe, konnte sich dieser Pflicht und damit schweren Konflikten entziehen; aber auch in seinem Fall waren die letzten Lebenstage des Papstes von beginnenden Unruhen und Gewalttaten erfüllt. Obwohl nach dem Skandal um Constantin II. ein Konzil beschlossen hatte, daß nur noch Kardinäle als Kandidaten bei der Papstwahl auftreten durften, hoben, kaum daß das Lebensende Stephanus' II. nahte, schon blutige Parteikämpfe in Rom an, in denen sich wiederum ein hoher Kirchenbeamter, der Kämmerer Paul Afiarta, besonders hervortat. Nach der Wahl eines neuen Papstes – er hieß Hadrian und kam aus einer vornehmen römischen Familie – wurde Afiarta zur Verantwortung gezogen und wegen der Ermordung des Christophorus und des Sergius vom Erzbischof von Ravenna hingerichtet.

Hadrian I. war vielleicht nicht so edel und weltabgewandt wie sein Vorgänger, aber mutig und entschlossen auch in seinem politischen Handeln; er durchschaute die Falle, die König Desiderius dem Papsttum stellen wollte, verweigerte die Salbung der Karlmann-Söhne und rief schließlich Karl den Großen mit dem fränkischen Heer zu Hilfe. Während der sechsmonatigen Belagerung der Stadt Pavia hielt Karl der Große seinen feierlichen Einzug in Rom, es waren die Tage des Osterfests 774. Er kehrte noch einmal nach Pavia zurück und begab sich nach der Kapitulation der Stadt und der Zerschlagung des Langobardenreiches abermals in die Stadt der Päpste. Die Witwe seines Bruders Karlmann und deren Söhne ließ Karl der Große in ein Kloster bringen; sie verschwinden damit aus der Geschichte, es ist eine jener zahllosen Tragödien, von denen man nie wieder etwas gehört hat, von der man nichts Genaues weiß, trotz all der frommen Schreiber, die der große König beschäftigte.

Wir sehen die Päpste in geschichtlicher Zeit, in der großen Frühphase der deutschen Geschichte, von Mord und Grausamkeiten umgeben: Gegenpäpste und hohe Würdenträger, die mit asiatischer Grausamkeit ihres Augenlichtes beraubt werden, Wirren vor der Papstwahl, unwürdige Begleiterscheinungen beim Sterben eines Papstes. Das ferne und oft so blutige Mittelalter, eine Zeit, deren Dunkelheit man heute leugnet und die doch in so vielem noch barbarisch anmutet, hat den Kirchenstaat geboren und den

Papst auf einen weltlichen Thron gesetzt. Und es hat damit diesen höchsten Kirchenfürsten in einer Weise in die Machtpolitik der europäischen Länder einbezogen, die nicht nur für diese, sondern vor allem für das Papsttum selbst schicksalhaft werden wird.

Hadrian I. hatte sicherlich die richtige Wahl getroffen, als er sich gegen die Langobarden auf die Seite Karls des Großen stellte; er hatte auch das Glück, bei dieser Entscheidung bleiben zu können, während der schwache Stephanus III. uns Briefe hinterließ, in denen die Langobarden bald als der Auswurf der Menschheit und die Urheber des Aussatzes bezeichnet werden, während zu anderen Zeiten wiederum der König der Langobarden als Hort der Kirche angerufen wird. Karl der Große kommt noch wiederholt nach Rom; er bringt seine Gemahlin Hildegard und seine Söhne mit in die Ewige Stadt, es entwickelt sich ein vielleicht nicht gerade familiäres, aber im guten Sinn patriarchalisches Verhältnis, in dem der Papst der geistliche Vater, der mächtige Monarch aber der Schutzherr des Papsttums ist.

Das Beispiel dieses Verhältnisses zwischen König und Papst zeigt, daß die politische Stabilität eines großen Reiches auch für das Papsttum klare Verhältnisse schafft, Verhältnisse, die über das Mittelmeer nach Osten ausstrahlen und den leidigen Bilderstreit endlich beilegen. Am 8. September 780 stirbt Kaiser Leo IV. in Byzanz, unter dem die vielleicht nicht müßige, aber doch sekundäre Frage wieder aufgeflammt war, welche der heiligen Personen abgebildet werden dürften und welche nicht, welche Bilder in einem Gotteshaus geduldet werden könnten und welche zu entfernen seien. Wir verstehen diese Vorbehalte heute um so weniger, als uns gerade die religiöse Kunst Werke von beglückender Frömmigkeit und so großer Schönheit geschenkt hat, daß unsere Kirchen ohne sie gewiß sehr viel ärmer wären.

Unter dem Eindruck der karolingischen Macht beschloß die Witwe Leos IV., die für ihren kleinen Sohn regierende Kaiserin Irene, diesen Streit zwischen Ost und West beizulegen, und Hadrian reichte ihr dazu die Hand. Man kann aus seinem Wirken in Rom selbst auch schließen, daß die Ablehnung von Bildern und Bildschmuck in den Kirchen seinem innersten Wesen und seiner

Auffassung von der Ausstattung der Kirchen zuwidergelaufen wäre. Denn Papst Hadrian gab für den Innenschmuck der Kirchen von Rom, für goldene und silberne Gefäße, für Statuen und Teppiche mehr Geld aus als irgendeiner seiner Vorgänger. Es war aber eine offene Hand, die sich auch dann nicht schloß, wenn es um ganz anderes, um das nackte Leben ging: Nach den großen Überschwemmungen Roms im Jahr 792 erwies sich der Papst als väterlich-fürsorglicher Herr seiner Stadt und linderte die Not der Menschen, die durch die Wut der Fluten alles verloren hatten.

Papst Hadrian I. starb am ersten Weihnachtstag des Jahres 795, und unter den vielen, die um ihn trauerten, war auch der mächtigste Mann jener Jahrhundertwende, König Karl, den man schon damals den Großen nannte.

Legenden und bittere Wahrheiten

In den hundertzwanzig Jahren zwischen Hadrian I. und Leo VII. erscheinen uns die Päpste als die Gefangenen ihrer neuen Herrlichkeit; im besten Fall sind sie milde, in Ehren gealterte Priester, um die herum ein Wall konkreter Probleme aufgetürmt ist, dem sie zuwenig Kraft und zu geringe praktische Kenntnisse entgegensetzen, im besten Fall ... Denn häufiger sind in dieser Phase zwischen 816 und 936 leider jene Päpste, die das neue und verlockende Instrumentarium des Kirchenstaates und der Kirchenmacht allzu selbstherrlich handhaben oder sich in dieser Handhabung gar durch mächtige Familien beeinflussen lassen.

Die großartige Institution des Papsttums wird durch dieses mittelalterliche Zwischenspiel weder in ihrer Bedeutung gemindert noch in ihrem positiven Wert für das Abendland in Frage gestellt; der Übergang vom Geistlichen zum Weltlichen, vom Seelsorgeauftrag zum Machtanspruch, ist auf der ganzen Welt stets sehr heikel geblieben, von den Oberpriestern Ägyptens bis zu den geistlichen Kurfürsten des Deutschen Reiches, von den Druiden bis zu einem glanzvollen Prälaten wie jenem Kardinal von Rohan, der vor heute zweihundert Jahren einer Königin, nämlich Marie Antoinette, das berüchtigte Halsband kaufte. Niemand, der sich mit den Päpsten und ihrer Geschichte beschäftigt, wird heute noch annehmen, daß wir in ihnen eine erhabene Reihe heiligmäßig lebender, selbstloser Erzpriester vor uns haben, über allem Irdischen schwebend und diesem Allzuirdischen dennoch in jeder Hinsicht gewachsen. Es ist darum durchaus überflüssig, diesen Anschein aufrechtzuerhalten und alles, was dagegen spricht, einfach als Erfindung abzutun. Im Gegenteil. Ebendie Verirrungen einzelner beweisen die Größe des ganzen Gedankens; ebendie Tatsache, daß die Institution all diese schwarzen oder grauen Schafe ohne Schaden überlebte, beweist die absolute Notwendigkeit dieses Oberhaupts der katholischen Kirche. Man darf sogar sicher sein, daß ohne diese Notwendigkeit und Nützlichkeit so mancher Gegner eines bestimmten Papstes – Heinrich IV., Friedrich II., Philipp der Schöne oder auch Napoleon – die Institution eines Primats der römischen Bischöfe durch eine andere Ordnung ersetzt hätte, für die sich ja eine ganze Reihe von Alternativen mit guter historischer Begründung anboten. Daß die Welt den Papst nicht entbehren kann, hat sich, so gesehen, am deutlichsten herausgestellt, als die Päpste selbst in Abhängigkeit geraten waren, als ihr Handeln mit Recht diskutiert werden konnte, als jede Papstwahl einem Scharmützel glich ...

Unter Leo III. (795–816) war Karl der Große zu Weihnachten des Jahres 800 zum Kaiser gekrönt worden, ein Datum, das jeder kennt und das die Geburtsstunde des Heiligen Römischen Reiches Deutscher Nation bezeichnet, so viele andere Daten für dieses Ereignis sonst auch herangezogen werden und sowenig Karl der Große auch für Deutschland allein in Anspruch genommen werden kann. De facto gab es mit dem Kaiser nun ein Kaiserreich, das einzige Tausendjährige Reich in unserem kleinen, zuweilen sehr hektisch lebenden Europa.

Diese starke Stellung des Kaisers kam den Päpsten durchaus zugute, solange sie in ihrem Haus Ordnung zu halten verstanden. Papst Paschalis I. (817–824) erhielt von Ludwig dem Frommen eine neuerliche Bestätigung über die Souveränität des Kirchenstaates, verbunden allerdings mit der Forderung, daß es bei der Papstwahl mit absoluter Rechtlichkeit zugehen müsse. Alles, was nach Simonie (Ämterkauf, Bestechung) aussah, war strikt verboten. Solchermaßen gestärkt, errichtete Papst Paschalis drei berühmte Kirchen: Santa Prassede, Santa Maria in Domenica und jenen geheimnisvollen Bau, der an der Stelle des Hauses aufragt, das einst der heilige

Valerian bewohnte, Santa Cäcilia in Trastevere. Unter dem Altar sieht man noch heute die liegende Grabfigur der heiligen Cäcilie, eine Nachbildung ihres Leichnams, wie man ihn in den Katakomben gefunden hat.

Unter dem nächsten Papst, Eugen II. (824–827), mußte Kaiser Lothar I. nach Rom ziehen, um ausgedehnte Unruhen in der Stadt der Päpste zu schlichten. Die Folge dieses kaiserlichen Eingreifens war eine teilweise Rücknahme der Souveränitätsgarantien in einem neuen Rechtswerk, der *Constitutio Lothari*. Gerade jener Lothar aber hatte so langwierige innere Schwierigkeiten in Deutschland, daß die von ihm gegenüber dem Papst betonte kaiserliche Machtstellung langsam abbröckelte. Wäre Gregor IV. (827–844) ein starker Papst gewesen, so hätte er 833, bei seinem persönlichen Auftreten in Kolmar, vielleicht die Einheit des Reiches retten und dabei auch für das Papsttum zumindest einen Prestigegewinn erzielen können. Freilich muß man sagen, daß während seines Pontifikats die Bedrohung Roms durch moslemische Seeräuber begann und unter seinem Nachfolger Sergius II. (844–847) die unterschiedslos Sarazenen genannten Piraten vermutlich nordafrikanischer Herkunft die Stadt Rom teilweise plünderten. Auch die Peterskirche und die Paulusbasilika waren davon betroffen, denn der Vatikan war damals nicht von Mauern umgeben. Während die Stadt Rom selbst vor allem von langobardischem Kriegsvolk verteidigt wurde, machten die Sarazenen in den zwei berühmten Apostelkirchen unschätzbare Beute. Seit Jahrhunderten war insbesondere Sankt Peter Ziel zahlloser Pilgerfahrten gewesen; ein halbes Jahrtausend lang waren hier Schätze aufgehäuft worden, von denen man nur einzelne besonders herausragende Stücke kennt, wie zum Beispiel einen silbernen Tisch Karls des Großen, der die Stadt Byzanz zeigte, oder das uralte goldene Kreuz auf dem Sarg des Petrus. Goldene und silberne Platten, bronzene Reliefs, alles wurde aus den Bettungen gerissen und fortgeschleppt, die Apostelsärge wurden erbrochen, und was in ihnen lag, wurde zerstreut. Es heißt, daß die Angreifer die Absicht gehabt hätten, oben auf Sankt Peter die Fahne des Propheten aufzupflanzen; das haben sie dann in ihrem Beuterausch doch wohl vergessen. »Man muß sich vorstellen«, schreibt Gregorovius, »daß diese geheimnisvolle Gruft nach dem Glauben der ganzen Welt die Leiche des Apostelfürsten umschloß, dessen Nachfolger sich die Bischöfe Roms nannten und vor dessen Asche alle Völker und Fürsten ihre Stirn in den Staub zu werfen kamen; man muß sich dies vergegenwärtigen, um das Ungeheure der Schändung selbst und den Jammer der Christenheit zu begreifen.«

Gregorovius nennt aber auch die alte Peterskirche das größte Museum frühchristlicher Kunst, und neben der Schändung der Gräber, von denen niemand weiß, was sie enthielten, ist es auch dieser Verlust unschätzbarer und unersetzlicher Kunstwerke aus einer an Überlieferung so armen Epoche, der uns bis heute schmerzt, und man muß einem sonst wenig bekannten Grafen, nämlich Guido von Spoleto, auch hier ein Wort des Dankes widmen, der mit unterlegenen Kräften, mit einer Handvoll Langobarden, verzweifelt gegen die Plünderer ankämpfte und die Stadt selbst rettete.

Die Wunschkraft des im Herzen seiner Stadt getroffenen Papstes wirkte wie stets erst nach dem großen Unheil; ein Teil der Raubflotte ging zugrunde, und aus den Taschen der an den Strand gespülten Sarazenenleichen konnte das eine oder andere Kleinod aufgesammelt werden.

Sergius II. war ein Papst von großer persönlicher Tapferkeit. Er entstammte dem römischen Hochadel, den er auch in einem sonst seltenen Maß hinter sich hatte, und trat Kaiser Lothars Sohn Ludwig, dem König von Italien, mannhaft entgegen, als dieser mit Heeresmacht nach Rom zog, weil der Papst ohne die Zustimmung des Kaisers inthronisiert worden war. Neben König Ludwig führte ein leiblicher Sohn Karls des Großen den Zug an, nämlich Drogo, Bischof von Metz, den Karl mit Regina gezeugt hatte. Sergius empfing Ludwig auf den Stufen der (in jenem Jahr noch nicht geplünderten) Basilika von Sankt Peter, vor der berühmten silbernen Pforte, die sich jedoch als verschlossen erwies: Sie werde sich König Ludwig nur öffnen, wenn er seine guten Absichten erkläre. Erst als dies feierlich geschehen war, taten sich die Türen auf, und festlicher Gesang empfing den Monarchen. Sergius weigerte sich auch, diesem König einen Treueeid zu leisten; er fühle sich nur dem Kaiser verpflichtet und erneuerte, um einer Konfrontation zu entgehen, die Abmachungen und Treueerklärungen gegenüber Kaiser Lothar.

Dieser, wie man sieht, kluge und unerschrockene, dabei auch geschickte Papst gilt der Geschichte als der erste Förderer von Verwandten, was man nicht wörtlich nehmen sollte: Wir haben schon vor ihm zahlreiche Brüder und Neffen in hohe Positionen einrücken sehen. Schlimm war jedoch, daß der Bruder des Papstes Sergius von seinem Lotterleben auch nicht ließ, als man ihn endlich zum Bischof gemacht hatte, und das belastete dann auch das Andenken Sergius' II.: der Nepotismus im Sinn der Förderung *unwürdiger* Verwandter. Der Beginn dieser Praktiken fällt wohl auch besonders auf, weil auf Sergius II. ein hervorragender Papst folgt: Leo IV. (847–855), der Herr des Kirchenstaates, der das Patrimonium der Päpste wehrhaft macht und nicht mehr auf den guten Willen der Grafen und Barone aus der Umgebung vertraut. Die *Urbs Leonina* war noch nicht fertig, als die Sarazenen abermals vor Rom erschienen. Diesmal aber hatte der umsichtige Papst sogar für eine Abwehr zur See gesorgt: Eine kleine, aber herzhaft kämpfende Flotte trieb die Muslime aufs offene Meer hinaus, wo dann der katholische Wind das weitere erledigte: Abermals gingen zahlreiche Piratenschiffe zugrunde. Der Seesieg von Ostia ist in den sogenannten Stanzen des Vatikans im Bild dargestellt, allerdings nicht von Raffael, der nur die Skizzen lieferte, sondern von Giulio Romano und Francesco Penni.

In die Zeit Leos IV. fällt die wohl berühmteste Dokumentenfälschung der Papstgeschichte; sie ist unter der etwas komplizierten Bezeichnung »Pseudoisidorische Dekretalien« bekanntgeworden und seit mehr als fünfhundert Jahren als Fälschung erwiesen, hatte aber ebenso lange zuvor als echt gegolten. Die außerordentlich geschickte Arbeit geht auf eine Klerikergruppe von großen Kenntnissen zurück, die vermutlich unter dem Mainzer Diakon Benediktus Levita arbeitete; die Fälscherwerkstatt könnte in Reims oder Metz ihren Sitz gehabt haben.

Isidor von Sevilla war einer der klugen und gebildeten Konvertiten aus dem Judentum, denen die Kirche Spaniens soviel verdankt;
er lebte in der letzten Phase der gotischen Herrschaft und war mit
der antiken Bildung ebenso vertraut wie mit den christlichen und
den jüdischen Schriften. Seine zahlreichen Briefe an andere kirchliche Autoritäten hatten ihn in der geistigen Welt des frühen Mittelalters so berühmt gemacht, daß er als Patron einer großen Dekreta-
liensammlung sehr geeignet erschien, um so mehr, als ihm solch
eine alte Sammlung, die sogenannte *Hispana*, bereits zugeschrieben
worden war. Diese echten alten Rechts- und Historiendokumente
vermehrte nun der Fälscher um etwa hundert unechte Papstde-
krete, die in ihrer Gesamtheit darauf abzielten, die Macht des
Papsttums zu steigern, die Diözesen aus der Abhängigkeit der
Landesherren herauszulösen und gerichtliche Schritte gegen die
Bischöfe unmöglich zu machen, sofern diese von Laien oder von
der weltlichen Macht ausgingen.

Es gilt heute als sicher, daß weder Leo IV. noch einer seiner
Vorgänger dieses kunstvolle, in vielen Jahren entstandene Fäl-
schungswerk in Auftrag gegeben haben, doch hat sich bereits
Nikolaus I., der von 858 bis 867 den Stuhl Petri innehatte, auf
dieses Dekretalienwerk berufen. Während König Lothar II. sich
um diese kirchlichen Schriften nicht sonderlich kümmerte – er hatte
andere Probleme mit dem Papst zu lösen –, erkannte Hinkmar,
Erzbischof von Reims, daß diese nun plötzlich zum Vorschein
gekommene Sammlung auch innerhalb der Kirche neue Verhältnisse schaffe und dem Papst Rechte zuschanze, die zumindest das
selbstbewußte fränkische Episkopat seit jeher selbst auszuüben
gedachte. Hinkmar (806–882) ist eine der imposantesten Persönlichkeiten des ganzen Jahrhunderts, hochgebildet, energisch,
unerschrocken in seinem Auftreten gegen Kaiser, Papst und Klerus. Er drang zwar gegen den bedeutenden Papst Nikolaus I. mit
seinem Selbständigkeitsstreben nicht durch, aber er hielt sich
mannhaft, als Lothar II. seine rechtmäßige Ehe auflösen und seine
Geliebte Waltrada heiraten wollte, von der er bereits drei Kinder
hatte. Bestochene oder eingeschüchterte fränkische Prälaten hatten
nicht nur die Partei des Königs ergriffen, sondern auch seine junge

Gemahlin Theutberga gezwungen, die Blutschande mit ihrem Bruder Hukbert zuzugeben, ein Vergehen, das den König zur Auflösung der Ehe berechtigt hätte, auch wenn es weit zurücklag. Theutberga wurde in ein Kloster gewiesen, aus dem sie jedoch in den Schutz König Karls des Kahlen von Frankreich fliehen konnte, der endlich den Papst informierte. Aber Könige haben viele Möglichkeiten; die nach Lothringen entsandten Legaten des Papstes wurden ebenso bestochen wie die lothringischen und rheinischen Bischöfe, und eine willfährige Synode bestätigte Lothar die Gültigkeit seiner zweiten Ehe.

Nikolaus I. war jedoch nicht der Mann, klein beizugeben. Er durchschaute das Fehlurteil der Synode und scheute sich nicht, die Hauptschuldigen, nämlich die Oberhirten von Trier und Köln, zu bannen, aber auch Waltrada, die entgegen allen Versprechungen sich immer wieder mit Lothar getroffen hatte.

Der jahrelange erbitterte Streit, der längst politischen Charakter gewonnen hatte, zog sich über den Tod Nikolaus' I. hinaus in das Pontifikat des schwächeren Hadrian II. (867–872). Beide Frauen, obwohl Gegnerinnen, erscheinen gleichermaßen als die hilflosen und darum unschuldigen Objekte einer Auseinandersetzung, bei der es zum Schluß gar nicht mehr um sie oder gar die Kinder ging, sondern um Machtpositionen und Interessen großer Herren. Der Streit, in dessen Verlauf es zu den peinlichsten Selbstdemütigungen Lothars gekommen war, endete plötzlich im August 869, als Lothar II., König von Lothringen und Burgund, auf der Rückreise aus Rom in Piacenza starb. Seine drei Kinder mit Waltrada galten als unehelich, seine beiden Oheime Karl der Kahle und Ludwig der Deutsche teilten sich das Erbe ...

In einer Zeit ungezügelter Fürstenmacht brach das Unheil auch über die Päpste herein, und der alte und schwache Kardinal, der als Hadrian II. den Thron bestiegen hatte, bekam dies zu spüren. Ein reicher Bischof hätte sich diese Würde für seinen gelehrten Sohn, den Bibliothekar Anasthasius, gewünscht, einen tatsächlich verdienten, durch verschiedene Werke bekannten Prälaten aus höchstem Römeradel. Aber wie nun Anastasius und sein Bruder Eleutherius gegen den Papst vorgingen, wie seine (aus einer vor dem Eintritt in den Priesterstand geschlossenen Ehe stammende) Tochter entführt und mißbraucht und schließlich mit ihrer Tochter getötet wurde, das ist so empörend, daß man kaum verstehen kann, wie Anastasius jahrelang immer wieder als Gegenpapst auftreten durfte.

Wegen der Rivalitäten dieser Art unterschieden sich die römischen Verhältnisse nicht sonderlich von dem großen Erbenstreit der Karolinger, und der Niedergang dieses einst so mächtigen Herrscherhauses gab nicht nur die Küstenstriche den Normannen und Sarazenen preis, sondern auch die Ufer der schiffbaren Ströme. In einer heute nicht mehr vorstellbaren Weise war ganz Europa von der Ostsee über die Biskaya und bis hinein ins Mittelmeer so gut wie schutzlos geworden. Es gab lediglich örtliche Abwehrverbände, Alarmtruppen gefährdeter Orte, die einander beistanden und, wenn die Warnungen schnell kamen, wenigstens die beutebeladen abziehenden Piraten stellen und ihnen die Gefangenen wieder abnehmen konnten. Sehr oft erreichten aber vor allem die mit großen Flotten angreifenden, selbst in offener Feldschlacht überlegenen Normannen trotz solcher Verfolgungskämpfe wieder ihre Schiffe und führten aus den Küstenprovinzen und von den Ufern der Seine oder Loire neben der Beute auch Mädchen und Frauen wie Vieh fort.

Diese auf den ersten Blick rein militärischen Ereignisse griffen tief auch in das Leben der Kirche ein. Nicht nur die Bischöfe verließen ihre meernahen Diözesen, auch die Reliquien gingen auf Wanderschaft und wurden von den flüchtenden Klosterinsassen oder Domkapitularen ins Landesinnere gebracht, so daß sich umfassende Verschiebungen der Traditionen ergaben und bekannte Wallfahrtsorte wie Tournus oder Autun zu ihren eigenen Heiligen noch Fluchtpatrone hinzu erhielten. Im Norden Europas erstarkte das Heidentum wieder, weil die skandinavischen Seeräuber in England, den Niederlanden und an den Ostseeküsten die Pflanzstätten der Mission zerschlugen, und im Mittelmeer eroberte der Islam ausgedehnte christliche Gebiete in Südfrankreich und auf Korsika, die von der christlichen Bevölkerung auf Jahrzehnte verlassen, ja zum Teil für immer aufgegeben wurden. Im Rücken des christlichen Europa, auf den gewaltigen Wasserstraßen Rußlands, begann ein schwunghafter Handel zwischen dem heidnischen Skandinavien und dem islamischen Orient. Schlagkräftige Warägertruppen beschützten die Konvois auf der Wolga und auf dem Dnjepr, die Transporte vor allem erbeuteter Sklavinnen und Sklaven, die in Georgien und im Zweistromland Abnehmer fanden.

Dieser Handel stützte sich somit auf eine Ware, die das Christentum nicht passieren lassen konnte, die aber nicht durch andere Güter zu ersetzen war, weil der ganze europäische Norden nichts hervorbrachte, was den Südosten hätte interessieren können. Die außerordentlich reichen Funde arabischer Münzen im ganzen Ostseeraum haben uns ebenso wie die Berichte arabischer Reisender inzwischen die Gewißheit gegeben, daß diese Wirtschaftsbeziehungen im Rücken des Abendlandes etwa zweihundert Jahre lang sehr intensiv waren und, da Große wie Geringe davon lebten, auch den Sieg des Christentums im heutigen Rußland verzögerten. Es gab zwar auch einen geheimen Sklavenhandel aus Mitteleuropa ins maurische Spanien, dessen Umschlagplatz Verdun war und auf den immer wieder erneute Verordnungen weltlicher und kirchlicher Autoritäten hinweisen, aber die Hauptstädte des skandinavisch-arabischen Handels waren heidnische Zentren, die dadurch erstaunlich schnell aufblühten. Das schwedische Birka und die reiche Stadt Vineta an der Odermündung sind die bekanntesten Umschlagplätze geworden, aber auch Prag und Hafenorte an der Dnjepr- und Wolgamündung gewannen aus diesen Geschäften. Es geschah daher nicht nur für die Ausbreitung des Christentums, sondern es war auch ein Vorstoß gegen Piratentum und Menschenhandel, wenn die Päpste im neunten Jahrhundert die nordische Mission vorantrieben und sich um die Christianisierung der Slawen bemühten.

In Skandinavien war es Anskar, der in Birka erste Erfolge erzielte, in Mähren aber wirkten die von Papst Johannes VIII. autorisierten griechischen Mönche Cyrillus und Methodus. Für die Rivalitäten zwischen den großen Missionszentren ist kennzeichnend, daß Hamburg und Bremen einander oft feindselig gegenüberstanden –

und daß Methodus zweieinhalb Jahre lang Gefangener des Erzbischofs von Salzburg war, weil er im heutigen Ungarn auf salzburgischem Missionsgebiet gepredigt hatte. Cyrillus und Methodus hatten aus ihrer Kenntnis des Altslawischen ein so deutliches Übergewicht über die deutschen Missionare, daß es ihnen zeitweise verboten wurde, in slawischer Sprache zu predigen (!). Papst Johannes VIII. hob dieses unsinnige Verbot freilich später wieder auf.

Die militärische und wirtschaftliche Bedeutung der alten und neuen nichtchristlichen Mächte hatte aber auch zur Folge, daß aus den Ruinen des gewaltigen Karolingerreiches neue, kleinere, aber besser gefestigte und tüchtiger regierte staatliche Einheiten hervorgingen. In Franken westlich des Rheins, das man nun schon Frankreich nennen kann, war es Graf Eudo oder Odo, der tapfere Verteidiger von Paris gegen die Normannen, der sich mit diesen Siegen gegen das große Übel des Jahrhunderts Sympathie und Dankbarkeit des ganzen Volkes erworben hatte und die Dynastie der Kapetinger begründete. Odo selbst entstammte einem edlen sächsischen Geschlecht, das Karl der Große (wie viele andere) nach Nordfrankreich verpflanzt hatte, um den Widerstandswillen der heidnischen Sachsen zu brechen. In Deutschland war Arnulph von Kärnten der tatkräftigste Fürst, ein unehelicher Enkel Kaiser Ludwigs II. des Deutschen. Ein dritter Sieger war Graf Guido von Spoleto, über seine Mutter ebenfalls ein Karolinger; er ließ sich nicht nur die eiserne Krone der Langobarden aufs Haupt setzen, sondern nötigte im Jahr 891 Papst Stephan V., ihn zum Kaiser (!) zu krönen.

Es währte einige Jahre, ehe Arnulph von Kärnten, der gegen die Normannen und gegen Mähren zu kämpfen hatte, seine Truppen zu einem Romzug sammeln konnte und dem Spuk eines Kaisers aus Spoleto ein Ende machte. Der Papst, der ihn zum Kaiser krönte, hieß Formosus (891–896) und erfuhr, als Arnulph längst abgezogen und die Macht der Deutschen in Rom wieder im Schwinden war, die schlimmste Rache, die je an einem Nachfolger des Petrus verübt wurde: Papst Stephan VI. (896/897) ließ sich von Ageltrudis und Lambert von Spoleto dazu verleiten, den seit neun Monaten im Grabe ruhenden Papst Formosus exhumieren zu lassen. In päpstlichen Gewändern auf den Thron gesetzt, wurde der Leichnam zum Angeklagten, eine Synode trat zusammen und verurteilte Formosus wegen zahlreicher größtenteils konstruierter Vergehen. Damit wurden nicht nur alle Weihen, Ämterverleihungen und andere Amtshandlungen dieses Papstes ungültig, sondern auch – und darum ging es der Partei der Herzöge von Spoleto vor allem – die Kaiserkrönung König Arnulphs von Kärnten. Der verurteilte Leichnam wurde entkleidet, die Schwurfinger der rechten Hand abgehackt und die traurigen Überreste des Papstes Formosus endlich, nach kurzer Ruhe auf dem römischen Fremdenfriedhof, gar in den Tiber geworfen. Es ist kaum verwunderlich, daß das Volk solchen Frevel nicht ungesühnt ließ: Stephan VI. wurde das Opfer eines Aufruhrs, der im Sommer 897 ausbrach und darin gipfelte, daß der Papst erdrosselt wurde ...

Dennoch hatte Italien damals einen einheimischen König in Lambert, dem Sohn des Grafen Guido von Spoleto, und nach dem Abzug Arnulphs ließ dieser Lambert sich auch wieder zum Kaiser krönen. Da er sich dem alten Widersacher des Hauses Spoleto, dem Grafen Berengar, freundschaftlich annäherte und mit ihm die Herrschaft über Italien teilte, gab sich das Volk mit Lambert und seiner engen Verbindung mit den Päpsten endlich zufrieden. Arnulph war fern, und irgend jemand mußte in Italien schließlich für Ordnung sorgen. Lambert bestätigte den Päpsten übrigens alle Privilegien, die ihnen seit Pippin dem Kurzen von den Karolingern erteilt worden waren, und starb am 15. Oktober 898 während des Pontifikats von Johannes IX., mit dem ihn aufrichtige Freundschaft verbunden hatte. Arnulph überlebte ihn nur um ein Jahr.

Schon als Johannes IX. gewählt wurde, hatte es eine starke Partei für einen Diakon namens Sergius gegeben, der sich auf breite Kreise des römischen Adels stützen konnte und ebenfalls, nur wesentlich eifriger, für die Partei der Spoletaner eintrat. Diese hatte nämlich durch den plötzlichen (Unfall-)Tod Kaiser Lamberts einen argen Verlust erlitten, und Berengar von Friaul herrschte wieder allein über Italien.

Vielen Geschichtsschreibern der Kirche und des Papsttums gilt das zehnte Jahrhundert als die Phase der tiefsten Wirrnisse und eines Niedergangs, den man aufrichtig bedauern oder als skandalöse Episode ansehen kann – nur verschweigen darf man ihn nicht. Das Papsttum als irdische Institution und als politische Einrichtung schwebte niemals über den Gewalten und den Leidenschaften, und daß diese im Mittelalter so offen und grell zutage treten, macht sie nicht schlimmer. Der Unterschied liegt nur darin, daß die Kirche in ihrer souveränen Beherrschung der Formen sich heute zu distanzieren versteht. Vor tausend Jahren wurde sie an der Stelle ihrer konzentriertesten Macht selbst das Opfer regionaler politischer Kräfte von zielbewußter Rücksichtslosigkeit.

Die mächtige Sippe, die damals während einiger Pontifikate das Papsttum beherrschte und selbst Päpste stellte, hieß Theophylakt und tritt uns zunächst in einem Mann entgegen, der als *Dux* und Senator bezeichnet wird und einer der höchsten, wenn nicht der höchste, Richter von Rom war. Während der skandalösen Leichensynode stand er auf der Seite des Sergius, der vielleicht mit ihm verwandt und ein Graf von Tusculum war, jener kleinen Stadt in der Nähe von Rom, aus der die Sippe Theophylakt stammte. (Sie wurde etwa zweihundert Jahre später von den Römern zerstört, ihre Ruinen liegen in der Nähe von Frascati.)

Ab etwa 900 tritt neben ihm seine Frau Theodora hervor und übt in Rom großen Einfluß aus, und in den Jahren von 926 bis 932 scheint seine Tochter Marozia mit dem Titel einer Senatrix die Stadt Rom vollständig beherrscht zu haben, Rom und den Papst Johannes X., den sie, als er Widerstand zu leisten versuchte, zunächst einkerkern und dann ermorden ließ. Wie es zu solchen Zuständen kommen konnte, wird nur in einer einzigen Quelle geschildert, sie ist darum auch sehr umstritten: Es ist Liudprands erklärtermaßen gegen seine Freunde gerichtetes autobiographisches Buch *Liudprandi antapodosis* (das heißt Vergeltung).

»In dieser Zeit saß auf dem verehrungswürdigen römischen Stuhl Johannes von Ravenna. Er aber hatte das höchste Bischofsamt durch ein so gottloses Verbrechen wider göttliches und menschliches Recht auf folgende Art erlangt (48): Die schamlose Hure Theodora, Großmutter des kürzlich verstorbenen (Patricius)

Alberich, herrschte nicht unmännlich über die Stadt Rom. Sie hatte (von dem Konsul und Senator Theophylakt) zwei Töchter namens Marozia und Theodora, die ihr nicht nur gleich, sondern im Venusdienst sogar noch eifriger waren. Marozia brachte in ruchlosem Ehebruch von dem Papst Sergius III. (897/898 und 904–911) den Johannes zur Welt, der nach dem Tod des Johannes von Ravenna die höchste Würde der römischen Kirche erlangte (Johannes XI., 931–935); von dem Markgrafen Alberich von Spoleto aber empfing sie einen Sohn namens Alberich, der später, zu unserer Zeit, die Herrschaft über die Stadt Rom an sich riß.« Wenige Zeilen später beschuldigt Liudprand auch den Papst Johannes X. des intimen Umgangs mit Theodora, der Schwester der Marozia, und schreibt es dem Einfluß der Frauen zu, daß der in Ravenna allzuweit von Rom entfernte, gut aussehende Johannes auf den Stuhl Petri nach Rom geholt wurde.

An dieser Geschichte ist natürlich nicht wichtig, ob der eine oder andere Kleriker tatsächlich einflußreiche römische Damen zu seinen Freundinnen zählte, und von den Päpsten der Renaissance sind uns unanzweifelbare, jahrelange Beziehungen zu schönen Frauen bezeugt; kennzeichnend hingegen ist für das zehnte Jahrhundert die enge Verflechtung der päpstlichen Würde und der Papstmacht mit einem bestimmten Familienklan, der in seinem Machtstreben offensichtlich alle Mittel einsetzte, die ihm tauglich erschienen, und dabei auf keinen nennenswerten kirchlichen Widerstand stieß. Und wenn Liudprand seinen achtundvierzigsten Abschnitt mit den Worten »Theodora scortum impudens« beginnt, dann will er nichts beschönigen oder auch nur im unklaren lassen, sondern seine Zeitgenossen über Verhältnisse aufklären, die in jedem anderen Jahrhundert ebenfalls Skandal gemacht hätten.

Da man Liudprand nicht umdeuten konnte, mußte man versuchen, seine Glaubwürdigkeit zu erschüttern, und wir müssen uns ein wenig mit dem Mann und seinen historischen Schriften beschäftigen. Liudprand war Langobarde aus vornehmem Geschlecht, vermutlich um 920 geboren und schon früh hervorragend gebildet. Er kannte die antiken Autoren, sprach neben dem selbstverständlichen Latein auch Griechisch und Deutsch und wurde schon vor der Erreichung des dreißigsten Lebensjahres für wichtige Gesandtschaften herangezogen, auf denen er vor allem Konstantinopel, aber auch Korfu, Italien und Deutschland kennenlernte. Nachdem er aus uns unbekannten Gründen bei Berengar von Italien in Ungnade gefallen war, wurde er ein vertrauter Berater, Diplomat und Dolmetscher Ottos des Großen, über dessen Regierungszeit Liudprands Schriften eine Hauptquelle bilden. Mehr anekdotisch, persönlich und ironisch pointiert ist das Buch *Antapodosis*, das jedoch so reich an Einzelheiten ist und so viele Fakten liefert, daß man eigentlich nur von der Ausdrucksweise Abstriche machen kann, bei der dem allzu selbstsicheren Bischof von Cremona gelegentlich das Temperament durchgeht. Da seine ihm vom Kaiser verliehene Diözese im Jahr 972 einen neuen Oberhirten hat, muß man annehmen, daß Liudprand im Winter 971/972 auf einer Reise in Griechenland gestorben ist.

Der Münchner Universitätsprofessor Dr. Alois Knöpffler urteilt in seinem Liudprand-Artikel in Herders Kirchenlexikon sehr ruhig und abgewogen über diesen großen Kritiker; Ostrogorsky nennt in seiner Geschichte des byzantinischen Staates die Schriften Liudprands geistreiche Pamphlete von unschätzbarem kulturhistorischem Wert.

Die Dürftigkeit der Quellen erschwert oft die Nachprüfung der Darstellung, und wichtige Schriften Liudprands selbst sind uns nur in einem einzigen Exemplar erhalten, so daß man auch mit Hilfe der Lesarten nicht viel aufhellen konnte. Aber wir sehen aus seiner Geschichte Ottos des Großen, daß er in der Sache einwandfrei berichtet und sich nur in der Wortwahl gehenläßt. Nach der Kaiserkrönung Ottos I., die im Jahr 962 noch prunkvoll und ungestört vor sich ging, weil Otto seinen Rittern befohlen hatte, blanke Schwerter zu zeigen, kam es schon während Ottos Heimkehr nach Deutschland zu ersten Zerwürfnissen mit Papst Johannes XII., zu einem neuerlichen Romzug und zur Anrufung des Kaisers gegen den Papst und die durch ihn verursachten Mißstände.

»Was wir sagen«, berichtet Liudprand, »ist dem Volke kein Geheimnis. Wir berufen uns auf die Witwe (des päpstlichen Dienstmannes) Rainers, welche der Papst, von blinder Leidenschaft entbrannt, über viele Städte gesetzt und mit goldenen Kreuzen und Kelchen aus dem unantastbaren Schatz des heiligen Petrus beschenkt hat. Wir berufen uns auf Stephana (seine frühere Geliebte), die bei der Abtreibung einer von ihm empfangenen Leibesfrucht kürzlich das Leben verloren hat. Und wenn alles schweigen sollte, so wird doch der Lateranpalast, einst die Wohnung heiliger Männer, jetzt der Tummelplatz unzüchtiger Weiber, nicht stille sein . . .« Liudprand nennt noch zwei andere Geliebte des Papstes und fährt dann mit der schwersten Anklage fort: »Die Frauen aller Völker, außer den Römerinnen, scheuen sich, zum Gebet zur Schwelle der heiligen Apostel zu kommen, da sie vernommen haben, daß hier noch vor wenigen Tagen Ehefrauen, Witwen und Jungfrauen Gewalt angetan wurde. Wir berufen uns auf die Kirchen der heiligen Apostel, welche das Regenwasser nicht etwa tropfenweise, sondern durch das ganze Dach, den Platzregen sogar auf die geheiligten Altäre einlassen! Wie ängstigt uns das Gebälk, wenn wir dort um Gottes Beistand flehen! Der Tod herrscht in den Dächern; er behindert uns, die wir viel zu bitten haben, und zwingt uns, das Haus des Herrn schnell wieder zu verlassen. Wir berufen uns endlich auf die Weiber selbst, nicht nur auf die durch viel Nachhilfe binsenschlanken, sondern auch auf die von ganz alltäglicher Gestalt, denn für den Papst macht es keinen Unterschied, ob eine ihren Fuß auf das schwarze Pflaster setzt oder sich von stattlichen Rossen ziehen läßt« (*Liutprandi de Ottone rege*, 4,5).

Der größte Teil dieser Vorwürfe wurde offenkundig, als Kaiser Otto am 6. November 963 mit seinen Rittern zu der großen Synode in der Peterskirche erschien, der Johannes XII. selbst jedoch aus guten Gründen fernblieb. In dem kaiserlichen Schreiben an den Papst steht denn auch zu lesen: »Wisset also, daß Ihr nicht von wenigen, sondern von allen Geistlichen wie Weltlichen angeklagt seid des Mordes, des Meineids, des Kirchenfrevels, der Unzucht mit Verwandten und mit zwei Schwestern.«

Der Kaiser führt dann noch die angebliche Teufelsbündelei Johannes' an und sichert ihm, falls er kommen wolle, um sich zu verteidigen, freies Geleit zu. Johannes aber antwortete damit, daß er alle Bischöfe (!) für den Fall einer neuen Papstwahl mit der Exkommunikation bedrohte. Am 4. Dezember wurde der Papst abgesetzt, und der Kaiser überließ es den Kardinälen, einen würdigen Nachfolger zu wählen. Sie erkoren einstimmig einen Laien, den *Protoscriniarius* (Kanzler) Leo. Er wurde am 6. Dezember von Bischof Sico von Ostia zunächst zum Priester geweiht, danach zum Papst.

Trotz dieser offenbaren Einmütigkeit in der Behebung einer schweren und tiefen Krise wählten die Römer bald darauf einen Gegenpapst, der den Namen Benedikt V. annahm. Die Kirche sieht jedoch heute Leo VIII. als einen legitimen Papst und Nachfolger des zwölften Johannes an, sein Gegenpapst Benedikt V., der ihn überlebte, erscheint als sein rechtmäßiger Nachfolger in einem allerdings sehr kurzen Pontifikat (vom 22. Mai bis zum 23. Juni 964). Kurz zuvor, am 14. Mai 964, war der abgesetzte Papst gestorben. Benedikt V. gilt als hervorragender Gelehrter und integre Persönlichkeit, doch hatte er den Kaiser gegen sich und auch praktisch nicht Zeit genug, um den Mißständen zu steuern, die ihm Johannes XII. hinterlassen hatte. Die exakte Herrschaftszeit ist zwischen ihm und Leo VIII. strittig, ein ziemlich seltener Fall, der dadurch schwer zu entwirren war, daß beide Päpste ehrlich und anständig bemüht regierten und den nun einmal etablierten Gegner achteten.

Das Satyrspiel kam hingegen von dem unbeugsamen Johannes, einer kuriosen Abenteurer-, ja Wüstlingsfigur, wie sie auf dem Thron Petri sonst glücklicherweise nicht vorkommt. Otto der Große hatte, um den Römern weniger lästig zu fallen, einen großen Teil seiner Heeresmacht in Garnisonen in anderen Teilen Italiens entlassen. Als Johannes dies bemerkte, versuchte er mit einigen Getreuen einen Mordanschlag auf den Kaiser, der sich mit seinen Rittern jedoch auf einer Tiberbrücke verschanzte, erfolgreich verteidigte und sogar Geiseln nehmen konnte.

Als er schließlich Rom verließ, um nach Norden zu ziehen, wo er wegen anderer Unruhen eingreifen mußte, ließ er auf Bitten Papst Leos VIII. diese Geiseln frei, was sich als verhängnisvoll erwies. Johannes, der als Papstsohn einen offenbar beträchtlichen persönlichen Anhang ins Treffen führen konnte, drang abermals in die Stadt ein, veranstaltete mit sechzehn willfährigen Bischöfen eine neuerliche Synode, die alle im Beisein Ottos I. getroffenen Entscheidungen widerrief, und ließ Würdenträger, die sich gegen ihn gestellt hatten, grausam bestrafen. Einem wurde die rechte Hand abgehackt, einem anderen die Nase und die Ohren abgeschnitten.

Glücklicherweise machte des Johannes eigene Unmäßigkeit diesem Spuk bald ein Ende: Er begab sich außerhalb Roms zu einer Frau, an der ihm sehr gelegen war, und gab sich dort so aus, daß er einen Gehirnschlag erlitt und im Mai 964 starb. Köpke und Dümmler sagen in ihrer sehr besonnenen, genau nach den Quellen gearbeiteten Geschichte Ottos des Großen, »die Bewegung zugunsten des vertriebenen Papstes« sei »vorzüglich von den vornehmen Weibern geschürt« gewesen, »mit denen jener in vertrauten Beziehungen gestanden«. Schon aus dieser Wendung geht hervor, daß Liudprand, der Marozia, deren Mutter und Schwester wiederholt Dirnen nennt, damit lediglich einen Schimpf aussprechen wollte; de facto handelte es sich bei ihnen jedoch um Frauen aus dem Adel von Tusculum, die aber eben genau so sittenlos lebten wie der Papst auch.

Natürlich war jene Marozia, die zur Zeit Johannes' X. lebte, inzwischen längst zur Großmutter geworden – aber zu einer Großmutter der Päpste. Für den Klan der Grafen von Tusculum schien kein Zölibat zu existieren, und die Anklage, die der Kaiser gegen Johannes XII. formulierte, läßt ja auch erkennen, daß es selbst Blutschande und Inzest gegeben haben muß. Ein in seiner Herkunft unklares, aber offenbar mächtiges Geschlecht der kleinen alten Etruskerstadt neben Rom nimmt eine späte Rache für die Unterjochung Tusculums durch die Römer und wirft sich mit allen Mitteln zur Herrschaft über Rom auf, wobei die Schönheit und die Intelligenz dieser Frauen durch sieben Jahrzehnte zum eigentlichen Motor aller kriminellen, ja gotteslästerlichen Handlungen wird.

»In der allgemeinen Verdorbenheit, welche die römische Gesellschaft kennzeichnete, wäre Marozias Moral überhaupt nicht aufgefallen. Was in die Augen fiel, war ihre Fähigkeit, Menschen nach ihrem Willen zu formen … Die Eltern Marozias hatten bloß Bündnisse zwischen der Familie und dem Papsttum geschlossen. Ihre Tochter führte dieses Prinzip kühn bis zur letzten Konsequenz durch: das Papsttum und die Familie sollten identisch sein. Offenbar war sie völlig gleichgültig gegen die universalen Ansprüche dieses Amtes und betrachtete es einfach … als ein Mittel, die reichen Einkünfte des Stuhles Petri direkt in die theophylaktischen Schatzkammern zu leiten« (Chamberlin).

Mit dem Glauben war es wohl nicht allzuweit her: Die Kaiser erhielten für ihre Geschenke als Gegengaben nur Reliquien, von denen man in Rom damals mehr als genug hatte, zum Beispiel die heilige Felicitas mit gleich sieben Söhnen, deren Gebeine ebenfalls als Reliquien galten. Und das Volk von Rom, das die wahren Verhältnisse aus nächster Nähe mitansehen und beurteilen konnte, das sprach naturgemäß nicht so sehr vom Papst Johannes als von der Päpstin Johanna, ein bitterer Scherz, der auf die allmächtige Marozia zielte. Wie er in die Chronik des Jehan de Mailly geriet und von dort in die sehr weit verbreitete Chronik des Martin von Troppau, ist nicht mehr zu ermitteln, aber die Tatsache ist nicht verwunderlich: Das Mittelalter war legendengläubig und hatte ein großes Unterhaltungsbedürfnis; was immer man erzählte und kolportierte, wurde nur zu gerne geglaubt, vor allem wenn es sich um den Papst und die nicht sonderlich beliebten Mönche drehte. Die angeblich britische, aber aus Mainz gebürtige Päpstin Johanna, die als Papst Johannes VIII. 855 auf den Thron gelangt sei, ist völlig unhistorisch; zweifellos liegt eine Verwechslung mit den unheiligen Päpsten namens Johannes und mit der im Hintergrund so deutlich wirkenden Marozia vor.

Was immer die Damen aus Tusculum und die so durchaus unfrommen Grafen auf den Throne des Petrus getrieben haben mochten, so möchte man diese düstere Phase doch am liebsten als ein Interregnum ansehen, als eine Zeit, in der die politischen Verhältnisse in Rom eben eine würdige Ausübung des höchsten Kirchenamtes nicht zuließen. Es wird noch andere Zeiten geben, in denen die Übermacht der politischen Bedrängnis selbst den Papst ins

Zwielicht bringt. Was indessen geschah und geschichtlich als ein Novum angesehen werden muß, das war die schnelle Absetzung eines Papstes durch den Kaiser oder auf kaiserlichen Druck, die Wahl eines neuen Papstes vor den Schwertern einer kaiserlichen Armee und wiederholte Waffengänge in und um Rom im Zusammenhang mit den kaiserlichen Einwirkungen auf Wahl, Nachfolge und Inthronisierung der Päpste.

Mögen auch besondere Verhältnisse geherrscht haben, so war damit doch ein Beispiel gesetzt, auf das in späteren Zeiten die Kaiser zurückkommen konnten, sofern es ihnen beliebte oder notwendig erschien. Daran scheint Otto von Freising zu denken, dessen große Chronik ein Höhepunkt mittelalterlicher Geschichtsschreibung ist. Otto (1114–1158) war ein österreichischer Prinz, hatte Kaiser Heinrich IV. als Großvater auf der mütterlichen Seite und Herzog Leopold III. aus dem Haus Babenberg als Vater. Otto wuchs in Klosterneuburg auf, studierte in Paris, von wo er auch Reliquien mitbrachte, und wirkte seit 1138 als Bischof in Freising, das damals noch ungleich bedeutender war als das noch kaum existente München. Um 1143 begann er mit der Arbeit an seiner großen Weltchronik, einem Werk von großer Gelehrsamkeit, das trotz der kaum vermeidlichen Irrtümer schon zeigt, wie die Ereignisse der spätkarolingischen Zeit und die unter Otto dem Großen wieder aufsteigende Kaisermacht sich im Urteil der Nachwelt ausnehmen.

Otto von Freising berichtet kurz die uns bekannten Vorgänge um Papst Johannes XII. sowie seine Absetzung und fügt hinzu: »Ob dies alles nun gesetzmäßig vor sich ging oder nicht, das zu entscheiden ist nicht Aufgabe des vorliegenden Werkes«. – Er distanziert sich also von Liudprand von Cremona und anderen ottonischen Geschichtsschreibern und fährt dann fort: »Ich finde aber in einigen Chroniken, allerdings deutschen, die Behauptung, dieser Johannes habe ein tadelnswertes Leben geführt, und das sei ihm häufig von Bischöfen und anderen Untergebenen vorgehalten worden. Dem Glauben beizumessen erscheint peinlich (*Cui rei fidem accomodare durum videtur*), denn die Kirche von Rom pflegt ihren Bischöfen das besondere Vorrecht zuzuschreiben, daß wegen der

Verdienste des Petrus, der auf festen Fels gegründet ist, weder die Pforten der Hölle noch die Stürme der Zeiten sie zu verhängnisvollen Fehltritten verführen können.«

Die sehr ausführliche, aber auch sehr allgemeine Stellungnahme zu den Untaten und Fehltritten des Papstes Johannes XII. lassen vermuten, daß Otto von Freising die alten Berichte nicht einfach verwerfen wollte, wenn sie auch seinem Glauben an das Papsttum zuwiderliefen. Seine Hinweise auf Petrus, den Fels, die starke und heilige Tradition wollen wohl eher andeuten, daß ein schwarzes Schaf angesichts so starker Konstanten keine entscheidende Bedeutung gewinnen könne, selbst wenn es eines gegeben haben sollte.

Das sogenannte dunkle Jahrhundert in der Geschichte der Päpste war freilich nicht das Werk eines einzigen Unwürdigen, sondern das Ergebnis einer politischen Konstellation. So manches europäische Land wurde in Zeiten der Degeneration der Herrscherfamilie durch Jahrzehnte schlecht oder gar verbrecherisch regiert; unter den letzten Valois-Herrschern erlebte Frankreich die Bartholomäusnacht, in Neapel, auf dem Balkan und in anderen Teilen Europas saßen nicht selten Fürsten auf dem Thron, denen man von Rechts wegen nicht einmal einen kleinen Polizeibezirk hätte anvertrauen dürfen. Nur waren das eben niemals geistliche Fürstentümer und schon gar nicht die Kirche selbst, die ein integres Oberhaupt nötiger braucht als jede weltliche Gemeinschaft.

In Verflechtungen, die zu entwirren nur noch den Spezialforscher interessiert, beherrschten die Geschöpfe und die Kinder der drei Frauen aus dem Hause Theophylakt das zehnte Jahrhundert in Rom. Seit Marozia die Mätresse Papst Sergius' III. gewesen war, seit Papst Johann X. ein fünfjähriges Kind zum Erzbischof von Reims gemacht hatte, seit Johann X., Leo VI. und Stephan VII., also drei aufeinanderfolgende Päpste, ermordet wurden, hatte die Gewalt, hatte aber auch die Willkür in Rom geherrscht. Johannes XI. (931–935) war ein Sohn Papst Sergius' III. mit der Marozia gewesen, und nur die Jahre, in denen Alberich II. von Tuszien als »Fürst und Senator aller Römer« ein wenig antiken Glanz und altrömische Rechtschaffenheit erkennen ließ, dürfen wir als eine Pause in diesem düsteren Zeitalter ansehen. Es waren zweiundzwanzig Jahre, in denen ein hochbegabter Fürst – Sohn der Marozia aus ihrer ersten Ehe – gegen das Unheil auftrat, das seine eigene Mutter angerichtet hatte. Er überwachte sowohl seinen Halbbruder, den Papst, als auch seine in ihrer kriminellen Aktivität ungebrochene Mutter genau und gab damit dem großen Reformwerk eine Chance, das sich aus dem Kloster Cluny (bei Macon in Burgund) über ganz Mitteleuropa ausgebreitet hatte.

Cluny ist heute eine enge, ein wenig düstere Kleinstadt an einer einzigen Straße, und von der alten Herrlichkeit ist nicht mehr sehr viel zu sehen. Und doch leuchtete die einst berühmte Benediktinerabtei im dunkelsten Jahrhundert des Papsttums als das einzige Licht der Hoffnung. Nach dem Abt Berno, einem burgundischen Grafen, war es vor allem Abt Odo (927–941), der mit Alberich zusammenarbeitete, über Entfernungen hinweg, die damals noch eine Rolle spielten. Die Wiederherstellung der strengen Benediktinerregel und die Erneuerung des klösterlichen Lebens unter der Führung des Abtes von Cluny waren die Hilfe, die Alberich als *Princeps Romanorum*, als der weltliche Herr der Stadt Rom, von der Kirche empfing – von einer Kirche, die außerhalb Roms gesünder geblieben war als in der Tiberstadt selbst.

Alberich als Person ist eine tragische, aber auch begeisternde Erscheinung, denn sein Vater kam noch aus dem Nichts; er war ein Abenteurer fränkischer oder langobardischer Herkunft, der nach der Grafschaft Fermo durch Mord auch noch die Herrschaft über Spoleto erlangte. Alberich II. nun gilt als ein Prinz »aus dem Geschlecht der Grafen von Spoleto« – so schnell geht das, wenn der Vater den letzten echten Markgrafen ermorden läßt und seine offenbar eindrucksvoll-wilde kriegerische Erscheinung die Marozia für ihn interessiert. Einen Usurpator und Mörder zum Vater zu haben, eine Frau wie Marozia zur Mutter, gegen den Stiefvater, König Hugo von Italien, ein Leben lang kämpfen zu müssen und den eigenen Sohn als Papst *und* Princeps über das geistliche wie das weltliche Rom zu setzen, das ist mehr Kühnheit, als irgend jemand sonst in diesem Jahrhundert erkennen läßt. Und diesem Alberich, dem späten germanischen Eroberer des längst verlorenen Italien, erwächst nun in einem klugen und strengen Priester im fernen Burgund der Verbündete, der diesem ganzen blutigen Machtrausch erst einen Sinn gibt und der Herrschaft des Marozia-Sohnes neben dem weltlichen auch ein geistliches Ziel.

Mit Alberich II. endet die kurze Phase der Frauenherrschaft in Rom, nicht aber die Vormacht des weltlichen Fürstentums über das geistliche. Nach vielen Jahrhunderten, in denen in Rom die Kleriker regiert und die Frauen somit keine Stimme gehabt hatten, war im Zusammenbruch der Papstmacht zunächst der Machtzuwachs für die Frauen gekommen, für Theodora die Ältere und die Jüngere und für Marozia, die bedeutendste, sichtbarste, rücksichtsloseste von allen. Aber ihr Sohn verdammte sie zur Untätigkeit, ja er soll sie eingekerkert haben, ihr Sohn, dem sie als einzigem nicht mißtraut hatte. Und es dürfte sie kaum getröstet haben, daß auch Alberich II. mit seinem Sohn, Marozias Enkel, die tiefste Enttäuschung erleben mußte. Noch als Knabe und unter dem Namen Oktavian war dieser Sohn des Alberich den Römern vorgestellt worden, und sie hatten jubelnd geschworen, daß er ihr Fürst *und* Papst sein sollte. Alberich II. starb am 31. August 954 eben rechtzeitig, um nicht mehr erleben zu müssen, was für ein Papst sein 955 gekrönter Sohn wurde.

Das Unkraut hatte ein zähes Leben; die Frauen aus dem Hause Theophylakt hatten ihren Söhnen offenbar unbändigen Ehrgeiz und sehr viel Kraft eingegeben, denn nach den Gatten und Kindern der Theodora und der Marozia kam in der zweiten Jahrhunderthälfte dann die Reihe an die Söhne der jüngeren Theodora: Papst Johannes XIII. (965–972) gilt noch als Enkel des Theophylakt, und sein Bruder Crescentius ist es, der zwar nicht selbst als Nachfolger des dreizehnten Johannes gewählt wird, der aber nun die kaiserfeindliche Partei anführt und Papst Benedikt VI. einkerkern läßt. Der neue Papst, als Bonifatius VII. einer der Gegenpäpste, hat nichts Eiligeres zu tun, als seinen Vorgänger erdrosseln zu lassen (!), muß aber selbst fliehen, als die kaiserlichen Truppen herannahen, und begibt sich nach Konstantinopel in eine Wartestellung: Kaiser Otto I. ist nämlich gestorben, und niemand weiß, ob Otto II.

die gleiche Kraft haben wird – eine sehr berechtigte Frage, haben die Römer doch die Hochzeit zwischen dem zarten siebzehnjährigen Prinzen und der sechzehnjährigen Theophano aus Byzanz sowie die Krönung der oströmischen Prinzessin am 14. April 972 miterlebt. Otto der Große hatte eben noch lange genug gelebt, um den deutschen Papst Benedikt VI. durchzusetzen, den Sohn eines Römers germanischer Herkunft namens Hildebrand. Aber dann war es eben geschehen, Otto I. war in der Ferne gestorben, und wie jung Otto II. war, das hatten alle Römer mit eigenen Augen gesehen. Das besiegelte den Untergang neuer kaiserlich-päpstlicher Einmütigkeit und half dem Geschlecht der Creszentier zu einem Einfluß, wie ihn vordem die Sippe Theophylakt besaß, mit der die Creszentier sich durch Heirat verbunden hatten. Während man von dem Geschlecht Theophylakt nicht weiß, woher sie kommen, sind die Creszentier schon im dritten Jahrhundert, also in altrömischer Zeit, wiederholt aufgetreten und lassen sich von anderen Geschlechtern auch durch einen seltsamen Beinamen unterscheiden: Sie heißen *Creszentii a caballo marmoreo* (vom marmornen Pferd) und haben sich in den Konstantinthermen eine mächtige Burg gebaut. Noch Johannes XV. (985–996) ist ein Geschöpf der Creszentier, die nun offen über die Stadt herrschen und in dieser ganzen Phase weltlicher Vormacht nur einmal einen Papst gewähren lassen, das ist Benedikt VII., von dem man wenig weiß, weil er politisch nicht hervortrat, sondern sich der cluniacensischen Kirchenreform widmete.

Kaiser und Papst erscheinen in dem Jahr 983, da beider Leben endete, auf seltsame Weise miteinander verbunden. Otto II. war tief religiös, hochgebildet, glühend besessen von seiner großen Aufgabe und darum ohne Einsicht in ihre Unlösbarkeit. Als er mit großem Gefolge nach Rom kam, den neuen Herrn Frankreichs, seinen Vetter Hugo Capet, an der Seite, schien ihm die Welt zu gehören, aber dies galt eben nur für die christliche Welt: Die Sarazenen bereiteten ihm im Süden Italiens nicht nur tödliche Strapazen, sondern auch eine bittere Niederlage. Wie es dazu kam, ist oft berichtet worden und doch vergessen, und die modernen Reiseführer lassen gelegentlich sogar Otto gegen die Byzantiner kämpfen. Das aber wäre ein vergleichsweise leichterer Kampf gewesen. Die Araber nämlich waren religiös mindestens ebenso begeistert wie das christliche Ritterheer. Sie herrschten in jenem zehnten Jahrhundert ja auch noch in Spanien und drangen von dort aus selbst in Frankreich ein, kurz, sie hatten den Gedanken einer Weltherrschaft des Islam noch lange nicht aufgegeben ...

Otto II. traf auf eine arabische Vorhut bei dem Städtchen Rossano, unweit der italienischen Ostküste, vertrieb die Araber aus der Stadt und ließ seine Familie unter der Obhut des dortigen Bischofs zurück. Am Capo Colonne, bei den Ruinen der großgriechischen Stadt Croton, kam es zur Schlacht. Es wurde mit größter Erbitterung gekämpft, bis Abulkasem, der arabische Anführer, fiel. Die Araber wichen zersprengt in die unwegsamen Berge des apulischen Küstenlandes, und das Ritterheer zog in loser Ordnung hinter ihnen her. Der Kaiser traf an einer Bucht eine kleine Schar versprengter Araber, die Ritter griffen an, und mit einemmal waren alle umliegenden Hügel wieder voll von sarazenischen Streitern, die sich, schneller beweglich als die Ritter, inzwischen wieder gesammelt hatten. Der Kampf dauerte bis in die Nacht und verlief für die Deutschen und Italiener sehr unglücklich. Die Chroniken überliefern uns die Namen alter und ruhmreicher Geschlechter, die an diesem 13. Juli 982 den bittersten Blutzoll entrichteten. »Fast in keiner Kirche war das Totenbuch dieses Tages unbezeichnet« (Giesebrecht). Die Blüte des deutschen und italienischen Adels fiel, Kaiser Otto aber entrann mit knapper Not: Ein Jude mit dem griechischen Namen Kalonymus bot ihm ein Pferd an, Otto entkam aus dem Getümmel, erblickte draußen vor der Küste ein Schiff und schwamm dorthin. Man hielt ihn für einen reichen Beamten aus Konstantinopel und brachte ihn nach Rossano ...

Es blieb bis zum Ausklang des zehnten Jahrhunderts so, daß kein Papst sich zwischen den Parteien halten konnte; entweder mußten ihn die Römer stützen, das war seit Beginn des Jahrhunderts gleichbedeutend mit einer Abhängigkeit von den versippten Familien Theophylakt und Creszentier, oder es waren die kaiserlichen Truppen, die einen dem Kaiser genehmen Papst an der Macht hielten.

Als Johannes XV. starb, ein Papst, der den Nepotismus so gut wie schrankenlos geübt und sich maßlos bereichert hatte, schlug die Stimmung in Rom begreiflicherweise um, und die Stadt, die elf Jahre eines korrupten Regimes mit angesehen hatte, neigte dazu, sich vom Kaiser einen Papst benennen zu lassen, der von den innerrömischen Querelen frei seines Amtes walten würde. Otto III. lag mit seinem Heer in Ravenna und benannte den Abgesandten aus Rom, ohne lange zu zaudern: einen Verwandten, nämlich seinen Hofkaplan Bruno, Urenkel Kaiser Ottos des Großen, einen gebildeten und intelligenten, dazu rechtschaffenen und energischen Mann, der allerdings erst vierundzwanzig Jahre zählte (womit er immerhin älter war als der Kaiser selbst!).

Mit allem mochten die Römer gerechnet haben, nur nicht mit der Ernennung eines jungen Deutschen, und da die deutschen Truppen in Rom im zehnten Jahrhundert manches Blut hatten fließen lassen, schuf die nun unvermeidliche Wahl des Kaplans Bruno zum Papst Gregor V. sehr schnell böses Blut und gab der Partei der Creszentier Auftrieb. Bis zur Kaiserkrönung des siebzehnjährigen Otto III. blieb Rom noch ruhig, es waren schließlich zu viele wohlgewappnete Ritter anwesend. Gregor bewies Großmut, gab dem Widersacher Creszentius ein hohes Kirchenamt, sah sich aber schon zu Ende seines ersten Amtsjahres einem Gegenpapst gegenüber und zur schnellen Flucht aus Rom genötigt. Aber der junge Ritter im Papstgewand gab nicht so schnell auf; gestützt auf die Bischöfe Oberitaliens, hielt er auf italienischem Boden aus, bis Otto III. im nächsten Jahr mit Heeresmacht heranzog.

Wie schon bei den Aufständen, die Otto I. niederzuschlagen hatte, gingen die deutschen Ritter gegen die immer wieder aufbegehrenden Römer mit beträchtlicher Härte vor. Das Reich war im Osten bedroht, man hatte hart gegen die Slawen gekämpft, da kam der Italienzug eben niemandem gelegen; aber statt die Italiener sich selbst zu überlassen, schickte die deutsche Ritterschaft immer wieder ihre Besten in den heißen Süden. Vielleicht war es eine späte Rache für das viele Blut, das in Apulien geflossen war, daß ein

Ritter namens Berthilo vom Breisgau den gefangenen Gegenpapst – er nannte sich Johannes XVI. – nicht nur einkerkern, sondern vorher aufs grausamste foltern und verstümmeln ließ. Und daß der achtundachtzigjährige weise Abt Nilus von Grotta Ferrata dem nicht Einhalt bieten konnte, obwohl ihn ganz Latium längst als einen Heiligen verehrte, das spricht auch für einen Mangel an Besonnenheit in der deutschen Führung. Jedenfalls wurde Johannes XVI., kaum daß seine Wunden einigermaßen verheilt waren, im Lateran einem Konzil vorgeführt, seiner kirchlichen Gewänder entkleidet, mißhandelt und auf einem Esel durch die Stadt Rom geführt, eine jener Schandstrafen, wie das Mittelalter sie liebte.

Abt Nilus sah dies alles mit steigendem Zorn und verhieß den Unbarmherzigen den Zorn des Himmels, eine Verwünschung oder Strafandrohung, auf die man den frühen Tod des Kaisers wie des Papstes zurückführt: Gregor V. starb, kaum dreißigjährig, im Februar 999 an der Malaria, ein hochbegabter Prälat, unerschrocken und energisch, der gerade in dieser schweren Zeit noch viel hätte für die Kirche tun können. Kaiser Otto III. überlebte ihn nicht einmal um drei Jahre, er starb im Januar 1002, auch er ein hochbegabter Fürst, den man das Wunder der Welt genannt, in den man die größten Hoffnungen gesetzt hatte. Die Hoffnung auf einen römischen Papst hatte allerdings getrogen: Nach dem Tod des Freundes, dem die Römer eine so schwere Amtszeit beschert hatten, setzte Otto III. seinen Lehrer Gerbert von Aurillac auf den Stuhl Petri, den ersten französischen Papst der Geschichte (Silvester II., 999–1003).

Gerbert galt nicht nur als der gelehrteste Mann seiner Zeit, sondern als ein sogenannter Magnus, als einer jener Mächtigen im Reiche des Geistes, die auch den Teufel zu ihren Diensten herbeizuzwingen vermochten – was man bekanntlich Albertus Magnus, Agrippa von Nettesheimb und dem Doktor Johannes Fausten nachzusagen pflegte. Die Wahl seines früheren Lehrers zum Papst verrät eine tief innere Unsicherheit des Kaisers und das deutliche Bedürfnis, an der Kirche Halt zu finden. Es ist wenig bekannt, was an Selbstprüfungen und Einkehrvorgängen der Wahl Gerberts voranging, aber sie beweist, daß Otto III. von der Härte Gregors zutiefst enttäuscht und durch die Ermahnungen und Vorwürfe des greisen Nilus verunsichert war. Otto hatte sich nämlich sehr ernsthaft um eine Erneuerung der römischen Kirche, um ihre Reinigung und Herauslösung aus den örtlichen Intrigen bemüht und zu diesem Zweck Konferenzen zwischen jenen Kirchenfürsten herbeigeführt, denen er stets sein Vertrauen geschenkt hatte: Odilo von Cluny, dem großen Reformator, Abbo von Fleury, dem unerschrockenen Erneuerer des gallischen Klerus, und Papst Gregor V. selbst. Man traf sich in Spoleto, Pavia und vielleicht auch noch an anderen Orten, und als Gregor im Februar 999 gestorben war, pilgerte Otto III. zur Gedenkstätte des heiligen Michael auf dem Monte Gargano am Sporn Italiens in eine Landschaft von wilder Einsamkeit, die der inneren Sammlung besonders günstig ist. »Doppelt erfaßte ihn jetzt die Reue über die grausame Behandlung des Creszentius und des (Gegenpapstes) Johannes, und mit dem Gedanken an das Schicksal, welches die Seele Gregors erwarte (!), mag es ihn gedrängt haben, seine Vergehen und Sünden auf Erden zu sühnen« (Ernst Sackur in seinem Standardwerk über die Cluniacenser).

Auf dem Rückweg vom Monte Gargano besuchte der Kaiser in Gaëta den inzwischen wie einen Heiligen verehrten Nilus, und dessen Hinweis auf die Verantwortung des Fürsten vor dem höchsten Richter scheint Ottos Gemüt vollends verdüstert zu haben. Der Kaiser zog sich mit dem Bischof Franco von Worms für vierzehn Tage in eine Grotte bei San Clemente in der Nähe von Rom zurück, wo er in Gebeten, Nachtwachen und hartem Fasten jene Handlungen bereute, die dem zunächst verantwortlichen Papst Gregor V. ganz offensichtlich als rechtlich, ja notwendig erschienen waren. Jedenfalls hatte von den Mitgliedern der Sippe der Marozia und von den Creszentiern das ganze Jahrhundert hindurch kein Handelnder solche Skrupel an den Tag gelegt. Die tiefe Zerrüttung des Gemütes, die den Kaiser befallen hatte, geht daraus hervor, daß er Nilus beim Abschied seine Krone in die Hand legte und daß er seinen Krönungsmantel – ein herrliches Stück mit aufgestickten Darstellungen aus der Apokalypse – auf dem Altar der Heiligen Bonifatius und Alessius niederlegte. Nach diesen wiederholten Exerzitien und seine Gesundheit angreifenden Selbstprüfungen soll Otto III. eine Vision gehabt haben, in der ihm kein Geringerer als der heilige Paulus, der Apostel, erschien und ihn aufforderte, die cluniacensische Reform zur Gesundung der Gesamtkirche mit seiner ganzen kaiserlichen Macht zu unterstützen.

So bedenklich es stimmen muß, einen jungen Kaiser unter den größten Seelenqualen und äußeren Beschwernissen etwa von Italien nach Westpreußen reisen zu sehen, weil er in Gnesen am Grab des Märtyrers Adalbert beten will, so ist das nun deutlich werdende Zusammenwirken des französischen und italienischen Klerus gegen die römischen Zustände doch ein tröstliches Faktum. In Oberitalien, vor allem in Ravenna oder auch in Pavia, kamen die Kirchenfürsten zusammen, denen eine Reform am meisten am Herzen lag. Sie übten auf den jungen Kaiser zeitweise einen so starken Einfluß aus, daß er verkündete, nur noch drei Jahre regieren, dann aber ins Kloster gehen zu wollen, aber sie entlasteten den Papst aus Frankreich, der in Rom schwere örtliche Probleme zu lösen hatte und die große Reform von der Tiberstadt aus nicht vorantreiben konnte.

Gerbert, der spätere Papst Silvester II., stammte nicht, wie man lesen kann, aus Aquitanien, sondern war ein Hirtenjunge aus der Umgebung von Aurillac in der Auvergne, im mittelsten Frankreich. Es waren die Mönche von Saint-Géraud, denen der wache Verstand des kleinen Bauernburschen auffiel, und sie brachten ihm das wenige bei, das sie selber wußten. Es genügte, um den wahren Wissensdurst in ihm zu wecken, einen Durst, den man damals nirgends besser stillen konnte als auf den berühmten Hochschulen des arabischen Spanien, wo gotische Christen, Juden und Araber eine echte Universalität des Wissens und der Lehren zustande gebracht hatten. Gerbert studierte dort Medizin und Mathematik. Und er soll es gewesen sein, der die arabischen Ziffern im Abendland einführte. Als ein echter Polyhistor erfand er die erste Uhr, die an Gewichten ging, konstruierte ein Astrolabium für die Seefahrer zur besseren Orientierung fern der Küsten und vervollkommnete die Orgel.

Die Kunde seiner Gelehrsamkeit und seiner ausgebreiteten praktischen Kenntnisse drang auch nach Deutschland; er wurde der Lehrer des königlichen Prinzen und durch diesen, den Kaiser Otto III., auf den päpstlichen Stuhl gesetzt als Papst des Jahres 1000, in dem viele Menschen jener abergläubischen Zeit den sicheren Weltuntergang erwarteten.

Silvester II. tat in Rom zunächst sehr viel Unpopuläres: Er bekämpfte den Ämterkauf und die Unsittlichkeit im Leben der Geistlichen; einem an sich anständigen Priester, der nach den Unsitten der Zeit eine Amtswürde gekauft hatte, gestattete er, Abt des Klosters Farfa zu bleiben, wenn er sich verpflichte, in diesem Kloster die strenge Zucht von Cluny einzuführen. Silvester stand auch mit Abt Odilo von Cluny in ständigem Briefwechsel und hatte ihm den Schutz der cluniacensischen Reformbestrebungen zugesagt, wenn er auch im allgemeinen alle Tendenzen bekämpfte, die Macht der Bischöfe zugunsten der großen und reichen Abteien einzuschränken.

In der Regel aber zeigte dieser Papst doch sehr deutlich, daß er auf einer allgemeineren Wissensbasis stand als auf dem christlichen Gedankengut. Askese und religiöse Schwärmerei waren seinem klaren, den Realitäten zugewandten Verstand stets suspekt. Seinen eigenen Charakter hatte er an den antiken Autoren geformt, und die Philosophie der Griechen und Römer bestimmte seine Weltsicht stärker als die Lehren des Christentums, das er in Cordoba als eine unter mehreren Weltreligionen behandelt gesehen hatte.

Den geschwächten, zu Verzückungen und Übersteigerungen neigenden Verstand des jungen Kaisers konnte auch dieser Papst nicht retten, denn wenn es Sylvester auch gelang, Otto III. nach und nach aus der geistigen Bevormundung der Eremiten und Schwärmer zu befreien, so waren Gerberts eigene Ideen zwar näher an der Wirklichkeit, aber darum für Otto nicht hilfreicher. Gerbert nämlich dachte, obwohl Papst, an eine Wiederaufrichtung des alten Römischen Reiches dank der Kräfte des abendländischen Rittertums, aber mit Rom als Zentrum und Italien als Kernland. Das sind Anschauungen, mit denen uns Gerbert von Aurillac als ein

Vorläufer des Rienzi erscheint und die Otto III. bald vollständig gefangennahmen, so daß Otto sich zuletzt bemühte, den Glanz des alten Rom wiederzuerwecken, obwohl es doch eine heidnische Stadt gewesen war.

Es ist sicher, daß der kluge und reife Gerbert seinem Schüler nicht bis zu solchen Phantastereien folgte, wenn auch der Gedanke einer Universalmonarchie vielleicht gerade im Jahr 1000 viel Anziehendes hatte, als eine Vereinigung von weltlicher und geistlicher Macht, wie man sie in jenen Zeiten besonders glanzvoll bei den Arabern sah, deren Herrscher und Feldherren sich als Abkömmlinge des Propheten ansahen oder ausgaben. Ob Papst Silvester einen ersten Aufruf zur Befreiung des Heiligen Landes von den Muslimen erlassen hat, ist bis heute umstritten und nicht sehr wahrscheinlich.

Hingegen setzten Otto und Silvester innerhalb Europas einige entscheidende Neuerungen, die man vielleicht im Zusammenhang mit der Idee einer Universalmonarchie sehen muß. Die Ostmission wurde erheblich intensiviert. Fürst Stephan von Ungarn erhielt mit einem päpstlichen Schreiben vom 27. März des Jahres 1000 die Erlaubnis, sich König zu nennen und eine Krone zu tragen, und die Begründung eines Metropolitansitzes in Gran befreite Ungarn aus der Abhängigkeit der mächtigen Erzbistümer Passau und Salzburg – eine päpstliche Entscheidung, die in den Augen mancher einer Revolution gleichkam.

Die Erhebung Gnesens zum Erzbistum diente dem gleichen Zweck, die jungen christlichen Staaten des europäischen Ostens zu ermutigen und unmittelbar an Rom zu binden. Mochte auch die Idee solch eines christlichen Kaisertums damals noch vage und ohne praktische Chancen gewesen sein, so gab sie dem jungen Kaiser doch Ziele, die seinem hohen Amt gemäßer waren als die zweifellos gutgemeinten Andachtsübungen der Reformer und Eremiten. Silvester hatte mit seinem großen Wissen dem Kaiser konkrete Aufgaben dort gewiesen, wo das Deutschtum und das Kaisertum schon unter Karl dem Großen und Otto dem Großen Erfolge erzielt hatten. Otto III. konnte dort dauerhaftere Ergebnisse erreichen als auf dem blutgetränkten Pflaster von Rom, wo der Pöbel bald diesem, bald jenem Herrn zujohlte. Aber Gerbert kam zu spät, und weder der junge Kaiser noch der weise Papst vermochten eine entfesselte Großstadt im Zaum zu halten, wo die wütendsten Parteiungen immer wieder neue Machtverhältnisse schufen. Im Herbst 1001 mußten Kaiser und Papst aus dem kochenden Rom nach Spoleto fliehen; im Januar 1002 starb Otto III. zweiundzwanzigjährig in den Armen seines geistlichen Freundes und Lehrers, und im Mai 1003 starb auch Silvester II., der zu diesem Zeitpunkt etwa achtundsechzig Jahre alt gewesen sein mochte. Sein Leben und sein Tod wurden bald zum Gegenstand zahlreicher Legenden.

Es steht außer allem Zweifel, daß das Papsttum eine so große und in jeder Hinsicht bedeutende Persönlichkeit wie Gerbert von Aurillac dringend nötig gehabt hatte; Silvester II. war einer jener Päpste, auf die das ganze Abendland mit Verehrung blicken konnte und neben deren Wirken die städtischen und Familienquerelen rund um den Thron Petri zumindest für das Ausland an Bedeutung verloren. Aber Silvester, der große Gelehrte, war nicht der Mann gewesen, mit entschlossenen Maßnahmen die Lage in Rom zu ändern, und es ist sehr die Frage, ob dies überhaupt ohne blutige Gewalt möglich gewesen wäre, hatte sich doch die Macht in dem ausgebreiteten Klan der Grafen von Tusculum und der Creszentier so sehr festgesetzt, daß Dritte keinerlei Erfolgschancen mehr hatten und die Frage eigentlich nur lautete, welcher Zweig der mächtigen Sippe den nächsten Papst stellen würde.

Auf die durch Gewalt und Sittenlosigkeit gekennzeichnete Phase der sogenannten Pornokratie folgte nun, weniger sichtbar und darum schwerer zu bekämpfen, die Phase der Simonie, des Ämterkaufs und der Bestechung. Die Bezeichnung geht auf Simon den Magier zurück, einen Zeitgenossen der Apostel, der versucht hatte, mit Geld die Fähigkeit zu erkaufen, Wunder zu tun, und somit als heiliger Mann zu gelten. Petrus hatte seine Anträge abgewiesen, aber die Nachfolger des Petrus dachten sehr oft anders, und seltsamerweise bedienten sich auch hochbegabte Männer des Ämterkaufs, die dann, in ihrer hohen Position, Beachtliches leisteten. Dies gilt vor allem für Theophylakt, Graf von Tusculum, der von 1012 bis 1024 als Benedikt VIII. regierte, ohne jemals Priester gewesen zu sein (was auch für seine beiden Nachfolger aus dem gleichen Hause gilt!). Benedikt VIII. war der tüchtigste der drei Grafen, gewiß der größte Feldherr, der jemals auf dem Thron des Petrus gesessen, Sieger über die Sarazenen, Schöpfer einer päpstlichen Flotte und hartnäckiger Gegner der Byzantiner, die noch immer Besitzungen auf italienischem Boden innehatten.

Nichts charakterisiert die Lage des Papsttums aber deutlicher als der Umstand, daß dieser in seiner weltlichen Aktivität so erfolgreiche Papst von tiefstem Aberglauben besessen war. Während der skandalösen Leichensynode (vgl. S. 74f.) hatte ein Erdbeben die Lateranbasilika erschüttert und teilweise zerstört. Als unter dem Pontifikat Benedikts nun abermals ein schweres Erdbeben die Stadt Rom heimsuchte, bildete der Papst sich ein, daß die Juden daran die Schuld trügen, und ließ 1022 nicht nur einige Mitglieder der Sekte der Manichäer, sondern auch zahlreiche Juden hinrichten.

Benedikt unterhielt gute Kontakte zum französischen Klerus, auf dem damals neben dem deutschen König die Hoffnung auf eine Besserung der innerkirchlichen Situation ruhte. Eine große Synode war 1022 nach Orleans einberufen worden, endete aber mit der beschämenden Verbrennung der Manichäer als Beginn einer langen Phase unmenschlicher Intoleranz. Mit dem Kloster Cluny stand Benedikt in freundschaftlichem Briefwechsel und zeichnete vor allem den inzwischen schon als heilig geltenden Abt Odilo wiederholt durch persönliche Schreiben aus. Von größter Bedeutung für die Zukunft und die gesellschaftliche Lage der Kleriker war der Umstand, daß Benedikt VIII. die Priesterehe, die in vielen Diözesen noch geduldet worden war, nun endgültig verbot. Benedikt gilt auch als der erste Förderer des großen Musiktheoretikers Guido von Arezzo, der durch eine einfache Notenschrift das Erlernen der gregorianischen Gesänge erleichtert hatte. Es war aber erst Benedikts Bruder, Papst Johannes XIX. (1024–1032), unter dem sich Guido von Arezzo voll entfalten und umfangreichere Arbeiten vorlegen konnte. Ein Neffe dieser beiden Päpste bestieg im Jahr 1033, selbst erst achtzehn Jahre alt, als siebenter Papst aus der Reihe der Grafen von Tusculum mit dem Namen Benedikt IX. den Thron des heiligen Petrus und muß als einer der unwürdigsten Päpste bezeichnet werden. Er ließ nicht nur von keiner seiner Untugenden ab, sondern gab eineinhalb Jahrzehnte lang das Schauspiel widerlichsten Ämterschachers, durch das er auch eine heillose Verwirrung in der Zählung der Päpste schuf. Nach freiwilligem Verzicht (gegen sehr viel Geld) kehrte er mit Waffengewalt auf den Thron zurück und gab auch dann seine Machtansprüche noch nicht auf, als der von Kaiser Heinrich III. gestützte deutsche Papst Clemens II. *(Bischof Suitger von Bamberg)* bereits amtierte. Die Kirche hat sich über Benedikt VIII. und seinen Neffen auf eine etwas seltsame Weise getröstet: In den Schriften des großen Petrus Damiani, der visionär die Strafen schildert, denen der sündhafte Klerus im Jenseits ausgesetzt ist, wird Benedikt VIII. zwar ins Fegefeuer geworfen, wegen seiner unbestreitbaren Verdienste jedoch durch die vereinten Gebete des Odilo von Cluny und der Mönche dieses vorbildlichen Klosters bald wieder aus diesen Prüfungen befreit. Benedikt IX. hingegen erleidet, wie Petrus Damiani in einem seiner Sendschreiben andeutet, das Schicksal ewiger Verdammnis ...

Mit *Clemens II.* (Dezember 1046 bis Oktober 1047), dem deutschen Grafen Suitger von Morsleben und Hornburg, verfuhr das Gedächtnis der Gläubigen viel gnädiger. Der mannhafte Gegner der Simonie ist als einziger Papst der Geschichte in Deutschland beigesetzt, und zwar im Bamberger Dom.

Die Kaiser und die Päpste

Es gehört zu den tröstlichen Mechanismen der Geschichte, daß sich das Böse schließlich selbst verzehrt oder daß, im Falle der Simonie, das allgemeine Mißvergnügen schließlich so mächtig wird, daß selbst die Nutznießer nach Ordnung zu rufen beginnen. Das elfte Jahrhundert sah im Bösen wie im Guten so deutliche Extreme, daß seither das Pendel nie wieder so weit ausschwang, und es kam zu dem verblüffenden Ereignis, daß – wie vordem schon in dem einen oder anderen Kloster – tüchtige und rechtschaffene Prälaten sich der verwerflichen Simonie bedienen mußten, um das Amt und die Aufgabe zu retten.

Solch ein Pontifikat ist das Gregors VI., der ein Pate des neunten Benedikt und mit den Grafen von Tusculum verwandt war, selbst aber dem mächtigen jüdischen Patriziat von Rom entstammte, der Familie Pierleone, aus der einige Mitglieder übergetreten waren. Aber auch die jüdisch gebliebenen Pierleoni pflegten in der Folge gute Beziehungen zum päpstlichen Stuhl und wurden immer dann beim Papst vorstellig, wenn in Spanien oder Deutschland Judenverfolgungen zu beklagen waren.

In einem Pontifikat von nur eineinhalb Jahren wurde Gregor VI. zu einer Hoffnung der Gesamtkirche und empfing lebhafte Zustimmung aus Frankreich, Deutschland und den der Reform zugewandten italienischen Bistümern. Der strenge Petrus Damiani, der sich erst unter der Drohung der Exkommunikation bereit gefunden hatte, den Kardinalspurpur zu akzeptieren, einer der klarsten und unbedingtesten Kritiker der Mißstände, begrüßte Gregor VI. begeistert, freilich weil er die Mittel nicht kannte, durch die sich Gregor das hohe Amt verschafft hatte. Gregor förderte die Reform, so gut ihm dies in dem immer noch gärenden Rom möglich war, konnte allerdings die großen Erwartungen nicht erfüllen, die Petrus Damiani, damals noch Abt von Fonte Avellana, an dieses Pontifikat geknüpft hatte – daß nämlich nun das goldene Zeitalter der Apostel wiederkehren werde.

Auf der Synode von Sutri bekannte Gregor VI. freimütig, auf welche Weise er auf den Heiligen Stuhl gelangt war, und verzichtete zugleich auf sein Amt, obwohl seine beiden Gegenpäpste (deren einer ja das Amt an ihn verkauft hatte!) ganz zweifellos weniger würdig waren als Johannes Gratianus Pierleone. Kaiser Heinrich III. war gewiß in einer schwierigen Lage, und man kann sich denken, daß die deutschen Kaiser nach allem, was sich seit Otto dem Großen begeben hatte, die römischen Querelen reichlich satt hatten. Dennoch war es in jenem Augenblick wohl kaum die richtige Entscheidung, auch die Demission Gregors anzunehmen, der sich so großen Anhangs unter den positiven Kräften der Kirche erfreute, und an die Stelle der drei einander widerstreitenden Päpste einen vierten, einen deutschen Papst zu setzen: Suitger, Graf von Morsleben und Hornburg, der als Clemens II. nur neun Monate regierte.

Gregor VI. ging mit seinem Sekretär Hildebrand (dem späteren Papst Gregor VII.) in die Verbannung nach Köln und starb dort im November des Jahres 1047. In Rom aber herrschte darum noch lange keine Ruhe; der unselige Benedikt IX. tauchte abermals aus der Versenkung auf und ermordete mittels Gift einen Grafen von Brixen, der als Damasus II. folglich nur ein kurzes Pontifikat gehabt hatte. Auch die Römer, von denen die meisten nur wenig Sympathien für die deutschen Kaiser und deren Ritter hegten, atmeten auf, als ein deutscher Papst, dem nichts nachgesagt werden konnte und der mit den römischen Intrigen nicht das geringste zu tun hatte, fromm und demütig in der Tiberstadt seinen Einzug hielt, barfüßig über das uralte Pflaster schreitend, obwohl er ein Verwandter der kaiserlichen Familie war: Leo IX., vordem Bischof von Toul, ein Graf von Egisheim-Dagsburg, also aus elsässischem Geschlecht.

Bruno Graf Egisheim war zweisprachig aufgewachsen, da seine Mutter, eine Gräfin Dabo, als Lothringerin Französisch sprach. Von seiner ersten Verwendung in Toul in das Gefolge des Kaisers gerufen, hatte Bruno als junger Kleriker Feldzüge mitgemacht und an der Seite seines Herrn gefochten, ehe der Tod des Bischofs von Toul den erst Vierundzwanzigjährigen an die Spitze dieser Diözese brachte. Mehr als zwei Jahrzehnte wirkte Bruno dort im Sinn der Reform, aber auch des Kaisers, der ihm, dem tüchtigen jungen Verwandten, gern größere Aufgaben anvertraut hätte, und der Augenblick kam, als in der schnellen Aufeinanderfolge römischer und deutscher Päpste alle Versuche, in Rom Ordnung zu schaffen, gescheitert waren.

Bruno, Bischof von Toul, wählte sehr bewußt den Papstnamen Leo, denn wenn es auch sehr unterschiedliche Päpste dieses Namens gegeben hatte, so war doch Leo I., der Große, als Retter der Kirche gegen Vandalen und Hunnen noch in aller Gedächtnis, nur daß sich die Vandalen diesmal in Rom selbst eingenistet und feste Adelspaläste zu Burgen ausgebaut hatten. Bruno hatte darum, als er Rom noch als Bischof zum erstenmal betrat, nicht nur eine auffallend starke Leibgarde bei sich gehabt, sondern es auch vermieden, sich bei dem gerade amtierenden Papst vorzustellen – für einen Bischof immerhin sehr ungewöhnlich.

Seit damals weiß der Papst aus dem Elsaß, daß er in Rom viele Feinde haben wird, und darum bringt er sich auch für die große Aufgabe, die vor ihm liegt, die Helfer aus Deutschland und Frankreich mit, wo die Kirche noch gesund ist und die Creszentier wie die Grafen von Tusculum keine Macht haben. Einer seiner engsten Vertrauten ist ein Burgunder offenbar schlichter Herkunft, denn man kennt nur seinen Vornamen, Humbert, und weiß, daß er gemeinsam mit Leo IX. im Kloster Moyen-Moutier die ersten Schritte in die Welt der geistlichen Bildung getan hat. Ein anderer ist jener Italiener, der den deutschen Namen Hildebrand führt und der später als Gregor VII. der vielleicht größte Papst der Geschichte sein wird, auch er ein Mann von lange Zeit unbekannter Herkunft, aber nicht von kleinen Leuten: Warum er nie von seinen Vorfahren sprach, hatte seinen Grund darin, daß seine Mutter Bertha »mit an Gewißheit grenzender Wahrscheinlichkeit« (Hans Kühner) eine Urenkelin jener Marozia war, von der man im zehnten Jahrhundert viel zuviel gehört hatte, und zwar aus deren Ehe mit Wido II. von Tuszien. Wido II. aber ist ein Enkel König Lothars II. aus seiner unehelichen Verbindung mit der schönen Waldrada, ein allerhöchster Skandal, der in spätkarolingischen Zeiten eine Front quer durch den Klerus zog. Subdiakon Hildebrand also, der Mann mit Karolingerblut, ist ein weiterer Helfer des deutschen Papstes und wird zunächst mit wirtschaftlichen Aufgaben betraut. Päpstlicher Kanzler wird Leos Archidiakon aus Toul, zu dem noch andere verläßliche Prälaten aus Frankreich stoßen.

So wichtig solch eine sichere, von römischen Intrigen und Bestechungen ungefährdete Mannschaft auch ist, ihr fehlt die Kenntnis der örtlichen Verhältnisse, und als Leo mit deutscher Gründlichkeit gegen alle Priester und Äbte vorgeht, die ihre Stellen gekauft haben, erweist es sich plötzlich, daß die Entfernung aller Simonisten das gesamte kirchliche Leben Italiens lahmlegen würde.

Da half der gute Geist der Reform, nämlich Petrus Damiani, und empfahl eine Simonistenbuße, die eigentlich einer Amnestie für reuige Sünder gleichkam, und all diese Reuigen entschlossen sich nun zu besonders eifriger Mitarbeit. Das Problem der Kommunikation zwischen allen Zentren des kirchlichen Lebens war zu einer Lebensfrage geworden, da die Kirche in Frankreich jung, gesund und reformwillig war, in Rom selbst aber seit vielen Generationen gefährdet. Leo richtete regelmäßige Synoden ein und schuf aus seinem Beraterstab das Gremium, das später als Kardinalskollegium bezeichnet werden wird. Und da sich zeigte, daß die wenigen Tage der Synoden doch nicht reichten, die vielen inzwischen heranstehenden Probleme zu lösen, wurde Leo, der deutsche Graf, zu einem Papst im Sattel, das heißt, er reiste so viel, wie unter mittelalterlichen Verhältnissen kein anderer Kirchenmann gereist ist. »Wo sich der Papst befindet, da ist Rom, und in Rom geht es immer um die ganze Welt! Nicht am Tiber, sondern in Reims wird schon im Jahr der Erhebung Leos eine der dogmatischen Festlegungen ausformuliert, hinter welche der Katholizismus nicht mehr zurückweichen wird: Es wurde feierlich definiert, daß allein der Bischof des römischen Stuhles der Primas und Oberhirte der gesamten Kirche ist« (Werner Goez).

Humbert, der treue Jugendfreund, geht darüber aber weit hinaus; er stattet den reisenden Papst mit der stärksten auf Erden denkbaren Autorität aus, indem er postuliert, daß der Papst bei seinen Entscheidungen ex cathedra unfehlbar sei. Mit der gleichen Unbedingtheit geht Humbert gegen die Ostkirche vor, widerlegt mit großer Schärfe des Verstandes, aber auch der Worte abweichende Meinungen des Patriarchen von Konstantinopel und gilt der heutigen Kirchengeschichtsschreibung als der eigentliche Urheber der Trennung beider Kirchen.

Wir sehen eine Gemeinschaft energischer Männer am Werk, um das Papsttum und damit die Kirche zu retten, und die an ihre läßlichen Sünden gewöhnten Prälaten, zum größten Teil beweibt und nicht selten mit Nachkommenschaft ausgestattet, haben schwere Zeiten. Ein Bischof, der sich durch einen Eid vom Vorwurf der Simonie befreien soll, sirbt vor Aufregung auf offener Szene, was die anderen Betroffenen natürlich als himmlische Strafe auffassen, den neuen deutschen Papst begreifen sie als im engsten Bund mit Gott. Und tatsächlich waren die höchsten Gewalten sich zumindest in dieser Weltstunde einig; Kaiser und Papst reisten gemeinsam und verstanden sich als Verwandte ausgezeichnet; die Reformer und die ungekrönten Autoritäten der Kirche wie Petrus Damiani erkannten die Bedeutung des Augenblicks und unterstützten den Papst aus dem Elsaß, der seltsamerweise drei Jahre lang auch noch Bischof von Toul blieb, ganz so, als traue er dem Frieden in Rom noch nicht.

Diesen Frieden sicherte, wenn der Papst auf Reisen war, energisch und scharfsinnig sein Freund Humbert, Kardinalbischof von Silva Candida und Erzbischof des maurischen Sizilien. Und Humbert war wohl auch an der Seite des Papstes, als der Graf von Egisheim schließlich doch in den Krieg ziehen mußte, und zwar nach Unteritalien, wo zwischen Byzantinern, Normannen und Sarazenen ein unerträgliches Interregnum herrschte. Man weiß oder darf doch vermuten, daß die Normannen in ihrer Staatsgründerphase und unter dem genialen Robert Guiscard den Schwung hatten, das zerstückelte und nirgends gut verwaltete Italien zu erobern und zu einem Reich zu gestalten. Aber der Papst war eben auch ein Territorialherr; er hatte Besitz um Benevent und anderswo, und so kam es 1053 unweit des heutigen Foggia in Apulien zu einer mörderischen Schlacht, in der die kampferprobten Normannen die zusammengewürfelte Soldtruppe Leos vernichteten. Der Papst hatte es von den Mauern des Städtchens Civitate mitansehen müssen und wurde nach der Niederlage von den um ihr kleines Gemeinwesen besorgten Bürgern an die normannischen Sieger ausgeliefert. Als Söhne des großen Tancred de Hauteville behandelten die Normannenführer den Heiligen Vater jedoch mit größter Ehrerbietung und brachten ihn über Benevent und Capua nach Rom zurück. Leo IX., wiewohl erst wenige Jahre über fünfzig, war zu diesem Zeitpunkt bereits schwer erkrankt. Unteritalien war damals noch eine Malariagegend, der Feldzug und die Niederlage hatten Strapazen und Aufregungen gebracht. Am 19. April 1054 starb Papst Leo IX., nachdem er die letzten Tage in Erwartung seines Todes in der Nähe der Gräber der Apostelfürsten unter der Kirche von Sankt Peter zugebracht und zuletzt nur noch auf deutsch gebetet hatte. Lange vor Gregor VII., seinem bedeutendsten Nachfolger, heiliggesprochen, hat Leo IX. in einem beklagenswert kurzen Pontifikat eine Abwärtsentwicklung von hundertfünfzig Jahren zum Stillstand gebracht und den Wiederaufstieg des Papsttums begründet. Sein Leib ruht in einem Schrein auf dem Altar der heiligen Valeria im linken Seitenschiff der heutigen Peterskirche.

Petrus Damiani – so nannte er sich nach dem älteren Bruder Damianus, der sich seiner väterlich-fürsorglich angenommen hatte – war in Norditalien zwar den römischen Parteikämpfen fern, aber er kannte den allgemeinen Zustand des italienischen Klerus ungleich besser als Papst Leo IX. und dessen deutsche Berater. Es war ein großer Beweis des Vertrauens, zugleich aber auch eine dringende Bitte um Abhilfe, wenn Petrus Damiani sein vielumrauntes *Liber Gomorrhianus*, das Buch Gomorrha, einem deutschen Papst überreichte, ein Buch, in dem die lästerlichen Gewohnheiten vieler Priester, Mönche und sogar Bischöfe genau bezeichnet waren. Petrus blieb auch in der Folge aus der Ferne ein wichtiger Berater der deutschen Päpste, wenn diese nun auch in dem an Einfluß gewinnenden Hildebrand bald eine wichtige Stütze hatten. Der spätere Gregor VII. wirkte unter Victor II. (1055–1057), unter Stephan IX. (1057/1058), Nikolaus II. (1058–1061) sowie Alexander II. (1061–1073) und brachte es sogar zuwege, daß Benedikt X., der achte Papst aus der gräflichen Familie von Tusculum, ohne große Kämpfe den Weg für eine neue und rechtliche Papstwahl freigab, aus der dann Gerhard von Burgund als Papst Nikolaus II. hervorging. Auch die mächtige Familie der Grafen von Tuszien stellte in dieser Reihe noch einen Papst, nämlich Stephan IX., Bruder des Herzogs Gottfried des Bärtigen von Lothringen, Markgraf von Tuszien, Herr von Mantua, Spoleto und Ferrara. Gerade dieser Papst aber zeigte, daß auch große Herren der Kirche fromm und eifrig dienen können; er neigte deutlich zu den Reformbestrebungen und bekannte sich auf seinem Todeslager zu den Lehren von Cluny, als Mönche aus der berühmten Abtei ihn mit dem Habit von Cluny für den letzten Gang ausrüsteten.

Der 22. April 1073 war der große Tag der römischen Kirche: Der Mann, der längst die Geschicke aus dem Hintergrund gelenkt hatte, wurde endlich selbst Papst, nach einem unerwartet langen Pontifikat Alexanders II., in dem sich auch besonders viel ereignet hatte: Die Normannen hatten England, Sizilien und Süditalien erobert, sie herrschten an der Themse, in Palermo und in Bari, und im Herzen Italiens brauchte die Kirche einen starken Mann gegen die Übermacht der Ritter und der kühnen Piraten. Gregor VII. wußte genauer als jeder andere vor ihm, was ihn erwartete. Keiner der letzten Päpste hatte ohne ihn regieren können, und wenn einer der Kardinäle die Herrschaft dieses viel zuviel wissenden Hildebrand gefürchtet hatte, dann war sein Widerstand in der Begeisterung untergegangen, mit der die Römer diesen Mann, den sie so gut kannten, zum Papst machten. Der Wille des Volkes kann keine

Simonie sein, also durfte Gregor VII. annehmen und sich die Wahl per acclamationem nachträglich vom Kardinalskollegium bestätigen lassen. Auch Heinrich IV., der deutsche König und später hartnäckigste Widersacher des Papstes, hieß die Wahl des energischen und reformfreudigen Sachkenners gut, obwohl nicht wenige deutsche Bischöfe sich am Königshof gegen Gregor ausgesprochen hatten – sie ahnten wohl, was auf sie zukommen werde, wenn die Reform in Italien selbst erst einmal abgeschlossen war.

Einzelne ältere Kirchenhistoriker vertreten – in Kenntnis der harten Kämpfe zwischen Kaiser und Papst – die Meinung, Heinrich IV. habe die Wahl Gregors gutgeheißen, weil ihm klar war, daß der unbeugsame Sinn dieses Papstes einen endgültigen Bruch zwischen Papst und Kaiser herbeiführen werde. Aber das sind nachträgliche Interpretationen, die der natürlichen Frömmigkeit Heinrichs und seinem Ordnungswillen nicht gerecht werden; auch für Heinrichs Politik wäre Frieden mit Rom und Italien ein großer Vorteil gewesen.

Gregor ist zunächst, wie Leo IX., um die Behebung der tief eingenisteten Mißstände bemüht; es waren Gewohnheiten, die Gregor als Mitarbeiter verschiedener Päpste mitangesehen hatte, ohne noch Entscheidendes tun zu können. Nach Aufständen gegen den Ämterkauf, wie sie sich schon unter Stephan IX. ereignet hatten, war der Kampf gegen die Simonie beim armen italienischen Volk sehr populär. Man hatte genug wohlgenährte Prälaten mit ihren Konkubinen gesehen, man wünschte sich wieder Priester und Mönche, die arm waren wie das Volk und die kleinen Leute darum besser verstanden. Gregor aber ging darüber noch hinaus und sprach sich auch dagegen aus, daß Laien Priester einsetzten, daß Fürsten Bischöfe ernannten und Äbte. Das war zwar nur eine Konsequenz der großen Reform zur Reinigung der Kirche, denn jeder Einfluß von außen, aus dem weltlichen Bereich, konnte zur Wiederkehr der römischen Zustände des zehnten Jahrhunderts führen; aber es bedeutete einen tiefen Schnitt in die Gewohnheiten der mittelalterlichen Welt und eine entscheidende Begrenzung der Fürstenmacht. Bischöfe hatten ungeheuren Einfluß; sie ersetzten die noch schwachen königlichen oder landesherrlichen Verwaltungen, und die Klöster waren die am besten funktionierenden, am meisten Ertrag bringenden Wirtschaftskörper jener Zeit, da die kleinen Bauern nicht viele Überschüsse erzielen konnten und der kriegerische Adel zu lange von seinen Besitzungen abwesend war, um sinnvoll und ertragreich zu wirtschaften.

Dennoch kam es im Jahr 1074, dem ersten des neuen Papstes, zu einer erfolgreichen römischen Synode, an der auch sehr viele Bischöfe aus Deutschland, Frankreich und Spanien teilnahmen. Gemeinschaftlich wurde nicht nur die Simonie noch einmal öffentlich verurteilt, man einigte sich auch darauf, die alten Zölibatsgesetze nun mit voller Strenge und unter der Androhung von Strafen durchzusetzen. Eine große und feierliche Gesandtschaft aus Rom unterrichtete Heinrich IV. über die Beschlüsse der Synode und bat ihn in wenig konzilianter, sondern eher ermahnender Sprache, bei der Durchführung der strengen Beschlüsse dem Papst zur Seite zu stehen. Tatsächlich fand sich Heinrich bereit, eine deutsche Synode einzuberufen, und die Erzbischöfe von Mainz und Köln pflichteten ihm und Gregor darin bei; aber die überwiegende Mehrzahl der deutschen Bischöfe nahm gegen die Reform Stellung.

Gregor VII. antwortete im Jahr 1075 mit einem neuen römischen Synodalbeschluß, in dem es hieß: »Wer fortan ein Bistum oder eine Abtei aus der Hand eines Laien annimmt, dem sollen die Gnade des heiligen Petrus und der Eintritt in die katholische Kirche verboten sein, bis er die sündhaft erlangte Würde niederlegt. Dasselbe soll gelten von allen niederen Würden der Kirche. Jeder Kaiser aber, jeder König, Herzog, Markgraf, Graf, jede weltliche Macht und jede weltliche Person, die sich anmaßt, die Investitur eines Bistums oder irgendeiner anderen kirchlichen Würde zu erteilen, soll denselben Strafen unterworfen sein« (wie die annehmenden Priester etc.).

Eine deutlichere Kampfansage war nicht denkbar, und doch versteht man, daß gerade ein Nachfahre der Marozia die Gefahren dieser weltlichen Einflüsse, dieser Unterworfenheit der Kirchenämter unter weltliche Mächte, an der Wurzel zu bekämpfen suchte, ja darin vermutlich die wichtigste aller seiner Aufgaben sah. Gregor VII. ging auch ungesäumt ans Werk und scheute sich nicht, unter den seiner Meinung nach unrechtmäßig inthronisierten Bischöfen auch fünf Herren namhaft zu machen, die sich am deutschen Königshof aufhielten und der Sympathie Heinrichs IV. erfreuten.

Es ging für beide Seiten um sehr viel, ja für Heinrich IV. zeitweise um alles bei diesem großen Streit, der die Jahrhunderte des späten Mittelalters erfüllen sollte, ein Streit, an dem sich die Geister schieden und an dem so manche Chance zerbrach: die Hoffnung auf die Einheit des Abendlandes in einer Erneuerung des Heiligen Römischen Reiches, die Hoffnung auf die Geborgenheit der Nationen in der Gemeinsamkeit weltlicher und geistlicher Schutzherren. Aus heutiger Sicht den vielbesprochenen und viel zu lange währenden Streit höchster moralischer Institutionen darzustellen, ist dieses Buch gewiß nicht der Ort, aber man wird sagen dürfen, daß das Papsttum, soeben der Gewalt kleiner und gieriger Herren entronnen, gut daran getan hätte, dem Kaiser zu geben, was des Kaisers war, und statt der vielen römischen Bedingtheiten die *eine* sichere Zuflucht zu wählen. Statt dessen wurden in Rom große Anstrengungen unternommen, gerade das Kaisertum zu diskreditieren. Gregor VII. hat schließlich selbst den tiefsten Schaden dabei genommen, weil ihm die Kräfte und die Unterstützungen für spezielle kirchliche Aufgaben sehr bald zu fehlen begannen. Ein Flugblatt der Zeit zeigte die Kirche als einen Kranken, der sich mit dem Krückstock gegen den Arzt wehrt, der die Krone des deutschen Königs trägt; das ist gewiß ein hartes Gleichnis, aber vermutlich hätte Gregor es selbst in früheren Jahren und unter den Päpsten, denen er diente, nicht als ganz unzutreffend bezeichnet.

Es wurde eine bittere Zeit, so hoch und sauber die Ziele dieses begnadeten Papstes auch waren. »Das, was nach Hildebrands Vorstellung im Leben sein und erreicht werden sollte, läßt sich in drei Sätze zusammenfassen«, sagt der Historiker Luden, »Sätze, welche einander bedingen und auseinander folgen: Reinheit und Einheit der Kirche durch den Papst und unter dem Papst; Freiheit und Unabhängigkeit der Kirche und aller ihrer Angelegenheiten von jeglichem Einfluß irgendeiner weltlichen Macht; und Unterordnung aller weltlichen Macht und weltlichen Angelegenheiten unter die Kirche und deren Haupt, den Papst.«

Solche Ziele wären als rein utopisch am Rande des historischen Geschehens und seiner harten Wirklichkeit geblieben, hätte nicht das Mittelalter in seiner besonderen Seelenlage zwischen den starken Resten des Heidentums und dem noch nicht überall begriffenen Christentum dem irrationalen Herrschaftsanspruch eines allerhöchsten Priesters zugeneigt und in den Königen oft nichts anderes gesehen als die Spitzen einer verhaßten Adelsmacht. Gestützt auf eine untadelige, nach den Grundsätzen frühen Christentums arme und wohltätige Kirche, hätte sich der hohe Anspruch Gregors VII. revolutionär ausgewirkt und zu einem Versuch geführt, die wahre christliche Gemeinschaft auf Erden zu verwirklichen, wie es so manche Sekte später proklamiert hat. In der feudalen Welt der Grafen und Barone, inmitten einer gläubigen, aber ungebildeten, gewalttätigen und rücksichtslosen Ritterschaft, die kaum ihre eigenen Herzoge und Könige anerkannte, hatte die Vision Gregors keine Aussicht auf Verwirklichung. Und wenn der Papst dennoch politische, ja sogar militärische Erfolge errang, so verdankte er dies nicht seinem großen Konzept, sondern dem Umstand, daß es so manchem Gegner des vierten Heinrich ganz prächtig in die eigenen Ansprüche paßte. Der zu allen Zeiten uneinige deutsche Adel spaltete sich sehr prompt in ein papistisches und ein königstreues Lager, und ähnlich erging es den Italienern, die nun die Wahl hatten, zu wem sie halten sollten, und die aus ihrer Parteinahme naturgemäß Kapital zu schlagen, Vorteile zu ziehen suchten.

Eine Hauptstütze in seinem Kampf gegen Heinrich IV. fand Gregor in den Normannen, die ihm gegen entsprechende Zugeständnisse den Rücken freihielten, und im Herrschaftsbereich zweier bedeutender Frauen, ohne die sich eine auch noch so kurze Geschichte des siebenten Gregor nicht schreiben läßt – nämlich der Beatrix von Canossa und ihre Tochter Mathilde, die Witwen mächtiger lothringisch-toskanischer Grafen.

Die Konstellation ist interessant, weil sie den großen Papst und unerbittlichen Vorkämpfer päpstlicher Unabhängigkeit doch wieder in Verbindung mit einem mächtigen Familienklan zeigt, dem der Herren von Lothringen und der Toskana, wozu noch die Grafschaften Brescia, Ferrara, Modena und Mantua kommen. Ein Teil des Herrschaftsbereichs liegt also nördlich, der andere südlich der Alpen und reicht dort von den Ausläufern der Gebirge bis an die Grenzen der päpstlichen Macht nördlich von Rom.

Ein Lothringer war schon mit Gregor, als dieser noch Hildebrand hieß, an der Spitze der Kirche gestanden, nämlich Papst Stephan IX., Bruder Gottfrieds des Bärtigen. Es war am 6. Mai 1052, daß Graf Bonifaz von Canossa, ein harter Herr seiner vielen Untergebenen, in einem Auwald bei Cremona von einem vergifteten Pfeil getroffen wurde und starb, ehe er noch durch Einkehr und Klosterbauten seine vielen Sünden sühnen konnte. Die Witwe, Gräfin Beatrix, begab sich in den Schutz des ebenfalls verwitweten Herzogs Gottfried der Bärtige, eine vernünftige, aber keine Vernunftehe, denn Gottfried war ein Gegner des Kaisers Heinrich III., das Haus Canossa aber war stets kaisertreu gewesen. Indes gelingt nach einem kurzen Waffengang sogar die Versöhnung, die kaiserfreundlichen Traditionen des Hauses Canossa erweisen sich der rauhbeinigen Opposition Gottfrieds überlegen, Niederlothringen und Canossa bilden wieder eine große Herrschaft, und jeder der beiden Ehepartner hat aus einer früheren Ehe einen Erben: Beatrix ihre Tochter Mathilde und Gottfried seinen buckligen und offenbar noch mit anderen Nachteilen behafteten Sohn, der ebenfalls Gottfried heißt. Um die Besitztümer zusammenzuhalten, werden die Kinder miteinander verlobt, aber Mathilde schiebt in ihrem heftigen Widerwillen gegen den Buckligen die Hochzeit hinaus, bis sie dreiundzwanzig Jahre alt ist, ein sehr bezeichnender Vorgang, der beinahe Skandal macht. Ebenso auffällig ist die Nichtachtung, die Mathilde für ihren unter größten Schwierigkeiten zur Welt gebrachten Knaben hegt, ihn bei Schenkungen und Stiftungen übergeht und auch von seinem frühen Tod kaum Notiz nimmt. Die Ehe ist zweifellos eine schwere seelische Belastung für sie; wenn ihr Mann nach Italien kommt, meidet sie die Orte, die er aufsucht, nur wenn er in Lothringen weilt, findet sie sich bei ihrer Mutter auf Canossa ein. Und es ist diese Ehe, mit deren Unglück sie auf den Papst zugeht, sich ihm in langen Briefen eröffnet, die Gregor in päpstlichen Handschreiben beantwortet. »In aller Öffentlichkeit bezeichnet er die beiden Fürstinnen – Beatrix und Mathilde – als die liebsten Töchter des heiligen Petrus und bemerkt nicht, daß er damit Befremden erregt« (Goez). Im Jahr 1075 wird die Beziehung des kleinen, unschönen und nicht mehr jungen Mannes Hildebrand zu der neunundzwanzigjährigen Prinzessin offenkundig; sie nimmt, ohne daß Gründe angegeben würden, an der römischen Fastensynode teil und wohnt im Papstpalast, ja Gregor erfüllt ihr den Wunsch, einen zum Tod Verurteilten zu begnadigen.

Nun haben auch die deutschen und die oberitalienischen Bischöfe, soweit sie König Heinrich IV. treu bleiben wollen, deutliche Vorwürfe vorzubringen; sie behaupten, der Papst wolle die Christenheit mit einem Weibersenat regieren, und weiter, daß er »die Kirche mit dem Gestank bösen Ärgernisses erfülle, weil er mit einer fremden Frau Tischgemeinschaft halte und sie beherberge, vertrauter als notwendig«. Wenige Wochen später wird der Mann ermordet, den diese Angriffe auf seine Frau eigentlich zutiefst beleidigt haben müßten. Die Untat geschieht bei Utrecht, fern von Rom, fern von Canossa; dennoch gibt es Stimmen, die Mathilde beschuldigen, den ihr so verhaßten Gatten beseitigt zu haben. Auf den Papst fällt dabei kein Vorwurf: Da er mit Mathilde ohnedies keine erlaubte Gemeinschaft pflegen konnte, war es an sich gleichgültig, ob sie verheiratet war oder nicht, er hätte ja nur ihre Bitten erhören und die Ehe auflösen müssen – nach den Briefen, die am Anfang ihrer Beziehung zu Gregor geschrieben worden waren.

Überraschender ist, daß Gregor sich widersetzt, als Mathilde nach dem gewaltsamen Tod ihres Gatten in ein Kloster gehen will. Obwohl dieser Tod doch die ersehnte Befreiung bringt, obwohl sie sich jetzt in ihrem Land frei bewegen und ihre Mutter sehen kann, wo und so oft sie will, ohne ein Zusammentreffen mit Gottfried dem Bucklingen befürchten zu müssen, will sie Abschied von der Welt nehmen. Hat sie etwas zu sühnen?

Gregor gebietet ihr, Fürstin zu bleiben, denn der Konflikt mit Heinrich IV. treibt einem Höhepunkt zu. Und als bald darauf auch Mathildens Mutter stirbt, so daß die junge Fürstin nun die ganze Verantwortung für Lothringen wie die Toskana trägt, wird auch ihr klar, daß sie den Papst nicht im Stich lassen darf. Merkwürdigerweise macht der Tochter des grausamen Bonifaz von Canossa niemand das gewaltige Erbe streitig; zu deutlich steht der Papst hinter ihr. Und Gregor hat seine große Zeit, die deutschen Kirchenfürsten hören nun weitgehend auf ihn, Heinrich ist gebannt, und ein Gebannter darf nicht König sein. Als die Reichsfürsten sich anschicken, einen neuen König zu wählen, als Gregor sich nach Lucca begibt, um den Ereignissen näher zu sein, näher auch bei Mathilde, die ihn hier feierlich und öffentlich einholt, da verbreitet sich plötzlich die Nachricht, daß König Heinrich IV. mit kleinem Gefolge über die Alpen gezogen sei.

Gregor fürchtet eine List, einen Überfall; die Truppen müssen ja nicht mit Heinrich gekommen sein, Soldaten gibt es in Norditalien überall. Er begibt sich in die feste Burg der Canusiner, nach Canossa auf dem hohen Felsen, in die Stammburg der Fürstin Mathilde. Aber auch Heinrich IV. findet den Weg dorthin in der Gewandung der Pilger, so daß man ihn nicht abweisen kann, und er bittet um Absolution, um die Lösung vom Bann, die Aufhebung aller Kirchenstrafen.

Der Papst weiß ganz genau, daß er seine Position und seine Politik opfert, wenn er dies tut, und daß Jahre der Mühen und Verhandlungen umsonst sind, wenn Heinrich die Bedingung der Reichsfürsten erfüllen und sich vom Bann lösen kann. Darum wäre Gregor gewiß hart geblieben, aber er ist nicht allein. Mathilde hat stets bedeutende Prälaten der Reformpartei um sich; der Papst selbst hat Gefolge, und angesichts eines abbittenden deutschen Königs bitten nun auch so einflußreiche Männer wie der Abt von Cluny für ihn. Heinrich IV. wird vom Bann gelöst.

Während der König sich sogleich eifrig betätigt und die Unsicherheit der Opposition ausnützt, die sich vom Papst verraten fühlt, erscheint uns Gregor VII. in diesem historischen Augenblick wie ein Mann, den ein schwerer Schlag getroffen hat. Heinrich IV. trifft sich wiederholt mit Mathilde, sie führt für ihn sogar vermittelnde Verhandlungen mit der Fürstenopposition, während Gregor sich aus dem Herrschaftsbereich der mächtigen Freundin nicht zu entfernen wagt und nach Canossa noch auf den Burgen Carpineti und

Bianello weilt, als fürchte er einen Gegenschlag Heinrichs und die Rache für die Demütigung von Canossa.

Aber Heinrich fühlt sich nicht gedemütigt, sondern gerettet; er ist der Politiker, dem es auf eine Demarche unter schwierigen Bedingungen nicht ankam, und Gregor erkennt, daß er als Geistlicher gehandelt hat, nicht als Politiker, was in seinen Augen und in dieser Weltstunde vielleicht als ein Fehler gelten mußte. Wenn ihn etwas versöhnt, so ist es die Tapferkeit, mit der Mathilde an seine Seite tritt, als Heinrich 1080/81 zum Gegenschlag ansetzt und nach Italien marschiert. Die tapfere Fürstin kämpft überall, wo es ihr nur möglich ist; selbst die Mönche ziehen für sie und Gregor in den Krieg, aber schließlich steht Heinrich IV. doch in Rom, Gregor wirft sich in die Engelsburg und verweigert jeden Kompromiß.

Angesichts dieser starren Haltung wählen die Kardinäle einen neuen Papst, und zwar Clemens III., den mit zwanzigjähriger Herrschaft erfolgreichsten Gegenpapst, ein Umstand übrigens, der uns zeigt, wie unsicher die Zählung der Päpste im Mittelalter überhaupt ist.

Die militärisch unterlegene Partei oder jedenfalls ihre Parteigänger setzten alle Möglichkeiten ein, um Gregor VII., aber auch die Lehen der Mathilde von Canossa zu retten. Eine Reihe prominenter Gegner der Fürstin starb auf rätselhafte Weise, so daß sich unter dem italienischen Episkopat die abergläubische Befürchtung ausbreitete, den Anhängern des gebannten Kaisers sei ein plötzlicher Tod sicher. Und in Rom reichte Gregors langer Arm aus der Engelsburg heraus, um den vom Gegenpapst Gekrönten in unmittelbare Lebensgefahr zu bringen:

»Einen Vorfall darf ich nicht übergehen«, schreibt Bischof Erlung von Würzburg, der vermutliche Verfasser der *Vita Heinrici IV. Imperatoris,* »der in Deutschland von durchaus glaubwürdigen Personen berichtet und auch in Rom selbst beglaubigt wurde. Der Kaiser pflegte ein bestimmtes Oratorium zum Beten aufzusuchen und unterließ es keinen Tag, dorthin zu gehen. In diesem Heiligtum hatte er sich einen Lieblingsplatz zum Beten ausgesucht, wo er sich andächtig dem Gebet widmen konnte, da das Plätzchen ganz abgeschieden war. Diese seine Gewohnheit hatte ein ruchloser Mensch beobachtet; von eigener oder wahrscheinlicher noch von fremder Tücke angestachelt, schleppte er einen großen Stein auf das Gebälk; der sollte gerade auf das Haupt des Kaisers fallen. Er entfernte genau über dem Kopf des Kaisers ein Stück der Vertäfelung und schuf so eine Öffnung, durch die er den schweren Stein hinabwerfen wollte. Dann ließ er einige Male einen Strick herab, um festzustellen, ob der Felsbrocken sein Ziel auch nicht verfehlen würde. Als der Missetäter dies oft genug ausprobiert hatte, stieg er eines Nachts wieder hinauf und lauerte oben, bis der Kaiser am gewohnten Platz betete. Aber als nun jener Bösewicht, begierig, einen anderen zu verderben, das eigene Verderben aber nicht ahnend, die Last auf des Kaisers Haupt einrichtete, weil dieser sich an seinem Platz ein wenig bewegt hatte, da stürzte er selbst mit dem großen Stein herab, während der Kaiser unverletzt blieb.«

Das Attentat ist mehrfach belegt, so daß man an ihm wohl nicht zweifeln kann; andere Quellen nennen die Urheberschaft Gregors deutlicher als Bischof Erlung, der einen höheren Auftraggeber nur andeutet, und bezeichnen auch die Kirche Santa Maria auf dem Aventin als den Ort der Ereignisse.

»Die Kunde davon verbreitete sich rasch durch ganz Rom, und das Volk, dessen Erregung nicht so leicht zu dämpfen war, schleifte gegen den Willen des Kaisers den Halbtoten über Stock und Stein und riß ihn zuletzt in Stücke. Dieses Ereignis betrachteten alle als ein Zeichen des Himmels und nicht als Zufall; dieser feindselige Anschlag bestärkte also nicht nur die Anhänger des Kaisers in ihrer Treue, sondern machte auch viele seiner Feinde zu seinen Anhängern.«

Es ist immer wieder der Wunder-, doch auch der Aberglaube, der Parteinahme, Sympathie, Furcht, Hoffnung oder Abneigung mitbestimmt, wobei man allerdings sagen muß, daß die Römer gute Gründe hatten, dem Papst zu zürnen: Gregor VII. hatte, um sich gegen Heinrich verteidigen zu können, seine Stadt den Normannen geöffnet, und die hatten, obwohl Verbündete, in der großen Tiberstadt schlimmer gehaust als jeder Feind. Daß die mit dem Papst verbündeten Geschlechter, die Corsi, die Pierleoni und andere, ihre Stadtburgen hielten, hatte ihm niemand verübelt. Aber die Kämpfe um diese Burgen hatten am alten Baubestand der Stadt bereits arge Schäden angerichtet. Heinrich IV. hatte zeitweise auf dem Kapitol residiert, und das Schlimmste kam, als Robert Guiscard und sein Sohn Roger mit normannischen Truppen und halbwilden sizilianischen Söldnern in Rom eindrangen, drei Tage, nachdem Heinrich nach Norden abgezogen war. »Das unglückliche Rom«, schreibt Gregorovius, »wurde der Schauplatz mehr als vandalischer Greuel. Die Römer erhoben sich am dritten Tage und stürzten sich mit rasender Wut auf die barbarischen Sieger; die wieder gesammelte kaiserliche Partei hoffte Befreiung durch einen verzweifelten Überfall, doch der junge Roger eilte mit tausend Reitern aus dem Lager seinem hart bedrängten Vater zu. Die Stadt kämpfte mannhaft und erlag; die Verzweiflung der Römer wurde in Blut und Feuer erstickt, denn Robert (Guiscard) ließ zu seiner Rettung einen Teil der Stadt anzünden. Als sich Flamme und Kampfgewühl gestillt hatten, lag Rom vor den Augen Gregors als qualmender Schutthaufen da; verbrannte Kirchen, Trümmer von Straßen, die Leichen der Römer waren tausend Ankläger gegen ihn; der Papst mußte sich abwenden, wenn er die Römer scharenweise, mit Stricken gebunden, von Sarazenen ins Lager fortgeschleppt sah. Edle Frauen, Männer, die sich Senatoren nannten, Kinder und Jünglinge wurden öffentlich wie das Vieh in die Sklaverei verkauft, andere, unter ihnen der kaiserliche Präfekt, als Staatsgefangene nach Kalabrien fortgeführt . . . Die bestialische Wut der Eroberer sättigte sich tagelang an Plünderung und Mord, bis die Römer, den Strick und das bloße Schwert am Halse, sich dem (Normannen-)Herzog zu Füßen warfen. Der grimme Sieger fühlte Mitleid, aber er konnte ihre Verluste nicht mehr ersetzen. Die Verwüstung Roms bleibt ein dunklerer Flecken in der Geschichte Gregors als in der Guiscards; es war die Nemesis, welche diesen Papst zwang, ob schaudernd und widerwillig, dennoch in die Flammen Roms zu starren. War Gregor VII. im brennenden Rom – und es brannte um seinetwillen – nicht ein so schrecklicher Mann des Schicksals wie Napoleon, wenn er ruhig über blutgetränkte Schlachtfelder dahinritt?«

Es ist eine der bewegendsten Seiten in der großartigen *Geschichte der Stadt Rom im Mittelalter* unseres Ferdinand Gregorovius, und der Ostpreuße geht nur selten so deutlich aus sich heraus wie angesichts dieser späten Verwüstung der Tiberstadt, ein halbes Jahrtausend nach den Stürmen der Völkerwanderung.

Heinrich IV., der uns oft wie ein irrender Ritter erscheint oder gar als der Hiob unter den deutschen Kaisern, und Gregor VII., diese in ihrer starren Größe tragische Papstgestalt, konnten einander nicht überwinden. Der eine zog rastlos durch Deutschland, schließlich sogar von seinem eigenen Sohn bekriegt, in Zeiten, da das Reich Ruhe und Fortschritt dringender gebraucht hätte als alles andere, einschließlich einer Kaiserkrönung; der andere aber hatte es sich mit seinen Römern so gründlich verscherzt, daß sein Papsttum und alle seine großen Reformideen in den zwei Bränden, die Robert Guiscard gelegt hatte, mit verglosten. Gregors Neffe hatte sich auf dem Palatin verteidigt, der damals schönsten erhaltenen Palastanlage aus der Antike, und auch die Säulenhalle der Kirche des heiligen Paulus hatten die kaiserlichen Truppen zerstört. In den Bränden der Normannen jedoch war alles zugrunde gegangen oder doch schwerstens beschädigt worden, was damals noch die Schönheit Roms ausmachte, intakte große Wohnviertel, in denen die Menschen in jahrhundertealten Römermauern gelebt hatten. Zwischen dem Lateran und dem Colosseum brannten ganze Straßenzüge; die uralte Kirche »Von den vier Gekrönten« sank in Asche, dazu große Teile des Circus Maximus, der Gebäude auf dem Aventin und andere.

Gregor wäre ein Opfer der Volkswut geworden, also ging er, wenn auch nicht als Gefangener, den Weg der in die Sklaverei geschleppten Römer und Römerinnen, gelangte nach Monte Cassino und blieb schließlich in Salerno, wo sein Freund Desiderius, Abt des berühmten Klosters von Monte Cassino, für ihn sorgte. Gregor starb am 25. Mai 1085, mit seinen Gegnern unversöhnt, und wurde in der Kathedrale von Salerno beigesetzt; 1584 wurde er ins römische Martyrologium eingetragen, 1606 unter Papst Paul V., dem Römer Camillo Borghese, endlich kanonisiert, also heiliggesprochen. Dennoch blieb seine Verehrung als Heiliger selbst in katholischen Staaten wie Österreich, Venedig und Frankreich durch Verordnungen eingeschränkt.

Desiderius von Benevent, Fürst und Abt von Monte Cassino, ein feiner, hochgebildeter Geist, zauderte begreiflicherweise, das Erbe des großen Vorgängers anzutreten, hatte er doch aus nächster Nähe das ganze Elend des Vertriebenen miterlebt und vielleicht aus vertrauten Gesprächen – denn wem hätte sich Gregor eröffnen sollen, wenn nicht ihm? – erkannt, in welch schwerem Konflikt dieser Papst hatte handeln müssen. Folgte er kompromißlos dem Auftrag des Amtes, so zerstörte er die Einheit des Abendlandes; gab er dem Kaiser nach, so gefährdete er die ohnedies in bitterste Nöte geratene Kirche Roms, ja ganz Italiens.

Es war wiederum Mathilde, die unbeugsame Fürstin von Canossa und Tuszien, die den mit Recht zögernden neugewählten Papst immer wieder nach Rom holte, wo ihre Truppen Teile der Stadt besetzt hielten, während in anderen Vierteln der kaiserliche Gegenpapst regierte. Dies waren Verhältnisse, die nicht nur Victor III., wie sich Desiderius als Papst nannte, an der Ausübung seines Amtes ernsthaft behinderten, sondern im Grunde bis zu dem großen Frieden des Wormser Konkordats andauerten, also bis 1122 und zum Pontifikat Calixtus' II. In den hundertdreißig Jahren zwischen Gregor VII. und diesem Friedensschluß hatte Rom beinahe immer zwei geistliche Herren, Papst und Gegenpapst, und zwei weltliche, nämlich den Kaiser und die Normannen. Die interessanteste Persönlichkeit aus dieser Doppelreihe der Päpste kommt nicht aus dem Gedankenkreis des Reformklosters Cluny, der Urban II. und Paschalis II. so positiv leitete, sondern wiederum aus der altrömisch-jüdischen Patrizierfamilie der Pierleoni: Anaklet II., fälschlich »Der Papst aus dem Ghetto« genannt. Anaklet hatte niemals in Ghettogassen gelebt oder Judenschulen besucht. Er war ein Sohn jenes reichen Bankiers und Handelsmannes Pierleone, der uns aus Verhandlungen zwischen Paschalis II. und König Heinrich V. bekannt ist; er starb 1128, durfte – da die Pierleoni ja übergetreten waren – im Klosterhof von San Giovanni bestattet werden und ließ sich eine

Grabinschrift setzen, die seinen Reichtum und die Verdienste seiner Kinder rühmt.

Der Palast des reichen Geschlechts, dessen Männer sich Konsuln nannten, lag am Marcellustheater zwar nicht allzuweit vom eigentlichen alten Judenviertel in Trastevere entfernt, doch beherrschten sie nicht dieses, sondern nur die Tiberinsel, und es gab Päpste im Schutz der Pierleoni, die im Grunde nur auf dieser Insel sicher waren, die in der Geschichte der Ewigen Stadt eine so große Rolle gespielt hat.

Einer der Söhne des Bankiers/Diplomaten hatte vergeblich versucht, das weltliche Haupt der Stadt Rom zu werden; ein anderer, wie der Vater Petrus oder Pietro geheißen, studierte in Paris, der damals berühmtesten theologischen Fakultät, und wurde Cluniacenser, was gleichfalls als Vorbereitung auf eine glanzvolle Kirchenkarriere gedeutet werden kann, denn die Reform lag schließlich allen ernst zu nehmenden Prälaten am Herzen. Pierleone weilte gemeinsam mit dem unglücklichen Papst Gelasius II. in Frankreich (der Vertriebene starb alt und schwach in einfacher Mönchskutte auf den Fliesen des Klosters Cluny) und erwarb sich auf Gesandtschaftsreisen in Frankreich und England den Ruf eines besonders tüchtigen päpstlichen Diplomaten von hoher Bildung. Obwohl von Haus aus vermögend, übertrieb er aber die Bereicherung.

Die kleine Gruppe seiner Gegner im Kardinalskollegium dekuvrierte sich so spät, daß eine einhellige Wahl Pierleones zum Nachfolger von Honorius II. nicht mehr erreicht werden konnte. Obwohl Anaklet II. mehr Kardinäle und die überwiegende Mehrheit der Römer auf seiner Seite hatte, obwohl Innozenz II. auch nur mit Unregelmäßigkeiten gewählt worden war, gilt von den beiden am gleichen Tag in verschiedenen Kirchen geweihten Päpsten Innozenz II. als rechtmäßig, Anaklet jedoch als Gegenpapst.

Da Frankreich und Deutschland sich für Innozenz erklärten, waren es wieder die Normannen, die auf Anaklet Einfluß gewannen, mit anderen Worten: die tapferen Söhne Robert Guiscards, die Sizilien und Unteritalien beherrschten und denen zuliebe Anaklet Sizilien zum Königreich erhob. Damit verstärkte sich die Verflechtung der kirchlichen Macht mit den mittelmeerischen Interessen und Zielen der Normannen, eine Abhängigkeit, die sich nach dem Ende des Investiturstreites und der Beilegung der römisch-deutschen Gegensätze unheilvoll auswirken sollte: Das Papsttum wurde in die Eroberungspolitik gegen den ostmittelmeerischen Islam hineingezogen – und mit den Päpsten das ganze Abendland.

Nach den ruinösen Italienzügen der deutschen Könige bedeuteten die Kreuzzüge nicht nur einen dauernden Aderlaß an der Blüte des europäischen Adels, ein Abfließen starker Vermögenswerte und unersetzlicher Volkskraft nach Südosten, sondern vor allem eine Vertiefung des islamisch-christlichen Gegensatzes, an deren Folgen die Welt heute noch zu tragen hat. In seinen geistigen Ausprägungen war der Islam nämlich durchaus tolerant gewesen; die Hochschulen des maurischen Spanien standen allen Nationen und Menschen aller Religionen offen, mit den christlichen Goten hatten sich die Kalifen ebenso schnell arrangiert wie mit den Juden der spanischen Städte. Erst die Kreuzzugspredigten, die ganz Europa mit dem Wahn erfüllten, im Heiligen Land werde irgendein Pilger bedroht oder am Besuch der heiligen Stätten gehindert, entzogen der allen Handelsvölkern natürlichen Toleranz der Araber und Syrer die Basis und gestatteten den Scharfmachern im Lager des Propheten, Einfluß zu gewinnen.

Gewiß, die Kirche und die Gläubigen brauchten nach dem Niederbruch in den römischen Wirren, nach Simonie und Parteihader, die Einigung in einer neuen Begeisterung, und keine Einigung ist leichter zu erzielen als der gemeinsame Haß. Es waren kaum mehr für möglich gehaltene Hoch-Zeiten der europäischen Christenheit, wenn sich etwa auf dem Hügel von Vezelay in Burgund dreißig- und vierzigtausend Menschen versammelten, um den großen Bernhard von Clairvaux zu hören, wie er zum Kreuzzug aufrief, und die Zisterzienser, die Gotik, die Troubadoure, sie lebten nicht zuletzt aus dieser neuen Begeisterung und aus der wiedergewonnenen Hoffnung auf ein christliches Universum. Aber heute, Jahrhunderte, nachdem diese Hoffnungen zerstoben und die letzten Burgen der Kreuzritter zu leeren Ruinen im Wüstensand geworden sind, heute beurteilt die Wissenschaft die Jahrhunderte der Kreuzzüge sehr viel nüchterner (wenn auch zuzugeben ist, daß sich ein so gewaltiger, zwei Welten erfassender Vorgang der genauen Bewertung entzieht). Hat die Befruchtung unserer Kultur, hat die Erweiterung des Gesichtskreises und hat der Zuwachs an geographischen Kenntnissen Gewicht genug, Hunderttausende von Toten und unendliche Kriegsfolgen auszugleichen? Wiegt die Intensivierung des Handels der italienischen Seestädte ebenso schwer wie der Verlust an wirtschaftlichen Substanzen durch den Umstand, daß die großen Adelsgüter im übrigen Europa durch Generationen verwaist waren und die Adelsbankrotte dem Krämer zum wirtschaftlichen Sieg verhalfen?

»Der erste Kreuzzug«, schreibt Hans Kühner, »begann mit unbeschreiblichen Judenmassakern vom Rhein bis nach Prag. Sie wurden zum Beginn des kirchlichen Antisemitismus in seiner exekutiven Form. Blühende Gemeinden mit hoher Kulturentwicklung gingen unter in Blut und Brand. Und bei der Eroberung Jerusalems durch die Horden Gottfrieds von Bouillon zwei Wochen vor dem Tod des Papstes (Urban II.) kam es zu Massenmorden von Juden und Moslems, von denen kaum einer überlebte. Schon damit haben sich die Kreuzzüge ihr Urteil selbst gesprochen. Sie wurden zur Repräsentanz eines militanten Glaubensbegriffes und eines militanten Papsttums, einer Eroberkirche, die mit nie zu begründenden territorialen Ansprüchen mordend und raubend an der Stätte von Christi Lehren und Leiden erschien.«

Byzanz, das östliche Rom, hatte das Abendland gegen die Türken um Hilfe gebeten und damit neben den Normannen zum Ausbruch der jahrhundertelangen Feindseligkeiten beigetragen, und es war auch Byzanz, das dafür ähnlich bitter bezahlen mußte wie Rom selbst, als die Normannen es ausplünderten und niederbrannten: Schlimmer als die Türken, vor denen man sich gefürchtet hatte, hauste das durch die geschäftstüchtigen Venezianer vom hohen Ziel zunächst abgelenkte Kreuzzugsheer des Jahres 1204 in der reichen Stadt am Bosporus, die selbst einem Attila getrotzt hatte. Unermeßliche Schätze wurden weggeschleppt oder vernichtet, der Besitz der Menschheit an Kunstwerken und Pergamenten aus zwei Jahrtausenden in schmerzlichster Weise vermindert.

Gewiß, man soll dem aufflammenden Papyrus nicht nachtrauern, wenn Hellebarden in die Brust der Kämpfer dringen und Säbel ihnen die Köpfe spalten; aber wenn ein Ritterheer schon mit dem Anspruch antritt, geistige Werte, wie es die Heiligtümer waren, zu retten, dann ist die Vernichtung anderer geistiger und künstlerischer Werte auf dem Weg dorthin ganz sicherlich unverständlich und geeignet, alle Proklamationen zwischen Vezelay, Clermont und Rom unglaubwürdig zu machen.

Rom und die Staufer

Um die Mitte des zwölften Jahrhunderts wird der erste und bislang einzige englische Papst geweiht, Nikolaus Breakspeare, der sich als Papst Hadrian IV. nennt und von 1154 bis 1159 regiert. Seine Wahl ist ein Zeichen für die wachsende Bedeutung der britischen Inseln, die unter den Plantagenet-Herrschern auch auf dem europäischen Festland Macht auszuüben beginnen, die nach dem Abklingen der Wikingerangriffe einen eigenen, weitreichenden Handel entwikkeln und vor allem mit den Seestädten Italiens in vielfältige geschäftliche Verbindungen treten.

Der britische Papst hatte ein großes Vorbild, nämlich Gregor VII., aber er hatte nicht Heinrich IV. gegen sich, sondern Friedrich I. Barbarossa, und dieser König hatte es miterlebt, wie sein Vorgänger in einem erfolglosen Kreuzzug deutsches Gut und Blut vergeudete, ohne jede Chance, das von Bernhard von Clairvaux begeistert proklamierte Ziel jemals zu erreichen. Zudem hatte Papst Hadrian den selbstbewußten Friedrich Barbarossa schon dadurch tief gekränkt, daß er erklärte, das Kaisertum sei ein Lehen der Bischöfe von Rom, also des Papstes – womit er zumindest bewies, daß er die Welt nicht viel besser kannte als der große Kreuzzugsprediger Bernhard. Einen in seiner Ausdauer und Unbeugsamkeit kongenialen Gegenspieler für den großen Kaiser brachte das Papsttum erst mit Alexander III. hervor, der als Rechtsgelehrter unter seinem bürgerlichen Namen Orlando Bandinelli wohl schon für die Erklärung Hadrians IV. auf dem Reichstag von Besançon verantwortlich gewesen war.

Friedrich erkannte diesen harten und klugen Widersacher sehr früh und stellte ihm, gestützt auf die kaiserlichen Waffen, Gegenpäpste entgegen, so daß Alexander III. sich erst gegen Ende seines Pontifikats dauernd in Rom aufhalten konnte. Erst als Alexander in die Arena hinunterstieg und sich mit den lombardischen Städten verbündete, konnte er einen rein militärischen Triumph erringen – den Sieg bei Legnano im Mai 1176. In dem Städtchen bei Mailand erinnert noch heute ein Denkmal an diesen Tag. Friedrich hatte schon bei früheren Feldzügen in Italien vor allem durch eine verheerende Seuche in Rom viele Soldaten verloren; er hatte auch in der Lombardei schon Rückschläge erlitten, aber am Tag von Legnano war er so hoffnungslos unterlegen gewesen, daß er es wohl bedauert haben mochte, seinem innerdeutschen Widersacher Heinrich dem Löwen Goslar abgeschlagen zu haben: Die alte Kaiserstadt hatte der Welfe begehrt, als Kaiser und Herzog einander in Chiavenna trafen; Friedrich Barbarossa hatte erzürnt abgelehnt, aber bei Legnano fehlten ihm die Truppen jener Reichshälfte bitter, in der Heinrich die Macht hatte.

Als Feldherr unterlegen, siegte der Staufer jedoch bald darauf als Diplomat: Da die lombardischen Städte Schwierigkeiten bei den Friedensverhandlungen machten, entschloß er sich, mit seinem härtesten Gegner, mit Papst Alexander III., selbst und persönlich zusammenzutreffen, mit jenem Kardinallegaten Orlando, der schon in Besançon soviel Ärger gemacht und nur mit harten Worten an der Visitation deutscher Bistümer zu hindern gewesen war. Aber es war nun eben der Kaiser selbst, der dem Mann der Kirche gegenüberstand, nicht mehr der kühne Rainald von Dassel, der Kanzler des Reiches mit der scharfen Sprache und den schnellen Entschlüssen, der Hadrian IV. zu der Behauptung von der päpstlichen Lehenshoheit geantwortet hatte: »Das ertragen, das leiden wir nicht; eher legen wir die Krone des Reiches nieder, als daß wir sie zugleich mit unserer Person so in den Staub ziehen lassen. Was gemalt ist (gemeint war die bildliche Darstellung Kaiser Lothars als Lehensmann des Papstes), möge ausgelöscht, was geschrieben ist, möge getilgt werden, auf daß nicht zwischen Königtum und Priestertum ewige Denkmale der Feindschaft bestehenbleiben.«

Das hatte, für seinen königlichen Herrn sprechend, Rainald Graf von Dassel so diktiert, der streitbare Erzbischof von Köln und Kanzler des Reiches, der auch kaiserliche Armeen über die Alpen führte, der ganze Landstriche für seinen Herrn und für Deutschland eroberte, aber am 14. August 1167 in Rom der großen Seuche erlegen war.

Zehn Jahre darauf trafen sich Kaiser und Papst in Venedig, und es wurde eine der großen Szenen der Christenheit, von der uns die Fresken im Palazzo Pubblico zu Siena noch Zeugnis, aber eine nur unzureichende Vorstellung geben; auch Paolo Veronese hat Alexander, Friedrich und natürlich den Dogen dargestellt, und alle nationalen Barden von Beumelburg über Karl Hans Strobl bis Mirko Jelusich und Josef Wenter haben darüber geschrieben. Die Lagunenrepublik, wo das Geld mehr galt als Kaiser und Papst zusammen, bildete eine Art neutraler Plattform; man konnte sie auch ungefährdet erreichen, und man konnte auf den verschiedenen Inseln so lange schmollend verharren, bis das umständliche Einigungswerk zustande kam und das Gepränge der vereinigten Großen die Christenheit in die trügerische Hoffnung vieler Friedensjahre wiegte.

Beide hatten sehr klug verhandelt. Alexander hatte für seine Verbündeten, die reichen und siegreichen lombardischen Städte, die Befreiung vom kaiserlichen Joch erreicht, und damit das eigentliche Kriegsziel; Friedrich aber hatte sich für den Verzicht auf die unbotmäßigen, lästig-geschwätzigen Widersacher auf dem heißesten Kampfplatz Europas doch auch sehr Wertvolles eingehandelt, nämlich das Mathilden-Erbe, die ausgedehnten Besitztümer der unbeugsamen Gräfin von Canossa, die das Land, das ihr ja nur zum Lehen gegeben war, in ihrer unbedingten Papstverehrung der Kirche von Rom zum Geschenk gemacht hatte. Ein unlösbarer Prozeß war gewonnen, der Jahre hindurch die Kanzleien beschäftigt hatte und den zu beenden vielleicht nützlicher war als die Fortdauer der Ansprüche auf die Lombardei.

Alexander war der Tod näher als dem Kaiser, der in voller Kraft die Feste von Venedig wie eine Huldigung hingenommen hatte; darum verlangte den Papst nach dem ungefährdeten Wirken in Rom, nach dem endlichen Aufhören der fürchterlichen wechselseitigen Bannstrahlen, nach einer gereinigten, verläßlichen Kirchenwelt ohne Gegenpäpste und Uneinigkeit. Dies hatte Alexander in seinem tiefen Rechtssinn schon angestrebt, als er die Welt gegen Heinrich II. von England und für den in seiner Kathedrale ermordeten Thomas Becket einnahm; das hatte diesen energischen und bedeutenden Papst auch dazu bewogen, die an sich reinen Absichten der Katharer im südlichen Frankreich als Ketzerei aufzufassen und die unseligen Jahrhunderte der Ketzerkriege zu eröffnen. Er war eben mehr Jurist als Theologe und mehr Denker denn Seelsorger. »Groß stand er da als Gesetzgeber in seinen zahlreichen Decretalen, wie als Förderer und Beschützer der Universitäten«, schreibt Joseph Kardinal Herchenröder über Alexander III. »Seine Grabschrift nannte ihn mit Recht Licht des Clerus, Zierde der Kirche, Vater der Stadt und der Welt« – Vater einer Stadt, die ihn nur zwei Jahre lang in ihren Mauern duldete. Aber das war und blieb die Tragik des mittelalterlichen Papsttums bis über die Zeit von Avignon hinaus; die Römer vergaßen eben nicht, daß sie Republikaner waren, daß sie es unter den römischen Kaisern geblieben waren und auch unter Päpsten und deutschen Kaisern stets zu bleiben gedachten.

Schon Papst Cölestin III. (1191–1198) aus dem Haus der Boboni-Orsini mußte einsehen, daß die Kreuzzüge die politische Landschaft rund um das Mittelmeer in unberechenbarer Weise veränderten. Die großen Armeen, die in verschiedenen Häfen bereitgestellt und eingeschifft wurden, die Vertrautheit der Truppenführung mit südeuropäischen Verhältnissen und die Überlegenheit der Ritterheere in jenen Schlachten, wo die gegnerische Überzahl nicht allzu beträchtlich gewesen war, dies alles orientierte auch die Gesamtpolitik des Reiches neu und weckte die Wünsche nach einem Machtzuwachs in diesen begünstigten

Räumen, in denen die Städte und der Handel schon sehr viel weiter entwickelt waren als in Mittel- und Osteuropa.

Als Friedrich I. Barbarossa seinen Sohn Heinrich mit Konstanze, der Erbin von Sizilien, vermählte, sah sich Papst Cölestin im dritten Jahr seiner Regierung des bislang treuesten Helfers der Päpste beraubt und zwischen zwei Machtblöcken eingekeilt. Er blieb der natürliche Widersacher des Kaisertums innerhalb der deutschen Machtsphäre, die nun von der Nordsee bis nach Afrika reichte, wo sich die neuen normannischen Verwandten des Kaisers ja zumindest Brückenköpfe gesichert hatten.

Heinrich VI. war bei der Hochzeit mit Konstanze neunundzwanzig Jahre alt und regierte seit vier Jahren, seit dem überraschenden Tod seines Vaters am 10. Juni 1190 in den eisigen Fluten des kleinasiatischen Flüßchens Saleph. Er war der vierte Sohn aus der zweiten Ehe seines Vaters, die erste war kinderlos geblieben, und auch in der zweiten Ehe waren die ersten Kinder früh verstorben und das dritte schwächlich. Der ältere Bruder Heinrichs VI. war darum von der Thronfolge ausgenommen und mit Schwaben abgefunden worden, während Heinrich schon im Kindesalter als Nachfolger des großen Barbarossa feststand. Seine Ehe mit der Enkelin Robert Guiscards schuf nicht nur die Verbindung von staufischem und normannischem Erbe, sondern brachte dem Reich im Kernraum des Mittelmeers eine Bastion, die im Zeitalter der Kreuzzüge ihren besonderen militärischen und maritimen Wert vielfach bewiesen hatte. Natürlich fiel Sizilien nicht kampflos; die zeugungsfreudigen Normannenherzöge hatten Nachkommenschaft genug, die mit Hilfe nationaler Parteien gegen die Herrschaft eines Deutschen auftreten konnte. Aber Heinrich VI. war ein seltsam kalter, ja skrupelloser Staufer, ein Fürst, der unbedenklich den kürzesten Weg ging und dessen Blutbäder in Süditalien die Gegnerschaft schnell zum Erliegen brachten. Wer innerhalb der Normannenfamilie noch irgendwelche Herrschaftsansprüche erheben konnte, wurde gefangen nach Deutschland transportiert; Konstanze wurde zur Königin gekrönt, das Normannenreich völlig unterworfen.

Cölestin hatte gegen einen Machtpolitiker von solcher Rücksichtslosigkeit niemals eine Chance und mußte sich auf seine seelsorgerischen Aufgaben begrenzen – und da dieser erste Orsini-Papst immerhin schon fünfundachtzig Jahre zählte, als er sein Pontifikat antrat, war dies auch wohl seinem Alter angemessen. Als er Heinrich VI. und dessen Gemahlin Konstanze die Kaiserkronen aufsetzte, stand er unter dem Schock der Vernichtung der alten Stadt Tusculum. Heinrich hatte sie den Römern, ihren uralten Rivalen, preisgegeben und sich damit auf Kosten einer schuldlosen Bevölkerung den Mob der großen Stadt gefügig gemacht. Tusculum aber verschwand praktisch vom Erdboden, und Cölestin III. sah, mit wem er es zu tun hatte. Er begegnete allem, was Heinrich noch tat – und es war nicht wenig –, mit größter Duldsamkeit, weil die Deutschen ja doch die Kerntruppe neuer Kreuzzüge stellen mußten, wandte sich aber mit Schärfe gegen eine Inzestheirat eines Königs von Leon in Nordspanien und gegen die Scheidung seiner Ehe, die König Philipp II. von Frankreich unter Vorwänden anstrebte. Daß der greise Papst den jungen König schließlich um drei Monate überlebte, schrieben die Zeitgenossen nicht der natürlichen Ursache einer Malariaerkrankung Heinrichs zu, sondern einem Strafgericht des Himmels für soviel Blutvergießen.

Damit hatten die ja noch bis in unser Jahrhundert bedenklichen gesundheitlichen Verhältnisse Süditaliens seltsame Nachfolgeverhältnisse geschaffen. Schon Konstanze, die Erbin Siziliens, war nach dem Tod ihres Vaters zur Welt gekommen, und bis heute weiß niemand, wie lange danach; der Sohn Heinrichs VI. aber war nun ein Kind, in einem fernen Land, das anderen politischen Kräften anhing. Und in Deutschland war niemand bereit, auf die Großjährigkeit Friedrichs zu warten, so daß ein Gegenkönig zum Zug kam.

In dieser Wirrnis der Verhältnisse, die Heinrich VI. vorausgeahnt zu haben schien, als er das Erbkönigtum errichten wollte, erwies sich Papst Innozens III. (1198–1216) als väterlicher Beschützer des kleinen und sichtlich hochbegabten Prinzen. Diesmal war es ein junger Papst – der Graf von Segni zählte erst siebenunddreißig Jahre –, der seine Hand über Friedrich hielt, gegen den welfischen Gegenkönig Otto IV. die Franzosen zu Hilfe rief und seinen Schützling schon als Fünfzehnjährigen in Sizilien siegreich sah. Nun gebot es die Vernunft, die vereinten Gewalten zu trennen, Otto IV.

in seiner Herrschaft über Deutschland zu bestärken und Friedrich in Sizilien an der Macht zu halten. Zwischen Ghelf und Ghibellin, zwischen Welfen und Staufern, wäre dann der Papst in seinem Kirchenstaat als mächtiger Schiedsrichter und als das neue Zünglein an der Waage in ungleich besserer Position gewesen als in einem Kaiserreich, das Sizilien mit einschloß.

Nun, wir wissen, daß diese Rechnung nicht aufging, obwohl sie vielleicht der Persönlichkeit des zweiten Friedrich und seinen Anlagen entsprochen hätte, diesem Halbnormannen, der im arabisch-jüdischen Kulturerbe Siziliens aufwuchs und im Angesicht der herrlichen antiken Denkmäler der Insel, diesem Prinzen, der früh gelernt hatte, daß es neben dem christlichen Universum andere Völker und Kulturkreise gab.

Innozens, ein Papst von politischem Genie und starken Energien, hätte seine Ziele vielleicht erreicht ohne die unselige Fixierung an die Idee der Kreuzzüge. Wir sehen heute, wie modernste Armeen mit schwierigen Landschaften noch immer nicht zurechtkommen; Italien hatte in Abessinien, Frankreich und die Vereinigten Staaten hatten in Vietnam die allergrößten Schwierigkeiten. Daraus kann man ermessen, welche Aussichten die schwerfälligen Ritterheere auf einen endgültigen Sieg im Heiligen Land hatten, das zu jener Zeit in Saladin einen großen und großzügigen Herrscher bedingungslos verehrte.

Zwar zürnte der Papst eine Weile, als der greise Doge Dandolo das Ritterheer durch die Verheißung reicher Beute gegen den Handelsrivalen Konstantinopel einsetzte und dort wüten ließ, aber bald darauf wurden die Ermahnungen milder und väterlich, und das Unheil Krieg, das soviel Schaden zwischen den Völkern stiftete, nahm seinen Lauf. Was herauskam, war ein neuerlicher Beweis dafür, daß auch die sogenannten heiligen Kriege nichts anderes sind als tragische Irrtümer; nicht das Christentum hatte den Vorteil, sondern vor allem die Handelsrepublik Venedig: »Thrazien und das Küstengebiet am Hellespont sowie der größte Teil der Ägäischen Inseln wurden den franko-flämischen Feudalherren gegeben, während die Handelsplätze in Thrazien und am Adriatischen Meer sowie der Dodekanes und die Ionischen Inseln, der Peloponnes und Kreta venezianisch wurden. So erfolgte die Aufteilung bei einer der größten Räubereien in der Geschichte der Menschheit, und Innozens blieb bei all seinem Zorn über das Ausarten des als Kampf gegen die Moslems geplanten Kreuzzugs ... nichts anderes übrig, als die vollendete Tatsache hinzunehmen« (Azis S. Atiya).

Die Machtpolitik und die Skrupellosigkeit der Mächtigen hatte sich selbst einem starken Papst überlegen erwiesen, jenem jungen Kardinal Lothar, der als ein Sohn des Grafen Thrasimund aus dem Geschlecht der Conti von Segni nicht nur die kirchliche Welt kannte, sondern auch die Politik – und der von den Kardinälen erhoben worden war, weil die Weltstunde einen energischen Lenker der Geschicke verlangte. Zweifellos irrte Walther von der Vogelweide, als er in die bekannte Klage ausbrach: *owe, der babest ist ze junc: hilf, Herre, diner kristenheit.* Der feurige und tatsächlich sehr junge Papst brachte nur völlig neue Gesichtspunkte ins Spiel der Mächte, weil er einsah, daß der Papst einen stärkeren Rückhalt brauchte als einige Zufallsverbündete. Die Erweckung eines italienischen Nationalgefühls und die Rolle des Kirchenstaats als eines kräftigen Machtzentrums auf der Apenninenhalbinsel, das mochten Ideen gewesen sein, die so manchen der alten Kardinäle den Kopf schütteln ließen; aber es war angesichts der Weltlage eben nicht möglich, sich in eine klösterliche Isolation zurückzuziehen. Innozens hätte damit die großen Anstrengungen der bisherigen Kreuzzüge verloren gegeben, und das wäre eine Entscheidung von so überzeitlicher Weisheit gewesen, wie man sie zwar von einem Papst eher als von einem Fürsten erwarten konnte, wie sie aber einen Menschen, der so tief in seinem Jahrhundert stand, eben doch überforderte.

Die Ziele des Papstes waren von seinem Amt vorgegeben, in einer immer mehr dem nationalen Machtrausch verfallenden Welt jedoch schwerer zu verwirklichen denn je: die Wiedereroberung des Heiligen Landes, ein schicksalhafter Irrtum, den Innozens mit allen christlichen Fürsten des Hochmittelalters gemein hat; die Reformation der Kirche, eine Sisyphusarbeit angesichts der unausrottbaren menschlichen Schwächen und der Armut der außerkirchlichen Welt; und drittens: die Reinhaltung des Glaubens, das heißt der Kampf gegen abweichende Lehren, gegen jene Formen des Christentums, die ihren eigenen Weg zu Gott proklamierten, vor allem angesichts der Mißstände im katholischen Klerus und der offenbaren Unmöglichkeit, sie gründlich auszurotten.

Es ist diese dritte Zielsetzung, im November 1215 auf einem glanzvollen Laterankonzil noch einmal verkündet, die Innozens unbestreitbare, durch Jahrhunderte fortwirkende Verdienste einbrachte, aber auch schwere Vorwürfe aus den eigenen Reihen.

Innozens erkannte das Bedürfnis nach einer tieferen und zugleich aktiveren Frömmigkeit, das Hand in Hand ging mit der Absage an Gewalt und Krieg, eine natürliche Reaktion auf das viele Länder heimsuchende Elend der Kriege und auf die großen Grausamkeiten, die von Truppen aller Völker in den letzten Jahrzehnten begangen worden waren. Und da die bitterarmen Waldenser in Südfrankreich bei der von den Kriegen und Seuchen um alles gebrachten Bevölkerung starken Eindruck gemacht und viel Zulauf erreicht hatten, war es nur natürlich, daß die Kirche diese Tendenzen der Frömmigkeit in sich aufzunehmen versuchte. Innozens zauderte zwar, da sein starker Verstand naturgemäß die revolutionären, ja anarchischen Tendenzen erkannte, die ein so radikaler Bettelorden wie die Minoritenbrüder (Franziskaner) vor aller Welt demonstrierte, aber die Kirche konnte sich dieser Woge demütiger Liebe zur Kreatur und der Absage an die Gewalt um so weniger verschließen, als sie – wie man heute sagen würde – von der Basis kam, aus dem Volk. Erst die Anerkennung verschiedener neuer Orden und ihrer Notwendigkeit gaben Innozens den Rückhalt für seine Ketzerkreuzzüge.

So liegen, wie so oft bei den Großen, Licht und Schatten nebeneinander. Die Zulassung und Förderung der Franziskaner wurde für die Gesamtkirche zu einer Erneuerung vom Innersten her; die Trinitarier widmeten sich durch ein halbes Jahrtausend der menschenfreundlichen Aufgabe, Gefangene freizukaufen und in ihre Heimatländer zurückzuführen, und linderten damit so viel Elend wie kein anderer Orden. Und die Malteserritter bekämpften die zu diesen Menschenverschleppungen führende Piraterie der nordafrikanischen Barbareskenstaaten mit Umsicht und Mut von ihren gefürchteten Kriegsschiffen aus.

Diesen positiven neuen Tendenzen stehen die gewaltsamen Bekehrungen in den Ostseeländern gegenüber, wie sie der Schwertorden vornahm, und der viele Jahrzehnte währende, mit größter Grausamkeit geführte Ausrottungsfeldzug gegen die völlig inoffensiven Waldenser und Albigenser.

Die berühmten Orden reagierten gegen diese neuen Tendenzen nicht selten mit jener Härte, in der schon die Besorgnis um die eigene Geltung mitschwingt, so etwa, wenn Arnauld Amalric von Citeaux, also der Abt des nach Cluny berühmtesten Erneuerungsklosters, sich in unvorstellbarer Weise mit Blut befleckt, im Schutz unumschränkter Vollmachten von seiten des Papstes. Bei einem Kriegsmann wie Simon von Montfort waren die Massenmorde an den Wehrlosen empörend, aber nicht ganz so verwunderlich. Amalric zeigt, wie eine böse Aufgabe einen Menschen verändert und endlich vernichtet, ob er nun nach der Einschließung der Ketzer von Béziers tatsächlich jenes furchtbare Wort gesagt hat (»Tötet sie alle, der Herr wird die Seinen erkennen«) oder ob es Simon von Montfort war: Die einfachen Soldaten scheuten sich, Unschuldige zu töten, die beiden Feldherren des Kreuzzuges nicht.

Arnauld Amalric wurde, ungeachtet der Blutschuld, die er auf sich geladen hatte, zum Erzbischof von Narbonne erhoben und nannte sich *Dux*, also Herzog, dieser Stadt. Von Papst Innozens wiederholt ermahnt, Milde walten zu lassen, ging er schließlich nach Spanien, wo er in den Mohammedanern wenigstens ebenbürtige und wehrhafte Gegner hatte. Er starb, nachdem er sich mit seinem Waffengefährten Simon von Montfort überworfen hatte, selbst von den eigenen Parteigängern verabscheut im Jahr 1225. Seine Untaten in Béziers, Carcassonne und an anderen Orten haben dem Ruf des großen Papstes, dessen Legat er gewesen war, sehr geschadet und auch bedeutende katholische Gelehrte veranlaßt, von den Ketzerverfolgungen abzurücken. »Auch der katholische Kirchenhistoriker«, schreibt Franz Xaver Seppelt, der 1956 verstorbene Ordinarius für Kirchengeschichte an der Universität München, »kann in dem Albigenserkreuzzug, bei dem überspannter fanatischer Glaubenseifer mit hemmungsloser Eroberungsgier und wilder Mordlust unentwirrbar sich verbunden hatte, nur eines der abstoßendsten und traurigsten Kapitel der Kirchengeschichte sehen.«

Die Liste der für ihren Glauben und in seinem Schutze mordenden Ungeheuer ist ja leider unendlich lang, bei allen Völkern, in allen Jahrhunderten; in den schönen Landschaften zwischen den Pyrenäen und den Alpen, wo heute allsommerlich viele Tausende von fröhlichen Menschen Erholung suchen, sind jene düsteren Zeiten jedoch unvergessen, man denkt an sie in Béziers, der Weinhändlerstadt am lachenden Littoral, ebenso wie im Luberon, wo der Baron d'Oppède ein Dutzend Ketzergemeinden niederbrannte – mit ihren Menschen – und so grausam wütete, daß seine Stammburg Oppède-le-Vieux noch heute als ein verlassener Ort des Grauens vor uns liegt. Seine Nachfahren wanderten nach Deutschland aus, ja sie veränderten ihren Namen, um dem blutigen Gedächtnis ihres Ahnherrn zu entrinnen.

Das Beispiel eines gewaltlosen und dennoch erfolgreichen Kreuzzugs erlebte Innozens III. nicht mehr: Es gab der hochgebildete, mit der arabischen Geisteswelt vertraute Friedrich II. von Staufen, indem er sich mit einer kleinen und durchaus ungenügenden Armee ins Ostmittelmeer einschiffte und dort nichts anderes suchte als Verhandlungen. Zu dieser Zeit wie so mancher andere deutsche Monarch vom Papst – es war Gregor IX. – gebannt, erreichte Friedrich dennoch in Gesprächen mit Sultan al-Kamel am 11. Februar 1229 die Freigabe der drei heiligen Städte Jerusalem, Bethlehem und Nazareth. Dazu kamen noch Sidon und andere Orte, die eine Art Pilgerkorridor ins Landesinnere bildeten und den Christen, sofern sie friedlich kamen, den Besuch der Pilgerstätten so ermöglichten, wie dies seit alters bis zu den Kreuzzügen der Fall gewesen war. »Das war die diplomatische Meisterleistung eines Mannes, der die Seele seines Gegners kannte«, schreibt Azis S. Atiya, Professor an der Columbia University. »Friedrich hielt am 18. März seinen glorreichen Einzug in Jerusalem und setzte sich in der Kirche des Heiligen Grabes mit seinen eigenen Händen die Krone des Lateinischen Königreichs aufs Haupt, da kein Geistlicher dies für einen Exkommunizierten tun konnte.«

Das dreizehnte Jahrhundert, dessen erste Jahrzehnte durch Innozens III. und Friedrich II. geprägt sind, wird das erste Jahrhundert der Entdeckungen sein und das Weltbild des Abendlandes zumindest nach Osten hin erheblich, ja entscheidend erweitern. Dennoch ist Innozens, der Papst, der von Marco Polo noch nichts wissen konnte, der erste Papst, der entschlossen und in großem Stil Weltpolitik macht. Wie er mit England verhandelt, wie er von zwei rivalisierenden Herren in Canterbury nur insoweit Notiz nimmt, daß er einen dritten auf den begehrten Erzbischofsstuhl setzt, wie er Barone gegen Könige ausspielt, nach der Versöhnung mit einem König die Barone fallenläßt und gegen unbotmäßige Monarchen – unbesorgt um den Weltfrieden – kriegerische Nachbarn aufbietet, das ist Weltpolitik, wie sie vorher und nachher kein Papst mehr gemacht hat. Alle Proklamationen, alles Sichaufwerfen Gregors VII., aber auch Bonifatius' VIII., bleiben auf dem Papier gegenüber dem, was Innozens *tut*, was er in alle Welt hinaus befiehlt. Man vergegenwärtige sich, daß ein König von England sein Land vom Papst zum Lehen nimmt – ein paar hundert Jahre später wird man dort den Papst gar nicht mehr anerkennen, aber Innozens ist eben noch der Herr. Erfährt Innozens von der bedrängten Lage der Christen in Syrien, so werden die Könige des Abendlandes mit einer Promptheit zur Intervention veranlaßt, um die jeder UNO-Generalsekretär diesen Papst aus dem Mittelalter beneiden würde. In Dänemark, in Schottland, in Schweden und Norwegen, in Livland, ja selbst im fernen Island sprechen die Schreiben des Papstes, spricht Innozens aus den Papieren seiner Kanzlei, und die Menschen neigen das Haupt und gehorchen.

Auch im Negativen ist das Bild überraschend und von heute vollkommen unterschieden. Innozens hat in seinen Legaten – von jenem Amalric einmal abgesehen – die besten Diplomaten seiner Zeit zur Verfügung, aber sein ungestümer Wille und der Drang der Geschäfte widersetzen sich oft dem geruhsamen Gang mittelalterlicher Reisediplomatie. Der Himmel Europas erfüllt sich mit päpstlichen Blitzen. Bannstrahl um Bannstrahl trifft die Fürsten von England bis Ägypten; ganze Städte und Länder werden mit dem Interdikt belegt; für Jahre, ja Jahrzehnte werden völlig abnorme Verhältnisse geschaffen, weil das kirchliche Leben, das damals unentbehrlich war und in vielem die eigentliche Verwaltung ersetzte, vom Papst suspendiert worden ist.

Nur in Italien selbst, so scheint es, da ist er mit allen seinen Würden für manche Stadtrepublik ein Graf Segni geblieben, und weil man so nahe beisammen lebt und einander so gut kennt, kümmern sich auch Pisa und Genua nicht sonderlich um seine Befehle, von den großen Flotten dieser Städte Schiffe für den Kreuzzug abzustellen (Pisa lag damals noch am Meer). Im Jahr 1216, in seinem sechsundfünfzigsten Lebensjahr, entschließt sich Innozens III. gewiß nicht leichten Herzens, von Viterbo aus nach Pisa zu reisen und mit den Herren selbst zu verhandeln, den Streit mit Genua zu schlichten, damit die Flotten die Ritter aufnehmen können. In den Bergen befällt den Papst ein Fieber, und obwohl er kräftig ist und noch nicht alt, wird es so heftig, daß er ihm am 16. Juni erliegt. Sein Pontifikat hat mehr als achtzehn Jahre gedauert, und es wird, gemessen an den politischen Aktionen und ihren Erfolgen, bis heute als das bedeutendste bezeichnet. Selten war eine so lange päpstliche Herrschaft so deutlich von einer Papstpersönlichkeit geprägt; dies wird klar, wenn er Maßnahmen, die der Kirche an sich vielleicht genützt hätten, verwirft, weil sie seinem hohen Ideal vom Papsttum nicht entsprechen, wie zum Beispiel der Peterspfennig (der auf anderer Basis vorher und nachher doch immer wieder erhoben wurde und wohl nie ganz verschwinden wird).

Undenkbar wäre es auch, daß sich Innozens III. herbeigelassen hätte, mit einem Herrscher von dem Horizont und der Machtfülle Friedrichs II. darüber zu rechten, was dieser mit ein paar hübschen Sarazenenmädchen anstelle, die im Palast zu Palermo offensichtlich keiner geregelten Tätigkeit nachgingen (ein eher lächerlicher Skandal zu einer Zeit, da man bereits von den homosexuellen Orgien der Templer munkelte). Papst Innozens IV. wird später das große Wort sprechen, Kaiser Friedrich II. *beflecke* sich durch den

135

Umgang mit ihnen in schamloser Weise, ein Vorwurf, den selbst das Konzil von Lyon mit Ironie überging, wenn der Großrichter Thaddäus von Suessa dazu erklärte: »Die sarazenischen Mädchen aber hält er (Friedrich) nicht etwa zum Beischlaf – wer könnte derlei auch beweisen? –, sondern wegen ihrer anmutigen Gewandtheiten und wegen einiger anderer weiblichen Kunstfertigkeiten.« (Immerhin beherzigte Friedrich die Ermahnungen so weit, daß er befahl, den schönen Mädchen etwas anzuziehen und ihnen ein kleines, festes Gehalt auszusetzen.)

Gegenüber einem jungen Monarchen, der bereits ein Weltmann war und auf Sizilien wie in Deutschland Erfolge sammelte, hatte der kluge und ehrenhafte nächste Papst – Honorius III. (1216–1227) – auch insofern einen schweren Stand, als man ihn natürlich an seinem großen Vorgänger maß. Honorius selbst, ein Römer, der Cincio Savelli geheißen hatte, betonte schon in seinen ersten Ansprachen, daß er gedenke, mit Milde zu herrschen; aber es war vieles begonnen worden, das mit Energie weiterverfolgt werden mußte, zum Teil Angelegenheiten in jenen fernen Ländern, derer sich die Päpste vor Innozens höchstens in frommen Ermahnungen angenommen hatten. Gegenüber Friedrich stand Honorius schon darum auf verlorenem Posten, weil er den vielbeschäftigten König zwar gekrönt hatte, den Kaiser aber immer wieder vergeblich zum Kreuzzug ermahnen mußte. Die allgemeine Kreuzzugsmüdigkeit, von der nur ein ungarischer König ausgenommen zu sein schien, und die Erschöpfung der Machtmittel in England und Frankreich ließen schließlich nur jenen Alleingang Friedrichs aussichtsreich erscheinen, von dem schon kurz die Rede war.

Eine Hauptsorge des Papstes war durchaus weltlicher Art: die deutlichen Bemühungen Friedrichs, Unteritalien und Sizilien wieder an das Reich zu binden. Um früheren Zusagen an die Päpste nicht zu widersprechen, hatte Friedrich II. hier – wie in anderen Dingen – seinen Sohn vorgeschoben, so daß rein nominell nicht die gesamte Macht von der Ostsee bis ins Mittelmeer in einer Hand vereinigt war. Aber diese Zurückhaltung schwand bald, als Honorius III. in der Annahme, der Kaiser werde sich in Unteritalien persönlich nicht engagieren, fünf Bischofsstühle aus eigenem besetzte – Bistümer, die bereits seit geraumer Zeit auf einen neuen Oberhirten warteten. Obwohl es sich überwiegend um Diözesen handelte, in denen der Bischof eine eher bescheidene Existenz führte, weswegen wohl auch so lange Vakanzen möglich gewesen waren, widersetzte sich Friedrich II., was doch ein deutliches Interesse an jenem Unteritalien beweist, in dem die Päpste kaiserliche Gewalt so ungern sahen.

Der Konflikt, der sich schnell erhitzte, weil der sonst so sanftmütige Papst Honorius III. in diesem Fall sehr zornige Briefe schrieb, wurde jedoch bald weltpolitischen Notwendigkeiten untergeordnet: Die norditalienischen Städte, die Friedrich I. Barbarossa so große Schwierigkeiten gemacht hatten, zeigten sich auch gegenüber dem zweiten Friedrich unbotmäßig, wenn auch offener Aufruhr und Kriegshandlungen in diesem Fall ausblieben. Dem Kaiser war es wichtiger, den Papst als Vermittler einschalten zu können und den lombardischen Städten zu zeigen, daß sie auf Waffenhilfe des Papstes nicht zählen könnten; und als Honorius III. sich dazu bereit erklärte, stand der Besetzung der apulischen Bischofsstühle dann auch nichts mehr im Wege. In ähnlicher Weise legte Honorius übrigens auch so manchen Streit in Skandinavien bei oder half, offenen Unfrieden zu vermeiden, in dem er die Ursachen rechtzeitig erkannte und zum Teil unter dem Einsatz beträchtlicher Geldmittel Lösungen fand.

Das Lebensalter des Papstes ist nicht bekannt, doch fällt auf, daß Honorius III. in den letzten Jahren seines Pontifikats der kaiserlichen Politik nur noch wenig Widerstand leistet. Er akzeptiert die Betreuung des Deutschen Ordens mit der Missionierung des Ostseeraums als einen uneingestandenen Kreuzzugsersatz, weil Friedrich II. mit der Unterwerfung dieser Gebiete reale Machtinteressen verbindet, an eine Dauerpräsenz der Christen in Jerusalem jedoch nicht zu glauben vermag. Die zum Teil längst christlichen Ostseevölker (wie zum Beispiel die Litauer) werden damit schutzlos, und das für viele Jahrzehnte, da nur die Päpste die Möglichkeit gehabt hätten, der gewaltsamen Landnahme und Unterwerfung Einhalt zu gebieten.

Am 18. März 1227 starb Honorius III., und schon am nächsten

Tag wurde Ugolino di Conti, Graf von Segni, gewählt, der mit dem großen Innozens III. verwandt war, aber den Papstnamen Gregor IX. (1227–1241) annahm. Zum Glück des Kaisers hatte dieser Graf Segni nicht die unbändigen Energien und die Weltherrschaftsambitionen seines großen Verwandten, aber auch Gregor IX. wagte es, Friedrich II. zu bannen, als dieser einen kriegerisch begonnenen Kreuzzug in eine friedliche und erfolgreiche Verhandlungsoffensive münden ließ. Im übrigen ist aus dem Pontifikat Gregors noch bemerkenswert, daß die Dominikaner als Orden mit der Durchführung der Inquisition betraut wurden (1232), weswegen man sie bald – in einem lateinischen Wortspiel – *Canes Domini*, die (Blut-)Hunde des Herrn, nannte. Die gesetzliche Untermauerung der Inquisitionsprozesse bestimmte die Sippenhaft auch der Kinder von Verurteilten, denen das Recht auf das Erbe oder auch auf eine gerichtliche Klage abgesprochen wurde.

Nach dem Zwei-Wochen-Pontifikat Cölestins IV. wurde eineinhalb Jahre lang keine Einigung über einen neuen Papst erzielt. Erst im Juni 1243 konnte Sinisbaldo Fieschi, Graf von Lavagna, als Innozens IV. den Thron besteigen. Er war ein Genuese, und seine Familie ist uns in der Schillerschen Einzahl als Fiesco längst bekannt. Die Fieschi hatten im allgemeinen gute Beziehungen zu den Staufern gehalten, aber es war eben zweierlei, ob ein Fiesco nur Kardinal war und damit eine lediglich beratende Funktion hatte oder ob er als Papst an die Spitze der Christenheit berufen wurde, was ihm die Verantwortung für die großen anstehenden Aufgaben aufbürdete. Es war ganz ähnlich wie hundert Jahre zuvor in England: Thomas Becket war der Freund des Königs gewesen, hatte als Erzbischof von Canterbury dann aber die Politik der Kirche verfolgt und sie pflichtgetreu über diese Freundschaft gestellt. Innozens IV. wurde als Papst zu einem erbitterten Gegner Friedrichs II. sowie des Staufergeschlechts und ist nach Innozens III. der Hauptverantwortliche für den Vernichtungskampf, den das Papsttum der großen deutschen Herrscherfamilie liefern zu müssen glaubte – und das gegen den Rat der Könige von England und Frankreich, die an einer Befriedung der europäischen Mitte interessiert waren und den Papst zum Einlenken bestimmen wollten.

Heinrich III. von England und (der später heiliggesprochene) Ludwig IX. von Frankreich baten vor allem, Kaiser Friedrich II. vom Kirchenbann zu lösen, aber London wie Paris waren fern von Rom, und der Staufer hatte in der nächsten Umgebung des Papstes einen unversöhnlichen Gegner: den Kardinal Capocci, Bischof von Viterbo, dessen tyrannische Herrschaft den Kaiser zu einem Sonderfeldzug veranlaßt hatte. Um Viterbo zu retten, deutete der Papst die Bereitschaft an, Friedrich vom Bann zu lösen. Der Kaiser verzichtete daraufhin auf die ohnedies zum Kirchenstaat gehörende Stadt, doch ließ Capocci(o) die friedlich abziehende kaiserliche Besatzung heimtückisch überfallen, ausplündern und zum Teil töten. Friedrich schwor daraufhin, er werde noch aus dem Jenseits zurückkehren, um diesen Verrat zu rächen, die Versöhnung zwischen Kaiser und Papst war aber wiederum, und diesmal durch einen einzigen besonders ehrgeizigen Kirchenfürsten, in weite Ferne gerückt.

Es kam so weit, daß die über Verrätereien besonders erbosten deutschen Ritter den ganzen Kirchenstaat mit Krieg überzogen. Der Papst aber begab sich nach Frankreich, wo Ludwig IX., um keinen Ärger mit dem Staufer zu bekommen, den Heiligen Vater bat, seinen Aufenthalt in Lyon zu nehmen: Lyon nämlich war eine Art Enklave des Heiligen Römischen Reiches innerhalb des französischen Staatsgebietes. Der Papst konnte sich von dort aus mit dem Kaiser auseinandersetzen, ohne daß Frankreich in die Angelegenheit mit hineingezogen wurde. Für Friedrich freilich bedeutete diese Flucht aus Italien und die Anberaumung eines großen Konzils für den 24. Juni 1245 einen deutlichen Affront. Der ohnedies sehr sensible Kaiser, inzwischen auch nicht mehr jung und der ständigen Bemühungen um den Frieden mit der Kirche müde, hatte sich gerade von dem Fieschi-Papst eine fruchtbare Zusammenarbeit erwartet – und ein gewisses Verständnis dafür, daß ein vielgeprüfter Monarch, auf den Aufgaben in Ost und Süd warteten, das nutzlose und ruinöse Abenteuer der Kreuzzüge nicht bis in sein Alter fortsetze.

Die Kirchenversammlung von Lyon stellt den Höhepunkt des Gegensatzes und des tiefen Zerwürfnisses zwischen der weltlichen und der geistlichen Gewalt des Mittelalters dar und ist, obwohl schließlich nur noch sieben Kardinäle an ihr teilnahmen, ein betrübliches Zeichen für die Verkennung der großen Aufgaben der Kirche in einer notleidenden Welt; die Anklagen, die der Papst formulieren ließ und die in Lyon der Weltöffentlichkeit vorgetragen wurden, hat der empfindsame Kaiser niemals verwunden:

»Friedrich, der hervorragendste weltliche Fürst, solchen Zwiespalts und Aufruhrs Urheber ... der, in Nachahmung pharaonischer Hartherzigkeit und seine Ohren wie eine Schlange verstopfend, die Kirche und uns mehr verspottete als anhörte ... war ferner in verabscheuungswürdiger Freundschaft mit den Sarazenen verbunden, sandte ihnen mehrfach Boten und Geschenke und empfing von ihnen wiederum solche in aller Ehrerbietung und Freundlichkeit, nahm ihre Sitten an und hält sie zu seinen täglichen Diensten bei sich; nach ihrem Brauche schämte er sich nicht, seinen Gemahlinnen von königlichem Geblüt Eunuchen, die er, wie man sagt, dazu besonders kastrieren ließ, als Wächter zuzuweisen. Und was noch fluchwürdiger ist, er gestattete, als er einst in überseeischen Ländern weilt, nach einer Übereinkunft mit dem oder vielmehr einer Übertölpelung durch den Sultan, den Geist Mohammeds bei Tag und Nacht öffentlich im Tempel des Herrn anzurufen. Und kürzlich erst ließ er die Boten des Sultans von Babylon, nachdem derselbe Sultan dem Heiligen Lande und seinen christlichen Bewohnern selbst und durch seine Leute schwerste und unabschätzbare Schäden zugefügt hatte, im Königreich Sizilien mit Lobsprüchen auf ebendieses Sultans Hoheit, wie man berichtet, ehrenvoll empfangen und großartig versorgen. Er mißbrauchte auch anderer Ungläubiger verderbliche und abscheuliche Dienste gegen die Gläubigen und war darauf bedacht, sich jene, die verdammenswerterweise den Apostolischen Stuhl verachten und die Gemeinschaft der Kirche aufgegeben haben, verwandtschaftlich und freundschaftlich zu verbinden. Den Herzog (Ludwig) von Bayern herrlichen Angedenkens, der der römischen Kirche besonders ergeben war, ließ er, wie bestimmt versichert wird, unter Mißachtung der christlichen Religion durch Assassinen töten. Und dem Vatatzes, diesem Feinde Gottes und der Kirche, der aus der

Gemeinschaft der Gläubigen mitsamt seinen Beiständen, Ratgebern und Günstlingen durch die Exkommunikation feierlich ausgeschlossen wurde, gab er seine Tochter zur Gattin.

Weder Kirchen noch Klöster oder andere fromme Gebäude sah man ihn bauen ... Außerdem hatte es dieses Königreich Sizilien, das der besondere Besitz des heiligen Petrus ist und das dieser Fürst vom Apostolischen Stuhle zu Lehen hatte, bereits zu solcher Verarmung und Verknechtung der Geistlichen und Laien gebracht, daß sie fast nichts mehr besitzen, fast alle anständigen Menschen daraus vertrieben sind und diejenigen, die noch dort geblieben sind, unter geradezu sklavischen Bedingungen zu leben und die Römische Kirche, deren Leute und Vasallen sie hauptsächlich sind, vielfach zu beleidigen und feindlich zu bekämpfen gezwungen sind«.

Noch immer ging es um Sizilien und Apulien, um den Süden der Halbinsel Italien, in dem die Päpste sich einst auf die Normannen hatten stützen können. Aber die Normannenherrlichkeit war vorbei; geblieben war die Erinnerung an die Araber, den lebhaften Handel, den Wohlstand der Hafenorte und eine Mischkultur, die auf den ästhetischen Sinn des Kaisers eben starke Anziehungskraft ausgeübt hatte. Die Anklage fuhr fort:

»Deshalb haben wir uns ob der angeführten und vieler anderen abscheulichen Frevel mit unseren Brüdern und mit der heiligen Kirchenversammlung beraten, und weil wir, obwohl unwürdig, Christi Stellvertreter auf Erden sind und uns in der Person des heiligen Petrus gesagt ist: Was immer du auf Erden binden wirst, das wird auch im Himmel gebunden sein; was immer du auf Erden lösen wirst, das wird auch im Himmel gelöst sein! (Matth. 18,18). So erklären wir dem besagten Fürsten, der sich des Kaisertums, der Königreiche und jeglicher Ehre und Würde so unwürdig gemacht hat, der seiner Frevel halber von Gott verworfen ist, um nicht ferner zu regieren, für einen Menschen, der von Gott in seinen Sünden verstrickt und verdammt und aller seiner Ehren und Würden vom Herrn beraubt ist, und entsetzen ihn durch unseren Urteilsspruch. Alle, die ihm durch den Eid der Treue verpflichtet sind, lösen wir für immer von diesem Eide, verbieten kraft apostolischer Vollmacht strengstens, daß in Zukunft irgend jemand ihm als König oder Kaiser gehorche, und erklären, daß alle, die ihm von jetzt an als ihrem Kaiser oder König einen Rat erteilen, Beistand leisten oder eine Gunst erweisen, ebendadurch unserer Exkommunikation unterliegen. Jene aber, denen es obliegt, für das Reich einen Kaiser zu wählen, sollen ungehindert die Wahl eines Nachfolgers vornehmen. Über das Königreich Sizilien werden wir mit dem Beirate unserer Brüder so verfügen, wie wir es für zweckmäßig halten.«

Der in diesen Zeilen ausgedrückte Mordvorwurf bezieht sich auf das bis heute ungeklärte Attentat auf den Herzog Ludwig von Bayern, dem der alte Statthalter am 15. September 1231 auf der Donaubrücke von Kelheim zum Opfer fiel. Ludwig, genannt der Kelheimer, war ein tatkräftiger Fürst, dem Bayern sehr viel verdankt; aber er hatte im Lauf seines Lebens die Fronten so oft gewechselt, daß sein Mörder buchstäblich aus jedem Lager kommen konnte. Für Innozens IV. aber stand ja Friedrich II. als Kirchenfeind und Oberketzer inzwischen längst so fest, daß er sich in einer Pauschalverurteilung, die zumindest mit den Morallehren des Neuen Testaments nichts mehr zu tun hat, gegen die Staufer überhaupt aussprach und ihnen zuschwor, daß sie nicht mehr herrschen dürften. Ja der Papst erteilte dem Erzbischof von Mainz, einem Reichsfürsten, den Befehl, den Kreuzzug gegen Friedrich II. auszurufen, also den heiligen Krieg gegen den deutschen Kaiser. Da Innozens Unteritalien und Sizilien als Eigentum der Kirche ansah (wie übrigens alle bekannten Länder . . .), bot er diese von Friedrichs Sohn Konrad IV. (1228–1254) eroberten Gebiete nach dem Tod Friedrichs II. allen dafür in Frage kommenden Fürsten an; doch weder britische noch französische Prinzen zeigten besonderes Verlangen, die armen und unerschlossenen Länder gegen die deutschen und sarazenischen Truppen der Staufer zu erobern.

Da Konrad IV. seinen Vater nur um wenige Jahre überlebte, konnte Innozens in einer kurzen Phase des Triumphes auch noch Neapel in Besitz nehmen, eine Stadt, deren gewalttätiger Mob ja bis heute kaum eine andere Autorität als die der Kirche anerkennt.

Inzwischen war Friedrichs II. begabtester Sohn zum Mann herangereift: Manfred (1232–1266), entsprossen aus der Verbindung mit Bianca Lancia und nachträglich legitimiert, eine der romantischsten Herrschergestalten der mittelalterlichen Geschichte, Dichter und Feldherr, König und Held in einem; unter ihm wurde Palermo wieder der Musenhof, der hier unter Friedrich II. die aufgeklärte Welt entzückt hatte, und dank Manfreds kriegerischem Temperament fiel binnen wenigen Monaten auch ganz Süd- und Mittelitalien wieder an die Staufer. Fünf Tage nach der vernichtenden Niederlage der päpstlichen Armee gegen Manfred, am 7. Dezember 1254, verschied Innozens IV., einer der großen Juristen auf dem Papstthron, von dem dennoch sehr viel Unrecht ausging: Die Erlaubnis, gegen Ketzer die Folter anzuwenden, wirkte sich durch die Jahrhunderte für das Bild der Kirche und ihren christlichen Auftrag nachteiliger aus als die Ketzerei selbst, und der Herrschaftsanspruch über alle Länder, den nach Innozens IV. auch noch Bonifatius VIII. aufnahm, verstrickte die Statthalter Christi auf Erden in endlose Wirren, von denen die Kirche selbst den schlimmsten Schaden hatte. Ein ruhiger und weiser König und glühender Christ, nämlich Ludwig IX., der Heilige von Frankreich, hatte sich stets bemüht, den Papst von diesen Ansprüchen abzubringen, deren unheilvolles Erbe er voraussah, und es gehört zu den tragischen Entwicklungen der Geschichte, daß es Ludwigs Bruder Karl I. von Anjou war, der mit französischen und päpstlichen Truppen die Stauferherrschaft in Italien endgültig zerschlug: Vom Papst Urban IV. (1261–1264) und dessen Nachfolger Clemens IV. (1265–1268) nach Süditalien gerufen und mit Sizilien belehnt, schlug Karl I. im Februar 1266 König Manfred von Sizilien in der Schlacht bei Benevent. Karls Heer war weit überlegen und besser ausgebildet, Manfred hingegen wurde von seinen italienischen Vasallen im Stich gelassen und hatte neben schlecht gerüsteten und undisziplinierten Sarazenen nur eine Kerntruppe staufischer Ritter zur Verfügung, die beinahe zur Gänze den Tod fand: Dreitausend Angehörige der ältesten und tapfersten deutschen Geschlechter fielen bei Benevent als späte Opfer des päpstlichen Machtrausches, auch Manfred überlebte die Schlacht nicht. Seine Gemahlin und seine Söhne gingen im Kerker zugrunde, seine Tochter Beatrix wurde aus dem Gefängnis befreit, als in der sogenannten Sizilianischen Vesper die Franzosen vertrieben wurden und Manfreds Schwiegersohn Peter III. von Aragon an die Macht gelangte.

Konrads IV. Sohn Konradin, somit ein Enkel Friedrichs II. und der letzte Staufer aus einer legitimen Verbindung, zog 1267 nach Italien, wo einzelne stauferfreundliche Städte und eine beginnende Opposition gegen die französische Herrschaft ihm Erfolgsaussichten einzuräumen schienen. Trotz großzügiger Verpfändungen an Bayern, Habsburg und Tirol leisteten die Herren dieser Länder nur bis Verona ihren Beistand, und Konradin unterlag dem listenreich geführten Heer des Karl von Anjou im August 1268 bei Tagliacozzo. Konradin entrann, wurde jedoch von Giovanni Frangipani, dem Herrn von Astura, an Karl von Anjou ausgeliefert. Da Konradin trotz seiner Jugend bereits mit dem päpstlichen Bann belegt worden war (!), konnte Karl es wagen, den Fürsten nicht als Kriegsgefangenen zu behandeln, sondern nach einem Scheinprozeß am 29. Oktober 1268 in Neapel öffentlich hinrichten zu lassen.

Zu diesem Zeitpunkt saß Enzio, König von Sardinien, nach seiner Niederlage bei Modena längst in Haft, und da sie nach damaliger Ansicht als eine milde Haft gelten konnte, überlebte dieser natürliche Sohn Friedrichs II. den legitimen Enkel; er starb am 14. März 1272 ebenfalls in Unfrieden mit der Kirche, die seine Ehe mit Adelasia von Sardinien als ungültig erklärt hatte. Aber der zu diesem Zeitpunkt regierende Papst – es war Gregor X. – ließ ein neues Herrschergeschlecht aufsteigen: Er bevorzugte Rudolf von Habsburg gegenüber allen Mitbewerbern bei der Wahl zum deutschen König ...

Trotz Canossa, trotz eines langen Gelehrtenstreits über die Investitur haben weder Heinrich IV. noch die starke Persönlichkeit Gregors VII. die Nachwelt in dem Maße beschäftigt wie der Untergang der Stauferherrschaft in Italien, den ja ausschließlich die Päpste herbeigeführt haben. Denn es war doch der weltliche Herrschaftsanspruch der Päpste in Apulien und Sizilien, an dem das Südreich der deutschen Kaiser zugrunde ging und ein Herrschergeschlecht mit faszinierenden Persönlichkeiten: dem ersten und dem zweiten Friedrich, aber auch tragischen Spätlingen wie Enzio, Manfred, Ezzelino da Romano und natürlich Konradin.

Seltsamerweise bewahrheitet sich an diesen starken Stoffen voll echter Tragik und hin und her wogender Geschehnisse das skeptische Wort eines André Gide, daß es die großen Gefühle seien, mit denen man die schlechte Literatur mache. Trotz aller echten Begeisterung für die große Vergangenheit haben zwar einige gute Mittelbegabungen ihre Staufer-Stoffe tatsächlich zu Ende gestaltet und die Dramen auch auf die Bühne gebracht; die großen Dichter unseres Volkes sind aber sehr oft über Entwürfe nicht hinausgekommen, als lähme ihnen die Größe des Stoffes die Feder. Am weitesten ist – von den Großen – noch Grabbe gekommen, der den Hohenstaufen ein Doppeldrama widmen wollte; neben ihm mühten sich August Graf von Platen und Immermann, aber auch Conrad Ferdinand Meyer und so manche andere. Eichendorff vollendete sein Trauerspiel über Ezzelino da Romano, den Schwiegersohn Friedrichs II., Bernt von Heiseler eine ganze Hohenstaufen-Trilogie, während Schiller, Hermann Kurz, der Burgtheaterdirektor Laube und Gerhart Hauptmann den Konradin-Stoff umwarben, aber die Arbeit nicht vollendeten; Erzähler wie Paul Ernst oder Otto Gmelin waren da glücklicher, und Balladendichter wie Conrad Ferdinand Meyer oder Agnes Miegl schufen die eigentlich gültigen Überhöhungen des Stoffes.

Ohne im Titel aufzutauchen, sind die Päpste, vor allem der dritte und der vierte Innozens, als die unbeugsamen Gegner des deutschen Herrschergeschlechts natürlich immer gegenwärtig, wenn von Friedrich II. oder seinen Nachkommen gesprochen wird. Ja Paul Wiegler, der heute vergessene Vielwisser aus der Zwischenkriegszeit, gibt seinem Buch über den großen Staufer geradezu den Titel *Der Antichrist*. Mit den Gewissensnöten jener Statthalter Christi auf Erden, die das Schicksal der Nationen damals tatsächlich noch in den Händen hielten, beschäftigt sich die schöne dichterische Erzählung *Das letzte Stündlein des Papstes* (Innozens III.) von dem Schweizer Heinrich Federer. Byrons *Manfred*, zu dem Robert Schumann die bekannte Bühnenmusik schrieb, hat mit dem König von Sizilien und Sohn Friedrichs II. nichts als den Namen gemein.

145

Avignon, das köstliche Exil

Nur achtundsechzig Jahre währte die Herrschaft der Päpste in der Stadt Avignon, ein Menschenleben also, nicht mehr. Und doch gilt diese Spanne von 1308 bis 1376 als die dunkelste Zeit der Kirche, als ihre babylonische Gefangenschaft; ja Dante hat mit dem ewigen Verdikt der Poesie Papst Clemens V. in die Hölle verbannt, weil er sich im Jahr 1308 dafür entschied, die südfranzösische Stadt an der Rhône, die heute von der ganzen Welt geliebt wird, als ein zweites Rom zum Sitz der Päpste zu machen.

Was dem einen die Eule ist, wird dem andern zur Nachtigall. Avignon stieg in diesen sieben Jahrzehnten aus der provinziellen Düsternis eines mittelalterlichen Flußhafens zum Glanz einer Renaissanceresidenz auf, und das Seltsamste ist, daß dieser Glanz bis heute auf dieser Stadt liegt, ungefährdet selbst von den Luftminen des Zweiten Weltkriegs.

Avignon war eine unbotmäßige Stadt; es hatte die Araber zu Hilfe gerufen gegen die Franken unter Karl Martell, das hatte die Stadt ihren Gürtel an römischen Stadtmauern gekostet, ihre ehrwürdigen Altertümer und so viel Blut, daß eine Gasse seither Rue Rouge genannt wird. Ein halbes Jahrtausend später stellte sich Avignon auf die Seite der Albigenser, was neue Verheerungen zur Folge hatte, ganz abgesehen davon, daß die Stadt mit dem Bannfluch des Papstes belegt wurde.

Wenige Jahrzehnte später aber beschloß Clemens V., der Papst, der sich in Lyon hatte krönen lassen, ebendiese sündige Stadt zu seiner Residenz zu erwählen, die Stadt, die sich mit Ungläubigen und Ketzern verbündet hatte. Auch räumlich sollte die neue Herrlichkeit die alten Sünden überdecken, denn der Bischofspalast zu Avignon, auf dessen Territorium sich bald die imposanten Paläste der Päpste erhoben, hatte sich im Lauf der Jahrhunderte auf die seltsamste Weise mit der Wohnstatt einer dritten Sorte von Ungläubigen verbunden – mit den Juden von Avignon. An den Hängen des Doms-Felsens, also nördlich der Papstpaläste und östlich vom Pont Saint-Bénézet, hatten die jüdischen Familien ihre Wohnungen mehr *in* die Erde gegraben als *auf* ihr errichtet, Häuser mit sechs Etagen, von denen sich mindestens die Hälfte unter dem Niveau der absurd engen Gassen befand – weil der Raum nicht ausreichte, Hochhäuser aber die Baukunst jener Tage überforderten.

Als im Zweiten Weltkrieg die Bomben Avignon bis in die tiefsten Gründe aufrissen, tat man einen Blick in diese Unterwelt am Fuß des Allerheiligsten, öffnete sich ein letztes Mal das Mittelalter der Stadt in der nächsten Nähe ihres glanzvollsten Bauwerks. Man konnte nun ermessen, wie Avignon gewesen war, ehe es durch jene sieben Päpste aus der Reihe der anderen Städte herausgehoben wurde, ehe es in seiner eigenen allzu bewegten Geschichte endlich zu einer glückhaften Phase gelangte. Das unsägliche Leid der Kirche, das große Schisma, die Demütigung der Päpste unter den unheiligen Königen Frankreichs wurde für die Ketzerstadt Avignon, die Stadt der Sarazenen und Juden, der Zigeuner und agnostischen Fernhändler zum Glanz eines neuen Daseins, zu einer Chance, wie sie keine andere Stadt außerhalb Italiens jemals erhalten hatte. Und Avignon nutzte sie.

Die Päpste hatten Avignon schon kurz zuvor ihre Aufmerksamkeit geschenkt. Bonifatius VIII. (1294–1303) hatte die Juristenschule von Avignon im Jahr 1303 in den Rang einer Universität erhoben, und damit hatte bereits am Vorabend der päpstlichen Herrlichkeit ein gewisser Zustrom von Hörern und Lehrern nach Avignon eingesetzt, denn die Juristerei stand damals noch völlig im Schatten der Theologie, und ihr eigens gewidmete hohe Schulen waren noch selten. Bonifatius VIII. war selbst ein ausgezeichneter Jurist, er hatte das *Liber Sextus* geschaffen, welches später in das Corpus des Kirchenrechts aufgenommen wurde, und es hatte ihn offenbar gereizt, auf französischem Boden seine Macht zu zeigen, im Herrschaftsbereich der Grafen von der Provence, aber im Interessenfeld Philipps IV. von Frankreich, seines erbittertsten Gegners.

Im Oktober 1303 ging das kämpferische Leben dieses Papstes zu Ende, der von allen Historikern ziemlich einmütig und mit nur unbedeutenden Schattierungen verurteilt wird und der doch eine der stärksten Persönlichkeiten der Kirche war, ein echter Widerpart der weltlichen Herrscher, die er durch die Bulle *Unam Sanctam* in ihre Schranken hatte weisen wollen. Selbst seine Verteidiger oder, besser gesagt, jene Autoren, die sich um eine Milderung des Allgemeinurteils über Bonifatius VIII. bemühen, sind auf Hypothesen angewiesen: Er sei zu früh gestorben, hätte er länger gelebt, wäre seine Politik zu vertretbaren Zielen gelangt (Küpper). Oder gar: Die gegen diesen Papst zeugenden Dokumente sind zu einem Gutteil Fälschungen (Damberger). Die großen Dichter unter seinen Zeitgenossen und Gegnern, nämlich Jacopone da Todi, den er im Kerker schmachten ließ, und Dante, werden freilich über die Zeiten und ihre Geschichte hinweg gegen ihn zeugen und auch gegen jene wohlmeinenden Beurteiler, die ihn eben als den ersten Renaissancemenschen auf dem Stuhl Petri ansehen. Gerade die Bulle, die schroff und anmaßend die Vormacht der Kirche über die ganze Welt der Laien verkündete, ist aber noch ein Stück Mittelalter und mit ihm hinabgegangen.

Auf Bonifatius VIII. folgte nach kurzem Konklave Niccolò Boccasini, Ordensgeneral der Dominikaner und Kardinalbischof des wichtigen Hafenortes Ostia, heute nicht viel mehr als der Badevorort von Rom. Boccasini war ein gelehrter, sittenstrenger und in seiner sanftmütig-versöhnlichen Art von seinem Vorgänger sehr deutlich unterschiedener Führer der kirchlichen Angelegenheit. In den acht Monaten, die der Himmel ihm schenkte, tat er kaum viel anderes, als den immerzu drohenden und wütenden König von Frankreich zu besänftigen. Vor allem aber löste er ihn vom Kirchenbann, und als sich in Rom Widerstände gegen diese milde, ja

frankreichfreundliche Politik zeigten, wich Boccasini, der als Benedikt XI. den Stuhl bestiegen hatte, in die kleine, alte Stadt Perugia
aus, statt zu kämpfen.

Dort starb er am 7. Juli 1304, und damit entbrannte der italie-
nisch-französische Streit von neuem. Er wurde zunächst, und zwar
elf Monate lang, im Konklave ausgetragen, bis die unmutigen
Einwohner der Stadt, des Interregnums müde, den Kardinälen die
Lebensmittelrationen kürzten, ja sogar das Dach vom Konklavesaal
entfernten. Das Kollegium war im Vergleich zu heutigen Verhältnissen erstaunlich klein, denn als die Kardinäle sich unter solchem
Druck endlich einigten, genügten bereits zehn von ihnen, um die
erforderliche Zweidrittelmehrheit für den neuen Papst zu bilden –
für Bertrand de Goth, Erzbischof von Bordeaux, einen Prälaten aus
dem alten Adel der Gascogne. Genau besehen, war de Goth, der
sich für den Papstnamen Clemens V. entschied, ein Kompromiß-
kandidat, denn Bordeaux war damals noch englischer Besitz unter
nomineller Oberhoheit der französischen Krone. Es war für die
Italiener unter den Kardinälen daher leichter, de Goth zu wählen
als einen unmittelbaren Untertan des energischen Philipp. De Goth
hatte überdies als Erzbischof bewiesen, daß er selbst gegen Frankreich auf dem Boden des Papsttums stand; er hatte sich an befohlenen und empfohlenen Aktionen gegen Bonifatius VIII. nie beteiligt
und auf Philipp den Schönen, soweit dies möglich war, eher
mäßigend eingewirkt. Das war ihm dadurch erleichtert worden,
daß seine Familie zu der des Königs freundschaftliche Beziehungen
unterhielt. Als dies alles in Perugia bekannt wurde, schlossen sich
auch die fünf Konklavekardinäle, die zunächst gegen de Goth
gestimmt hatte, der Mehrheit an, und vier weitere Kardinäle, die
am Konklave nicht hatten teilnehmen können, bekundeten aus der
Ferne ihre Zustimmung.

So schien alles einigermaßen gut zu stehen und der Frieden
wieder einzukehren, als Clemens V. die französische Stadt Lyon
zum Ort seiner Krönung bestimmte. Dort war zwar sein Bruder
Erzbischof, aber die Enttäuschung für die Italiener war doch groß,
die Festesfreude getrübt. Düstere Anzeichen bei der Krönung
selbst dämpften die bis dahin großen Erwartungen: Beim Umzug

durch die Stadt stürzte eine alte Mauer vielleicht nicht ganz zufällig auf den Papst und sein Gefolge. Der Bruder des Papstes und Kardinal Matteo Orsini wurden getötet, Clemens entfiel die Tiara, die ihm eben erst aufs Haupt gesetzt worden war, und ihr wertvollster Edelstein rollte davon. Er wurde unter den vielen Schaulustigen nie wiedergefunden.

Philipp IV., genannt der Schöne, war damals siebenunddreißig Jahre alt, vier Jahre jünger als Clemens, der als einer der jüngsten Päpste bekannt ist. In den Jahren zwischen der Krönung von Lyon und der Niederlassung in Avignon vollzog sich der eigentliche Kampf zwischen König und Papst, und da die beiden Herren miteinander seit Jahren befreundet waren, erhielt die Welt nicht von allen Phasen der Auseinandersetzung hinreichend Kunde. Das begünstigte die Entstehung zahlreicher Gerüchte, von denen das am weitesten gehende bezeichnenderweise am längsten geglaubt wurde: Clemens habe sich schon vor seiner Wahl allen Wünschen Philipps, selbst solchen, die dieser nicht formuliert habe, unterwerfen müssen, um überhaupt gewählt zu werden.

Immerhin scheinen die Auseinandersetzungen unmittelbar nach den Ereignissen von Lyon begonnen zu haben, denn Clemens zog sich überraschend schnell wieder ins vertraute Bordeaux – also auf damals britischen Boden – zurück, um eine Krankheit auszukurieren, eine Krankheit, die nicht weniger als ein Jahr währte. Erfunden war sie wohl nicht, denn der Papst machte seinen geistlichen Arzt Petrus Aichspalter aus Dankbarkeit zum Erzbischof von Mainz (!), aber Clemens benützte die Erkrankung doch offensichtlich, um den Druck zu mindern, den der ungeduldig drängende König ausübte.

Dem gleichen Zweck dienten auch schon die ersten Maßnahmen, die man nach heutigem Sprachgebrauch Vorleistungen nennen muß: die Ernennung von nicht weniger als neun französischen Kardinälen und die Einführung einer zehnprozentigen Kirchenabgabe zugunsten der Krone, genauer zugunsten des Königs und dessen Bruders Karl von Valois. Ob Clemens bei alldem wirklich glaubte, den sehr konzentriert und rücksichtslos auf ein größeres Frankreich hinarbeitenden König für einen Kreuzzug gewinnen zu können, muß bezweifelt werden. Man sprach davon, daß der Königsbruder Karl die Kaiserkrone von Jerusalem anstreben werde, was das Heilige Land von den Muslimen befreit hätte, aber es waren wohl nur vage Zusagen, die es dem Papst erleichtern sollten, seine Abhängigkeit zu verschleiern.

Die eigentliche Unterwerfung unter den Willen Philipps erfolgte, als Clemens genesen war und sich den harten Verhandlungen von Poitiers nicht mehr entziehen konnte: Philipp verlangte die Vernichtung des reichen Templerordens, der sich nicht nur zu einem Staat im Staate entwickelt hatte, sondern auch internationale Beziehungen unterhielt, die den König mißtrauisch gemacht hatten. Vor allem aber besaß der Orden ein ungeheures Vermögen an Liegenschaften und Erträgen undurchsichtiger Geschäfte, was zwar auch für andere Orden zutraf, aber doch nicht in diesem Ausmaß. Philipp brauchte nach seinen Rückschlägen gegen die tapferen Flamen und für seine weitere gewaltsame Politik große Mittel, und die Konfiskationen bei den Templern sollten diese liefern.

Clemens V. konnte angesichts so zwingender königlicher Interessen kaum mehr tun, als wenigstens die Tempelritter selbst zu retten; ihre Güter dem König vorzuenthalten hätte hingegen einen neuerlichen schweren Zwist zwischen König und Kirche heraufbeschworen. Clemens lud den Hochmeister der Tempelritter zu sich und erbat vom König nähere Auskünfte über die Vorwürfe, die man dem Orden machte, das heißt, die Esquieu de Floyran, ein abtrünniger Ritter, seit geraumer Zeit erhob. Er hatte schon bei König Jayme II. von Aragon damit sein Glück versucht, aber erst Philipp der Schöne erkannte mit seiner diabolischen Intelligenz, welche Chance ein großer Prozeß gegen den Templerorden in diesem Augenblick bot, da der Orden im Heiligen Land geschlagen war, da an seiner Spitze ein tapferer, aber nicht sehr intelligenter Ritter stand, da einige aus dem Orden ausgeschlossene Ritter eine kleine, aber kundige Opposition zu bilden begonnen hatten.

Während in Frankreich alljährlich mindestens ein Buch über die Templer erscheint und in allen französischen Landschaften Templerburgen und deren Ruinen von Schatzgräbern und Neugierigen besucht werden, weiß man in Deutschland von diesen einst so mächtigen Herren herzlich wenig. Sie hatten sich vor allem während der Kreuzzüge besonderen Ruhm und zudem den Ruf größter Rechtschaffenheit erworben. So, wie sie einst die Pilger auf dem Weg nach Santiago de Compostela beschützten, selbstlos und im Sinn ihrer Gelübde, so vertraute sich ihnen nun ganz Frankreich an. Im *Enclos du Temple*, einer ummauerten Marktburg im Herzen von Paris, hatten die Templer ihre Bank, die größte und modernste des ganzen Landes, und so, wie sie auf allen Märkten vertreten waren und in den größten Hafenorten Niederlassungen hatten, so besorgten sie in dieser Bank im *Temple* die Verwaltung des Kronschatzes, die Auszahlung von Renten, bewahrten Gelder auf und zogen Einkünfte für jeden ein, der dies ihnen anvertraute. Die Tempelritter Englands, Frankreichs und Spaniens arbeiteten zusammen und verwalteten gemeinsam das Gold dieser Länder ...

Das ist eine überraschende Tatsache, aber sie erklärt sich aus einer noch bis in die Neuzeit herauf festzustellenden Mißachtung der Geldgeschäfte überhaupt, was vermutlich damit zusammenhing, daß sie so gut wie ausschließlich in den Händen der Juden lagen. Aber auch der Umstand, daß der Adel im allgemeinen keinen Handel treiben durfte, trug zur öffentlichen Diskreditierung des geschäftlichen Umgangs mit dem Geld selbst bei und führte dazu, daß das Bankwesen sich oft auf kleine Gruppen stützen mußte, die durch ihren beruflichen Umgang mit Gold und durch das Zunftwesen gegen diese Verachtung geschützt waren wie die Londoner Goldschmiede, die Vorreiter des britischen Bankensystems.

Nur große und mächtige Organisationen konnten sich über dieses Tabu hinwegsetzen, oder sehr einflußreiche geschlossene Kreise. So war dem normannischen Adel wenigstens das Reedereigeschäft gestattet, und die als Tochter eines bürgerlichen Finanzmannes zur Welt gekommene Marquise von Pompadour nützte als Initiatorin großer Bauvorhaben ihre Position zu Monstergeschäften, die sie über ihren Bruder tätigte. Das gleiche tat schon vor ihr die fromme Maintenon, die ihren Bruder auf Gutsherrschaften hinwies, welche die von ihr vertriebenen Hugenotten verschleudern mußten.

Was die Tempelritter taten, war im Grunde nichts anderes, als was auch der Deutsche Orden tat, nur daß die Tempelritter nach den

Niederlagen im Heiligen Land nicht mehr jene großen und echten Aufgaben wahrnahmen, die den Deutschordensrittern bis heute allgemeine Achtung sicherten. Die Templer blieben als Organisation bestehen, weil ihnen dies Vorteile und auch dem französischen Wirtschaftsleben einen gewissen Nutzen brachte. Für einen einst zur Eroberung des Heiligen Grabes ausgezogenen Ritterorden war dies freilich nicht Legitimation genug. Ein Wandel war angezeigt und wurde seit geraumer Zeit diskutiert: eine Vereinigung der bis dahin miteinander rivalisierenden Orden der Johanniter- oder Malteserritter mit den Templern, denn die Johanniter hatten sich nach den Niederlagen in Palästina geschickter verhalten: Sie hatten sich auf Zypern festgesetzt und schickten sich – da die Rückeroberung selbst einiger Küstenfestungen in Palästina nicht glückte – gerade zu ihrem Sprung nach Rhodos an, als das Unheil über die Templer hereinbrach.

Während ihre Gegner, voran König Philipp, aber auch sein Ratgeber Guillaume de Nogaret, starke Intelligenzen waren, hatten sich die Templer in Jacques de Molay einem Mann anvertraut, der weder die Gefahr noch die Gebote der Stunde erkannte. Persönlich untadelig, ja tapfer, beschäftigte er sich in der Krise seines Ordens mit einer Unzahl von Einzelheiten, die ihn hinderten, zu rettenden Reformgedanken zu gelangen, und tappte mit seinen Rittern in jede Falle, die ihm der Jurist Nogaret stellte. Das Ergebnis war, daß ganz Frankreich, im Aberglauben jener Zeiten, an die Gerüchte zu glauben begann, die abtrünnige Ritter und königliche Emissäre ausstreuten: Die Templer verehrten einen Doppelgott, dessen eine Natur sich dem Himmel widme, während die andere ähnlich wie Luzifer das irdische Wohlleben gestatte; die Templer seien in ihren frauenlosen Feldlagern und Burgen der Homosexualität, ja der Sodomie im Sinn einer Unzucht mit Tieren verfallen. Um ihre Schätze zu sichern, hätten sie Teufel und Dämonen in ihren Bann gezwungen, die nun die unterirdischen Gewölbe der Templerburgen behüteten, usf.

Papst Clemens V. hat vermutlich von all diesen Anwürfen höchstens den der Bereicherung und des Niedergangs der inneren Ordenszucht geglaubt, weil es ja eine allgemeine Erscheinung war, daß heimgekehrte Kreuzritter, beschäftigungslos, aber an orientalische Genüsse gewöhnt, gegen die strengen Sittengesetze der meist kleinen mittelalterlichen Gemeinwesen verstießen. Der Papst hätte darum die Untersuchungen gern selbst geführt, die schwarzen Schafe bestraft, den Orden als solchen aber von oben her reformiert und mit neuen Aufgaben betraut. Daß es an solchen nicht fehlte, bewiesen die Deutschordensritter in Siebenbürgen, im Baltikum und in Ostpreußen. Aber der Papst war in der kläglichsten Weise von Philipp abhängig; er erhielt nämlich keine Kirchengelder aus Italien und war auf die zögernd zahlenden französischen Bistümer angewiesen, die allesamt dem König hörig waren. Lediglich aus England flossen die Zahlungen regelmäßig, waren aber geringfügig.

Damit waren die Templer weder durch die eigene Führung noch durch das geistliche Oberhaupt, den Papst, hinreichend geschützt, und die Ungeschicklichkeit des Jacques de Molay hatte die rettende Fusion mit den Maltesern verhindert. Die vereinigten Orden, präsidiert von einem französischen Prinzen, wären unangreifbar gewesen, ja schon ein Ordenssitz außerhalb von Frankreich, auf Zypern, Rhodos oder (wie später) Malta, hätte den Prozeß praktisch undurchführbar gemacht. So aber nahm das Unheil seinen Lauf . . .

Philipp brauchte für das Großunternehmen, das von seiner rücksichtslosen Gier, aber auch von einem unbändigen Mut zum Risiko zeugt, Agenten im ganzen Land. Da er sie nicht bezahlen konnte, griff er 1306 auf das Vermögen der Juden, von denen viele Hunderte eingekerkert wurden, während die meisten das Land verlassen mußten. Der große Schlag erfolgte am 22. Juli 1306 als erste von drei Operationen; die zweite, von 1307, war gegen die Templer, die dritte von 1311 gegen die Lombarden gerichtet. »Trotz all seiner Voreingenommenheit gegen die Juden war das französische Volk weit davon entfernt, die von dem König ergriffenen grausamen Maßnahmen zu billigen«, schreibt Simon Dubnow in seiner großen *Weltgeschichte des Jüdischen Volkes* über diese Auslöschung von Judengemeinden, die zum Teil seit Römerzeiten bestanden hatten, und das finanzielle Raffinement, mit dem Philipp dabei zu Werke ging, zeigt überdeutlich, daß es bei diesen Maßnahmen gegen Juden, Templer und Lombarden ausschließlich ums Geld ging: Forderungen, welche die Juden zum Zeitpunkt der Verhaftung hatten, wurden (wenn auch ohne die aufgelaufenen Zinsen) mit größter Härte eingetrieben, Forderungen von Christen an Juden nur schleppend und im Vergleichsweg, höchstens mit einem Drittel der Summe beglichen. Der jüdische Grundbesitz wurde nicht plötzlich auf den Markt geworfen, sondern über fünf Jahre hin vorsichtig abverkauft, um einen Preisverfall zu verhindern, eine Vorgangsweise, die erwähnt werden muß, weil sie den Auftakt und die Erklärung für den Monsterraub an den Templern bildet. Während man die Juden in allen Ländern und zu allen Zeiten ganz einfach ausweisen konnte, mußte man im Prozeß gegen den Orden Hunderte Ritter aus großen Familien und mit militärischen Verdiensten aus den Kreuzzügen vor Gericht stellen.

Zunächst hatten die Franzosen in ihrer natürlichen Abneigung gegen die reichen und hochfahrenden Tempelherren die Untersuchung gegen den Orden gebilligt, vor allem auch, weil schließlich der Papst an der Seite des Königs stand. Als die Herren, in denen man eine Elite des Abendlandes gesehen hatte, bald aber zu Hunderten gefoltert wurden, weil man ja mangels manifester Schuld wenigstens Geständnisse brauchte, da regte sich der Widerstand. Philipps Großkanzler Gilles Acelin, Erzbischof von Narbonne, weigerte sich, diese Vorgänge zu decken – was ihm alle Ehre macht –, und legte sein Amt nieder. Philipp zauderte nicht, sondern machte Guillaume de Nogaret zum Großkanzler, und das Schicksal der Templer war besiegelt.

Am 13. Oktober 1307 schlug Nogaret in ganz Frankreich zu, mit einer Perfektion der Organisation und der Geheimhaltung, die einer besseren Sache würdig gewesen wäre. Jede Ordensburg, jede Kommanderie wurde mit genau jener Menge von Häschern in Besitz genommen, die man brauchte, und die ihrer Unschuld sicheren, meist alten oder noch ganz jungen Tempelritter ergaben sich ohne Widerstand. Die besten Kämpfer lagen ja längst tot im Sand der Wüsten zwischen Accra und Jerusalem.

Die zweite Überraschung bestand darin, daß diese meist kampflos gefangengenommenen Ritter auf der Folter alles zugaben, was die Schergen des Königs von ihnen hören wollten. Da die Anklagepunkte im vorhinein festlagen, gab es auch für die zu erpressenden Geständnisse gewisse Ausarbeitungen, und das, was zunächst nur drei oder vier nicht sehr seriöse Denunzianten gegen den Orden vorgebracht hatten, wurde nun durch viele Dutzende ausführlicher Aussagen erhärtet – eine Methode, deren sich die Inquisition bereits seit Jahrzehnten bediente und die in den Hexenprozessen des siebzehnten Jahrhunderts ihren Höhepunkt erreichte.

Angesichts dieser Methoden und ihrer Ergebnisse muß man dem Konzil von Vienne, das Papst Clemens wegen der Templerprozesse bis 1310 hinausgeschoben hatte, beträchtlichen Mut bescheinigen. Die anwesenden Prälaten erklärten unter deutlichen Anspielungen auf das Zustandekommen der Geständnisse, daß die vorliegenden Beweise zu einer Verurteilung des Ordens nicht ausreichten. Auch als der König selbst mit großem Gepränge und einer glanzvollen Machtdemonstration in Vienne erschien, fand sich der Papst zwar bereit, den Orden aufzuheben, behielt sich aber das Urteil über die früheren Tempelherren selbst vor. Hinsichtlich der anderen Ritter empfahl der Papst Milde und gestattete Strenge nur gegenüber Rückfälligen. Es waren die dem König hörigen französischen Bischöfe, die diese vagen Unterscheidungen zu Lasten der Templer auslegten, sie als rückfällige Ketzer ansahen und den weltlichen Gerichten zur Hinrichtung – dem Feuertod – überantworteten.

Leider gab der Papst auch die Aburteilung der höchsten Tempelherren aus der Hand: Eine kirchliche Kommission verurteilte Jacques de Molay und seine Gefährten zu lebenslanger Haft. Als sie aber nicht reuig auftraten, sondern ihre Unschuld beteuerten, griff der König kurzerhand zu, und Molay wurde mit einem normannischen Ordensoberen noch am selben Abend, dem 11. März 1314, auf einer der Pariser Seineinseln verbrannt.

Papst Clemens hatte den Orden der Templer aufgehoben und seine Güter anderen Ritterorden zugesprochen; diese bekamen aber niemals etwas davon zu sehen: Philipp war schneller.

In den Jahren, in denen sich dies vollzog, hatte Clemens längst seinen Sitz in Avignon begründet, und er wäre vermutlich schon zu Beginn seines Pontifikats in diese noch nicht zu Frankreich gehörende Stadt gezogen, hätten nicht die zähen Verhandlungen in Poitiers ihn daran gehindert. Der Einzug des Papstes wurde eines der größten Ereignisse in der Geschichte der durch Kriege und Seuchen geprüften kleinen Stadt. Clemens kam auf der Straße aus dem Languedoc gezogen und fand in Avignon natürlich noch keinen Papstpalast vor. Der Graf von der Provence bot ihm sein Haus an, aber Clemens reiste weiter ins nahe Malaucène, ein reizendes Dorf, wo tief in einem quellenreichen Talgrund das Kloster Groseau ihn aufnahm.

Obwohl die Italiener es Clemens nie verziehen haben, daß er das Exil der Päpste begründete, strömten nun zahlreiche Italiener nach Avignon, und mit den Prälaten auch viel Geld. Es waren schließlich weltumspannende Geschäfte, die von hier aus getätigt werden mußten. In die Zeit Clemens' V. fällt die Zentralasienreise des unerschrockenen Johannes von Montecorvino, eines Reisenden auf den Spuren des Marco Polo, nur daß er geistliche Absichten verfolgte und seine Berichte dem Papst überreichte. Clemens mußte aber auch von Frankreich aus die Geschehnisse in Italien zu beeinflussen suchen, Ferrara den Venezianern entreißen und für den Kirchenstaat gewinnen, einen neapolitanischen Prinzen auf den Thron von Ungarn setzen und bei alldem einem der temperamentvollsten und intelligentesten Herrscher standhalten, die Frankreich je gehabt hat. Philipp der Schöne nämlich verlangte unbeirrbar einen Ketzerprozeß gegen Papst Bonifatius VIII. (!), und es kostete Clemens V. viel Kraft, ja vielleicht seine letzten Kräfte, um diese Schande vom Papsttum abzuwenden.

Als in der heißen Stadt an der Rhône die Gesundheit des Papstes immer mehr verfiel, bekundete Clemens V. den Wunsch, nach Bordeaux zu reisen, um in seiner Heimat zu sterben. Avignon war tatsächlich kein angenehmer Aufenthalt mehr für einen alten und kranken Mann; die Stadt hatte sich mit mehr Menschen gefüllt, als sie beherbergen konnte, und wie überall, wo viele Menschen auf kleinem Raum beisammen sind, breiteten sich Laster, Verbrechen und Schmutz schnell aus. Im Frühjahr 1314 machte Clemens sich auf, um sich in seine Heimat zu begeben, aber schon am 20. April 1314 ereilte ihn in der kleinen Festungsstadt Roquemaure an der Rhône der Tod. Die Million Goldgulden, die er mit sich führte – die Kriegskasse für den nächsten Kreuzzug –, verschwand blitzschnell. Es war eine Plünderung, an der sich auch Bertrand, Graf von Lomagne, eine Neffe des Papstes, hervorragend beteiligte. Dabei stürzte im Handgemenge eine Kerze um und setzte den Katafalk des Papstes in Brand, so daß der Leichnam Clemens' V. zur Hälfte von den Flammen verzehrt wurde; was übrigblieb, verbrannten die Calvinisten im Jahr 1577, als sie sein Grab im heimatlichen Uzeste plünderten. Die Gewalt herrschte über dieses Pontifikat von Anfang an, vom Mauersturz in Lyon bis zur Grabschändung, und die Persönlichkeit des Papstes selbst war offensichtlich nicht stark genug, sich all dieser Gewalt zu widersetzen – auch nicht den Versuchungen: Nicht weniger als vier seiner Verwandten machte er zu Kardinälen, zwei weitere immerhin zu Bischöfen ...

War Clemens V. während seines ganzen Pontifikats sehr unstet gewesen und zwischen verschiedenen, vor allem südfranzösischen, Städten so lange herumgereist, daß er in Avignon selbst nur selten anzutreffen war, so bietet sein Nachfolger, der zweiundzwanzigste Johannes, demgegenüber ein Beispiel konsequenter Seßhaftigkeit: Er verließ nach seiner Wahl im September 1316 die Stadt Avignon überhaupt nicht mehr und starb hier am 4. September 1334. Die achtzehn Jahre seines Pontifikats waren dennoch außerordentlich bewegt und brachten einen Höhepunkt in den das Jahrhundert erfüllenden Machtkämpfen zwischen den Päpsten auf der einen, den Herrschern Frankreichs und des Römischen Reiches Deutscher Nation auf der anderen Seite.

Die Papstreihe mit dem Namen Johannes gibt immer noch Schwierigkeiten mit der Zählung auf, weswegen sich ja in unserem Jahrhundert einer der größten Päpste als Johannes XXIII. bezeichnete, um den Pisaner Papst gleicher Bezeichnung aus den Jahren 1410 bis 1415 vergessen zu machen. Aber auch schon Johannes XVI. war ein Gegenpapst gewesen, und so setzte Jacob de Oza eine problematische Namenswahl an den Beginn seines Pontifikats, an einen Beginn, der ohnedies stürmisch genug war: Das erste Konklave nach dem Tod Clemens' V. in Carpentras hatte keine Einigung gebracht, und die schon länger als zwei Jahre währende Sedisvakanz endete erst, als Philipp V. von Frankreich, seinem früh verstorbenen Bruder Ludwig X. folgend, die Kardinäle nach bewährtem Muster im Dominikanerkloster von Lyon zusammensperrte. Sie brachten dort immerhin noch zweiundvierzig Tage zu, ehe sie de Oza, den Kardinal von Porto, zum Papst wählten. (Sein Name wird auch Ossa oder statt de Oza französisch Duèse geschrieben; er war jedenfalls Franzose aus Cahors.) Oza war in früheren Jahren Bischof des alten Römerstädtchens Fréjus und danach zu Avignon selbst gewesen, er kannte und liebte den französischen Süden und ging mit großer Energie daran, Avignon als Residenz der Päpste auszubauen.

Da er dazu einen ihm vollkommen ergebenen und verläßlichen Helfer brauchte, machte er seinen Neffen Jacques de Via zunächst zum Bischof von Avignon und erhob ihn sehr schnell auch zum Kardinal, worin er sich von seinen Vorgängern also nicht unterscheidet. Dennoch zeigte sich bald, daß der von Johannes XXII. befohlene Bau des festungsartigen Papstpalastes (heute: *Petit Palais*) auch politische Bedeutung erlangte. Das Papsttum schuf sich damit eine neue und feste Position, von der aus sich die Ansprüche des deutschen Königs, des energischen Ludwig, genannt der Bayer, ungefährdet und hartnäckig bekämpfen ließen.

Es gibt wenige Päpste, die in der katholischen Geschichtsschreibung so uneingeschränkt positiv beurteilt werden wie Johannes XXII., der Mann aus kleinem südfranzösischem Adel. Herders Kirchenlexikon enthält über ihn einen hymnisch-unkritischen Artikel eines Gymnasialoberlehrers aus Neuss, und Henri Bécriaux nennt ihn in seiner Geschichte der Stadt Avignon »energisch, geistvoll, vorsichtig, weitblickend, wirtschaftlich denkend, regelmäßig in seinem Leben und in den Wissenschaften wohl bewandert«. Er sei der Mann gewesen, den die Kirche in dieser Weltstunde gebraucht habe, »nie zaudernd und voll Eifer, dabei stets Herr über sich selbst«.

Von den Leidenschaften seiner Gegner vor allem innerhalb der Kirche selbst vermögen wir uns eine Vorstellung zu machen, wenn wir erfahren, daß die italienischen Kardinäle, um keinen Franzosen wählen zu müssen, in Carpentras ein Loch in die Mauer des Konklavegebäudes gebrochen hatten und entflohen waren. Und bald nach der Niederlassung Johannes' XXII. in Avignon kam es zu einer Verschwörung gegen ihn in Avignon selbst, für die seine Gegner einige auf den ersten Blick unverdächtige, französische Helfer gewonnen hatten, den Bischof von Cahors, also aus der engsten Heimat des Papstes, und einen Domherrn aus Poitiers. Daß sich ein Arzt des päpstlichen Hofes den Giftmischern anschloß, machte die Verschwörung noch gefährlicher. De Via, der Neffe des Papstes und Erbauer des *Petit Palais,* starb an Gift, Géraud, Bischof von Cahors, starb nach grausamsten Torturen am 20. Mai 1317 auf dem Scheiterhaufen.

Die politischen Hauptschwierigkeiten dieses Pontifikats kamen indes nicht aus Frankreich, wo Philipp V. sich mit der Kirche ungleich besser verstand als sein Vater, sondern aus Deutschland, wo der beliebte und sanfte Friedrich der Schöne, von dem gewalttätig-energischen Ludwig dem Bayern im Thronstreit geschlagen, im niederösterreichischen Gutenstein zurückgezogen lebte. Die Deutschen haben allerdings wenig Grund, die Einmischung Johannes' XXII. in diesen wohl berühmtesten Thronstreit unserer Geschichte zu begrüßen, denn als sich Ludwig der Bayer mit seinem Jugendfreund und späteren Gegner Friedrich ausgesöhnt hatte und eine gemeinsame Herrschaft mit dem charaktervollen Habsburger anstrebte, war es der Papst, der sich dagegen aussprach und »mit beiden Schwertern der Kirche«, das heißt mit dem Bann und mit Waffengewalt, gegen Ludwig vorging.

Ludwig ließ in Rom, wo es ja zu jener Zeit keinen Papst gab, den Kleriker Petrus von Corbaria als Nikolaus V. zum Gegenpapst ausrufen und sich selbst zum Kaiser krönen; Johannes XXII. wurde als Strohpuppe in verschiedenen italienischen Städten in effigie verbrannt. Schlimmer erging es jedoch Nikolaus V.: Da sich die Truppen Ludwigs wegen seiner vielfältigen militärischen Verpflichtungen in Italien nicht halten konnten, mußte der Gegenpapst schließlich, den Strick um den Hals, in Avignon Abbitte leisten.

Johannes XXII. hatte in seiner Kaiserpolitik die berühmtesten Rechtslehrer der Zeit gegen sich, vor allem den großen Marsilius von Padua, den er denn auch mit dem Bannstrahl bestrafte. Der Gelehrte war schon für jene Minoriten eingetreten, die dem Papst und seinem Hof mahnend die Armut Christi vorgehalten hatten, und wirkte später als Berater und Leibarzt Kaiser Ludwigs des Bayern. Der Kampf der beiden großen Gegner bescherte der Weltliteratur eine ihrer bedeutendsten Streitschriften, den *Defensor Pacis* des Marsilius, ein gedankenreiches Pamphlet, in dem der Papst auf seine geistlichen und seelsorgerischen Aufgaben verwiesen wird. Es ist die späte Antwort auf die berüchtigte Bulle *Unam sanctam*, zu der sich Johannes XXII. zwar nicht ausdrücklich bekannte, die er jedoch in seiner Politik in die Tat umsetzte. Da sein Kandidat für die deutsche Kaiserwürde, Philipps des Schönen Sohn Karl, nach Philipp V. den französischen Thron bestieg, wäre bei einem Sieg der päpstlichen Politik eine (Wieder-)Vereinigung Frankreichs und Deutschlands zustande gekommen.

Das bis heute immer wieder aufgelegte Werk des Marsilius verblüfft uns noch nach sechshundertfünfzig Jahren durch die Direktheit des Angriffs, durch den Mut einer Attacke, die an den Fundamenten päpstlicher Herrschaft rüttelt. Er nennt den Papst konsequent den Bischof von Rom, er plädiert für Rom als den Sitz dieses Statthalters Christi – womit er sich also gegen Avignon wendet –, und er bestreitet dem Papst jeglichen Anspruch auf irdische Herrschaft, auf die Maßregelung der Herrscher oder gar auf die Thronerhebung von Fürsten. Und es ist ein offener Aufruf zum Kampf, wenn er im Beginn seines sechsundzwanzigsten Kapitels schreibt: »So haben die römischen Bischöfe nun die Fülle der Gewalt, die aus Schlaffheit ihnen überlassen worden ist, gegenüber der weltlichen Rechtspflege des Staates bis jetzt gebraucht; sie gebrauchen sie ständig und werden dies auch in immer schlimmerer Form weiterhin tun, wenn sie nicht daran gehindert werden ... Dies ist ferner die Ursache jener Krankheit, an der Italien schon lange leidet, eine heftige und ansteckende Krankheit, die dazu neigt, sich auch in andere Städte und Staaten einzuschleichen.«

Das ist ein geradezu prophetisches Wort, war es doch der Kirchenstaat im Herzen Italiens, der die Einigung dieses Landes noch im letzten Augenblick, in den sechziger Jahren des vorigen Jahrhunderts, aufs äußerste gefährdete. Marsilius macht auch die Sache der Bettlerorden zu der seinen, wenn er schreibt: »Dieser römische Bischof aber mit seinen Nachfolgern auf dem genannten Bischofsstuhl und alle übrigen Priester und Diakone . . . sollen sich bemühen, Christus und seinen Aposteln nachzuleben und weltlichen Regierungen und dem Eigentum an zeitlichen Gütern völlig zu entsagen.«

Man versteht, daß dieser mutige Mann zum Erzfeind des Papsttums erklärt und in ganz Europa gejagt wurde. Darum ist auch nur sehr wenig über ihn bekannt. Er war vermutlich der Sohn des Universitätsnotars Bonmatteo dei Mainardi, war zwischen 1280 und 1285 in Padua zur Welt gekommen und ist 1313 als *Magister Artium*, also der Sieben Freien Künste, in Paris bezeugt. Er war auch, wenn auch nicht lange, Rektor der Pariser Universität und gelegentlich diplomatisch tätig, ehe er – nach dem Bekanntwerden seiner Urheberschaft im Jahr 1326 – aus Paris an den Hof Ludwigs flüchten mußte.

Um zu verstehen, wie tief der Papst durch das Armutsdogma und durch Marsilius getroffen war, muß man sich klarmachen, daß Johannes XXII. als der Bankier unter den Päpsten von Avignon gilt. Aus kleinen Verhältnissen, nämlich dem Handwerkerstand, aufgestiegen, interessierte ihn das Geld nicht so sehr für seine eigenen Bedürfnisse, die er mit seiner hohen Intelligenz stets kontrollierte. Aber er schuf für die Kirche und die Papstmacht jenes Finanzsystem, das aus allen Himmelsrichtungen Gold nach Avignon strömen ließ, für die Verleihung von Titeln, die Zuerkennung von Ämtern, die Bestätigung von Privilegien und vieles andere. Berge von Pergamenten und Hunderte von emsigen Schreibern wurden zur kirchlichen Gegenleistung für das Gold Europas, und als Johannes XXII. die Augen schloß, lagen in den Schatzkammern nicht weniger als vier Millionen Goldgulden; der florentinische Geschichtsschreiber Giovanni Villani nennt sogar eine Hinterlassenschaft von fünfundzwanzig Millionen Goldgulden, zu denen noch Kunstschätze und andere Werte in der Höhe von etwa sieben Millionen kamen.

Clemens V. wie Johannes XXII. zeigen, wie ungeheuer die Bedeutung des Geldes in dem noch geldarmen mittelalterlichen Europa war. Clemens mußte, unter dem Druck eines geldgierigen Monarchen, einen großen und mächtigen Orden christlicher Ritter opfern. Johannes aber sah sich, als er den Reichtum der Kirche, die Einkünfte der Rota und die Finanzierung der Feldzüge in Italien organisierte, einem zugleich religiösen wie philosophischen Angriff einer innerkirchlichen Opposition gegenüber, die gegenüber diesem reichen Papst die apostolische Armut auf ihre Fahnen geschrieben hatte. Nicht nur Marsilius von Padua, sondern auch andere Verfechter dieser Ansichten, wie Giovanni Giandone, Wilhelm von Occam, Bonagratia von Bergamo und der Franziskanergeneral Michael von Cesena, fanden sich bei Ludwig dem Bayern ein, so daß der politische Kampf zwischen Kaiser und Papst auch eine theologische Komponente erhielt. Mit Marsilius und Occam standen die größten Gelehrten der Zeit im Lager Ludwigs, und es fehlte damals nicht viel, so wäre aus dem großen Kampf der Pamphlete eine Reformation der Kirche und des Papsttums geworden.

Johannes XXII. war ein ungeheuer tätiger Papst und noch als Greis von größter Schärfe des Geistes. Man hat nachgerechnet, daß während seines Pontifikates nicht weniger als sechzigtausend Urkunden seine Kanzleien verließen, und wenn er in manchen seiner Bestrebungen irrte, so lag das an den im vierzehnten Jahrhundert doch noch recht dürftigen Informationsquellen: Er gab viel Geld für Kreuzzüge gegen die Litauer aus, die freilich längst Christen waren. Die deutschen Ritter hatten den Kreuzzug lediglich unternommen, um sich weitere Ländereien zu erobern, und – da Christen nicht versklavt werden durften – die Litauer kurzerhand ins Heidentum zurückbefördert. Auch die Armenier, bei denen Joahnnes XXII. missionieren lassen wollte, waren bereits Christen, sie waren es sogar früher geworden als die Provenzalen, unter denen der Papst nun lebte. Aber die Dominikanermission in Armenien tat als Handelsvorposten eine Zeitlang gute Dienste.

Es waren kaum tiefere Gegensätze denkbar, als sie zwischen Johannes XXII. und seinem Nachfolger sichtbar wurden, dem einst als Schäfer von der Weide geholten und zum Priester ausgebildeten Jacques Fournier aus Saverdun am wilden Fluß Arriège. Er war der Sohn eines Müllers und, was wichtiger wurde, der Neffe Papst Johannes' XXII., stieg vom Abt zu verschiedenen Bischofsämtern auf und wurde 1327 Kardinal. Als Zisterzienser trug er ein weißes Habit, das ihm den Beinamen »Der weiße Kardinal« einbrachte. Seine Wahl am 20. Dezember 1334, nur sechzehn Tage nach dem Tod seines Onkels, erfolgte einstimmig, ein Gegenkandidat hatte zuvor verzichtet.

Der neue Papst nannte sich Benedikt XII. und knüpfte damit an jenen unglücklichen elften Benedikt an, der nach einem sehr kurzen Pontifikat in Perugia an Gift starb. Im Gegensatz zu seinem Vorgänger war Benedikt XII. in wirtschaftlichen Dingen weitgehend unerfahren, aber ein ausgezeichneter Theologe. Er besaß nicht die glänzende Formulierungsgabe Johannes' XXII., aber großen Pflichteifer und einen klaren Blick für die Mißstände innerhalb der Kurie. Zwar verteilte er nach seiner Wahl ein großes Geldgeschenk an die Konklavekardinäle, aber nach seiner Krönung im Januar 1335 kündigte er unmißverständlich an, daß unter seiner Führung Ämterkauf, Bestechungen, Bereicherungen und andere inzwischen in Avignon alltäglich gewordene Praktiken nicht mehr geduldet würden. Die Kleriker, die ihre Diözesen, Klöster und Ämter verlassen hatten und in der Hoffnung auf einträgliche Intrigen den Hof des Papstes umlagerten, wies er an, sofort dorthin zurückzukehren, wo sie ihren Pflichten nachkommen könnten. Er setzte in diesem am 10. Januar hinausgegangenen Befehl eine Frist bis Maria Lichtmeß, also bis zum 2. Februar, was bedeutete, daß die Betroffenen sich angesichts der damaligen Reiseverhältnisse unverzüglich aus Avignon aufmachen mußten.

Benedikt wandte die letzte Januarwoche an die Überprüfung der Bittschriften, sofern sie von Kardinälen stammten, und hob alle

Zusagen auf bestimmte Ämter, Verwendungen oder Benefizien auf, die sein Vorgänger gemacht hatte, ausgenommen lediglich jene, die an Kardinäle und Patriarchen ergangen waren. Es wurde verboten, die zur Erlangung von Benefizien vorgeschriebenen Prüfungen durch einen Ersatzmann (!) ablegen zu lassen, und alle eingehenden Gesuche wurden fortan registriert. Es sind diese schnellen, in dem ersten Monat nach der Krönung beinahe gewaltsam durchgezogenen Reformen, die uns zeigen, wie krank wohl nicht die Kirche selbst, aber die Kurie und deren Organisation waren und welche Mißstände ein hochintelligenter und wohlunterrichteter Papst wie Johannes XXII. hatte einreißen lassen.

Benedikt erwies sich damit nicht nur als rechtschaffen und klarsichtig, sondern vor allem als sehr mutig; denn wer am Verbrechen verdient, der scheut sich auch nicht, durch eine rechtzeitige Giftgabe die Fortdauer dieses Zustands zu sichern. Fournier war im wilden Arriège aufgewachsen, einer Gegend, in der zu jenen Zeiten die Blutrache noch häufig war, und er verstand, sich zu schützen. Vor allem aber bot er seinen Gegnern, Neidern und Kritikern keine Angriffsflächen: Als seine Verwandten in Avignon erschienen, um ihn zu seiner hohen Würde zu beglückwünschen, begrüßte er sie zwar, erklärte aber unmißverständlich, daß er vom Tage seiner Krönung an keine Verwandten mehr habe. »Als Jacques Fournier kannte ich euch«, soll er gesagt haben, »als Papst kenne ich euch nicht mehr.« Und in deutlicher Anspielung auf den Nepotismus seiner Vorgänger fügte er hinzu: »Ein Papst sollte sein wie Melchisedek – ohne Vater, ohne Mutter, ohne Stammbaum.« Das war eine Anspielung auf jenen König von Salem, der auch als »König der Gerechtigkeit« bezeichnet wird, einen Priester ohne Priesterabstammung, in dem Christus ein Vorbild sah, also ein sehr hoher Anspruch. Benedikt aber wurde ihm gerecht, und seine Tugenden rücken die Fehler seiner Vorgänger erst recht ins Licht: Unter der Verwaltung durch den in Geschäften so wenig erfahrenen, aber sparsamen und ehrlichen Benedikt sanken die Ausgaben der Kirche auf ein Viertel, und das, obwohl Benedikt den Papstpalast zu einer Festung ausbaute und vor allem eine Menge geheimer Fluchtwege schuf, was ja nicht billig ist. Er

166

führte auch die kostspieligen Kriege gegen die italienischen Gegner des Papsttums weiter und verstand es, nach anfänglichen Schwierigkeiten mit den Königen von Frankreich, England und Portugal eine versöhnlichere Politik einzuleiten. Nur gegenüber Kaiser Ludwig dem Bayern kam es, trotz gewisser aussichtsreicher Kontakte, schließlich doch zu keiner Einigung. Daran mochten auch die unbeirrbaren Angriffe des großen Wilhelm von Occam mit schuld haben, der seine Ansichten über das Papsttum nicht mehr zu ändern vermochte.

Es kann uns nicht wundern, daß mit so radikalen Reformen in heikelsten Bereichen neben der ungeheuren Arbeitslast auch ein Unmaß an Ärger und Auseinandersetzungen verbunden war, vor allem, da Benedikt sich als ein frommer Mann ja nicht nur der Verwaltung und der Politik widmete, sondern sich in aufreibender Selbstprüfung und zahlreichen Schriften mit Fragen beschäftigte, die der heutige Beobachter, sofern er unbefangen genug ist, als schlechthin unlösbar ansehen muß: Benedikt widmete sich dem Problem von Zustand und Existenz der Seligen im Himmel und der Verdammten in der Hölle bis zum Jüngsten Gericht, und er ließ seine Thesen darüber von einer großen Versammlung von Kardinälen und gelehrten Theologen diskutieren. Und es war wohl auch mehr seine Frömmigkeit als realistisches Denken, die ihm den Entschluß eingab, nach Italien zurückzukehren, nicht gerade nach Rom, aber doch nach Bologna. Die nähere Prüfung dieses Planes und der Situation in der norditalienischen Stadt bestimmten ihn aber schließlich, in Avignon zu bleiben (für welche Entscheidung wohl auch ein gewisser Druck des Königs von Frankreich ins Gewicht fiel).

Wie sein Vorgänger widmete Benedikt XII. trotz drängender Geschäfte und europäischer Probleme einen Teil seiner Zeit und seiner Mittel den im dreizehnten und vierzehnten Jahrhundert aufgenommenen Verbindungen mit Asien. Zwar hatte Benedikt mit seinem nüchternen Verstand längst erkannt, daß König Philipp VI. von Frankreich nicht ernsthaft an einen Kreuzzug dachte, und ihm darum auch den dafür bestimmten Kirchenzehnten gesperrt. Aber es bestand doch die Möglichkeit, im Rücken der großen Widersacher, im asiatischen Hinterland der Sarazenen, Verbündete zu finden, die dem Christentum zumindest nicht feindlich gegenüberstanden. Die immer wieder nach Italien und Frankreich gelangenden Berichte über christliche Gemeinden in Indien, also über die sogenannten Thomaschristen, übertrieben zweifellos die Zahl dieser Gläubigen, aber man durfte darum doch nicht so tun, als gebe es außer dem kleinen Europa keine anderen Länder auf der Erde. Die Chinareisen der Männer aus der Familie Polo lagen nun schon Jahrzehnte zurück, und andere vertrauenswürdige Berichte wie die des Erzbischofs Montecorvino oder des Odoric de Pordenone hatten die Richtigkeit dessen erwiesen, was der zunächst als Phantast geschmähte Venezianer Marco Polo aufgezeichnet hatte. Unter Benedikt XII. geschah es nun, daß ein Brief des Großkhans, also des Herrschers aller Mongolen, Avignon erreichte. Er war 1336 in Kambalu, der Altstadt von Peking, vom Großkhan Tokalmut ausgefertigt worden, doch stand hinter der Aktion wohl jene kleine christliche Gemeinde in China, die seit dem Tod des Erzbischofs Johannes von Montecorvino ohne Oberhaupt war und aus Europa auch so gut wie nichts mehr gehört hatte. Der Brief des Großkhans wurde einer im wesentlichen aus Alanen und Chinesen bestehenden Gesandtschaft anvertraut, die jedoch auch drei Europäer (in Asien damals Franken genannt) zählte. Der Franke Andreas, wie er im Brief genannt wird, ist also nicht ein Herr Andreas Frank, wie er in so manchem Nachschlagewerk genannt wird, und er ist leider auch kaum identisch mit Andreas von Perugia, dem Bischof von Zaytun, der großen chinesischen Hafenstadt; man weiß von diesem großen Reisenden somit gar nichts, aber der Brief des Großkhans hat sich erhalten:

»Wir senden unseren Botschafter, den Franken Andreas, mit fünfzehn Gefährten über sieben Meere an den Papst, den christlichen Herrn im Frankenland, wo die Sonne untergeht, um einen Weg zu bahnen, daß Wir an den Papst und der Papst an Uns häufiger Botschaften senden können – um für Uns den Segen des Papstes zu erbitten, Uns seinem Gebet und Unsere treuen christlichen Diener, die Alanen, ihm zu empfehlen. Auch soll man Uns vom Untergang der Sonne Pferde und andere Wertgegenstände schicken. Geschrieben zu Kambalu im Jahre Rati, im sechsten Monat am dritten Tag des Neumonds« (das heißt, nach Hennig, am 14. Juli 1336).

Ein bei gleicher Gelegenheit überreichter langer Brief eines Alanenfürsten lieferte Erläuterungen zu der wortkargen Epistel des Großkhans, der leider weder die Wißbegierde noch die geistige Beweglichkeit jenes Kublai Khan hatte, die seinerzeit die Reise des Marco Polo zu einem so sensationellen Erfolg führten. Der Alane erbat eine geneigte Antwort auf das Schreiben des Großkhans und berichtete von nicht weniger als vier Karawanen aus Europa, die den Hof von Kambalu erreicht hätten; seit Jahren jedoch herrsche Schweigen zwischen der Mongolenresidenz und dem Papst. »Deshalb flehen wir Eure Heiligkeit an, uns einen guten, duldsamen (!) und klugen Legaten zu senden, der unsere Seelen betreuen kann, und ihn schnell zu schicken, weil wir ohne Leitung, Unterricht und Tröstung übel daran sind.«

Mit diesen zu Herzen gehenden Worten konnte man bei einem so frommen Mann wie Benedikt keine Fehlbitte tun. So sparsam er sonst auch war, so viele Berater ihm auch die Unsinnigkeit oder vermutliche Ergebnislosigkeit einer neuerlichen Gesandtschaft rund um die halbe Welt vorgehalten haben mögen, Benedikt antwortete ausführlich in einem Sendschreiben vom 13. Juni 1338. Sein Botschafter war Johannes von Marignola, auch Johann von Florenz genannt, ein Minorit und Bischof einer unbedeutenden Diözese. Er verließ seinem eigenen Bericht nach im Dezember 1338 Avignon, also nur wenige Monate nach dem Eintreffen der Botschaften aus Peking. In Neapel traf er sich mit den heimreisenden Chinesen und Alanen und gelangte mit ihnen auf einem von Genua zur genuesischen Kolonie Feodosia auf der Krim gehenden Schiff zum Beginn des alten Handelsweges durch die westasiatischen Steppen. 1342 erreichte er die Residenz des Großkhans, blieb dort drei Jahre lang und kehrte auf dem Seeweg über den Jangtsekiang und die südchinesische Hafenstadt Zaytun, über Madras und Mesopotamien in den Mittelmeerraum zurück. Von Zaytun nach Ceylon war der Legat über ein Jahr unterwegs, aber nur weil er sich nach einem Vergiftungsversuch elf Monate auf Java pflegen mußte. Einen zweiten Anschlag auf die Schätze, die ihm der Großkhan für den Papst mitgegeben hatte, verübte ein ceylonesischer Miniaturtyrann (»Er nahm mir unter lauter Höflichkeiten und Ehrenbezeigungen eine Menge Gold, Silber, Seide, Goldstoffe, Edelsteine, Perlen, Kampfer, Moschus, Myrrhen und Gewürze ab, und vier Monate hindurch war ich unter lauter Höflichkeiten sein Gefangener«).

Erst 1350 konnte der Bischof Ceylon wieder verlassen, erreichte über den Persischen Gold die Karawanenstraßen nach Syrien und traf – zweifellos nach verschiedenen Unterbrechungen – im Jahr 1353 wieder in Avignon ein. Papst Benedikt XII. freilich war zu diesem Zeitpunkt, obwohl er keine so strapaziöse Reise hatte unternehmen müssen, längst nicht mehr am Leben. Er hatte bis zuletzt an seinen Prinzipien festgehalten und keinen seiner Verwandten begünstigt; einen einzigen Neffen, dessen Befähigung außer Zweifel war, machte er nach langem Drängen seiner Berater zum Erzbischof von Arles, weigerte sich aber, ihm den Kardinalspurpur zu verleihen. Eine Nichte verheiratete er trotz ansehnlicher Bewerber an einen wenig bemittelten Kaufmann in Toulouse. Benedikt XII. starb am 25. April 1342 (nach anderen Quellen bereits am 24., dem Tag des heiligen Markus).

Kaum hatte er die Augen geschlossen, als sich auch schon die Spötter hervorwagten; der strenge und selbstgerechte Papst war unbeliebt gewesen. Als bedeutender Theologe gegenüber allem Weltlichen unduldsam, hatte er für die privaten Interessen seiner Umgebung wenig Verständnis aufgebracht und aus Sparsamkeit zuletzt eine beträchtliche Anzahl einträglicher, aber auch notwendiger Ämter gar nicht mehr besetzt. Die adeligen Prälaten sahen, auch wenn sie es zu seinen Lebzeiten nicht zu äußern wagten, in ihm einen Plebejer ohne Sinn für den glanzvollen Auftrag der Kirche, die Macht Gottes auch im Äußerlichen darzutun, und so war es nicht sehr verwunderlich, daß auf diesen Austerity-Papst ein Herr aus einer der großen Familien folgte: Pierre Roger de Beaufort, ein Verwandter des französischen Königshauses, geboren auf Schloß Maumont im Limousin. Als er nach kurzem Konklave einstimmig gewählt wurde, hatte er eben die Fünfzig hinter

sich, war seit vier Jahren Kardinal und hatte bereits einige vielbe-
neidete Positionen bekleidet: Er war Abt des altehrwürdigen Klosters Fécamp in der Normandie gewesen, danach Bischof von Arras
und endlich Erzbischof von Rouen an der Seine, jener bürgerstol-
zen französischen Stadt, die gelegentlich mit Boston verglichen
wird. Einen Hauch so unbeirrbaren Selbstgefühls verspüren wir in
der Politik dieses neuen Papstes gegenüber Ludwig dem Bayern,
der immerhin deutscher Kaiser war. Clemens VI., wie sich Pierre
Roger de Beaufort als Papst nannte, verlangte von dem durch
luxemburgische Querelen in die Enge gedrängten und darum
versöhnungsbereiten Kaiser nicht weniger als den Verzicht auf alle
Würden, die Zurücknahme aller kaiserlichen Anordnungen, die
Entschädigung der Kirche für den langen Zwist und die Ausliefe-
rung der eigenen Person auf Gnade oder Ungnade. Ludwig legte
diese Forderungen im Jahr 1344 zwei verschiedenen Fürstenver-
sammlungen vor, die sie als unannehmbar erklärten, aber erkennen ließen, daß sie es begrüßen würden, an der Spitze des Reiches
einen neuen Herren zu sehen, der nicht mit dem päpstlichen Bann
belegt sei. Das Ergebnis dieser Bestrebungen ist bekannt: 1346
wählten fünf Kurfürsten Karl IV., während sich die anderen für
den Gegenkönig Günther von Schwarzburg entschieden, der
jedoch schon im Juni 1349 starb; Ludwig der Bayer war schon im
Oktober 1347 gestorben, der Luxemburger hatte also keine Gegner
mehr und einigte sich auch schnell (wie man behauptet, schon vor
seiner Wahl!) mit dem neuen Papst.

Nach der glücklichen Erledigung der deutschen Angelegenheiten wandte sich der Papst ganz im Sinn jenes Bonifatius VIII., der
sich die Oberhoheit über alle Fürsten der Erde zugeschrieben hatte,
der Fürstenfamilie von Neapel zu, die dank manchen dynastischen
Zufalls in Ungarn, Neapel und der Provence herrschte. Die schöne
und leichtlebige Johanna von Neapel war schon mit fünfzehn
Jahren in Verruf geraten, als ihr junger Gemahl von Verschwörern
ermordet wurde und sie den Verdacht der Mitwisserschaft nicht
eindeutig zerstreuen konnte. Der Papst verbot, ihr weltliche Vor-
münder zu geben, und entsandte einen Kardinal, und als sie
schließlich des Gattenmordes angeklagt werden sollte, nahm er sie

in Avignon unter seinen Schutz. Sie revanchierte sich großzügig: Als Herrin auch der Provence verkaufte sie dem Papst Stadt und Umland von Avignon für die vergleichsweise lächerliche Summe von achtzigtausend Goldgulden. Allein das Salzregal der Stadt brachte in einem Jahr mehr ein ...

Die beherzte Johanna schien allerdings nicht mehr gebraucht zu haben: Sie warb mit dem Geld ein kleines Söldnerheer an und eroberte Ungarn zurück. Um dort wieder herrschen zu können, hatte sie sich vom Papst ihre Unschuld am Tod des Gatten bestätigen lassen. Die weiteren Schicksale der schönen und sinnlichen Frau, einer hochbegabten Schülerin des Dichters Petrarca, bilden einen der buntesten Schauerromane des ganzen Jahrhunderts, und ihr grausamer Tod im Jahr 1381 – sie wurde von einem verwandten Rivalen erdrosselt – paßt durchaus in jene Zeit, die bald von ähnlich glanzvoll-blutigen Tragödien ihren Charakter erhalten wird. Ihre Mutter war eine Valois, ihr Vater Herzog von Kalabrien, einer ihrer Liebhaber Fürst von Tarent, einer ihrer Gatten König von Mallorca. Wäre nicht soviel Blut geflossen in all diesen Kabalen, sie klängen nach Operette ...

Hatte Clemens VI. im Fall Johannas noch erhebliche Vorteile für die Kirche erzielt, die sich nun in Avignon zu Hause fühlen durfte, so zeigte sich in späteren Jahren seines Pontifikats doch, daß dieser Edelmann von seinem Priestertum eine recht eigenwillige Auffassung hatte und die zunächst von seiner Freigebigkeit begeisterten Höflinge durch sein Privatleben vor erhebliche Probleme stellte. Von seinem Vorgänger Benedikt XII. hatte Baluze in seinen *Vitae Paparum Avenonensium* wenig Nachteiliges sagen können, was das private Leben betraf: Benedikt sei geizig gewesen, was aber schließlich jedem gut ansteht, der fremdes Geld verwaltet, und er habe viel getrunken, ein Vorwurf, der schwer nachzuprüfen, aber auch schwer zu widerlegen ist, denn in jenen ländlichen Kreisen des Arrège, aus denen dieser Papst stammte, galt der Wein schließlich als eine Art Nahrungsmittel. Um Clemens VI. stand es da ganz anders, er war ein Grandseigneur, der nicht einsah, was es der Kirche oder gar der Religion schaden könne, wenn er sich gelegentlich einer schönen Frau widme. Und vermutlich wäre auch gar kein

172

Schaden entstanden, hätte sich nicht die schöne Comtesse de Turenne selbst so unklug in den Vordergrund gedrängt, Hof gehalten und Ämter vergeben oder doch versprochen, sich für ihr genehme Bewerber beim Papst einzusetzen. Der Florentiner Villani drückt sich noch einigermaßen zurückhaltend aus, wenn er feststellt: »Adelige Damen hatten ebenso Zutritt zum Papst und dessen Gemächern wie Prälaten, und die Gräfin von Turenne war – neben anderen – so intim mit ihm, daß er seine Privilegien zu einem großen Teil durch sie austeilte.«

Ungleich härter, ja unflätig, äußerte sich der Dichter Petrarca in seinem berühmt gewordenen Brief an seinen Freund Francesco Nelli, wenn auch erst – in wohl angebrachter Vorsicht –, als Clemens VI. bereits gestorben war. Er bezeichnet darin Avignon als die Hure Babylon an der Rhône, vergleicht die Stadt also mit dem Pfuhl der Erzsünde, so wie die Offenbarung des Johannes Babylon als den Sitz der widergöttlichen Weltmacht auffaßt, und steigert sich im Verlauf des langen Briefes in einen wahren Rausch der Anklage hinein, die dann plötzlich mit einer grotesk-komischen Anekdote über einen alten, aber noch immer lüsternen Kardinal endet, als Beispiel für die zweifellos am Hof des Papstes anzutreffenden Lebegreise im Kardinalspurpur.

Sicher ist, daß nach der Sparsamkeit des Benedikt die Gläubigen nun sehr plötzlich und nachhaltig wieder zur Kasse gebeten wurden und daß der Abfluß so großer Bargeldmengen, zum Beispiel im damals noch armen England, echte Probleme schuf. »Die Apostel«, äußerte König Edward III. sich ingrimmig, »erhielten den Auftrag, die Schafe des Herrn zu weiden, nicht, sie zu scheren.«

Der heutige Betrachter, der durch den Nebel der Jahrhunderte und aus der Asche erloschener Gegensätze den Menschen Pierre Roger de Beaufort zu erkennen versucht, muß freilich, in Umkehrung eines bekannten Wortes, sagen: Wo viel Schatten ist, da mag auch viel Licht geleuchtet haben. Hatte noch Johannes XXII. in seiner Strenge den glühend frommen Meister Eckehardt mit einem Inquisitionsprozeß gequält, so erwies sich Clemens VI., der Weltmann auf dem Thron der Päpste, gegenüber dem schärfsten Gegner des päpstlichen Lebens in Avignon als großherzig und gütig: Er verlieh dem Dichter Petrarca eine einträgliche Pfründe. Wenn Petrarca dann mit Recht gegen die Sittenlosigkeit des Lebens in Avignon die Feder zückte, so hatte ihn Clemens endlich doch besiegt, indem er ein Weniges von dem kurialen Goldstrom auch über dem Unsterblichen ausgoß.

Auch Clemens VI. machte sich seine Gedanken über das Leben der Seelen im Fegefeuer, aber sie hatten weniger theologische Erörterungen zur Folge als unter Benedikt XII. Clemens entschloß sich, den Unglücklichen und ihren Anverwandten einen Weg aus der Qual zu eröffnen, und entwarf in einer Bulle vom Jahr 1343 Grundzüge für eine Erweiterung des Ablaßwesens. Da es zu keinen Kreuzzügen mehr kam, die ihren Teilnehmern eo ipso Ablaß auch schwerer Sünden gebracht hatten, sollte nun das Geld, von dem Clemens VI. ja eine Menge brauchte, nicht nur die kirchlichen Bußen, sondern auch die Strafen durch den Allerhöchsten verkürzen.

Sein großes Herz bewies dieser vielgeschmähte Papst auch gegenüber den Juden, die im vierzehnten Jahrhundert in Frankreich wie in Deutschland schwersten Verfolgungen ausgesetzt waren, von Papst Clemens aber nach Kräften geschützt wurden. Er konnte ihnen allerdings nur Zuflucht gewähren: Außerhalb seines unmittelbaren Machtbereichs kehrte sich niemand an seine Gebote, wußte man doch, daß die Geldverleiher und Wechsler in seinem Palast gleichsam Dauergäste waren wie jene Damen, die all dies Geld wiederum so hurtig unter die Menschen brachten.

Die Frührenaissance, die uns in Italien so herrliche Paläste und die einzigartige Blüte der sienesischen Malerei beschert hat, bekundet sich schon unter Papst Clemens in einem Erwachen der Frau zum Guten wie zum Bösen. Daß schöne Gräfinnen seine Privilegien verteilten, war nur die eine Seite der neuen, das Jahrhundert kennzeichnenden Entwicklung; die andere erkennen wir aus der Rolle, die Frauen wie Johanna von Neapel, Birgitta von Schweden oder Caterina von Siena in der Geschichte der Päpste zu spielen beginnen. Birgitta (1303–1373) war über beide Eltern mit schwedischen Königsgeschlechtern verwandt, heiratete früh und führte, wie das Heiligenlexikon von Stadler-Heim sich ausdrückt, »mit frommer Einfalt eine keusche, gottgefällige, liebreiche Ehe, aus welcher acht Kinder, vier Söhne und vier Töchter, hervorgingen«. Noch in Schweden hatte sie Visionen, in denen ihr Gott befahl, Papst Clemens VI. an seine Pflichten zu mahnen, was sie auch unerschrocken tat. Die Rückkehr nach Rom, zu der sie ihn aufforderte, erlebte sie jedoch nicht mehr, doch empfing sie die Genugtuung, daß sich drei von Clemens' Nachfolgern ernsthaft mit ihren Plänen beschäftigten. Sie erhielt endlich die Zustimmung zu ihrer eigenwilligen Ordenskonstruktion, in der Priester, Nonnen, Diakone und Laienbrüder, meist in zwei Gebäuden untergebracht, gemeinsam arbeiten.

Der Nachfolger des sechsten Clemens war, wie nicht anders zu erwarten, nun wieder ein strenger Papst, und so wie Birgitta dem scheidenden Clemens ein himmlisches Strafgericht angekündigt hatte, so weissagte sie der Kirche Heil und Genesung durch Innozens VI., einen ebenfalls aus dem Limousin stammenden Papst. Er wurde in seinem Bemühen von seinem treuesten Diener überstrahlt, von Aegidius Alvarez Albornoz, Erzbischof von Toledo aus höchstem spanischem Adel. Albornoz (1300–1367) hatte an allen Fronten der Reconquista mit der Waffe in der Hand für die Vertreibung der Mauren gekämpft und am Sieg von Tarifa, aber auch an der Rückeroberung von Algeciras großen Anteil gehabt. Als auf den ihm gewogenen König Alfonso XI. von Kastilien der ausschweifende Pedro folgte, verließ Albornoz Spanien und begab sich nach Avignon, wohin ihm sein Ruhm vorausgeeilt war. Papst Innozens machte ihn zum Kardinal, seine Diözese Toledo jedoch wollte Albornoz nicht behalten: Er wäre dann, wie er sagte, nicht viel besser als König Pedro, der neben seiner Ehefrau noch die Padilla, seine Geliebte, bei sich habe. Man darf auch annehmen, daß dem Granden von Spanien, auch wenn er nun den Kardinalspurpur trug, kriegerische Aufgaben mehr lagen als seelsorgerische. Er eroberte in einem glänzenden Feldzug von nur vier Monaten beinahe den ganzen schon verlorenen Kirchenstaat zurück (der damals einen großen Teil vor allem Mittelitaliens einnahm) und erkannte auch das Genie in Cola di Rienzo, den er zum Senator für

Rom machte – dies alles mit so gut wie leeren Kassen: Clemens VI. hatte zwar sehr viel eingetrieben, aber auch alles wieder ausgegeben.

Nach einem unter Umgehung des Kardinals ausgehandelten Frieden mit den Visconti widmete sich Albornoz vor allem der Organisation des Kirchenstaates sowie der Mark Ancona und bewies seinen überlegenen Geist in einem Gesetzeswerk, den *Aegidischen Constitutionen*. Als dies abgeschlossen war, brachte er noch das Kunststück zuwege, Papst und Kaiser, Neapel, Siena und Perugia in einem festen Bündnis zu vereinen. Ferdinand Gregorovius nennt Albornoz den größten Staatsmann, der je im Kollegium der Kardinäle gesessen, doch lehnte der Spanier, dem eine einstimmige Wahl sicher gewesen wäre, die Kandidatur für die Nachfolge Innozens' VI. ab. Er gilt dennoch als der zweite Begründer des Kirchenstaates, womit die Möglichkeit für die Rückkehr der Päpste nach Rom eigentlich erst geschaffen wurde.

Statt Albornoz nahm abermals ein Franzose den Thron des Papstes ein, Urban V., ein Benediktinerabt aus dem Languedoc. Ihn begrüßte Albornoz im Juni 1367, als der Papst, auf Drängen Birgittas und anderer, nach Italien zurückkehrte; es war der Höhepunkt im Leben des tapferen Kardinals aus Toledo, zwei Monate später starb er.

Der Einzug des Papstes in Rom, im Oktober 1367, war ein euphorischer Augenblick des wieder geeinten Abendlandes. Petrarca, der mit lautstarken Pamphleten für diese Rückkehr gekämpft hatte, pries nun mit seinem herrlichen Latein Urban V., und ein Jahr darauf kam des Dichters kaiserlicher Freund, kam der hochgebildete Karl IV. mit seiner Gemahlin zu deren Krönung nach Rom. Aber ebendieses Rom war noch nicht befriedet – wann wäre es das je wirklich gewesen! Im Jahr 1370 schon, mitten im Wiederaufbau der Stadt und der alten Ordnungen, kehrte Urban V. Rom wieder den Rücken und ging, von den nach dem Wohlleben in Avignon verlangenden Kardinälen gedrängt, abermals ins Exil. Sowohl Petrarca als auch Birgitta hatten all ihre Beredsamkeit dagegen aufgeboten; ja die hellsichtige Schwedin hatte dem Papst sogar prophezeit, er werde die Rückkehr nach Avignon nur eine kurze Zeitspanne überleben. Am 19. Dezember 1370, noch vor dem Weihnachtsfest, starb Urban V., und ihm folgte, in jenem Wechsel, den wir nun schon kennen, abermals ein adeliger Franzose, nämlich ein Neffe des sechsten Clemens, ein Monsieur de Beaufort.

In ihm, der von 1370 bis 1378 regierte, haben wir es mit dem letzten französischen Papst bis heute zu tun. Er nannte sich Gregor XI. und hatte bald, trotz persönlicher Untadeligkeit, sehr viel Blut an den Händen. Florenz revoltierte gegen den französischen Papst, und die kleine, tapfere Stadt Cesena, die sich gegen Albornoz so hartnäckig verteidigt hatte, wurde ein Opfer des Kardinals Robert von Genf, eines Mannes, von dem auch die Kirchenhistoriker nur mit Abscheu und Entsetzen sprechen: Er ließ nach der Eroberung von Cesena nicht weniger als viertausend Menschen hinmorden, höchstwahrscheinlich die ganze Bevölkerung, Männer, Frauen und Kinder. Es stimmt traurig, daß unter den großen Schlächtern der Weltgeschichte von den Königen des Zweistromlandes bis Kitchener auch ein Kardinal ist. Cesena hat der Kirche diesen Tag nie verziehen, schenkte ihr aber noch zwei Päpste.

Die zweite und nunmehr endgültige Rückkehr des Papsttums nach Rom gilt als das Werk der damals fünfundzwanzigjährigen Caterina Benincasa, der Tochter eines Färbers aus Siena. Das frühreife Mädchen hatte sich schon mit acht Jahren, also in einem Alter, da die meisten Kinder noch gar nicht aufgeklärt sind, zu ewiger Keuschheit verpflichtet, war früh in einen Orden eingetreten, der sich der Armen- und Krankenpflege widmete, und erlangte schon bei Lebzeiten unter ihren Mitbürgern zunächst in Siena, dann aber auch in Florenz den Ruf der Heiligkeit.

Sie fühlte sich als Braut Christi, ja sogar mit ihm vermählt, in Verzückungszuständen, wie wir sie von ähnlicher Suggestivkraft auch von anderen Nonnen des hohen Mittelalters kennen. Berühmte Maler wie Fra Bartolomeo und Giorgio Vasari haben diese und andere Szenen aus ihrem Leben dargestellt. Für Florenz wurde sie wichtig, weil ihre einnehmende Erscheinung sich mit einer außerordentlichen Überzeugungskraft in der Rede paarte. Wie die zweifellos ebenfalls inspirierte Jeanne d'Arc besaß sie die

Gabe des auf rätselhafte Weise naiv-treffenden Wortes, und so wie die Jungfrau von Orleans dem Hundertjährigen Krieg zwischen England und Frankreich eine Wende gab und sein Ende herbeiführte, beendete die fünfzig Jahre früher auftretenden Caterina das Exil der Päpste. Als Gesandte der gebannten Stadt Florenz, die durch viele Jahre ohne Priester und ohne Sakramente hatte leben müssen, trat sie zum erstenmal der in Avignon versammelten Kirchenobrigkeit gegenüber. Sie machte keinen Hehl aus ihrem geradezu physischen Ekel vor den glanzvollen Mätressen der Kardinäle, erklärte, daß für sie die duftenden Leiber dieser schönen Frauen nur stänken, und machte sich naturgemäß viele Feinde unter den Prälaten, die wenig Lust zu einem neuerlichen Abenteuer in der gärenden Stadt Rom zeigten.

Caterina fand zunächst zaudernde, schließlich aber wirksame Unterstützung durch einen Mann, der bis dahin wenig hervorgetreten war, aber im geheimen sehr viel Macht ausübte: des Neapolitaners Bartolomeo Prignano, Bischof von Bari. Er war der eigentliche Kopf der päpstlichen Finanzverwaltung und leitete die Hauptkanzlei, obwohl er weder Kanzler war – der Posten war überhaupt nicht besetzt – noch Vizekanzler: Diesen Posten hatte ein ebenso fauler wie arroganter französischer Prälat inne, der sich nur um die einträglichsten Geschäfte kümmerte, Prignano im übrigen aber gewähren ließ. Und es war vielleicht diese in einer Subalternrolle genährte Abneigung gegen die feinen, gebildeten, aber hochfahrenden und in ihr Wohlleben verliebten französischen Herren, die den aus einfachen Verhältnissen stammenden Neapolitaner zum Verbündeten der Färberstochter aus Siena werden ließ.

Prignano tat auch jetzt noch nichts offen, aber er hielt genug Fäden in der Hand, denn er war seit langem der Nutznießer allerhöchster Untätigkeiten. So hielt denn der elfte Gregor am 17. Januar 1377 seinen umjubelten Einzug in Rom. Vierzehn Monate später war er den Aufregungen inmitten eines überall gegen die päpstlichen Soldtruppen rebellierenden Italien erlegen: Rauhe Kelten aus der Bretagne schlugen sich in den alten Kulturstätten der Halbinsel mit einer Brutalität, die man dem Papst anlastete, und als gar der hinkende und schielende Bischof von

Genf das erwähnte Blutbad von Cesena anrichtete, hatte das Papsttum seine große Chance verspielt, an der Hand einer Heiligen Italien zu befrieden.

Nun war guter Rat teuer; in Rom herrschte nach dem Tod Gregors XI. Pogromstimmung, aber nicht etwa gegen die Juden, sondern gegen die französischen Konklavemitglieder, ja gegen die ganze Umgebung des Papstes. Angesichts dieser Todesgefahr wählte man zwar nicht, wie die tobende Menge verlangte, einen römischen Kardinal zum Papst, aber immerhin einen Italiener, nämlich ebenjenen Bartolomeo Prignano, der seine kirchliche Karriere eigentlich schon als beendet angesehen hatte. Und es war die solide Vernunft der römischen Beamtenschaft, die ihn in der neuen Position sicherte und gegen die Eifersucht der übergangenen Kardinäle durchsetzte.

Urban VI., der Papst aus den Slums von Neapel, ist der deutliche, aber auch bedrückende Beweis dafür, daß man auch Gott schlechte Dienste erweist, wenn man einige sehr weltliche Tugenden nicht besitzt oder mißachtet. Der Kurienkarrierist Prignano, der sein Leben lang immer irgend jemanden über sich gehabt hatte – und meist Männer, die ihm weder an Intelligenz noch an Moral ebenbürtig waren –, dieser Bartolomeo Prignano explodierte in dem Augenblick, da ihm das Kardinalskollegium gegenübertrat, um ihn zu der Wahl zu beglückwünschen und seine Antrittsrede anzuhören. In der Substanz hatte Urban VI. mit allem recht, was er den überwiegend französischen Kardinälen aus den großen Familien nun an den Kopf warf. Auch Petrarca hatte sie in ihrer Pracht und in ihrem Wohlleben mit Partherkönigen verglichen und in ihnen eine Entartung der Kirche gesehen. Die feinen Herren hatten vermutlich auch mit einer väterlichen Ermahnung gerechnet und damit, daß in Rom nun härtere Zeiten für sie beginnen würden. Urban VI. aber ermahnte sie nicht, sondern beschimpfte sie, und wenn er auch nur allzusehr berechtigt, ja sogar verpflichtet war, den Schlächter von Cesena einen Banditen zu nennen, so brachte so ungewohnte und rücksichtslose Offenheit doch alle gegen ihn auf. Als der blutbedeckte Kardinal von Genf die Versammlung verließ, drohte er unmißverständlich, daß der Papst den Schaden solcher Unklugheit am eigenen Leibe erleiden werde.

Die Peripetien dieses traurigen Pontifikats nachzuzeichnen ist heute wohl ohne sonderliches Interesse, und was sich in den Jahren von 1380 bis 1389 vor Neapel, in Nocera, in Genua und endlich in Rom abspielte, bestätigt nicht nur, daß Urban VI. in geistiger Umnachtung starb, sondern legt die wohlbegründete Vermutung nahe, daß dieser Wahnsinn bei ihm schon Jahre vorher ausgebrochen sei. Urbans Versuch, seinen eigenen Neffen zum König von Neapel zu machen, kostete die legitime Königin das Leben, jene Johanna, die nicht nur eine der schönsten, sondern auch eine der interessantesten Frauen des ganzen Jahrhunderts war; und wie Urban mit den fünf Kardinälen umsprang, die ohne jegliche Aktion, lediglich gesprächsweise die Möglichkeiten seiner legalen Absetzung geprüft hatten, das bleibt trotz Alexander VI. ein trauriges Unikum in der Geschichte der Päpste.

Was aus solch einem Pontifikat folgte, war beinahe zwangsläufig ein Schisma, eine tiefe Spaltung, die nicht religiöser Natur war, sondern nationale und machtpolitische Ursachen hatte. Urban hatte durch seine Intelligenz und persönliche Integrität die Chance gehabt, dem Papsttum einen neuen Anfang an seinem altehrwürdigen Sitz zu schaffen. Mit einigem diplomatischen Geschick, mit Geduld, mit überlegten mittelfristigen Planungen hätte er alles erreichen können, woran ihm lag, hatte er doch die öffentliche Meinung des katholischen Italien und die reine Fürsprache der Katharina von Siena auf seiner Seite. Aber mit Ressentiments hat noch niemand große Politik gemacht, darum blieb der Sieg nutzlos, den der von Katharina entdeckte junge Condottiere Alberico da Barbiano für Urban errang: Der Henker von Cesena entrann seiner vernichtenden Niederlage, floh nach Avignon und begründete als Clemens VII. und Gegenpapst das große Schisma.

Schisma und Hussiten

Blickt man aus unseren Tagen auf die Päpste des fünfzehnten Jahrhunderts zurück, so gewinnt man den Eindruck einer seither eingetretenen außerordentlichen Beruhigung der gesamten Kirchengeschehnisse. Der Schein trügt freilich ein wenig, weil heute das Unwesentliche – etwa die Annullierung einer Prominentenehe durch den Papst – ungleich mehr Öffentlichkeit genießt als die schicksalhaften Aufgaben der Kirche etwa in Mittel- oder Südamerika. Aber es gibt doch unverrückbare Fakten, die uns jene große Wandlung vom Politischen zum Seelsorgerischen bestätigen und die fernen Jahrhunderte des großen Schismas als eine alptraumhafte Verirrung erscheinen lassen. Die Kirche hat sie überwunden, die Geschichte endlich hat das lange Gegenpontifikat des Pietro da Luna (als Benedikt XIII.) gar als Kuriosum zu werten begonnen; wir aber brauchen nicht allzulange dabei zu verweilen.

Auf den wahnsinnigen Papst Urban VI. war mit dem Neapolitaner Bonifatius IX. (1389–1404) ein erstaunlich junger Mann mit hochentwickeltem Tatsachensinn gefolgt. Er erschloß dem Papsttum durch neue Organisationsformen beträchtliche Geldquellen, befriedete die Stadt Rom und festigte die Stellung des Papstes am Tiber. In fünfzehn Jahren eines relativ ruhigen und zielstrebigen Pontifikats hat dieser nicht sehr gebildete und erheblich an seiner Privatschatulle interessierte Papst doch sehr viel nüchterne und gute Arbeit geleistet, und es wäre ihm zuzutrauen gewesen, das

Schisma in vernünftigen Verhandlungen zu beenden. Aber er ahnte wohl, daß Pedro de Luna, Gegenpapst aus dem altspanischen Grafengeschlecht und ein großer Kanoniker, ihm weit überlegen war, ließ darum das Schisma bestehen und einigte sich mit Benedikt XIII. nur im Kreuzzugsaufruf. Der Islam war inzwischen jedoch so bedeutend erstarkt, daß selbst dieses vermutlich größte aller Kreuzfahrerheere keine echte Chance mehr hatte, bis nach Jerusalem zu gelangen und die dortigen Machtverhältnisse für längere Zeit zu ändern: Am 28. September 1396 schlug Sultan Bajesid bei Nikopol angeblich hunderttausend Kreuzfahrer unter dem König von Ungarn vernichtend – sie waren also gar nicht über Europa hinausgelangt, sondern bereits im heutigen Bulgarien, an der Donau, an der Gegenwehr des Islam gescheitert.

Auch Innozens VII. und der in hohem Alter erwählte Gregor XII. gingen einer Auseinandersetzung mit Pedro de Luna aus dem Weg oder wurden durch ihre Umgebung an ihr gehindert, und als man mit Hilfe von Konzilien versuchte, die Spaltung zu beenden, dann erwuchs daraus nichts anderes als ein dritter Papst, der dann wiederum schismatische Nachfolger hatte.

Diese Gegenpäpste waren gelegentlich energische Abenteurernaturen ohne Ehrfurcht vor dem Titel und dem Amt, die sie sich anmaßten: Baldassare Cossa zum Beispiel, ein Neapolitaner, genoß zunächst die Protektion Bonifatius' IX., der ihn zum Kardinal machte, später dann die Unterstützung des politisch sehr geschickten Fürsten Ladislaus von Neapel, und wurde schließlich trotz seiner Verbrechen in Bologna und an anderen Orten 1410 zum (Gegen-)Papst mit dem Namen Johannes XXIII. erwählt, nachdem er seinen gegenpäpstlichen Vorgänger Alexander V. hatte vergiften lassen. Daß Angelo Giuseppe Roncalli, der große Papst unseres zwanzigsten Jahrhunderts, sich ebenfalls für den Namen Johannes XXIII. entschied, hatte den Sinn, das Gedächtnis jenes unwürdigen Neapolitaners auszulöschen, der, ehe er Kardinal wurde, Seeräuber gewesen sein soll und sich in Bologna nur mit den unglaublichsten Verbrechen an der Macht gehalten hatte.

Zunächst schien es, als sollten auch die Konzilien keine Lösung der beschämenden Situation bringen können, denn jeder der nun-

182

mehr drei Päpste berief seine eigene Kirchenversammlung ein, nachdem er dazu einige ihm freundlich gesinnte Kardinäle befragt und weitere Bischöfe zu Kardinälen erhoben hatte. Benedikt XIII. residierte, da er sich bedroht fühlte, nahe seiner spanischen Heimat in Perpignan, Gregor XII. und Johannes XXIII. hielten sich in Italien jeweils dort auf, wo die sie beschützenden weltlichen Herren die Macht hatten. Gregor XII. entstammte dem alten venetianischen Geschlecht der Correr, das Dogen, Admirale und hohe Würdenträger gestellt hatte, aber die trostlose schismatische Situation ließ dem begabten Papst keine Wirkungsmöglichkeit. Der katholische Historiker Christophe nennt ihn »einen Mann, dessen Bestimmung es war, die schönsten Hoffnungen abwechselnd zu erregen und zu enttäuschen: als einfacher Prälat schien er durch seine Fähigkeiten, seine Tugenden und seinen Ruf zum Purpur berufen zu sein; als Kardinal glaubte man ihn für die Tiara geschaffen; endlich zu diesem Gipfel menschlicher Größe gelangt, entwickelte er nichts als schwächliche Mittelmäßigkeit; der letzte Tag seines Pontifikats war ohne Widerrede sein schönster«.

Dieser letzte Tag seines Pontifikats kam auf dem großen Konzil von Konstanz, einem der bedeutendsten seiner Art überhaupt und nur insofern absonderlich, als es der unwürdigste der drei Päpste, nämlich Baldassare Cossa, einberief und am 5. November 1414 eröffnete. Er nämlich hatte Kaiser Sigismund hinter sich, der zu diesem Tatmenschen besseren Kontakt gefunden hatte als zu dem gelehrten Pedro de Luna und dem greisen Venezianer aus dem Dogengeschlecht. Die schöne alte Bodenseestadt bietet uns noch heute auf Schritt und Tritt Erinnerungen an diesen größten Augenblick ihrer Geschichte: den Dom, in dem die meisten Sitzungen des Konzils abgehalten wurden, das ehemalige Dominikanerkloster, der zweite Konferenzort (1875 zu einem Inselhotel umgebaut), an dem Johannes Hus mehr als zwei Monate eingekerkert war, ehe man ihn am 6. Juli 1415 vor den Toren der Stadt wegen seiner Ketzerei verbrannte. Auch das große Kaufhaus von 1388 steht noch, es hat während des Konzils als Konklave gedient: Da alle drei Päpste schon bei ihrer Wahl erklärt hatten, zum Verzicht bereit zu sein, wenn ihre Gegenpäpste dies ebenfalls tun würden, konnte im

Jahr 1417 im großen Saal dieses eindrucksvollen Gebäudes der einundfünfzigjährige Oddone Colonna als Martin V. zum Papst gewählt und damit das Schisma endlich beendigt werden. Dazu waren allerdings fünfundvierzig Konklavesitzungen notwendig gewesen, und daß man sich auf diesen Günstling Johannes' XXIII. einigte, der allerdings auch die Sympathien des Kaisers genoß, bleibt immerhin verwunderlich, denn er war außerehelich geboren. Nun hatte zwar gerade das Ende der Staufer gezeigt, daß freie Verbindungen oft besonders begabte Kinder hervorbringen, wie ja überhaupt die unehelich Geborenen in der europäischen Geschichte eine beinahe glanzvolle Rolle spielen, von dem großen Geiserich angefangen bis zum Marschall von Sachsen. Aber daß ein Mann Papst werden konnte, den der Kardinal Agapito Colonna mit der schönen Caterina Conti in die Welt gesetzt hatte, das nimmt doch wunder angesichts einer Kirchenversammlung mit Hunderten von Prälaten aus ganz Europa und angesichts eines Rigorismus, dem zum Beispiel der reine, gläubige und tapfere Johannes Hus zum Opfer gebracht wurde.

Martin war ein tüchtiger, aber auch geschickter Papst, dem die Kirchenreform weit weniger am Herzen lag als die Wiederherstellung der päpstlichen Macht selbst und der Aufstieg seines Geschlechts. Obwohl er für seine eigene Person als bescheiden gelten konnte, umgab er sich ziemlich schnell mit einer Hausmacht aus den Männern seiner eigenen berühmten, aber bis dahin weder reichen noch mächtigen Familie. Als Protonotar unter dem problematischen Urban VI. hatte er es gelernt, auch mit den heikelsten Situationen fertig zu werden, besaß aber auch ausgezeichnete Kenntnisse des kanonischen Rechts und beträchtliches Verhandlungsgeschick. Dank der frommen Hilfe einer Herrscherin wie Johanna von Neapel war er 1420 friedlich in Rom eingezogen und hatte sich sogleich mit großer Energie und verblüffendem Sachverstand dem Wiederaufbau der Stadt gewidmet, die bald seine Stadt werden sollte. Und da er sich auf seine Familie und deren Freunde verlassen konnte, gelang es ihm auch, den während des Schismas völlig verwahrlosten Kirchenstaat einigermaßen wiederherzustellen.

Es ist schwer zu sagen, welche von allen Aufgaben, die auf

diesen Restaurationspapst warteten, die wichtigste war. Vierzehn Jahre (1417–1431) sind zwar kein kurzes Pontifikat, und die einstimmige Wahl in Konstanz bedeutete schließlich auch eine Verpflichtung, aber es hatte ja schon drei Jahre gedauert, ehe Martin V. Rom überhaupt betreten konnte, und daß ein Colonna nicht nur an die Kirche dachte, sondern auch an die Ewige Stadt, kann ihm schwerlich zum Vorwurf gemacht werden. Die Kirchengeschichte bedauert gleichwohl, daß dieser energische, umsichtige und mit guten Verstandeskräften ausgestattete Papst für die Reform nur wenig Interesse zeigte und anderes offensichtlich als dringender ansah; vermutlich hatte er nach den vier Jahre langen Redeschlachten von Konstanz ein gewisses Mißtrauen gegenüber Kirchenversammlungen und verließ sich lieber auf seine eigenen erprobten Energien. Immerhin bereitete er ein weiteres Reformkonzil vor, starb aber im Februar 1431, ehe es eröffnet werden konnte.

Die Geschichtsschreiber der Stadt Rom freilich sprechen von Martin V. nur in einem Sinn, nur mit höchstem Lob; als er 1420 in die Ewige Stadt kam, sei sie noch ein schmutziges Labyrinth gewesen, von Türmen überragt, eine Stadt des vierzehnten Jahrhunderts, unsicher und schlecht verwaltet. In ihrer Umgebung hätten Räuberbanden die Macht ausgeübt, in der Campagna herrschte völlige Anarchie. Martin setzte seine Truppen gegen das Räubernest Montelupo ein und zerstörte es, ließ einige Bandenführer hinrichten und erreichte von dem inzwischen allzu mächtig gewordenen Giovanni di Vico immerhin, daß dieser gegen eine Amnestie mit seinem Tun aufhörte und Frieden einkehren ließ. Ein Chronist rühmte, daß man zu Zeiten Martins V. »mit dem Gold auf der Hand« in weitem Umkreis um Rom gefahrlos umhergehen konnte, ein Versuch, den heute anzustellen gewiß nicht ratsam wäre.

»Er war ein kluger Mann voll scharfen Verstandes«, schreibt Gregorovius über ihn, »für alles Naheliegende und Praktische, mäßig und fest, von fürstlicher Willenskraft, mild von Sitten und von einnehmenden Formen: der Wiederhersteller des Papsttums und auch Roms. Man darf ihn rühmen, daß er aus Sparsamkeit Pomp und Glanz verschmähte ... Er fand die Kassen der Kirche tief erschöpft. Dies war vielleicht der Grund nicht allein für seine Sparsamkeit, mit welcher er ›elendiglich im Palast der Apostel Hof hielt‹, sondern auch für seinen Geiz und seine Habsucht ...«

Für die Stadt Rom bedeutete der Verlust der altrömischen, der sogenannten republikanischen Freiheiten nicht allzuviel; seit Jahrhunderten schon hatten einander befehdende Geschlechter einen Dauerkriegszustand geschaffen, unter dessen Verhältnissen zu leben sehr viel schwieriger war als unter einem energischen Papst. Es habe, kann man lesen, unter keinem Papst in Rom so wenig Waffenlärm gegeben wie unter Martin V., und das ist nach allem, was wir aus den letzten Jahrhunderten des Mittelalters erfahren haben, zweifellos eine sehr achtbare Leistung.

Für Rom endete unter Martin V. das Trecento, und eine neue, glanzvolle Epoche kündigte sich an: die Renaissance. Gewiß, noch herrschten mit den großen Condottieri Braccio und Sforza Gewalthaber, denen das Kriegshandwerk vertrauter war als die universelle Aufgabe des Monarchen. Auch die Papstbrüder, die allerlei verlockende Herrschaften erhalten hatten und Möglichkeiten zu weiteren Eroberungen, lebten in diesem bewegten Jahrhundert nicht lange, und die Größe der Familie Colonna war bald vom Papst selbst und seinen Neffen abhängiger als von diesen unglücklich kämpfenden Abenteurern. Aber was am meisten zählte, das war doch Rom, die Stadt, in der die Menschen nun wieder das Haupt erheben, den Geschäften nachgehen, die selbstwirksamen Mechanismen großstädtischen Lebens in Gang zu setzen wagten.

Nach allem, was die Kardinäle unter Martin V. erlebt hatten – seine Eingriffe in das Kirchengut zugunsten seiner Familie, seine Abneigung gegen Konzilien und Reformen –, ließ man den nächsten Papst noch im Konklave und vor der Verkündigung der Wahl eine Reihe von Verpflichtungen unterschreiben, etwas, was keiner der starken Päpste auf sich genommen hat, was der Venezianer Gabriel Condulmer jedoch hinnahm, um Eugen IV. werden zu können. Er verpflichtete sich, das Eigentum und die Einkünfte der Kardinäle nicht anzutasten, die Reformtendenzen zu fördern und in Konzilien dem Ketzertum zu begegnen, vor allem den Hussiten, denen mit Waffengewalt trotz verschiedener Kreuzzüge nicht beizukommen gewesen war.

Eugen IV. mußte neun Jahre lang fern von Rom regieren, zumeist in Florenz, denn am Tiber herrschte der ehemalige Räuberhauptmann und nunmehrige Söldnerführer Giovanni Vitelleschi nach Tyrannenart, bis ein Anhänger des Papstes den Furchtbaren in der Engelsburg ermordete. Aber auch den Heiligen erging es unter Eugen IV. nicht besser als den großen Sündern: Der Karmelitermönch Thomas Conecte aus Rennes in der Bretagne hatte bei seinen Predigten und auf seinem Zug nach Rom großen Zulauf und bei manchen seiner Predigten vierzehn- bis zwanzigtausend Zuhörer, denn er griff unerschrocken nicht nur die weltlichen Großen an, sondern auch den habgierigen, sündigen und das Zölibat nicht achtenden Klerus. Eugen IV. lud Thomas zweimal zu sich, dieser aber folgte den Aufforderungen nicht, wie er sagte, weil im Papstpalast zuviel Unheiliges geschehe. Daraufhin wurde ihm der Prozeß gemacht, und er wurde als rückfälliger Ketzer, aber auch »weil er geglaubt hatte, was das Volk so rede«, zum Scheiterhaufen verurteilt. Sein Todesjahr steht merkwürdigerweise dennoch nicht fest (1431, 1432 oder 1434). Eugen IV. soll es sein Leben lang bedauert haben, das Todesurteil gegen den bretonischen Mönch unterschrieben zu haben.

Unter Eugen IV. gab es den letzten – oder sollte man sagen: den bislang letzten? – Gegenpapst der Geschichte, der freilich dem langlebigen, gebildeten und klugen Pedro de Luna nicht das Wasser reichen konnte. Es war Amadeus VIII., der Friedfertige, Herzog von Savoyen, also ein Herr von höchstem Adel, den das Konzil von Basel 1440 aufstellte, um Eugen IV. für seine Nichtachtung dieses Konzils zu bestrafen. Der Savoyer nannte sich Felix V., wurde jedoch nur von wenigen Fürsten anerkannt und legte seine Würde wieder nieder. Eugens IV. Nachfolger, Papst Nikolaus V. (1447–1455) honorierte diese weise Tat, die der Kirche die Fortdauer des alten Ärgers ersparte, indem er den hochgeborenen Herrn zum apostolischen Legaten von Savoyen ernannte, das ihm ohnedies gehörte ...

Diese Lösung war bezeichnend für den friedfertigen und stets um allgemeines Einvernehmen bemühten großen Gelehrten und Bibliophilen Tommaso Parentucelli, der aus Sarzana bei La Spezia stammte und gleich nach seiner Wahl verkündet hatte, daß er den Krieg hasse und andere Mittel der Politik suchen werde. Er krönte Friedrich III., Erzherzog von Österreich, zum Kaiser, einen glücklosen Mann, der das große Reich von der kleinen, stark befestigten Wiener Neustadt südlich von Wien aus regierte und in seinem vielfältigen Aberglauben beinahe mehr dem Mittelalter angehörte als die ihn umgebenden Kleriker. Er nahm in den letzten Jahren seines langen Lebens an den praktischen Notwendigkeiten seines hohen Amtes keinen großen Anteil mehr. Die beherrschenden Ereignisse des fünfzehnten Jahrhunderts überforderten sowohl diesen Kaiser als auch die Tatkraft des gelehrten Nikolaus V., denn als mit der Einnahme des alten Byzanz durch die Türken im Jahr 1453 das große oströmische Reich und damit die halbe Alte Welt endgültig an den Islam fiel, da vermochte selbst dieses überdeutliche Fanal die Christenheit nicht aus ihren kleinen Streitigkeiten aufzurütteln. Auf den Reichstagen zu Frankfurt und zu Wiener Neustadt zeigte sich zwar schon der wache Geist des päpstlichen Legaten Aeneas Sylvius Piccolomini, aber die Herren, auf die es ankam, waren zu sinnvollem und gemeinsamem Handeln nicht zu bewegen.

Der alternde Papst Nikolaus mußte es erleben, daß einer seiner Günstlinge eine halbirre Verschwörung gegen ihn anzettelte und ernsthafte Versuche unternahm, nach der Ermordung der Kardinäle und des Papstes eine Art altrömischer Tribunenherrschaft wiederaufzurichten. Das Todesurteil über diesen Mann, der Stefano Porcaro hieß, und über seine Mitverschworenen stürzte Nikolaus in eine tiefe Schwermut, aus der er sich nie mehr völlig befreien konnte.

Die Künste verehren in Nikolaus V. den ersten Papst der Renaissance; der geniale Architekt, aber auch in anderen Künsten bewanderte Leone Battista Alberti stand ihm jahrelang zur Seite, bedeutende Maler arbeiteten für ihn, kundige Sammler durchreisten die ganze Welt auf der Suche nach wertvollen Pergamenten für die *Biblioteca Vaticana*, deren Grundstock und wertvollste Altbestände auf diesen hervorragenden Papst zurückgehen. Er war es auch, der die Übersetzung der gesamten griechischen Literatur ins Lateinische in Angriff nahm; aber so viele Helfer er auch beschäftigte, er konnte dieses für einen Papst gewiß eigenartige Vorhaben nicht völlig verwirklichen ...

Ehe Aeneas Sylvius Papst werden konnte, sah die Kirche noch das ruhmlose Pontifikat des ersten Borgia-Papstes, in dem sich bereits zeigte, daß auf das Zeitalter der Kreuzzüge – also der christlichen Angriffe gegen den Islam – ein Zeitalter verzweifelter Türkenabwehr folgen würde. Kalixtus III., wie sich Alonso de Borgia als Papst nannte, war ein guter Jurist und geschickter Diplomat, der freilich, ähnlich wie Martin V., eifrig an einer Hausmacht arbeitete, an einem mächtigen Familienklan, der ihn in Rom gegen die ansässigen oder seit alters einflußreichen Familien schützte. Daß dies einem Spanier ziemlich schnell gelang, spricht zwar einerseits für seine Rücksichtslosigkeit, andererseits aber auch für die militärischen und politischen Talente seiner Neffen, unter denen Rodrigo Borgia, zunächst zum Kardinal ernannt, in der Folge der bekannteste werden sollte. Pedro Luis de Borgia, Bruder Rodrigos, war nicht viel besser, strebte aber wenigstens keine klerikale Karriere an, sondern versuchte, mit Hilfe des Papstes König von Neapel zu werden.

Als dies in Rom geschah, sprach man in Wien und Wiener Neustadt bereits von einem jungen Geistlichen, der nicht nur der Kirche diente, sondern vor allem für den doch recht schwierigen Friedrich III. zu einer wertvollen Stütze geworden war: Aeneas Sylvius de Piccolomini aus Corsignano, Sohn eines nicht sonderlich begüterten Adeligen, dem in der Nähe von Siena einige Äcker und Weinberge gehörten (das Städtchen Corsignano heißt heute zum Andenken an den großen Papst Pienza, aber auch Montepulciano, die malerische Weingemeinde in der Nähe, Heimat des Dichters Poliziano, erhebt Ansprüche auf Pius II., den Humanistenpapst, wie man Aeneas Sylvius auch nannte). Einen weltoffenen Geist wie diesen können freilich nur viele Einflüsse bilden: das Studium in Florenz, danach die ersten Verwendungen auf dem Dauerkonzil in

Basel, wo er den besten Geistern der Zeit begegnete, und schließlich die großen Reisen, unter anderem nach Schottland.

Dreiundzwanzig Jahre, mehr als ein Drittel seines Lebens (1405–1464), brachte der spätere Papst in Deutschland, vornehmlich aber in Österreich zu, meist in den Diensten des kaiserlichen Kanzlers Kaspar Graf Schlick, »dem er als Korrespondent und Rhetor, als Diplomat und Propagandist völlig unentbehrlich wird« (Otto Rommel), eine ungewöhnliche Vorbereitungszeit für einen Papst, vor allem wenn man bedenkt, daß Schlick ein wohlhabender Lebemann war und daß man auch in der damaligen Kaiserresidenz Wiener Neustadt ein Leben führte, das den jungen Priester mit mancher Versuchung konfrontieren mußte. Nun, er half sich auf seine Weise und schrieb sich das Problem vom Leibe, in der entzückenden Renaissancenovelle von *Euryalus und Lukrezia*, in deren Handlung die Zeitgenossen unschwer die privaten Verhältnisse des Reichskanzlers erkannten und seine Neigung zu einer bezaubernd schönen Patrizierin aus Siena (1444). So entstand aus der Feder eines Italieners, aber in Wien, die erste von zahllosen Renaissancenovellen als Vorbild für drei Jahrhunderte erotischer Erzählkunst.

Daß sich dieser kluge und weltgewandte Sekretarius in Frankfurt durch den Kaiser zum Dichter krönen ließ und dennoch für die Papstwahl in Frage kam, daß der erfahrene und weitgereiste Diplomat dennoch für würdig erachtet wurde, in die Abgeschlossenheit der römischen Papstpaläste einzutauchen und dort zu wirken, das zeigt uns deutlich den Wandel der allgemeinen Ansichten. Die Renaissance hat neue Überzeugungen geschaffen, die Kardinäle sind große Herren geblieben, aber sie haben neben Geld und Macht auch Bildung und Weltoffenheit hinzugewonnen, und der Mann, der in diesen Zeiten der Kirche vorstehen soll, den wünscht man sich nicht mehr als mönchischen Eiferer, sondern als den großen Herrn unter anderen Großen. Aeneas Sylvius, Sekretär des Baseler Konzils und Vertrauter des Kaisers, ist der Papst, der beide Welten kennt, die der Kirche und die der Fürstenmacht; besser als er war nie ein Papst auf sein hohes Amt vorbereitet.

Die Unbefangenheit, mit der sich der künftige Papst fern von

Rom den Dingen des Lebens zuwendet, geht anmutig und ohne jede Schlüpfrigkeit aus einem vertraulichen Brief hervor, den er am 16. Januar 1444 an seinen Freund, den reichen Piero da Noceto, richtet, als dieser sich darüber beklagt, daß seine junge Frau kein Geld in die Ehe mitgebracht habe:

»Wer eine Frau nimmt, der heiratet doch nicht das Geld! Sondern eben die Frau. Ich für meinen Teil wünschte mir ein reines, schönes und fruchtbares Weib. Wenn sie alles das ist, bin ich zufrieden. Glaub mir, lieber Piero, mit dem Reichtum hängen viele üble Eigenschaften zusammen. Von den reichen Frauen sind die einen nervös, die anderen hochmütig, rechthaberisch, verderbt, schmäh-süchtig sind sie und gönnen dem Mann keinen Frieden. Wieder andere sind häßlich, kränklich oder unfruchtbar. Alle diese Mängel hat die Deine nicht. Was beklagst Du Dich über etwas so Neben-sächliches, da die Hauptsachen vorhanden sind? Du bist also mit allem einverstanden, nur daß sie kein Vermögen hat! Gott sei Dank hast du aber selber genug und versiehst ein einträgliches Amt. Der Markgraf von Saluzzo hat aus Abneigung gegen die vornehmen Leute eine Schweinehirtin geheiratet, die er im Wald auf der Jagd entdeckt hatte, und es hat sich dann herausgestellt, daß sie besser als alle Edeldamen gewesen. Und was willst Du reden oder tun, da Fürsten sich nicht scheuen, in arme Familien zu heiraten; wenn es wirklich so ist, wie Du sagst, das Mädchen Dir zugetan ist und Deinem Geschmack entspricht, da möchte ich, lieber Piero, Dir nicht raten, die Hochzeit hinauszuschieben. Viele andere sind hereingefallen, haben nur den Köder, die hübsche Larve, gesehen und haben geheiratet. Viele Fehler sind ja geheimer Natur, kom-men erst nach den Flitterwochen zum Vorschein und machen den Männern die Ehe zur Hölle. Ich schließe nach mir: Manche Frauen habe ich gesehen und geliebt, die mir dann, wenn ich sie besessen hatte, sehr zuwider waren, und sollte ich heiraten, ich würde mich keiner Frau verbinden, mit der ich nicht schon vorher Umgang gepflogen. Ich spreche offen mit Dir, ich kenne beiläufig Deine Ansprüche – hast Du mir doch so oft gesagt, Du wolltest ein Weib heimführen, das Dir bedingungslos ergeben ist. Nun hast Du doch eine solche, wie Du sie ersehnt hast, widersprich Dir also nicht selber. Und wenn ich einmal meine Heimat, das schöne Italien, wiedersehen soll, so werde ich nichts Eiligeres zu tun haben, als Dich aufzusuchen, Deine Gattin, Deine Bücher und Deine Kinder, Dein Haus und Deine Pferde und überhaupt Deine ganze Einrichtung kennenzulernen und einen Bissen von Deinem Brote zu essen.«

Die Briefe des aufgeklärten Sekretärs zählen zu unseren wertvollsten Quellen über das Leben in Österreich in der Frührenaissance, und als die Pest den Hof und Aeneas aus Wiener Neustadt nach Bruck an der Mur vertreibt, da lernt er auch das steirische Landleben kennen und gibt uns in horazischen Wendungen eine Schilderung davon.

Und wenn Aeneas Sylvius auch bei jeder Zeile ganz wach war und in seinen Berichten über Personen und Ereignisse stets seine Karriere im Auge hatte, so sind die Portraits von Zeitgenossen doch nicht nur an sich wertvoll, sondern sie charakterisieren für uns auch den Portraitisten. »Euryalus« – so nennt er in seiner berühmten Novelle den Grafen Schlick – »war damals zweiunddreißig Jahre alt, nicht sehr groß, aber gut und kräftig gebaut, helläugig und nicht ohne eine gewisse Majestät im Auftreten. Und hatten die anderen Herren wegen des langen Dienstes schon leere Taschen, so war er, von Haus aus vermögend und bei dem Kaiser, der ihn oft beschenkte, in hoher Gunst, in Stand gesetzt, sich in täglich größerem Prunk zu zeigen und über eine beträchtliche Zahl von Dienern zu verfügen. Bald trug er goldgestickte, bald purpurne, bald seidene Kleider. Seine Pferde waren so vorzüglich wie die, mit welchen in der Sage Memnon nach Troia kam. Nichts fehlte diesem Manne, jene wohlige Wärme im Gemüt, jene tiefe Erregung der Seele wachzurufen, welche man Liebe nennt, als die Muße hierzu. Seine Jugend, sein Überfluß an Glücksgütern und die Neigung, diese zu genießen, brachten ihn dennoch dahin.«

Aeneas Sylvius ist in mancher Hinsicht ein Sonderfall. In einer Welt, in der bis zum Ende des achtzehnten Jahrhunderts die Kleriker auch einen Großteil der Intellektuellen stellten und etwa der Abbé als Erzieher, Schriftsteller und verbindliches Medium aus der ganzen Geistesgeschichte nicht wegzudenken ist, weigerte sich

Blick auf die Vatikanischen Gärten

Die Katakomben in Rom, Kupferstich aus dem 19. Jahrhundert

Kaiser Heinrich IV. im Schloßhof zu Canossa

Der päpstliche Palast in Avignon

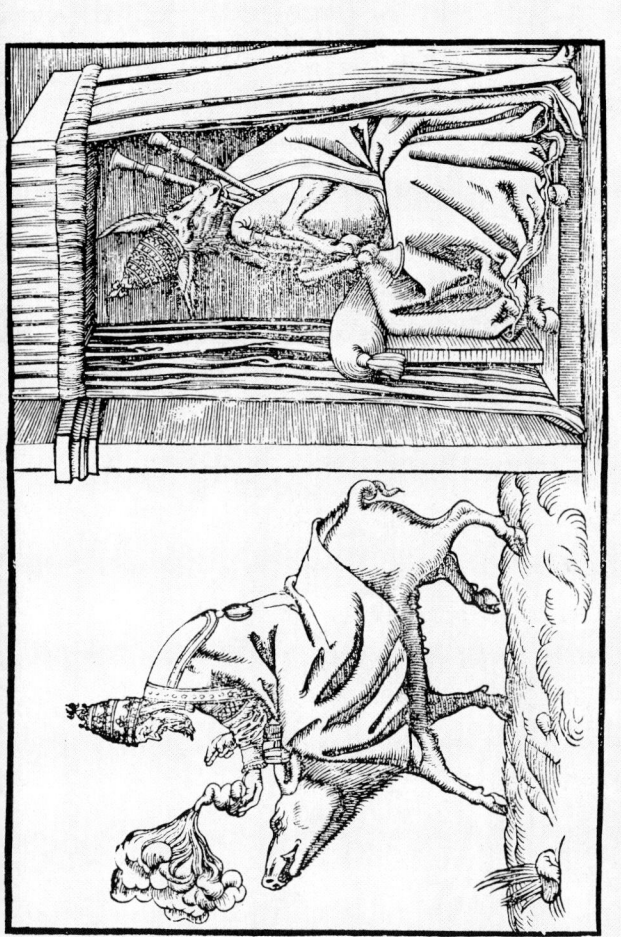

Saw du must dich lassen reiten:
Vnd wol spoern zu beiden seiten.
Du wilt han ein Concilium:
Da für hab dir mein merdrum

Der Bapst kan allein auslegen
Die schrifft: vnd jrthum ausfegē
Wie der Esel allein pfeiffen
Kan: vnd die noten recht greiffen.

M. Luther D.

1. 5. 4. 5.

Papstkarikaturen, Einblattdruck um 1545

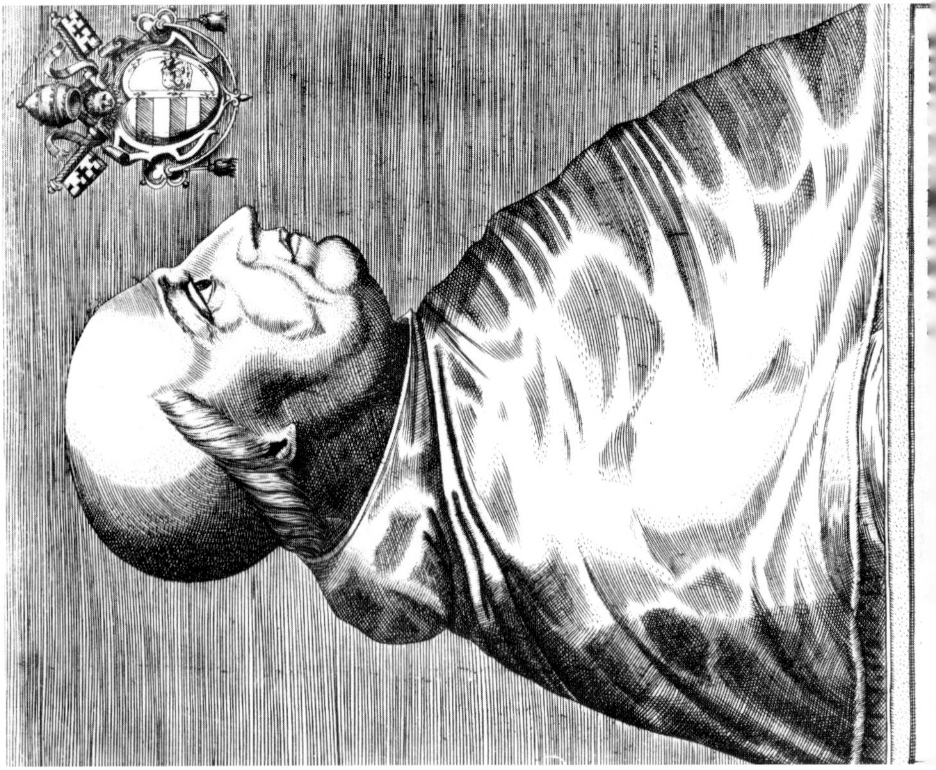

Links: Alexander VI.

Rechts: Leo XIII.

Links: Pius IX.

Rechts: Pius XI.

Schweizer Gardisten bei der Vereidigung

Unterzeichnung des Reichskonkordats im Juli 1933 durch Staatssekretär Pacelli (später Pius XII.). Ganz rechts steht Substitut Montini (später Paul VI.)

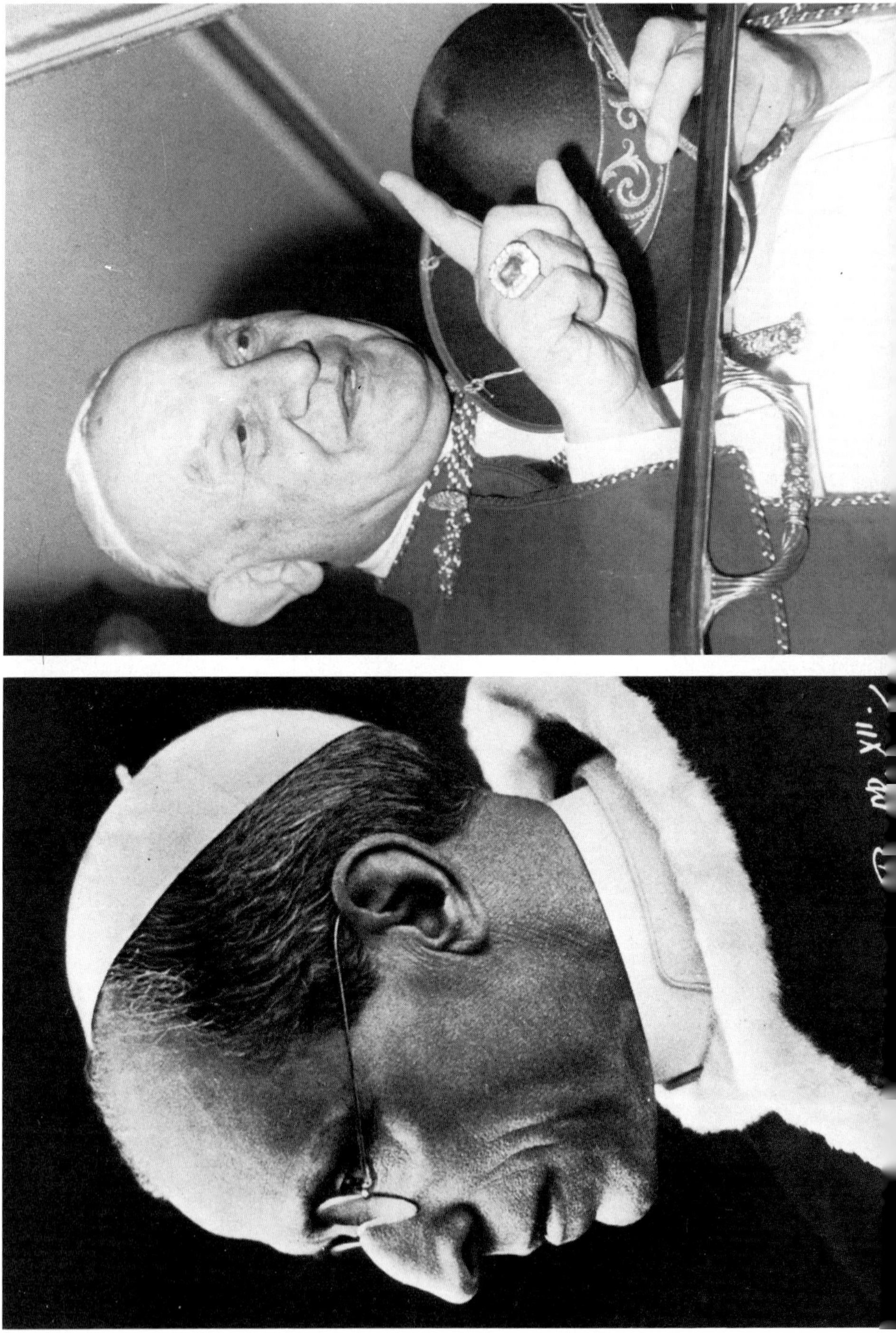

Links: Pius XII.

Rechts: Johannes XXIII.

Eröffnung des 2. Vatikanischen Konzils am 11. Oktober 1962

Links: Paul VI.

Rechts: Johannes Paul I.

Paul VI. in Uganda (1969)

Links: Hans Küng, progressiver Kritiker der Kirche

Rechts: Marcel Lefebvre, konservativer Kritiker der Kirche

Das Attentat auf Johannes Paul II. (1981)

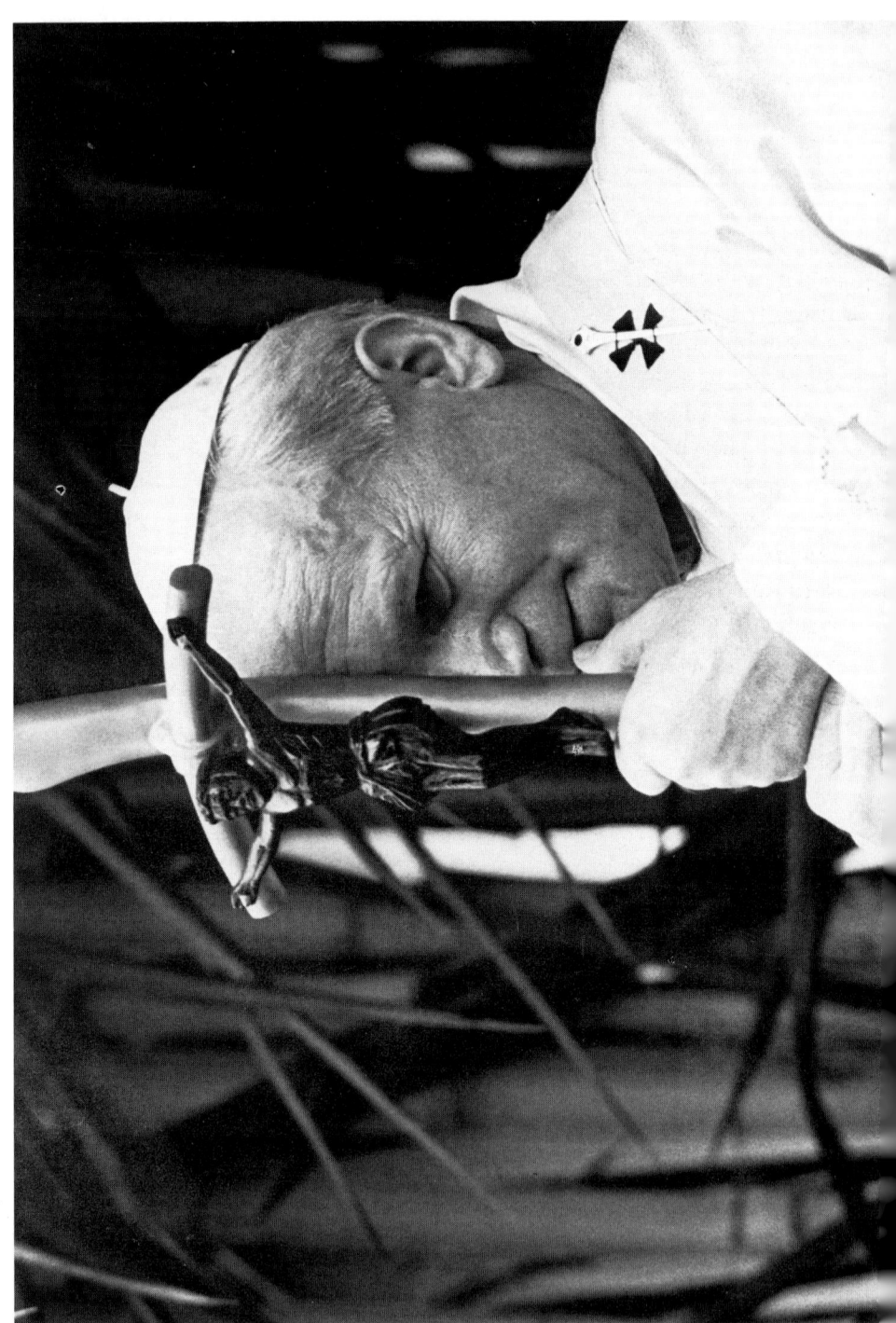

Johannes Paul II.

der junge Sekretär und Dichter standhaft, in den geistlichen Stand einzutreten, und das, obwohl er bis 1442 ausschließlich geistliche Verwendungen gehabt, ja der Glaubensdeputation des Basler Konzils angehört hatte, der Delegation an Papst Felix V., und endlich *Clericus Ceremoniarum* einer Papstwahl gewesen war. Man hatte ihn damals sogar unter die Wähler aufnehmen wollen, doch hatte er sich geweigert, sich zum Diakon machen zu lassen, was die Vorbedingung gewesen wäre. (Daran ist auch interessant, daß ein gebildeter Laie Präsident der Glaubensdeputation eines wichtigen Konzils sein konnte: Man versuche einmal heute, ohne Konfession Volksschullehrer in Bayern zu werden.)

Erst 1445/46 änderte sich Piccolominis distanzierte Haltung zum römischen Papst; in diesen Jahren hatte er über kaiserliche Beschlüsse zu verhandeln, trat in persönliche Beziehung zu Eugen IV. und verhandelte für ihn sehr geschickt mit Fürsten und dem Kaiser, bereitete die wichtigen Konkordate von Frankfurt und Wien vor, ja arbeitete sogar den Text des Wiener Konkordats (1448) selbst aus, ein Vertrag, der bis an die Schwelle unserer Zeit in Kraft blieb. Da der Papst keine anderen als geistliche Belohnungen zu vergeben hatte, trat Aeneas Sylvius nun doch in den geistlichen Stand. Er wurde zunächst Bischof von Triest, bald aber Bischof der heimatlichen Diözese Siena, was ihn nicht hinderte, den Kaiser weiterhin zu beraten und auf Reisen zu begleiten. Schon 1455 machte er sich Hoffnungen auf das höchste Kirchenamt, aber der Borgia-Papst Kalixtus III. hatte in Rom selbst den stärkeren Anhang. Darum wurde das Pontifikat Pius' II. erst 1458 Wirklichkeit, nun aber auch als bitter notwendig empfunden, denn der Nepotismus des Spaniers hatte das Verlangen nach einem nicht nur tüchtigen, sondern auch rechtschaffenen Oberhirten allgemein werden lassen. Die Wartezeit hatte die Spanne, die Pius II. noch vergönnt war, schicksalhaft verkürzt. Nur sechs Jahre waren ihm zugemessen, und diese waren von Schwierigkeiten aller Art verdüstert.

In seinem politischen Weitblick erkannte Pius II. die Bedeutung der Eroberung von Konstantinopel durch die Türken und bemühte sich, eine antitürkische Liga zusammenzubringen. Das durch nutzlose Kreuzzüge früherer Jahrhunderte unwillig gewordene Europa leistete jedoch dem päpstlichen Aufruf nicht einmal für eine große Konferenz Folge. Hauptmacht der antipäpstlichen Front war das Frankreich Ludwigs XI., eines Königs, den man als den Teufel auf dem Thron bezeichnet hat, weil er nach dem Giftmord an der schönen, klugen und hochherzigen Agnes Sorel auch den eigenen Bruder und dessen Frau hatte vergiften lassen, von anderen Untaten ganz zu schweigen. Dieser Machtpolitiker wurde durch den Papst, aber auch durch die Sforza aus Italien abgedrängt, und die aragonesische Fürstenfamilie revanchierte sich mit neapolitianischen Territorien und Titeln für *Andrea* Piccolomini, einen Verwandten des Papstes, der eine uneheliche Tochter König Ferrantes I. von Neapel aus dem Hause Aragon heiraten durfte.

Für Unruhen in und um Rom sorgte der Anhang des hingerichteten Stefano Porcaro, mit dessen Schicksal Pius II. ganz und gar nichts zu tun gehabt hatte, aber auch einer der begabtesten Söldnerführer des ganzen Zeitalters, nämlich Sigismondo Malatesta (1417–1468) aus dem jedem Riminifahrer bekannten, seit alters berühmten Geschlecht, dem auch die Künste und die Wissenschaften viel zu verdanken haben. Pius II. konnte diesen energischen und völlig amoralischen Menschen erst nach jahrelangen Kämpfen endgültig besiegen und sich dann wieder seinem Hauptanliegen, dem Aufbau einer antitürkischen Front, zuwenden. Da nur die burgundischen Gegner des elften Ludwig auf die Pläne des Papstes einzugehen bereit waren, stellte Pius II. sich im Sommer 1464 an die Spitze eines Kreuzzugsheeres, das im wesentlichen aus ungarischen Truppen, burgundischen Rittern und einer venezianischen Flotte bestand. Zuvor hatte Pius II., eine umfangreiche Ausarbeitung des großen Nikolaus von Kues nutzend, den wohl einzigartigen Versuch unternommen, den Sultan von seinem mohammedanischen Glauben abzubringen und zu bekehren. Dabei mochte er an Friedrich II. und dessen Eingehen auf die Araber gedacht haben, nur hatte er es eben nicht mit den sanftmütigen arabischen Fürsten des dreizehnten Jahrhunderts zu tun, verwöhnten Größen einer kultursättigten Spätzeit, sondern mit einer der eindrucksvollsten Eroberernaturen der Geschichte überhaupt. Mohammed II., der nach dem Tod des Papstes noch Griechenland und den Balkan unterwarf, war zwar Türke, aber ein Mann von Geist und Bildung, von intellektuellem Hochmut und schrankenloser Grausamkeit. Ein Humanist und Schöngeist wie Pius II. sprach trotz vergleichbarer Intelligenz eine ganz andere Sprache, man braucht nur an die Türkengreuel im Krieg gegen den tapferen Skanderbeg zu denken.

Als der schon krank nach Ancona aufgebrochene Papst in der Nacht vom 14. auf den 15. August 1464 starb, blieb nicht nur der Kreuzzug gegen Mohammed II. in seinem Ansatz stecken; auch das ganze Pontifikat dieses bedeutenden und verehrungswürdigen Mannes blieb mit einer Dauer von genau sechs Jahren weitgehend erfolglos, hatte der Papst doch auf die ergebnislose Weltkonferenz von Mantua beinahe zwei Jahre verwendet, in denen er von Rom abwesend war. Lediglich gegen den Handel mit Sklaven und gegen die Unterdrückung der Juden erzielte er einige, wenn auch noch nicht endgültige, Erfolge. Er ist der einzige Papst vor Johannes Paul II., der eine Autobiographie verfaßt hat, und zwar unter dem Titel *Pii II. commentarii rerum memorabilium, quae temporis suis contigerunt*. Sein Leben vor dem Pontifikat füllt das erste Buch, danach folgen tagebuchartige Eintragungen und Kommentare, darunter einzigartige, wahrhaft dichterische Schilderungen auch von Menschen und Landschaften.

In einer Zeit, in der an verschiedenen Orten Europas die ersten echten Universitäten entstanden (die alle der päpstlichen Genehmigung bedurften), hätte man von einem Humanistenpapst wie Pius II. stärkere Initiativen in dieser Richtung erwartet, doch gehen immerhin drei Universitäten auf ihn zurück: die nicht mehr existierende von Ingolstadt, die zu einer modernen Monsterhochschule umgegründete Universität von Nantes (die alte Universität war 1793 aufgelöst worden) und schließlich Basel, die Stätte einer ebenso ernsthaften wie unbefangenen Forschung, an der, wie Hans Kühner sagt, der Geist des Aeneas Sylvius de Piccolomini noch lebendig ist.

Die Anregungen, die von ihm ausgingen, sind nicht leicht zu erfassen, eben weil er sein Humanistenleben so abrupt beendete und der Versuchung erlag – oder die Verpflichtung empfand –, das höchste Amt der Christenheit auf sich zu nehmen. Seine Briefe und verschiedenen Schriften spiegeln das Zeitalter deutlicher als seine Handlungen ex cathedra wider, denen die harten Notwendigkeiten des Amtes anhaften. In Österreich ist Pius II. noch als *Secretarius* gegenwärtig, als der Lichtblick im Leben eines unglücklichen Kaisers, als der Mann, dessen unverdrossene und aufgeklärte Tätigkeit neben einem so schwierigen Menschen, wie es Friedrich III. zweifellos war, den jungen Maximilian I. beeinflußte, den ersten modernen Herrscher, den man zugleich den letzten Ritter genannt hat. In Maximilian, in der Rolle Wiens als geistiges und militärisches Bollwerk gegen die Türken (die jene kleinere Kaiserstadt Wiener Neustadt niemals zu erobern vermochten), in alldem lebt Pius II. heute vielleicht stärker weiter als in seiner rein kirchlichen Aktivität, in der ihm für die großen Aufgaben, die er sah, schon die Kraft fehlte.

Dem österreichischen Raum, den der junge Piccolomini so sehr geliebt hatte, brachte seine Politik keinen Frieden. Das Baseler Konzil hatte das Hussitenproblem nicht lösen können, und wenn auch mit Georg von Podiebrad in Böhmen nun ein gemäßigter Monarch herrschte, so hatte er sich, um die Königswürde zu erlangen, doch fälschlich als Katholik bezeichnet und geriet dadurch in einen tiefen Gegensatz zu dem zwar toleranten, aber auf unbedingter Aufrichtigkeit bestehenden Pius II. Da die Erfolglosigkeit der bisherigen Hussitenkriege militärisches Vorgehen gegen Georg von Podiebrad aussichtslos erscheinen ließ, nahm der Kaiser das Angebot des energischen ungarischen Königs Matthias Corvinus an, Podiebrad zu bekriegen (wobei es dem Ungarn natürlich mehr um Böhmen als um den Katholizismus ging).

Matthias Corvinus war der zweite Sohn des tapferen Türkenbesiegers Josef Hunyadi und hatte dessen militärischen Genius geerbt. Gegen die Türken erfolgreich, eroberte er trotz der zeitweisen Gefahr eines Zweifrontenkrieges nicht nur Böhmen, sondern auch Wien und Wiener Neustadt und hielt sich an der Donau bis zu seinem Tod im Jahr 1490. Er ist neben Maximilian und Mohammed II. der dritte bedeutende Fürst jener Zeit, der auch auf die Künste und die Wissenschaften größten Wert legte. Er unterhielt nicht nur lebhafte kulturelle Beziehungen zum Italien der Renaissance, sondern förderte auch die Wiener Gelehrten und begründete eine Universität in Preßburg. Nach dem Vorbild Nikolaus' V. und Pius' II. verwandte er große Mittel auf eine humanistische Bibliothek, in der sein Name fortlebt. Eine unmittelbare Beziehung zu Pius II. bestand aber wohl nicht, da Matthias Corvinus erst zwanzig Jahre zählte, als Pius II. in Ancona starb.

Die Herren der Künste

Das ist zweifellos die freundlichste Überschrift, die man einem Kapitel über die Renaissancepäpste geben kann, aber sie ist glücklicherweise nicht falsch, und das, was die Päpste aus dem Haus Rovere und Borgia falsch machten, das hat wiederum mit der Renaissance mehr zu tun als mit ihrer Eigenschaft als Oberhäupter der Kirche: Sie hätten als Grafen oder Fürsten ganz ähnlich gehandelt, und nicht wenige ihrer Kardinäle haben sie darin sogar übertroffen. Die Sensation, die für uns in den Irrtümern, Fehlern und Sünden eines Borgia oder Rovere liegt, kommt ja vor allem daher, daß wir uns dergleichen bei einem Papst unserer Zeit, ja auch bei einem Bischof unserer Tage schon nicht mehr vorstellen können. Vor fünfhundert Jahren war ein Giftmord gewiß auch schon ein Giftmord, aber die natürlichen Kinder der Päpste und anderer Priester galten als ihre läßlichsten Sünden, und wäre Lukrezia Borgia nur eine Papsttochter gewesen, sonst nichts, die Brüder Riario aber nur die Söhne eines Papstes, im übrigen aber schlichte Geldverleiher, es hätte den Skandal überhaupt nicht gegeben ...

Die Reihe der Renaissancepäpste beginnt mit dem Venezianer Paul II. (1464–1471), der als ein Gegner der Renaissance gilt, als ein Feind der Künstler, ein Verfolger der Literaten und ein durch und durch ungebildeter Günstling Eugens IV., dessen Schwestersohn er war. Aber gerade diese Vorwürfe und ihre heute erwiesene

Unhaltbarkeit lassen erkennen, daß man gelegentlich auch den ausführlichsten zeitgenössischen Urteilen mißtrauen sollte, selbst wenn sie oder gerade wenn sie von renommierten Literaten stammen. Im Fall unseres Venezianers waren es die angesehenen Schriftsteller Pomponius Laetus und Bartolomeo Sacchi, der sich als Autor Platina nannte; sie lebten gut als Abbreviatoren, wie man die besonders qualifizierten Schreiber der päpstlichen Kanzlei nannte – auch Pius II. hatte in Basel diesen Titel getragen.

Eben weil er diesen Beruf kannte und wußte, daß ihn so mancher als Sinekure verstand, hatte Pius II. die Schreiberschar auf siebzig begrenzt und naturgemäß Männer seines Vertrauens und seines Umgangs in die Gilde aufgenommen, er wußte ja schließlich, worum es ging. Paul II. nun, von der Ausbildung her Kaufmann und mit Studien niemals befaßt, sah selbst in diesen siebzig Herren noch Tagediebe, außerdem hatte auch er Protegés, denen er die Stellen zu geben wünschte, die mit tausend Dukaten gehandelt wurden – junge Männer aus dem aufkommenden Klan der Borgia, der den Papst aus Venedig stützte. Die Entlassungen führten zu einem Sitzstreik von zwanzig Nächten vor dem Vatikan, danach aber zu wütenden Pamphleten, denn schreiben konnten die Herren ja. Der Wortführer Platina kam für vier Monate auf die Engelsburg, der Aufruhr wurde »streng, doch nicht blutig unterdrückt« (Kühner). Die Lebensbeschreibung, die Platina nach Pauls II. Tod veröffentlichte, ist von diesen Ereignissen her zu verstehen, die leider nicht nur den Tonfall der Biographie färbten, sondern auch den Tatsachenbestand veränderten.

Paul II. wurde dank der Aufmerksamkeit seines Onkels schon mit dreiundzwanzig Jahren Kardinal (Pius II. hatte sogar einem siebzehnjährigen Prinzen zu dieser Würde verholfen). Daß Pietro Barbo aber im August 1464 zum Papst erwählt wurde, hing in erster Linie damit zusammen, daß man die Stadt Venedig an den Aufgaben der Kirche und dem Kampf gegen die Türken interessieren wollte. Auch war die Auswahl damals ja nicht so groß wie heute: das Kardinalskollegium zählte nur zweiundzwanzig Häupter, unter denen der beste und sauberste Mann zweifellos der Spanier Juan de Carvajal war, der Kardinal, der in Basel und in Wien seine hohen Gaben bewiesen hatte – nur zählte er eben schon siebzig Jahre. Zwei jüngere, durch hohe Geistesgaben ausgezeichnete Kardinäle, ein Borgia und ein Gonzaga, hatten das Kollegium durch ihre vielen Liebesaffären verärgert, ein reicher Kardinal namens Scarampo hatte Familie und stand in dem Geruch, mit Räuberbanden zu tun zu haben. Man hätte also den vornehmen Kardinal d'Estouteville wählen müssen, einen Franzosen von besten Sitten und hoher persönlicher Kultur – aber nach dem langen Exil von Avignon mit seinen französischen Päpsten waren die Italiener eben der Meinung, nun seien sie an der Reihe, und so einigte man sich auf Pietro Barbo, der vor der Wahl freilich allerlei unterschreiben mußte.

Es spricht für ihn und seinen schlichten Tatsachensinn, daß er sich an die ungesetzliche, dem hohen Auftrag eines jeden Papstes widersprechende Wahlkapitulation nicht hielt, sondern sie verwarf; ein Papst darf sich nicht in dieser Weise von den Kardinälen abhängig machen. Es spricht jedoch gegen ihn, daß er den Spieß umkehrte und ein Gegenschriftstück aufsetzte, zu dessen Unterzeichnung er die Kardinäle teils durch Versprechungen, teils durch Drohungen und im Fall des glanzvoll-unabhängigen Piccolomini-Freundes Bellarius gar mit Gewalt bewog (nur der unbeugsame Carvajal verweigerte die Unterschrift, und niemand wagte, ihm dies zu verübeln).

Unbegreiflich ist der Vorwurf des Geizes, der diesem Papst – wohl wegen der Schreiberaffäre – immer wieder gemacht wird. Er war im Gegenteil an einem gewissen Glanz der Kirche und des Klerus interessiert, vielleicht auch weil er selbst ein großer und schöner Mann war, ja in den prächtigen Gewändern seines Amtes tatsächlich eine ehrfurchtgebietende Erscheinung. Kardinälen, die kein privates Vermögen hatten, setzte er monatliche Zubußen aus, um sie von unrechtmäßigen Geldquellen fernzuhalten, und auch arme Bischöfe wurden freigebig unterstützt.

Seinen Gegner aus dem Konklave, den Kardinal Scarampo, verfolgte Paul allerdings ohne Nachsicht, und wer weiß, was geschehen wäre, wenn Scarampo nicht schon im März 1465 gestorben wäre, wie man allgemein annahm: aus Ärger über die Erhebung des Venezianers. Die Familie des Toten versuchte, sein Vermögen aus dem Bereich des Kirchenstaates zu bringen, aber Paul II., der mit Scarampo die Leidenschaft für Edelsteine teilte, griff zu und fand nur einen Neffen des Kardinals mit einem Teil des Erbes ab. »Ganze Ladungen gemünzten Goldes und Kostbarkeiten jeder Art ... wurden im Vatikan ausgeleert; nur einen Teil davon ließ er den Nepoten. Es gab in Rom niemanden, der dieses Verfahren mißbilligte, denn die Schätze Scarampos waren räuberisch aufgehäuftes Gut gewesen« (Gregorovius).

Der unbestechliche Ostpreuße urteilt über Paul II. in vielem positiver als selbst die katholische Geschichtsschreibung, wenn er sagt: »Dieser praktische Venezianer verstand sich auf die Kunst des Herrschens. Er war streng, aber oft gerecht. Selten unterschrieb er ein Todesurteil.« Das ist, wenn man die Zeit und die Umwelt dieses Papstes bedenkt, sehr viel und vor allem ein Beweis für eine innere Unabhängigkeit, die nicht nur für seinen Charakter spricht, sondern auch für seine Intelligenz. Denn morden konnten zu allen Zeiten selbst die stumpfsinnigsten Naturen: Es gehörte damals mehr dazu, einen Gegner, wie zum Beispiel Stefano Conti, leben zu lassen.

Ebenso merkwürdig erscheint aus heutiger Sicht der Vorwurf, Paul II. habe mit der Wiedereinführung des römischen Karnevals dem Heidentum neues Leben gegeben – diese Gefahr bestand doch gerade in Rom nicht mehr – und sei für die antisemitischen Anspielungen verantwortlich, die im Karnevalstreiben damals üblich waren. Selbst der angesehene Weltreisende und Kaufmann Marco Polo wurde im venezianischen Karneval verulkt, das war eben der Witz der Masken und die Antwort des Volkes auf die Stunde der Narren, und der schöne Papst, der sich zunächst Formosus II. nennen wollte, war eben ein Mann des Volkes, kein hochgebildeter Kirchenfürst, sondern ein Kaufmannssohn aus der Lagunenstadt, wo man die Feste seit jeher feierte, wie sie fielen.

Glauben wir nicht Platinas *Vitae pontificum*, sondern den verläßlicheren Quellen, so zeigt sich, daß Paul II. den Bau der neuen Peterskirche nach den Plänen des Leone Battista Alberti förderte und daß er sich vor allem für die Buchdruckerkunst interessierte, einen Zweig der Künste, der gewiß keinen Vergleich mit den großen Malern und Bildhauern aushält, der aber doch beweist, daß Paul II. in die Zukunft zu blicken verstand. Er holte zwei deutsche Drucker, die Geistliche waren, nach Rom und begründete damit die *Libreria Editrice Vaticana*.

Sehr verdient machte sich Paul II. um die Stadt Rom, die von Blutrachefehden verheert wurde. Die großen Familien kämpften nach wie vor gegeneinander, verrammelten ihre Burgen und erfüllten die Gassen mit Waffenlärm. Pius II. hatte ein Schiedsgericht für Blutrachestreit einsetzen lassen, das jedoch praktisch keine Bedeutung erlangte. Darum gab Paul II. der Stadt ein neues Statut, das vor allem Sicherheitsfragen regelte und unter anderem bestimmte, daß die Häuser von Blutrachemördern eingerissen werden durften (!). Paul II. griff auch gegen das Räuberunwesen energisch durch und eroberte alle dreizehn Raubritterburgen des Grafen Eversus, allerdings erst nach dessen Tod: Viele Unglückliche wurden befreit, reichste Schätze nach Rom gebracht.

Im Winter 1468/69 kam Kaiser Friedrich III. in gewissem Sinn überraschend nach Ferrara und Rom, und da man von den Kaisern am Tiber ja so allerlei erlebt hatte, breitete sich zunächst eine gewisse Nervosität, ja Angst aus. Aber Paul II. und Friedrich III. demonstrierten in beruhigender Weise Einigkeit, ging es doch gar nicht um Rom, sondern um die Türken und deren Vordringen in christliche Länder. Die beiden Großen waren höflich, ja herzlich im Umgang miteinander. Der Venezianer erwies sich als rechter Bürger seiner Handelsstadt, wenn er das Protokoll dieser Tage ungleich weitherziger auslegte als sein Zeremonienmeister, der ängstlich die Sitzhöhen maß, damit der Papst nur ja stets deutlich über dem Kaiser throne; nun wissen wir freilich aus den genauen Tagebüchern des Johannes Burcardus aus Haslach bei Straßburg, daß die Zeremonienmeister des Papstes sehr bald andere Sorgen haben werden.

Immerhin: Paul II. hatte zwar Soldaten in Rom zusammengezogen, aber es lief alles friedlich ab, die sechshundert deutschen Ritter konnten ihre Schwerter in der Scheide lassen. Bei der Rückkehr waren der Ritter wesentlich mehr, denn der allzeit geldbedürftige

Kaiser hatte gegen gute Dukaten so manche Adelserhebung ausgesprochen und in Rom vollzogen.

Vergegenwärtigt man sich zum Schluß noch, daß Paul II., dieser angebliche Gegner der Renaissance, die Triumphbogen des Titus und des Septimius restaurieren ließ, dazu die Reiterstatue des Marc Aurel, dann sind wir geneigt, diesem Papst aus Venedig nachzusehen, daß er nur das Allernotwendigste an lateinischen Vokabeln beherrschte und ein paar allzu liberale Humanisten für einige Zeit einsperren ließ. Den kunstsinnigen König Matthias Corvinus von Ungarn unterstützte der Papst ebenso wie den auf verlorenem Posten tapfer gegen die Türken kämpfenden Skanderbeg, den Volkshelden Albaniens. In einer Julinacht des Jahres 1471 verstarb Paul II. unerwartet schnell an einem Schlaganfall.

Im Unterschied zu Pius II., dem Weltmann, der ganz Europa bereiste, war Paul II. dem Nächstliegenden zugewandt und vor allem der Stadt Rom. Wie er verfeindete Familien durch väterlichen Machtspruch zum Frieden zwang, wie er Ketzer aufmarschieren ließ, ermahnte und in ihren weißen Büßerhemden dann nach Hause schickte, statt sie zu verbrennen, das stellt diesem ersten Renaissancepapst vor allem auf dem Hintergrund des allgemeinen Geschehens ein gutes Zeugnis aus. Daß er eine Tochter hinterließ, daß er »drei Nepoten zu wenn auch erträglichen Kardinälen« machte (Kühner), hat demgegenüber wenig zu sagen: *Einen* Nepoten hätte ihm sogar die strenge Kapitulation der Kardinäle gestattet, die er nach der Wahl verworfen hatte.

Durch Pauls so stark an Rom interessiertes Wirken tritt uns die Ewige Stadt in diesem Pontifikat deutlicher vor Augen als in früheren Jahren, und wir wissen auch mehr von ihr, denn wir besitzen für diese zweite Hälfte des fünfzehnten Jahrhunderts das *Diario della città romana* des Stefano Infessura, Apothekerssohn aus Trastevere und Senatsschreiber, unschätzbare Aufzeichnungen von jener Art, wie sie leider viel zu selten sind, weil die Zeitgenossen jener frühen Zeiten sich nur ausnahmsweise gedrängt fühlten, die täglichen Vorkommnisse festzuhalten. Wir erkennen das päpstliche Rom der Renaissance als eine Stadt von etwa neunzig- bis hunderttausend Einwohnern, die mit der Riesenkarkasse der altrömischen *Urbs aeterna* zu leben versuchen, obwohl es an den alten Ordnungen fehlt. Neben die mächtigsten Familien sind die reichen Kardinäle getreten, die nicht selten Tausende von Soldaten und Bediensteten in ihrem Sold haben und eigene Kriege führen und die sich um ihre heimischen Diözesen herzlich wenig kümmern: D'Estouteville etwa lebte in Rom, war aber Bischof von Rouen, und Giuliano della Rovere, der spätere Papst Julius II., war Bischof der Provencekleinstadt Carpentras, die sich zeit seines Lebens ohne ihn behelfen mußte, um nur zwei Beispiele zu nennen.

Am 6. August 1471 begann das Konklave nach dem Tod Pauls II. Achtzehn Kardinäle nahmen an ihm teil, darunter der Franzose d'Estouteville und der Grieche Bessarion; venezianische Familien waren durch drei Kardinäle vertreten, die großen Familien von Rom und Mittelitalien fehlten natürlich auch nicht. »Am 9. August«, berichtet Infessura, »wurde von den genannten Kardinälen Papst Sixtus IV. gewählt, der Kardinal von San Pietro in Vincu256, zuerst genannt Francesco della Rovere von Savona, der General des Ordens vom heiligen Franziskus. Dann wurde vom neuen Papst der Kardinal Latino Orsini zum Camerlengo gemacht, der Vizekanzler (ein Borgia) erhielt die Abtei Subiaco, der Kardinal von Mantua erhielt die Abtei Santo Gregorio, und dies alles deshalb, weil sie ihre Stimme dem genannten Kardinal gegeben hatten, denn anders hätte er nicht Papst werden können. Und all dies geschah auf Betreiben des Franziskanerpaters Pietro Riario, eines Neffen Sixtus' IV.«

Die Päpste erhoben ihre Neffen zu Kardinälen, die Neffen betrieben und lenkten die Papstwahlen und führten jene Vorverhandlungen, in denen die Weichen für das Konklave gestellt wurden. Der große Historiker Ludwig Pastor hat diese und andere Bemerkungen Infessuras über Sixtus IV. als unglaubwürdig zurückgewiesen, weil der Senatsschreiber eine deutliche Sympathie für die Colonna an den Tag legt. Die ging aber, wie viele Beispiele und Vergleiche mit anderen Quellen beweisen, nicht so weit, daß er Tatsachen veränderte. Lediglich in seinen Zusammenfassungen, in seinen Grundsatz- und Überblicksurteilen färbt seine politische

Einstellung das Gesamtbild. So konnte Infessuro zum Beispiel die folgende Notiz gewiß nicht erfinden: »Im selben Jahr (1472), am 27. Februar, wurde der Neffe des Papstes Sixtus zum Stadtpräfekten gemacht und gekrönt. Er war ein ganz kleiner Mann, und sein Verstand entsprach seinem Wuchs. Er hieß Lionardo della Rovere, stammte aus Savona, und da er Stadtpräfekt geworden war, gab ihm der König von Neapel seine natürliche Tochter« (Ferrante I., König von Neapel, war selbst ein Bastard).

Hatte Paul II. als guter Kaufmann noch den Luxus bei Feierlichkeiten beschränkt, Höchstausgaben bei Hochzeiten vorgeschrieben und nur beim Karneval die Augen zugedrückt, so beweisen öffentliche Festivitäten unter Sixtus IV., daß Wohlstand und Prunksucht erheblich zugenommen haben. »Im Monat Mai (1472) ließ der Kardinal von Santo Sisto, genannt der Bruder Pietro Riario, den ganzen Platz bei Santi Apostoli überdecken; er errichtete Bretterwände, die mit gewirkten Teppichen überzogen waren, um den genannten Platz herum, desgleichen ein Brettergerüst in Form einer Loggia und einen gedeckten Gang; auch über dem Säulengang der besagten Kirche baute er eine zweite, schön geschmückte Loggia. Und auf diesen Brettergerüsten wurde von den Florentiner Festordnern das Festspiel vom heiligen ... (Lücke im Text) aufgeführt. Und es waren dort zwei Springbrunnen, die Wasser spien; welches Wasser von sehr großer Höhe herabgeleitet wurde, ich glaube vom Dach von Santi Apostoli. Und der genannte Kardinal veranstaltete ein schönes und prunkhaftes Gastmahl zu Ehren der Madonne (E)Leonora, der Tochter des Königs Ferrante, die auf der Reise begriffen war zu ihrem Gemahl, dem Markgrafen oder Herzog von Ferrara (Ercole d'Este). Und dann, nach diesem Gastmahl, ließ er ihr das oben erwähnte Festspiel aufführen; und es war dies eine der schönsten Sachen, die man je in Rom und auch außerhalb Roms gesehen hatte, denn das Gastmahl und das Festspiel hatten damals mehrere tausend Dukaten gekostet. Und der Kardinal ließ Silbergeschirr herrichten aus so viel Silber, daß man gar nicht geglaubt hätte, daß die Kirche Gottes soviel davon besäße, abgesehen von dem, das als Tafelgeschirr diente. Und die Gefäße und Geräte bei Tische waren vergoldet, und Zieraten wurden dabei über die Maßen viel aufgewandt, daß man es kaum glauben kann. Und die genannte Leonora blieb in dem besagten Palaste mehrere Tage mit vielen Edelfräulein und Baronessen. Und es wurde erzählt, daß der obengenannte Kardinal für jede dieser Damen, die alle ein Zimmer für sich hatten, außer den anderen wertvollen Schmuckgegenständen auch ein vergoldetes Nachtgeschirr bereitgehalten habe. Für was für Dinge sind die Schätze der Kirche gut!«

Das alles liest sich bei Infessura harmlos und unterhaltsam, aber es waren die Brüder Riario, die den Papst in ein Pontifikat der Kriege und inneritalienischen Streitigkeiten hineinzogen, wobei sich Sixtus so unbedacht engagierte, daß man wohl an ein engeres Verhältnis der beiden angeblichen Papstneffen zu Sixtus denken muß (»Es ist mehr als wahrscheinlich, daß die beiden Brüder Söhne des Papstes waren«, sagt Kühner).

Pietro Riario war schon mit achtundzwanzig Jahren einem Leben der Ausschweifungen und der sinnlosen Selbstüberschätzung erlegen; sein Bruder Girolamo, zum Grafen gemacht, heiratete eine natürliche Tochter des Herzogs von Mailand, nämlich Caterina Sforza, eine der interessantesten Frauen der italienischen Renaissance, und entwickelte eine Ländergier, die Konflikte heraufrufen mußte. Der am schwersten wiegende war die Auseinandersetzung mit den Medici, den Herren von Florenz; Papst Sixtus stimmte dem Umsturzversuch zu, bedang sich aber aus, daß er ohne Blutvergießen vonstatten gehe, ein Vorbehalt, der nicht mehr als ein Alibi war und sich auch kaum befolgen ließ, »wenn der Zweck erreicht werden sollte« (Franz Xaver von Funk). Dem Mordanschlag im Dom zu Florenz, während des Gottesdienstes, erlag Giuliano Medici; Lorenzo Medici entrann leicht verwundet in die Sakristei.

Das Volk ergriff wütend Partei für die Medicäer, und die Häupter der Verschworenen, darunter der Erzbischof Salviati, wurden noch am selben Tag hingerichtet, der achtzehnjährige (!) Kardinal Sansoni-Riario, Großneffe oder Enkel des Papstes, wurde nach starkem politischen Druck aus Rom freigelassen. Die Kriege, die aus diesem Verbrechen folgten, beschäftigten die verschiedenen Kleinstaaten Mittelitaliens und lähmten die Aktivitäten des Papstes gegen die Türken, die sehr verdienstlich mit der Entsendung einer

Flotte begonnen hatten. Die Türken eroberten sogar – wenn auch nur für wenige Jahre – die Stadt Otranto und beherrschten damit die Wasserstraße in die Adria und nach Venedig.

Größeren, weil über Italien und über sein Jahrhundert hinausgreifenden, Schaden stiftete Sixtus IV. durch die Bestätigung der Inquisition, einer Einrichtung, die heute auch von katholischer Seite zutiefst bedauert wird, weil sie ja niemandem größeren Verlust an Geltung, Prestige und moralischem Kredit zugefügt hat als der Kirche selbst. Mißstände, wie sie das Pontifikat Sixtus' IV. und vieler seiner Vorgänger und nächsten Nachfolger augenfällig machten, brachten in dem im Grunde gläubigen Volk naturgemäß keine Abwendung vom Christentum selbst hervor, sondern lediglich von der Kirche. Bewegungen meist kleiner Leute, geführt von inspirierten Predigern, aber unorganisiert und hilflos, traten in allen Ländern auf, wurden als Ketzerei bezeichnet und lösten kirchliche Gegenmaßnahmen leider meist obrigkeitlichen Charakters aus. Da die Kirchenreform nicht vorankam, da selbst kluge und gute Päpste wie Pius II. in der Fülle brennender Aufgaben und Notwendigkeiten das lange Reformwerk nur unzureichend förderten, verteidigte die Kirche sich schließlich nicht durch die eigene Reinigung, sondern sie setzte ihre bedeutenden Machtmittel zur Unterdrückung der berechtigten Kritik und der um den Glauben bemühten Erneuerungsbewegungen ein. Und diese Unterdrückung organisierte sich eben in der Inquisition, auch »Heiliges Offizium« genannt, einem gigantischen Apparat aus Untersuchungsrichtern und Schergen, den freilich nicht der Papst zu der gefürchteten Perfektion ausbaute, sondern die Eiferer verschiedener Nationen. Unter ihnen wurde Thomas de Torquemada der bekannteste, ein Mann, der zweiundzwanzig Jahre lang friedlicher Abt seines nordspanischen Klosters gewesen war, ehe er Beichtvater der Königin Isabella wurde und durch sie oberster Inquisitor Spaniens.

Es spricht für Sixtus IV., aber gegen die allerkatholischsten Könige Ferdinand und Isabella, daß Torquemada nicht weniger als dreimal vom Papst zur Mäßigung ermahnt wurde und sich durch die Entsendung eines Vertrauten nach Rom rechtfertigen mußte.

Die zahlreichen getauften Juden Spaniens, aber auch die übergetre-
tenen Mauren, beachteten in den letzten Jahrzehnten der *Reconquista* die christlichen Gebräuche und Gebote nicht mit der Genauig-
keit, wie sie die Könige forderten. Man hatte in schweren Kämpfen
endlich Spanien bis auf einen winzigen Rest um Granada christianisiert, man haßte den einstigen Gegner noch immer und begegnete
ihm mit Mißtrauen; Juden wie Mauren wurden verdächtigt, nur
zum Schein christlich geworden zu sein, heimlich aber der alten
Religion, also dem Judentum oder dem Islam, anzuhängen. Das
wollte nun die Inquisition mit Hilfe ihrer Verhöre erforschen, und
viele gaben unter den entsetzlichen Foltern alles zu, was die Patres
von ihnen hören wollten. Die Überführten wurden dann in gewaltigen Autodafés auf Scheiterhaufen verbrannt, eine andere Todes-
strafe war nicht vorgesehen (Geständige wurden, ehe das Feuer sie
erreichte, gnadenhalber erdrosselt).

Ernst zu nehmende Schätzungen belasten Torquemada, der
vermutlich selbst vom Judentum übergetreten war oder eine der
klugen spanischen Jüdinnen zur Mutter hatte, mit 8800 vollstreck-
ten Todesurteilen, weiter mit Folterungen, Kerkerstrafen und
anderen Drangsalen gegen siebzigtausend andere Unglückliche. In
Deutschland führten die vom Papst autorisierten Verfolgungsmaßnahmen vor allem durch die Dominikaner in den darauffolgenden
Jahrhunderten zu ausgedehnten Untersuchungen und Foltern
gegen Hexen und zu pathologischen Erscheinungen wie jenem
Heinrich Kramers, der sich als Inquisitor für Oberdeutschland
Institoris nannte und mit Jakob Sprenger den *Hexenhammer*, das
Dokument dieser Verirrungen, herausgab.

Die Kirche bezeichnet nach alldem das Pontifikat Sixtus' IV. als
eines der unglücklichsten ihrer Geschichte, und doch hätten wir
ohne diesen Papst einige der herrlichsten Kunstwerke des christlichen Roms nie betrachten können, wie jene *Capella Sistina*, an deren
Ausschmückung bedeutendste Maler der Epoche beteiligt waren.
Als Michelangelo sein *Jüngstes Gericht* schuf, ja schon als die Kapelle
um 1512 ihrer Bestimmung übergeben wurde, war Sixtus IV. freilich längst tot.

Man rechnet ihm auch als Verdienst an, daß er die engen Gassen des alten Rom dadurch verbreiterte, daß er zahlreiche Erker, Vorbauten und Terrassen beseitigen ließ; dies geschah jedoch nicht zur Verschönerung von Rom, sondern weil ihn Ferrante, der allzeit bedrohte gewalttätige König von Neapel, aufmerksam gemacht hatte, daß Vorbauten dieser Art den Einsatz der Exekutive gegen Aufrührer sehr erschwerten; selbst Frauen könnten, dank der Balkone und Brüstungen, von oben herab gegen die Truppen des Papstes eingreifen. In eine neue Tiberbrücke, den *Ponte Sisto*, ließ der Papst Goldmünzen einmauern. Den von Paul II. entlassenen und kurze Zeit gefangengesetzten Humanisten Platina machte Sixtus zum Leiter der Vatikanischen Bibliothek. Da Sixtus schließlich auch zwei Kirchen neu errichtete, nämlich *Santa Maria del Popolo* und *Santa Maria della Pace*, deren Kreuzgang später Bramante hinzufügte, waren die Römer mit diesem persönlich bescheidenen, für seine Familie dafür aber um so habgierigeren Papst nicht unzufrieden – wozu freilich auch beitrug, daß ihn seine Nachfolger im Guten wie im Bösen so beträchtlich übertreffen sollten, daß man ihn bald vergaß ...

Das große Unglück der Kirche waren nicht die kleinen Freundinnen der Päpste und Kardinäle, sondern die Verweltlichung der Papstpolitik durch die Nepoten und Söhne, denen die Nachfolger des heiligen Petrus irdische Reichtümer, vor allem aber Fürstentümer zu verschaffen beabsichtigten. Die legitimen Monarchen zogen sich auf eine beinahe erheiternde Weise aus der Affäre: Sie gaben den naturgemäß unehelichen Prälatensöhnen ihre ebenso unehelichen Fürstentöchter zur Frau, und da all diese natürlichen Nachkommenschaften rein erbbiologisch meist gesünder waren als die Kinder aus dynastischen Vernunftehen zwischen überalterten Geschlechtern, kam auf diese Weise nicht selten ein prächtiges Ungeheuer zustande, das dann in einer Umwelt von hochgeborenen Kretins entsprechende Unruhe verursachte. Für das Schicksal des Christentums in Europa bedeuteten diese Einzelerscheinungen keine echte Gefahr, gab es doch gleichzeitig jene Flächenbrände, in denen auch der reinste Glaube dahinschmelzen mußte: die sadistischen Orgien der Inquisition, die zumindest in Spanien erst durch

Napoleon (!) aus der Welt geschafft wurde und noch einem Goya die Hölle heiß machte, als er es wagte, ein hübsches Mädchen aus Madrid, eine sogenannte Maya, nackt abzumalen.

Das neue Spanien, eben von den arabischen Herren befreit und wieder zur Gänze christlich geworden, geriet durch die Austreibung der Juden und Mauren, aber auch durch die Verfolgung verdächtiger *Conversos* (wie man die getauften Juden nannte), an den Rand des wirtschaftlichen Ruins, von der geistigen Verödung einmal ganz zu schweigen. Da die Geldgeschäfte und der ganze Geldbedarf des Handels über die Juden gelaufen waren, fehlte es zwischen 1492, dem großen Austreibungsjahr, und 1510, ehe sich die neuen Bankiers in Spanien durchsetzen konnten, an jenem unentbehrlichen Treibstoff für die ganze Wirtschaft. Und es waren – von einigen wenigen spanischen Bankhäusern wie den Ruiz abgesehen – in erster Linie Italiener und Deutsche, die fortan die Geschäfte machten, was für Spanien weit schädlicher war, als wenn sie von einheimischen Juden betrieben worden wären. Das waren Verhältnisse, die trotz aller kirchlichen Kontakte den Päpsten in Rom nicht so bekannt sein konnten, wie es nötig gewesen wäre, um das religiöse Leben in Spanien beurteilen zu können.

Unter Papst Bonifatius IX., einem ungebildeten und vor allem an der eigenen Familienpolitik interessierten Papst aus Neapel, war es zu den größten und blutigsten Judenverfolgungen in Spanien gekommen. Im Jahr 1391 hatte es allein in Sevilla viertausend Tote gegeben, in den Ghettos von Barcelona, Valencia, Toledo und anderen Orten war kaum ein Erwachsener am Leben geblieben. Seit jenem hundert Jahre zurückliegenden großen Pogrom war es naturgemäß zu zahlreichen Übertritten aus dem Judentum gekommen, doch unterschieden sich diese *Conversos* von den üblichen Konvertiten dadurch, daß sie insgeheim Juden blieben und bei geschlossenen Läden noch den Sabbat begingen, das Passahfest und andere jüdische Feierlichkeiten. Von ihnen hoben sich nur jene *Conversos* ab, die in den Adel eingeheiratet hatten, was vor allem den einst jüdisch gewesenen Mädchen sehr oft gelang; war erst einmal dieser Schritt vollzogen, so boten sich der geistig regsamen Nachkommenschaft aus solchen Mischungen dann die schönsten Aussichten, da der angestammte und alteingesessene Adel intellektuell träge und mehr an den Waffen interessiert war als etwa an einer theologischen Karriere.

Dieser gebildete und scharfsinnige Adel mit *Converso*-Blut rückte in jene Beraterpositionen ein, die von den früheren Hofjuden inzwischen aufgegeben worden waren. »Im Jahre 1449 wurde in einer Bittschrift an den Bischof von Cuenca behauptet, in alle hochadeligen spanischen Familien sei inzwischen jüdisches Blut eingedrungen, selbst in die Henriquez, von denen Ferdinand der Katholische mütterlicherseits abstammte. Im Königreich Aragon hatte fast jede adelige Familie jüdisches Blut in den Adern, und die Hälfte aller wichtigen Posten bei Hofe war von Conversos besetzt ... Unter Isabella der Katholischen waren mindestens vier prominente Bischöfe Conversos, desgleichen der Kardinal Juan de Torquemada, der Onkel des ersten Großinquisitors Tomàs de Torquemada, der selbst ebenfalls jüdischer Herkunft war, sowie Diego Deza, der zweite Generalinquisitor, und der fromme Erzbischof von Granada, Hernando de Talavera« (José Amador de los Rios in seiner großen Sozialgeschichte Spaniens).

Während der spanische Hochadel sich von den eingedrungenen *Conversos* soweit wie möglich zu distanzieren versuchte und kriegerische Aufgaben in der eben entdeckten Neuen Welt wahrnahm, bahnte sich im spanischen Klerus eine Wandlung an. Der erste Erzbischof von Granada nach der Eroberung der Stadt war Hernando de Talavera. Er stammte mütterlicherseits aus dem Judentum der Stadt Toledo und begann seine Arbeit in Granada damit, daß er Arabisch lernte. Er hatte zwar nur wenige Jahre die Chance, die alte Toleranz der maurischen Dreireligionenkultur fortbestehen zu lassen, weil man ihn bald durch einen Scharfmacher ersetzte; aber er beweist mit anderen, daß die Erweiterung des Horizonts und der neue Blutzustrom zu einer Belebung der Diskussion innerhalb des Klerus und zu neuen Formen der kirchlichen Arbeit hätte führen können. Auch der Kardinal – nicht der Großinquisitor – Torquemada war ein im Geistigen mutiger, Streitfragen nicht ausweichender Prälat aus dem *Converso*-Milieu, wenn er es wagte, das Dogma von der unbefleckten Empfängnis zu diskutieren. Und in

Pablo de Santa Maria, Bischof von Burgos, vordem aber als Salomon Ha Levi Oberrabbiner dieser Stadt, erhielt das päpstliche Rom einen scharfsinnigen Beobachter, als er im Auftrag Heinrichs III. von Kastilien als Gesandter am Tiber weilte. (Sein Sohn Gonzalo vertrat Spanien auf dem Konzil von Konstanz ...)

Sixtus IV. hatte über die von ihm protegierten Borgia-Kardinäle, vielleicht aber auch aus dem heimatlichen Ligurien offensichtlich eigene gute Beziehungen zu Spanien, vielleicht aber auch Kontakte zu in Rom residierenden *Conversos*, die in der Nachfolge jenes Pablo de Santa Maria Spanien in Rom vertraten. Denn Sixtus verfaßte schon in den ersten Jahren der Inquisition die deutlichste Beschwerde gegen ihre Aktivitäten in einer päpstlichen Bulle vom 18. April 1482 und protestierte dagegen, »daß in Aragon, Valencia, Katalonien und auf Mallorca die Inquisition sich seit einiger Zeit nicht im Eifer für den Glauben und die Errettung von Seelen betätigt hat, sondern aus Gier nach Reichtum, und daß viele wahre und getreue Christen auf Aussagen ihrer Feinde, Rivalen, Sklaven oder anderer Personen der unteren Stände ohne legitime Beweise in weltliche Gefängnisse geworfen, gefoltert und als rückfällige Ketzer verurteilt, ihres Besitzes beraubt und weltlichen Gerichten überantwortet wurden, die sie hinrichten ließen, zur Gefahr für die Seelen, womit ein verderbliches Beispiel gesetzt und bei vielen Menschen Abscheu erregt wurde.«

Die bemerkenswerte Bulle ist zweifellos ein Ruhmesblatt für diesen sonst so fehlbaren Papst, und sie wäre, hätte sie Geschichte gemacht, stark genug gewesen, seine menschlichen Schwächen vergessen zu lassen. Denn Sixtus IV. verlangt in ihr eine völlige Reform der Inquisitionsgerichtsbarkeit: die Oberaufsicht der Bischöfe oder ihrer Vertrauten; Benennung der Denunzianten (!); die Stellung von Verteidigern; die Inhaftierung ausschließlich in bischöflichen Gefängnissen und endlich die Zulassung der Berufung an das päpstliche Gericht. Man hat natürlich versucht, auch diese Bulle als das Ergebnis einer großangelegten Bestechung hinzustellen: Reiche Neuchristen, also übergetretene Juden aus Aragon, hätten sie beim Papst erwirkt, der darum zum Beispiel gegen die Inquisitionsgreuel in Andalusien nichts Vergleichbares unternommen habe. Das mag insoweit stimmen, als auch ein Papst erst auf Mißstände hingewiesen werden muß, ehe er gegen sie mit so schweren Waffen ins Feld zieht. Aber Bulle bleibt Bulle, und Ferdinand der Katholische, Beichtkind des furchtbaren Torquemada, war von ihrem Inhalt so betroffen, daß er zunächst so tat, als glaube er an eine Fälschung! Ferdinands Antwort behauptet auch unmißverständlich, daß hinter dieser sensationellen Papstbulle, die Ketzern und anderen Abtrünnigen das Recht auf einen fairen Prozeß zugesteht, die *Conversos* stünden, »infolge ihrer hartnäckigen und listigen Überredungskünste«. Erst als Ferdinand drohend verlangte, daß auf dem Weg dieser Bulle nicht weitergegangen werde und daß man ihm die Regelung dieser Angelegenheiten überlassen möge, war der Papst eingeschüchtert und gab im Oktober 1482 klein bei. Immerhin klärt dieser Briefwechsel die Verantwortlichkeit für die ungeheuren Verbrechen der spanischen Inquisition und entlastet weitgehend den sonst nicht eben vorbildlichen Papst.

Giovanni Battista Cibo, als Papst Innozens VIII., ist das ein wenig farblosere Bindeglied zwischen Sixtus IV. und Alexander VI. Von beiden abhängig, hat er doch nichts von ihnen, nicht die verzweifelte Begeisterung für den Nepotenkrieg gegen die großen Familien Italiens, mit dem Sixtus IV. seine ligurische Hausmacht gegen die ganze Halbinsel einsetzt, nicht den Glanz in der amoralischen Größe, wie ihn Alexander VI. Borgia um den Papstthron verbreiten wird. Eine vollkommene Kombination niedriger mit durchschnittlichen Charaktereigenschaften schafft nicht einmal im Negativen Perfektion, weil eben selbst der Anhauch von Größe fehlt: Dieser Papst wurde gewählt, weil ein anderer wußte, daß er ihn beherrschen würde, und dieser andere war Giuliano della Rovere. Der große Kardinal d'Estouteville, der als Camerlengo mit Autorität und Vermögen die Wahl des unbedeutenden Cibo hätte verhindern können, war im Januar 1483 gestorben. Es war ein prächtiges Begräbnis gewesen, ein langer Zug mit Fackeln bis hin zum Friedhof von San Agostino, aber die Mönche von Santa Maria Maggiore und die Augustiner hatten einander mit Fackeln und Schwertern eine erbitterte nächtliche Straßenschlacht geliefert – um den kostbaren Brokat, mit dem das ganze Gepränge ausgestattet war. Und obwohl man die Leiche des Kardinals in der Sakristei aufbahrte, weil sie dort ein wenig verborgen und beinahe geschützt lag, wurde sie noch in der ersten Nacht vollständig ausgeplündert. Als Sixtus IV. die Augen schloß, begann der offene Kampf zwischen Orsini und Borgia auf der einen, Colonna und Rovere mit den venezianischen Kardinälen auf der anderen Seite. Girolamo, Nepot oder Sohn des Toten, versuchte zu retten, was zu retten war, und durchmaß Italien in Eilmärschen; noch schneller als er aber war sein prächtiges Weib Caterina Sforza, die sich mit ein paar Getreuen in die Engelsburg warf und dieses Unterpfand der Macht für ihren Gatten bewahrte, bis Verhandlungen möglich waren.

Zweifellos haben Frauen in einem Buch über Päpste wenig zu suchen; aber da wir von Mathilde von Canossa oder Tuszien gesprochen haben, die unter Einsatz ihres ganzen Erbes für zwei Päpste kämpfte, wollen wir von Caterina Sforza nicht schweigen, die um ihr Erbe gegen zwei Päpste kämpfen mußte und dies tat, weil es auch das Erbe ihres Sohnes war.

Als Sixtus IV. starb, im Jahr 1484 also, war sie höchstens einundzwanzig Jahre alt, eine illegitime Tochter des großen Galeazzo Maria Sforza (1444–1476), eines Renaissancefürsten von reinstem Wasser, Liebhaber der Künste und der Frauen, großzügig und grausam und durch seine legitime Tochter Bianca Maria Schwiegervater Kaiser Maximilians I. Caterina war, durch die Großzügigkeit Sixtus' IV., an der Seite eines ausschweifenden und verschwenderischen Gatten Herrin von Imola und Forli geworden. Ihr Handstreich auf die Engelsburg schob den Untergang des Girolama Riario ein wenig auf: Man gab ihm Geld, und er zog aus Rom ab. 1488 aber wurde er dann doch ermordet, so wie zwölf Jahre zuvor Caterinas Vater. In dieser Welt der Gewalt kämpfte die Fürstin ohne andere Legitimation als jene, die ihr aus der Mutterpflicht zukam, um Imola und Forli gegen den nächsten Papstgünstling, gegen Cesare Borgia, Sohn Alexanders VI.; es war ein Kampf, den sie nicht gewinnen konnte. Aber wie sie das belagerte

Forli verteidigte, das hat sie in die Reihen der großen Frauen des Jahrhunderts gestellt. Ludwig XII. von Frankreich verhalf ihr zur Freiheit und zu acht friedlichen Jahren in Florenz, ehe sie am 28. Mai 1509 starb.

Die große Kunst der Zeit hat sie uns alle festgehalten, die Akteure dieser Dramen, die trotz ihrer Vielzahl so packend sind, daß Gregorovius und Jacob Burckhardt von ihnen ein Leben lang sprechen. In der *Pinacoteca* von Forli sehen wir Caterina vor uns, als Achtzehnjährige, wie Marco Palmeggiano sie gemalt hat, rein und ahnungslos wie eine Jungfrau von Orleans, und wie diese steht sie bald darauf in schimmernder Rüstung auf der Stadtmauer von Forli und hält ihre Stadt gegen den schlimmsten Wüstling des Jahrhunderts, für den sich später nur noch Nietzsche begeistert. Sie tut das alles für ihren Sohn Ottavio aus der ersten Ehe; aus der zweiten hat sie nur den Sohn Carlo; in der dritten Ehe aber steigt sie zur Fürstin auf, sie wird die Frau des Giovanni de'Medici.

Der Sohn aus dieser Verbindung wurde der berühmteste *Condottiere* der Epoche und ging als Giovanni delle Bande Nere in die Geschichte ein, aber auch als der Stammvater der Großherzöge der Toskana. Über ihn ist Caterina Sforza Urgroßmutter und Ahnin eines der glanzvollsten Geschlechter Europas, aber auch Ludwigs XIII. von Frankreich und des großen Stuart-Königs Karl II., in dem ein Quentchen ihres heißen Blutes noch zu wallen scheint.

Die Tochter einer hübschen, aber nicht sehr intelligenten Bürgersfrau namens Lucrezia Landriani mit einem damals erst siebzehnjährigen Prinzen wurde von manchen Historikern die Tigerin genannt; aber man hat sie erst zur Tigerin gemacht durch die Ermordung des Vaters und des ersten und des zweiten Gatten. Von den Untaten der Borgia hatte sie sich fernzuhalten versucht und das schicksalhafte Nein gewagt, als Alexander VI. ihren Sohn Ottavio seiner Tochter Lukrezia zum Mann geben wollte. So wurde sie nicht die Schwiegermutter einer Papsttochter, aber sie verlor ihre Herrschaften an den Papstsohn.

Das Schicksal der Caterina Sforza, so jung sie sterben mußte, greift über drei Pontifikate hinaus, denn man lebt nicht lange im Rom der Renaissance, und es ist bestürzend, wie wenige Pontifi-

216

katsjahre oft zureichen, um diese Herrenmenschen in die Schicksale Millionen anderer, Unschuldiger, einzugreifen zu lassen. Nach Sixtus IV. und der Inquisition haben wir in Innozens VIII. (1484 bis 1492) den Papst vor uns, der die Hexenbulle unterzeichnet; sie figuriert mit ihren ersten Worten *Summis desiderantes affectibus* in der Kirchengeschichte und stammt vom 5. Dezember 1484 . . .

Da wir bis heute und mitten in modernen Staatswesen noch zahlreiche Fälle von Hexenglauben haben, da wir Todesfälle durch Teufelsaustreibungen unter den Augen heutiger Oberhirten verzeichnen müssen, können wir der Kirche des sechzehnten Jahrhunderts ihre Irrtümer schwerlich vorwerfen, sondern sie nur bedauern. Immerhin ist heute in der Verurteilung des *Hexenhammers* und der Hexenbulle Einmütigkeit aller Historiker erreicht worden, weil es zwar giftmischende Frauen gibt und natürlich auch damals gab, aber eben keine Hexen, keine Blocksbergritte, keine Teufelsbündnisse und dergleichen. Bezeichnenderweise wird die Inquisition, soweit sie sich gegen Ketzerei richtete, nicht so einhellig verurteilt, denn Ketzer gab es schließlich, und gegen sie durfte die Kirche sich wehren . . .

Betrachten wir die Welt, in der Innozens VIII. lebte und versuchte, sein Amt auszuführen, dann wird uns freilich klar, daß ihn Realitäten von zwingender Macht bedrängten und ihm Zeit und Lust nehmen mußten, über die Existenz von Hexen nachzudenken. Es blieb somit einzelnen – leider sehr wenigen – weltlichen Fürsten und Stadtoberhäuptern überlassen, dem Hexenunwesen durch die eigene Vernunft und den persönlichen Mut zu steuern, wie es ein Ruhmesblatt der Städte Nürnberg oder Dijon und von Einzelkämpfern wie Samuel de Cassinis, Johann Weyer, Adam Tanner oder Friedrich Spee geblieben ist (auch reformierte Geistliche wie Balthasar Bekker haben sich Verdienste erworben, da ja die Protestanten nicht sehr viel weniger Hexen verbrannten als die Katholiken).

Zunächst aber hatten Besessene wie Institoris und Sprenger das Ohr des Papstes, und sie waren es, die jene Bulle erwirkten, in der von Vorkommnissen in Deutschland die Rede war, die Innozens VIII. sonst kaum bekanntgeworden wären: »Wir haben neulich nicht ohne große Betrübnis erfahren«, diktiert der Papst 1484, »daß es in einzelnen Teilen Oberdeutschlands und in den mainzischen, kölnischen, trierischen, salzburgischen, bremischen Provinzen und Sprengeln in Städten wie Dörfern viele Personen beider Geschlechter gebe, welche, ihres eigenen Heils uneingedenk, vom wahren Glauben abgefallen, mit dämonischen Inkuben und Sukkuben (das heißt männlichen wie weiblichen Teufeln) sich fleischlich vermischen, durch zauberische Mittel mit Hilfe des Teufels die Geburten der Weiber, die Jungen der Tiere, die Früchte der Erde, die Trauben der Weinberge, das Obst der Bäume, ja Menschen, Haus- und andere Tiere, ganze Weinberge, Baumgärten, Wiesen, Weiden, Körner, Getreide und andere Erzeugnisse der Erde zugrunde richten, ersticken und vernichten, die Männer, Weiber und Tiere mit heftigen inneren wie äußeren Schmerzen quälen und die Männer am Zeugen, die Weiber aber am Gebären, beide somit an der Verrichtung ehelicher Pflichten zu verhindern vermögen.«

Die zentrale Rolle des geschlechtlichen Bereichs in der Hexenfurcht war damit schon deutlich gemacht. Männer, die aus nervösen oder anderen Gründen ohne erkennbare Ursache den Beischlaf nicht vollziehen konnten, gaben naturgemäß der Hexerei die Schuld, und Mönche, denen der Beischlaf ohnedies verwehrt war, empfanden die Frauen als eine Dauerversuchung, die wiederum nur der Teufel auf die Erde geschickt haben konnte. Diese grauenhafte, für die Betroffenen jedoch schlüssige Scheinlogik kostete im sechzehnten und siebzehnten Jahrhundert einer nicht mit Sicherheit abzuschätzenden Zahl von Frauen und Männern, überwiegend aber doch Frauen, das Leben, und es waren Hinrichtungen der grausamsten Art nach endlosen Foltern. Wenn ein einzelner Hexenrichter in Lothringen, ein Ungeheuer mit dem Namen Remigius, achthundert Frauen auf dem Gewissen hatte, so wundert man sich, daß ihn seine Vorgesetzten im Orden und in Rom so lange gewähren ließen.

Es ist wiederum Infessura, der uns sagt, wie es in Rom zuging und warum der Papst froh sein mußte, das eigene Leben zu behalten, was sich bekanntlich lähmend auf die Sorge um fremdes

Leben auswirkt. Zwischen den Orsini und den Colonna herrschte ein so gut wie dauernder Kriegszustand in Wildwestmanier, denn es ging bei diesen Raubüberfällen der »Cowboys« mit den großen Namen tatsächlich um Rinder, um riesige Herden von zweitausend und mehr Häuptern. Und selbst Infessura, der die Familie Colonna mit deutlichen Sympathien bevorzugt, weiß bei einem dieser großen Rinderraubzüge für diese Herren nichts anderes anzuführen, als daß sie – obwohl Gelegenheit gewesen wäre – die fünfhundert Häupter zählende Herde einiger unmündiger Kinder verschonten, weil diese nach dem Tod der Eltern keinen anderen Besitz mehr hatten.

Als Papst Innozens einmal schwer erkrankte, besetzten die Orsini sogleich die wichtigsten Brücken und Kreuzungen der Stadt Rom, und als sich später einmal das Gerücht verbreitete, er sei einem Dolchattentat zum Opfer gefallen, brachen auf dieses bloße Gerücht hin schwere Straßenkämpfe aus. Das Oberhaupt der Kirche war also ständig bedroht, hatte schon vor seiner Wahl in kompliziertesten Verteilungsaktionen Pfründen- und Ämterzusagen geben müssen, deren Einhaltung ihn später überforderte, und war obendrein selbst vollkommen vom Aberglauben umfangen, wie eine archäologisch interessante Episode unter seinem Episkopat bezeugt:

»Am gleichen Tage ließen die Brüder und der Konvent von Santa Maria Nuova in einem ihrer Meierhöfe graben, der vor der Porta Appia an der appischen Straße liegt, ungefähr fünf Meilensteine von der Stadt entfernt. Und als die Arbeiter in der Nähe der Straße und auf der Straße selbst die Grundmauern eines gewissen Grabmals aufrissen, fanden sie ganz drunten in den Mauern des besagten Grabes eine marmorne Truhe, bedeckt mit einer bleiversiegelten Marmorplatte. Und als sie die Truhe öffneten, fanden sie darin den völlig unversehrten Leib einer Frau, einbalsamiert mit wohlriechenden Mixturen, mit einer goldenen Haube oder Mütze auf dem Kopf und mit goldenen Haaren rings um die Stirne und mit Fleisch und geröteter Haut an den Wangen, gerade als ob sie noch lebe. Sie hatte die Augen ein wenig geöffnet und den Mund ebenso, und man konnte die Zunge fassen und aus dem Munde herausziehen, und sie zog sich wieder an ihren alten Platz zurück. Die Zähne waren weiß und fest, die Nägel an Händen und Füßen ganz fest und weiß. Die Arme konnte man emporheben, und sie fielen wieder an ihren alten Platz zurück, gerade als wäre das Mädchen eben erst gestorben. Sie blieb viele Tage im Palast der Konservatoren, wo sich der Berührung mit der Luft wegen die Gesichtsfarbe änderte und ganz schwarz wurde; doch gingen Muskeln und Fleisch deswegen noch nicht in Verwesung über. Und als die Konservatoren sie im nämlichen Sarge, worin sie aufgefunden, beim Brunnen im Hofe ihres Palastes beisetzen lassen wollten, befahl ihnen Innozens, sie bei Nacht an einem unbekannten Ort außerhalb der Porta Pinciana bei einem nahegelegenen Bauernhof in eine Grube zu verscharren; und man trug die Leiche fort und begrub sie daselbst.«

Die Straßen waren die Begräbnisplätze der Antike, aber die Tochter eines römischen Großen, die kunstvoll einbalsamiert in ihrem versiegelten Sarg die Jahrhunderte, ja ein Jahrtausend überstanden hatte, erschien Seiner Heiligkeit lediglich als eine Hexe, die man in ungeweihter Erde verscharren müsse.

Innozens VIII. war ein sogenannter Spätberufener; er hieß Giovanni Battista Cibo, entstammte einem angesehenen Geschlecht der Stadt Genua und war also ein Ligurier wie der ihn fördernde Papst Sixtus IV. Erst als Witwer in den geistlichen Stand getreten, hatte Cibo ein Halbdutzend nur zum Teil ehelicher Kinder und erregte einiges Ärgernis, als er seinen unehelichen Sohn Franceschetto, einen Tunichtgut und Verschwender, nicht nur reichlich mit Gütern ausstattete, sondern auch mit Maddalena dei Medici verehelichte. Damit die stolzen Florentiner in diesen Handel willigten, mußte Innozens den vierzehnjährigen (!) Bruder der Maddalena zum Kardinal machen, was den Medici den Weg zum Pontifikat eröffnete (der Knabe wurde nämlich 1513 als Leo X. Papst).

Innozens VIII. erhielt eine einzigartige Chance, als der große Reformpapst in die Kirchengeschichte einzugehen, denn unter seinem Pontifikat kam der fürstliche Philosoph Pico della Mirandola aus seinem kleinen Herzogtum in der Nähe von Modena nach Rom und ließ dort neunhundert Thesen anschlagen, die sich zu einem guten Teil auch mit der Reform der Kirchen beschäftigten. Giovanni Pico war 1463 geboren, also erst dreiundzwanzig Jahre alt, als er seine Thesen zur Diskussion stellte, aber als eine der erstaunlichsten Frühbegabungen der Geschichte schon weit über seine Jahre hinaus gebildet. Aus seiner Kenntnis der antiken, der christlichen, der arabischen und der jüdischen Gedankenwelt versuchte er zu neuen, akzeptablen Wahrheiten zu gelangen, aber Innozens verwarf die neunhundert Thesen im ganzen, verbot, sie zu lesen, und hätte ihren Urheber gewiß als Ketzer verfolgt, wäre dieser nicht unter dem Schutz eines aufgeklärten Fürsten wie Lorenzo des Prächtigen in Florenz davor sicher gewesen.

Innozens griff schlichtend in die Rosenkriege ein, indem er dem britischen Haus York das Recht, England zu regieren, zuerkannte, und sprach den Babenberger-Herzog Leopold von Österreich heilig (der 1136 Gestorbene war der Vater des Bischofs und Geschichtsschreibers Otto von Freising). Die kuriose Behauptung, Innozens habe norwegischen Geistlichen erlaubt, die Messe ohne Wein zu zelebrieren, weil dieser im hohen Norden so leicht gefriere (!), wurde erst im achtzehnten Jahrhundert widerlegt, ein Beweis dafür, wie wenig man in Rom von gewissen christlichen Ländern wußte. Sein eifriger Nepotismus, seine Geldgier, seine erfolglosen Bemühungen um einen neuerlichen Kreuzzug und die Ausschreibung einer großen Anzahl neuer käuflicher Ämter rechtfertigen wohl das Urteil katholischer Kirchenhistoriker wie Bernhardt oder auch wie Brischar, der wörtlich sagt: »Unter allen Päpsten, welche den Namen Innozens führten, spielte Innozens VIII. die unrühmlichste Rolle« (Wetzer & Weltes Kirchenlexikon von 1889).

Die Lage, in der sich das Papsttum zwischen Neapel und Frankreich befand, hätte freilich auch einen Stärkeren als Innozens VIII. überfordert, und die Methoden, mit denen sein Nachfolger sie zu meistern versuchen wird, können noch weniger mit dem Auftrag des hohen Amtes in Einklang gebracht werden als die beschränkte Passivität, die Innozens an den Tag legte. Infessura berichtet uns, daß unter diesem Papst nächtliche Raubzüge auf schöne Frauen durchaus üblich waren, »und erst in der Frühe brachte man sie wieder in ihr Haus zurück ... und es waren diese Frauen von

221

durchaus nicht niederem Stande. Vor allem eine von ihnen lief unter Geschrei vor den Papst, der sich aber so wenig um die Sache kümmerte, als handle es sich um einen bloßen Traum.« Infessura bricht in die bittere Klage aus: »Hast Du uns einen Hirten für Deine Schafe gegeben, oder hast Du einem Wolf Deine Schafe anvertraut?« Ein erschütterndes Wort. Es geschah, notiert Infessura, solange Innozens Papst war, tagtäglich ein Verbrechen in Rom, und was den Senatsschreiber und Chronisten daran besonders aufregte, war der Umstand, daß sich niemand darum kümmerte, wenn etwa in einem Abtritt Leichenteile mehrerer Personen gefunden oder Unschuldige gehenkt wurden. Denn es gab – das wird aus diesem Tagebuch völlig klar – keine Polizei, sondern nur eine sehr schlagkräftige Privatpolizei in Rom, die Soldaten des Kanzlers Rodrigo Borgia. Dieser mächtige Kardinal führte nicht nur das Leben eines Fürsten, er war auch den anderen Kardinälen und dem Papst selbst ganz offensichtlich überlegen, weil er sich eben nicht darauf beschränkte, mit einer schönen Geliebten Kinder zu zeugen und Reichtümer anzuhäufen, sondern aus der Handlungsunfähigkeit Innozens' VIII. erkannte, worauf es für ihn ankommen werde, wenn er Papst werden wollte und sobald er Papst sein würde.

Rodrigo Borgia mußte auch ein ausgezeichnetes Informantennetz aufgebaut haben, denn während der Papstsohn Franceschetto auf jeden falschen Alarm hereinfiel, bei jeder Erkrankung seines Vaters Goldtruhen und anderes zusammentragen ließ und sich damit auf den Weg ins sichere Florenz machte, wußte der Borgia-Kardinal stets, wie es wirklich um Innozens stand, und hatte, als am 6. August 1492 das Konklave zusammentrat, alle Trümpfe in der Hand.

Der Vizekanzler, Kardinal Bartolomeo Moreno, war auf das bloße Gerücht hin, daß man seine Bücher prüfen werde, aus der Stadt geflohen. Der Älteste im Konklave war Maffeo Gherardi, Patriarch von Venedig, »ein Mann von kleiner Gestalt und 95 Jahre alt; er war so greisenhaft, daß er kaum sprechen oder gehen konnte, und er wackelte so mit dem Kopf, daß man immer glaubte, er wolle ja sagen«. Man begann damit, daß von dem Toten auf einmal sehr viel Gutes gesprochen wurde: Er sei ein menschenfreundlicher Herr gewesen, habe den Frieden geliebt und sei in der Sorge für seine Familie aufgegangen! Für Rom habe er viel getan, vor allem an San Giovanni in Laterano und Santa Maria in Via Lata; man besprach allerlei Himmelszeichen, die man heute als »fliegende Untertassen« bezeichnen würde, die man damals aber als drei Sonnen ansah, und am fünften Konklavetag war Rodrigo Borgia, Neffe des Papstes Calixtus III., zum Papst gewählt und nannte sich Alexander VI.

Fünf Kardinäle hatten sich allen Bestechungen widersetzt und nichts für ihre Stimme angenommen – ihre Liste ist wesentlich kürzer als die der anderen, die sich in Pfründen oder Geld entschädigen ließen. Vielleicht hatten die das Borgia-Geld zurückweisenden Kardinäle von Neapel, von Siena, von Portugal, von Santa Maria in Portico und von Santo Pietro in Vincoli es ganz einfach nicht übers Herz gebracht, den inzwischen schon allzu bekannten Lebemann auf den Thron Petri zu erheben, obwohl er gewiß eine der stärksten Persönlichkeiten unter den Kardinälen war.

Außerhalb des Konklaves war der Parteienkampf blutiger: Zwischen dem Tod Innozens' VIII. am 25. Juli und der Krönung Alexanders VI. am 26. August sind allein in Rom mehr als zweihundertzwanzig Menschen ermordet worden, von Raub und Diebstählen in der allgemeinen Unsicherheit ganz zu schweigen ...

Dennoch war die Wahl Alexanders VI. in Hinblick auf die damaligen Gepflogenheiten kein Skandal zu nennen; es gab keinen militärischen Druck, und die Zusagen von Vergünstigungen und Pfründen überschritten nicht das übliche Maß. Der Kardinal hatte als Kanzler seine starke Persönlichkeit und seine ordnende Hand bewiesen, und es spricht nur für die Einsicht der Kardinäle, daß sie anstelle eines Strohmanns, der ja doch wieder von Borgia abhängig gewesen wäre, diesen selbst auf den Thron setzten, vielleicht in der uneingestandenen Hoffnung, daß er wie so mancher vor ihm durch das hohe Amt auch das Maß an Würde und Verantwortungsbewußtsein erlangen würde, das bis dahin an ihm offensichtlich vermißt wurde.

Auch Alexander VI. hatte weltliche Verdienste und Erfolge hinter sich. Er war am 1. Januar 1431 in San Felipe bei Valencia geboren worden und hieß damals noch Lançol y Borja. Nach dem Studium der Jurisprudenz wurde er Offizier, doch zeigte ihm die kirchliche Karriere seines Onkels, der als Papst Kalixtus III. hieß, schon bald andere und steilere Aufstiegsmöglichkeiten. Der Vierundzwanzigjährige wurde Bischof von Valencia und führte nur noch den Namen Borja, italianisiert Borgia, wie der Bruder seiner Mutter. Ein Jahr darauf, 1456, erhob der Heilige Stuhl den jungen Bischof zum Vizekanzler des Vatikans und zum Kardinaldiakon von San Niccolò in Carcere.

Die nun folgenden fünfunddreißig Jahre boten dem späteren Papst eine einzigartige Gelegenheit, die Stadt Rom, die Lage des Papsttums, die Situation in Italien und in der katholischen Welt überhaupt genauestens kennenzulernen. Nach Gesandtschaftsreisen und dreieinhalb Jahrzehnten Verwaltungstätigkeit war Borgia gewiß der am besten vorgebildete Kandidat für die Nachfolge des achten Innozens, und wenn auch seine Kinder keineswegs alle aus seiner kurzen Offizierszeit stammten (was ihm niemand hätte verübeln können), so hatte die allgemeine Sittenverderbnis in Rom doch jenes einzige Gute, daß man einem an sich fähigen Mann seine Nachkommenschaft nicht mehr vorwerfen konnte; schließlich hatte Innozens VIII. seine Söhne und Töchter auch niemals verheimlicht. Das Bedenkliche an der Existenz dieses Nachwuchses war weniger, daß er unter Bruch aller möglichen Gesetze und Vorschriften gezeugt worden war, sondern vielmehr die leidige Notwendigkeit, die Töchter mit hohen Mitgiftzahlungen auch für Fürstlichkeiten akzeptabel zu machen und die Söhne mit ganzen Herrschaften, ja Fürstentümern auszustatten; nur das beeinflußte tatsächlich die päpstliche Politik und das Schicksal des Papsttums in einer Zeit, in der es dringende innerkirchliche Aufgaben zu lösen gehabt hätte.

Es ist bedauerlich, aber auch überraschend, daß ein so hochintelligenter und längst außerordentlich reicher Mann wie der Kardinal Borgia als Papst so weiterlebte, wie er als Kardinal gelebt hatte, vor allem aber: daß er jene Umsicht und Vernunft, die ihn zu einem so tüchtigen Kirchenkanzler gemacht hatten, in seiner Herrlichkeit als Papst vermissen ließ. Er hatte als junger Kardinal die Bedeutung von Aeneas Sylvius Piccolomini erkannt und durch seine Stimme den Ausschlag für die Wahl Pius' II. gegeben. Die beiden klugen und keineswegs duckmäuserischen Kirchenfürsten hatten einander auch eine Weile gut verstanden; dann aber schlug der Borgia-Kardinal in einer Weise über die Stränge, die ihn zum Gespräch in ganz Italien machte und viele einflußreiche Familien gegen ihn einnahm:

»Geliebter Sohn«, mußte sein väterlicher Freund, der zweite Pius, damals an ihn schreiben, »Wir haben gehört, daß vor vier Tagen einige Damen aus Siena, herausgeputzt mit allem Tand der eitlen Welt, in den Gärten des Giovanni dei Bichis zusammenkamen und daß Du – des hohen Amtes, das Du bekleidest, wenig eingedenk – von der siebzehnten bis zur zweiundzwanzigsten Stunde bei ihnen weiltest. Du hattest einen von Deinen Kollegen zum Genossen, den wenigstens sein Alter an seine Pflicht hätte erinnern sollen (!), wenn er schon die Würde des Heiligen Stuhles vergaß. Wie wir hörten, hat man sich in jenem Garten den ausgelassensten Tänzen hingegeben, keine Liebeslockung fehlte, und Du betrugst Dich dabei nicht anders, als wärest Du einer aus dem Schwarm der weltlichen Jugend. Die Scham verbietet es zu sagen, was dort alles getrieben wurde – nicht nur der Tat, sondern schon dem Namen nach ist es Deiner Stellung unwürdig. Die Gatten, Väter, Brüder und Verwandten, die mit den jungen Frauen gekommen waren, wurden nicht eingelassen (!), damit Ihr Euch ungestört vergnügen konntet. Man sagt, daß heute in Siena von nichts anderem gesprochen wird als von jener Orgie ... Unser Mißfallen läßt sich nicht mit Worten ausdrücken ... Ein Kardinal muß über jeden Vorwurf erhaben sein!«

Es war ein Brief des Jahres 1460, gerichtet an einen neunundzwanzigjährigen Nepoten, an dessen Betragen zweifellos auch jener die Mitschuld trug, der einen so jungen Mann, der fünf Jahre zuvor noch spanischer Offizier und Lebemann gewesen war, mit dem Purpur ausgezeichnet hatte. Aber der Tadel Pius' II. wiegt schwer, denn dieser Papst hatte selbst das Leben kennengelernt, war spät in den geistlichen Stand getreten und hatte es sich gewiß dreimal überlegt, ehe er über Rodrigo Borgia den Stab brach – denn dieser Brief, aktenkundig bis heute, kam natürlich einer Verurteilung gleich und einem Brandmal für alle Zeiten.

Erst vierzehn Jahre später wird die stadtbekannte Verbindung des Kanzlers und Kardinals mit der schönen und nicht mehr ganz jungen Vanozza dei Catanei die ersten Früchte tragen: den Sohn Giovanni (1474–1497), erster Herzog von Gandia; den Sohn Cesare (1475–1507) und fünf Jahre später dann das berühmteste der Kinder, Lucrezia Borgia (1480–1519). Erst viel später, sechzehn Jahre nach Giofré, dem jüngsten Sohn mit Vanozza, wird die opulente Giulia Farnese, eine der schönsten Frauen ihrer Zeit, dem Papst weitere Kinder gebären (1498 und 1503), während die Nachkommenschaft von weniger bekannten oder unbekannten Mätressen auf die dreißig Jahre von 1458–1488 verteilt und kaum erfaßbar ist.

Nun sollte man meinen, daß auch eine ausgebreitete Nachkommenschaft gut versorgt werden könnte, wenn der Urheber all dieser Jünglinge und Mädchen seit fünfunddreißig Jahren an einer einzigartigen Geldquelle sitzt, auf einem jener Posten, von denen man sagte, es sei unmöglich, auf ihnen nicht reich zu werden. Aber da sprach nun die Zeit mit, in der man eben nur etwas galt, wenn man von Adel war, und ein Papstsohn konnte ja auch nicht einfach ein Baron sein. Für diese Versorgung mit Landschaften und Herrschaften stand in Italien zwar mehr Territorium zur Verfügung als im wohlorganisierten Frankreich oder in Deutschland mit seinen vielen wehrhaften Geschlechtern; aber es war eben doch immer wieder die gleiche mittelitalienische Zone zwischen dem nördlich und südlich von Rom am Meer hingelagerten Kirchenstaat und der Adriaküste zwischen Ancona und Rimini. Mit einem Sammelbegriff hießen diese Landschaften *Le Marche* (die Marken); dazu kam die Romagna, woran sich bis hin zur Stadt Bologna noch die Emilia anschloß. Die anderen Herrschaftsbereiche waren im allgemeinen in festen Händen und für abenteuernde Papstsöhne nur durch Heiraten zu erlangen: Neapel im Süden, Siena, das Florenz der Medici, das Mailand der Sforza und die *Terra Ferma* der mächtigen Republik Venedig im Norden. Genua und sein Küstenstreifen bildeten mit Korsika einen eigenen Machtblock, und Savoyen griff über die Alpen zwischen Genfer See und Turin.

Für die ganze Halbinsel waren aber die Machtansprüche von außen noch bedenklicher als die von jedem Renaissancepapst aufs neue entfachten Kleinkriege im Einflußbereich des Kirchenstaates, denn ein so unstabiles Staatensystem wie das Italiens lockt natürlich Eroberer an, seien es die deutschen Kaiser, die Normannen oder die Franzosen. Unter Alexander VI. waren es die Franzosen, die Erbansprüche auf Neapel geltend machten und dabei den Papst gegen sich hatten, dessen jüngster Sohn Giofré eine uneheliche, aber legitimierte Tochter aus dem in Neapel herrschenden Haus Aragon geheiratet hatte. Alexander war kurze Zeit in Gefahr, abgesetzt zu werden; aber die römischen Kardinäle standen treu zu ihm, Karl VIII. von Frankreich scheute wohl ein neuerliches Schisma, und die Sforza in Mailand bedrohten die französischen Nachschub- und Rückmarschwege – das rettete den Borgia-Papst.

Schwerer war der Rückschlag, den er durch die Ermordung seines ältesten Sohnes Giovanni erlitt (er hatte zwar einen früher geborenen Sohn Pedro Luis, der jedoch von einer unbekannten Mätresse stammte und keine große Rolle spielte). Giovanni, von seinem Vater zärtlich und auf spanisch Juan genannt, wurde eines Tages, von vielen Dolchstichen getötet, aus dem Tiber gefischt, und die Römer verdächtigten natürlich sogleich Cesare Borgia, Urheber des Attentats zu sein. Dafür gab es zwar keinen wirklichen Grund, aber es zeigt, daß man diesem Papstsohn buchstäblich alles zutraute.

Der Papst war tief getroffen, ging in sich, sah diesen Tod als eine Strafe des Himmels an und beschloß, sich der Reform zu weihen und allen weltlichen Ansprüchen zu entsagen. Diese Phase war jedoch – vielleicht durch Einflüsse aus dem Familienkreis – nur von kurzer Dauer, dann zogen die großen Unternehmungen und die deutliche politisch-militärische Begabung Cesares den bekümmerten Vater doch wieder in ihren Bann. In den einzelnen Entwicklungen vergessen, in der historischen Bedeutung überholt, sind die Aktionen der Jahre von 1496 bis 1503 nur noch interessant, weil sie zeigten, daß Machiavelli und Nietzsche tatsächlich nicht irrten: So rücksichtslos und grausam Cesare Borgia kämpfte, so ging es der Bevölkerung der Romagna unter ihm doch besser als unter den

Miniaturtyrannen, die sich um die Verwaltung überhaupt nicht kümmerten, und hätte er Zeit gehabt, Italien zu einigen, wären dem Land so manche Schrecknisse unter neapolitanischen und anderen Machthabern erspart geblieben.

Der Fiebertod Alexanders VI. nach einem Abendessen im Freien machte dem allen am 11. August 1503 ein Ende; der wankelmütige zwölfte Ludwig von Frankreich, der den Papst vorwiegend wegen seiner eigenen Eheaffären gebraucht hatte, war lange Zeit der wichtigste Helfer Cesares gewesen und hatte ihn zum Herzog von Valentinois gemacht. Nun aber ließ er ihn fallen, und wenn auch die Städte und sogar das Volk von Rom (das gegen diesen Papst niemals rebelliert hatte) weiter auf der Seite Cesares blieben, so hatte er doch keine echte Chance mehr. Statt nach Frankreich zu gehen, wo er als Schwiegersohn des Hauses Navarra hätte prächtig leben können, versuchte er sich in immer neuen Kleinkriegen und starb unter den Mauern der spanischen Kleinstadt Viana unweit von Pampluna, dort, wo seine Laufbahn als junger Bischof von Viana begonnen hatte.

Seine vielgenannte Schwester Lucrezia hatte nach einer ersten Ehe, die aus politischen Gründen und unter sehr peinlichen Vorwänden geschieden wurde, einen unehelichen Sohn des Königs von Neapel geheiratet, den Cesare, als er Lucrezia für eine neue Verbindung brauchte, kurzerhand ermorden ließ. Ihr dritter Gatte war Alfonso d'Este, Herzog von Ferrara, der sie endlich aus dem römischen Sündenpfuhl wegholte und ihr noch zwei ruhige Jahrzehnte fürstlichen Lebens verschaffte. Auch in ihrem Fall bezeichnen die – von einem Kenner wie Gregorovius weitgehend widerlegten – Gerüchte über ihren geschlechtlichen Umgang mit Vater und Bruder die allgemeine Stimmung in dieser Stadt Rom, in der man inzwischen alles für möglich und den Papst selbst der abscheulichsten Verbrechen für fähig hielt.

Die fernere Nachkommenschaft des Papstes entwickelte sich offensichtlich ohne besondere Skandale und erlangte zum Teil sogar persönlichen Ruhm: Giofré, Alexanders jüngster Sohn von Vanozza dei Catanei, begründete das Geschlecht der Herzöge von Squillace (nach einer kleinen süditalienischen Stadt), und von dem

1497 ermordeten Juan stammte der Jesuitengeneral Francesco da Borgia, der 1572 starb und als Heiliger verehrt wird. Ein Nachkomme Giofrés wurde Vizekönig von Peru, und was wichtiger ist, ein bedeutender spanischer Dichter: Er hieß Francisco Borgia und starb 1658.

Obwohl Alexander VI. durch unablässige politische Aktionen den weltlichen Besitz des Kirchenstaates aufs schwerste gefährdete, ja die Territorien, auf die frühere Päpste Einfluß hatten, erheblich verminderte, ist er doch in einem Punkt mit Sicherheit als jener Papst anzusprechen, der die machtvollste Handlung, und auch die folgenreichste, zu setzen berufen war: die Teilung der Erde zwischen den großen Entdeckernationen Spanien und Portugal. Sie erfolgte am 6. Mai 1493, also nicht viel mehr als ein halbes Jahr nach der glücklichen Heimkehr des Christoph Kolumbus aus Mittelamerika, und regelte durch Machtspruch des Papstes die Interessensphären hinsichtlich der zu entdeckenden und teilweise, an ihren Rändern, soeben entdeckten nichtchristlichen Gebiete der Erde.

Zwar wurde die päpstliche Linie ein Jahr darauf durch den Vertrag von Tordesillas in ihrem Verlauf ein wenig verändert, ganz einfach weil man ja von Monat zu Monat einen Zuwachs an Kenntnissen zu verzeichnen hatte und im gemeinsamen Einvernehmen sinnvollere Teilungen anstrebte; aber was Alexander VI. vornahm, die souveräne Teilung der Erdkugel zwischen den Seefahrernationen, das war doch ein Hoheitsakt von ganz besonderer Art. Er war notwendig geworden, weil nach langem Zaudern nun alle Gelehrten die Kugelgestalt der Erde akzeptierten, nach Jahrhunderten, in denen man eine Scheibe angenommen hatte! Die nach Westen aussegelnden Spanier und die nach Osten fahrenden Portugiesen mußten einander also treffen, was nach den rauhen Sitten jener Jahrhunderte Krieg auf fernöstlichen Meeren bedeutet hätte. Zu diesen Kriegen kam es schließlich auch, als der für Spanien segelnde Portugiese Magellan auf der Westfahrt, also auf spanischen Routen, Atlantik und Pazifik durchquerte und seine Expedition nach seinem Tod in das portugiesische Gewürzparadies der Molukken gelangte. Damit hatte man nämlich 1493/94, als die große Teilung erfolgte, noch nicht rechnen können. In Amerika aber trennte diese Linie zum Beispiel das bis heute portugiesisch sprechende Brasilien von den spanischen Kolonien.

Diese päpstliche Schlichtung eines großen Streites zwischen benachbarten Nationen hatte auch eine rein kolonialgeschichtliche Folge verhängnisvollster Art; sie aber ist nicht dem Papst, sondern den Spaniern wie den Portugiesen zur Last zu legen: Der Schiedsspruch aus Rom war mit der Auflage verbunden, in den entdeckten und zu entdeckenden fremden Ländern das Christentum nicht nur zu verbreiten, sondern zur einzigen Religion zu machen, Götzendienste auszurotten und ihre Denkmäler zu zerstören. Wir wissen alle, welch unendliches Leid die gewaltsame Christianisierung fremder Völker über die Unterworfenen gebracht hat und welch unendlich wertvolles Kulturerbe verbrannt, zertrümmert oder eingeschmolzen wurde, aus purer Intoleranz, freilich auch aus Goldgier. Die Gewißheit, mit dem Willen und dem Segen des Papstes in fremde Erdteile zu ziehen, gab vor allem den tiefgläubigen Streitern Spaniens das Gefühl eines neuen Kreuzzugs; die *Reconquista* war beendet, Mauren und Juden waren aus Spanien vertrieben. Nun galt es, unter dem gleichen Zeichen auch ganz Amerika christlich zu machen. Was darauf folgte – die garrottierten Eingeborenenherrscher, der Raub der Inka-, Azteken- und Mayaschätze, die Ausrottung der Indianerbevölkerung und ihre Versklavung in den Bergwerken –, brauchen wir hier nicht noch einmal zu erzählen. Ein Papst von der Intelligenz und Phantasie des sechsten Alexander hatte es vielleicht vorausgeahnt; offenbar wurde es erst, als der unerschrockene Indianerbischof Bartolomé de Las Casas seinen heroischen Kampf für eine menschenwürdige Behandlung der Indianer aufnahm. Dabei war ihm allerdings Kaiser Karl V. eine treuere Hilfe als die Päpste des sechzehnten Jahrhunderts.

Alexander VI. ist die schwierigste Aufgabe für jeden Geschichtsschreiber der Päpste; es gibt so gut wie keine Möglichkeit, sein Leben und Wirken für den Katholiken so darzustellen, daß kein Ärger daraus erwächst, und die Gegner der Kirche sind von vornherein in Gefahr, angesichts eines Gewalt- und Sinnenmenschen, wie es dieser Borgia war, das Kind mit dem Bade auszuschütten.

Man darf, ja muß Gregorovius glauben, wenn er von Alexander VI. schreibt: »Der Anfang seines Pontifikats gab auch einen klugen und kräftigen Regenten zu erkennen. Strenge Justiz, pünktliche Besoldung der Beamten, Billigkeit des Marktes pflegen die Mittel zu sein, mit denen neue Fürsten ihre Herrschaft empfehlen. So tat Alexander VI. Die grenzenlose Unordnung der Gerichte wurde beseitigt. Rom war ruhig und zufrieden. Der neue Papst selbst war freilich nicht liberal wie Nikolaus V.; er sparte das Geld; die Rechnungen seines Haushalts zeigen, daß überhaupt große Mäßigkeit die Regel seiner Hofhaltung war. Nur eins erregte Verdacht: die Rücksichtslosigkeit, mit welcher Alexander seinen Nepotismus von der ersten Stunde seines Papsttums an zu erkennen gab. In der Tat war es die dämonische Liebe zu seinen Kindern, welche für ihn wie für Italien verhängnisvoll wurde. Sie erst zog ihn zu Verbrechen fort, von denen er sonst wahrscheinlich frei geblieben wäre.«

Das sind große und schwer umzustoßende Worte eines Historikers, dessen unverwandt auf die Wahrheit gerichtetes Forscheringenium die Welt längst anerkannt hat und der über Lucrezia, die Papsttochter, ein eigenes Buch veröffentlichte. Gregorovius scheint anzudeuten, daß nicht nur Alexander das Unglück Italiens wurde, sondern auch Italien zum Unglück seines Pontifikats:

»Während er noch Kardinal war, betrachtete er seine spanische Heimat als das Land, wo er seine Kinder versorgen konnte, und dies erleichterte ihm die Bereitwilligkeit Ferdinands des Katholischen. Sein ältester Sohn Don Pedro Luis (1458 von unbekannter Mutter geboren) war nach Spanien hinübergegangen, am dortigen Hofe mit Ehren aufgenommen worden und hatte sich unter den Augen des Königs im Maurenkrieg des Jahres 1485, zumal bei der Erstürmung Rondas, durch Tapferkeit ausgezeichnet. Ferdinand belohnte ihn damals, indem er ihn und seine jüngeren Brüder Cesare, Juan und Giofré in den hohen Adel Spaniens aufnahm und ihm Gandia in Valencia mit dem Herzogstitel verkaufte.«

In Spanien, unter Königen, deren Herrschaft fest etabliert war und deren Land endlich zur Geschlossenheit gefunden hatte, wären die Söhne des Papstes vielleicht Konquistadoren geworden, und ihre starken Leidenschaften wären in der Neuen Welt verpufft, kaum sichtbar für das enge alte Europa. Auch der große Alfred von Reumont, preußischer Geschäftsträger bei Pius IX. und einer der ersten Romkenner des vergangenen Jahrhunderts, äußert sich nicht sehr viel anders in dem Artikel über Alexander VI., den ihm die Redaktoren des Herderschen Kirchenlexikons klugerweise anvertraut haben, denn bei so heikler Thematik bedurfte es einer unbestreitbaren Autorität. Nach der Darstellung der Sünden, ja Verbrechen, dieses Lebenslaufes schreibt Reumont: »Im Vergleich damit verschwinden die besseren Eigenschaften, welche Alexander VI. nicht fehlten. Seine Regierung, den Großen furchtbar, hat nie auf dem Volk gelastet; selbst wo Auflehnung leicht gewesen wäre, hat sich keine Hand gegen ihn geregt. Hätte es an ihm gelegen, so würde im Jahr 1500 die drohende Türkengefahr viel kräftiger bekämpft worden sein. Da jedoch Lauheit und Uneinigkeit der Verbündeten ihn hemmten, verwandte er die Mittel zur Unterstützung seines Sohnes, der ihn vollständig beherrschte und in Schrecken hielt (das heißt einschüchterte). Kirchliche Reformen mußten, seiner ganzen Richtung nach, ihm ferne liegen, und er hat wohl nur einen Moment daran gedacht; eigentlich hatte er nur für Politik Sinn, und auch für diese nur in bezug auf das Nächstliegende und den Augenblick, denn ein politisches System hat er nie gehabt, sondern ist auch in seinen wiederholten Wandlungen (das heißt Parteinahmen) von den Forderungen des Nepotismus bestimmt worden. Die Liebe zu den Seinigen blendete ihn völlig, während sie ihn in Abhängigkeit von ihnen brachte; ein Genußmensch, ließ er sich zu Gewalt- und Bluttaten, die seiner Natur fremd waren, verleiten, um die Herrschaft seines Sohnes zu konstituieren und zu sichern. In der Kirchengeschichte hat seine Regierung geringe Spuren hinterlassen. Seine 43 Kardinals-Kreierungen haben großenteils Familien- und politischen Interessen gedient.«

Nach diesen wohlabgewogenen Urteilen der zwei großen Historiker bleibt eigentlich nur noch Ephemeres zu sagen: ein Weniges, beinahe nur das Unvermeidliche, das unter diesem Papst für Rom geschah, Ausbesserungen an der Milvischen Brücke, Zubauten am Vatikanpalast und an der Engelsburg und die Beschäftigung einiger jener Künstler, deren Namen heute leuchtender strahlen als der des Papstes selbst – jenes Pinturicchio, der das bekannteste Bild Alexanders VI. geschaffen hat, aber auch des Filippino Lippi und des Pietro Perugino. Selbst Leonardo da Vinci war für den Papst und für Cesare Borgia tätig. Cesares bekanntestes Portrait stammt von Giorgione, aber auch Bronzino und der Palmeggiano haben ihn gemalt.

Glücklicher als die Schicksale der eigenen Nachkommenschaft gestaltete sich, was Alexander VI. in der Familie der Giulia Farnese bewirkte, seiner in ganz Rom wegen ihrer Schönheit, ihres Wuchses und ihres natürlichen Adels berühmten Geliebten. Das Geschlecht der Farnese hatte vor dem fünfzehnten Jahrhundert keine Rolle gespielt; hier begann also ein Aufstieg – wie auch in Deutschland nicht selten – durch eine schöne Frau und deren Liebesdienste, und ihr Bruder Alessandro, von Alexander VI. nachdrücklich gefördert, wird 1534 als Paul III. einer der bemerkenswerten Päpste sein. Das Geschlecht der Farnese aber wird bis herauf ins achtzehnte Jahrhundert blühen, nicht nur in Rom, sondern in vielen alten und schönen Städten Italiens, die einer kultivierten Familie so reiche Betätigungsmöglichkeiten bieten, in Parma und Caprarola, in Piacenza und Ronciglione. Ottavio Farnese, verheiratet mit Margarete von Parma, einer natürlichen Tochter Kaiser Karls V., hatte in Alessandro Farnese (1542–1592) einen Sohn, der mit Don Juan d'Austria (Karls V. natürlichem Sohn mit Barbara Blomberg) ein Leben lang eng befreundet war, der Kaiserenkel also mit dem Kaisersohn.

Als Alexander VI. starb, lag sein Sohn Cesare gerade schwer krank fern von Rom und war außerstande, mit der ihm vertrauten militärischen Macht einzugreifen, die wichtigsten Positionen der Tiberstadt zu sichern und das Kardinalskollegium unter Druck zu setzen. Dieses fürchtete auch nichts so sehr, wie zur Wahl eines weiteren Borgia-Papstes oder eines Papstes aus der spanischen Partei gezwungen zu werden (man nannte sie die Katalanen, obwohl sie keine waren). Es war daher nicht verwunderlich, daß nun das Andenken jenes Papstes siegte, der zwar auch einem gewissen Nepotismus gehuldigt, im übrigen aber feste Grundsätze bewiesen und würdige Verwandte zu Kardinälen gemacht hatte – die Erinnerung an Pius II. Der neue Papst war sein Neffe, hieß Francesco Todeschini-Piccolomini und war mittlerweile fünfundsechzig Jahre alt geworden, zu alt, wie sich zeigte: Einen Monat nach seiner Krönung, am 18. Oktober 1503, war der Thron Petri bereits wieder vakant. Pius III. hatte in einem der kürzesten Pontifikate der Kirchengeschichte zwar Hoffnungen geweckt, aber nicht die Zeit gehabt, sie zu erfüllen.

Da Cesare Borgia noch immer eine Gefahr bildete, da die ganze spanische Partei sich um ihren Kredit gebracht hatte, kostete es den Kandidaten der starken Rovere-Gruppe zwar Geld und Versprechungen, aber wenig Mühe, gewählt zu werden: Am 31. Oktober 1503 bestieg Giuliano della Rovere, ein Ligurer, wie man die Partei um Sixtus IV. nannte, den Thron, womit das zehn Jahre während glanzvollste Pontifikat der Geschichte begann. Man sollte es nur richtiger eine Regierungszeit nennen, denn dieser Rovere-Papst war zweifellos der größte Staatsmann seiner Zeit und als Persönlichkeit eine der eindrucksvollsten Ausprägungen des *Uomo universale*, des allseits begabten Menschen, wie ihn die Renaissance als Ideal aufgestellt hatte. Nur Seelsorge und Religion, Reform der Kirche und Förderung der Missionsarbeit, dies alles kam in den zehn Jahren Papst Julius' II. zu kurz. Er trug Cäsars Vornamen und wurde der echtere Cäsarennachfolger als der nun vollends gescheiterte Cesare Borgia.

Julius II. war schon als Kardinal der Hauptgegner Alexanders VI. gewesen; er hatte vor ihm nach Frankreich fliehen müssen, hatte versucht, den Borgia-Papst mit Hilfe französischer Truppen abzusetzen, und sich später nur äußerlich und in wenig überzeugender Weise mit Alexander versöhnt. Seine erste Sorge galt daher Cesare, denn wenn Julius II. Papst bleiben, ja wenn er überhaupt überleben wollte, mußte der gewalttätige Papstsohn, der noch einen großen Anhang im Volk und in der Romagna hatte, aus Italien entfernt werden. Das gelang nur dank einer Mächtekoalition: Die Diplomaten aller in Italien interessierten Staaten vereinigten sich in dem Bemühen, Cesare Borgia nach Spanien abzuschieben, was – wie berichtet – schließlich auch gelang.

Die Niederlagen Cesares hatten den Kirchenstaat aufs schwerste gefährdet. Julius II. vollbrachte durch Koalitionen und geschicktes Taktieren die in Italiens Geschichte beinahe einzigartige Leistung, die Halbinsel zu befrieden; dazu mußte er die Franzosen vertreiben und die Macht der Kirche in ihren Territorien wiederherstellen; er mußte den auf jede Gelegenheit lauernden Venezianern wieder abjagen, was sie aus dem Zerfall des Cesare-Imperiums an sich gebracht hatten; und er mußte sich vor allem eine kleine, aber schlagkräftige Armee für künftige Streitigkeiten aufbauen. Diese stand einem geldkräftigen Fürsten bald in den Schweizern zur Verfügung, den besten Söldnern seit jenen fernen Zeiten, da die Hunnen im Sold der Römer gekämpft hatten.

Die in ihrem damals noch armen Agrarland überzähligen Bauernsöhne »gingen auf die Reis'«, wie man sagte, wurden auch »Reisige« genannt und erwarben sich in vielen Schlachten für fremde Herren den Ruf treuer und tapferer Kämpfer. Vom Sold und von den Beuteanteilen lebten damals zahlreiche, ja wohl Tausende Familien vor allem in den bergigen, an Städten und Gewerben armen Kantonen der Schweiz. In Rom taten sie bald in prächtiger Kostümierung Dienst, die angeblich kein Geringerer als Michelangelo entworfen hat, auf der Basis der Luzerner Trachten . . .

Das Bildnis Raffaels zeigt uns, wie sollte es auch anders sein, Julius II. als einen väterlichen, bärtigen Papst, mehr Erzvater Moses als Feldherr, mehr resignierender Lear als unbeugsamer Kämpfer. Und doch hatte dieser Mann aus kleinem, verarmtem ligurischen Adel niemals aufgegeben, hatte schwere Krankheiten besiegt und sich wiederholt in eigener Person an die Spitze lächerlich kleiner Truppen gesetzt, die dennoch im katholischen Italien Eindruck gemacht und durch das bloße Auftreten des Papstes ganze Städte für den Kirchenstaat zurückgewonnen haben. Die Venezianer zu überlisten, die als geborene Diplomaten galten, gegen die hervorragenden französischen Armeen Nord- und Mittelitalien zurückzugewinnen, das sind militärische und staatsmännische Leistungen, die hohe, ja einzigartige Begabung verraten. Taten eines Papstes sind es nicht.

Rom verdankt dem Rovere-Papst den säkularen Erfolg der Versöhnung zwischen den Orsini und den Colonna, womit er die Stadt hinter sich hatte, aber es geschah noch viel mehr. Schon als Kardinal hatte sich Giuliano della Rovere sehr für Kunstgeschichte und Baukunst interessiert, und wenn natürlich auch andere Fürsten jener Zeit das Genie eines Bramante, eines Michelangelo und eines Raffael erkannten, so war es doch Julius II., der diesen Künstlern ihre größten Aufgaben zuwies und ihre herrlichsten Werke mit ihnen besprach und entwarf. Nach der Eröffnung der Sixtinischen Kapelle unter Julius II. war es vor allem der endliche Baubeginn an der neuen Peterskirche (18. April 1506), an deren Plänen ja schon frühere Päpste mitgedacht hatten; aber auch der Damasushof mit seinen Loggien geht noch auf Julius II. zurück, auch wenn Raffael und seine Schüler die zweiundfünfzig Szenen in den zwölf Gewölben erst in der Zeit von 1513–1518 vollendeten. 1508 ließ der Papst die Räume über dem *Appartemento Borgia* des Vatikanspalastes neu ausstatten; ältere Fresken wurden entfernt, und Raffael, den der Papst wie einen Sohn liebte (und dem er auch ebensoviel nachsah), durfte nach einheitlichem Plan und seinen Ideen schalten. Die Fresken im zweiten Raum, in der *Stanza della Segnatura*, gelten als ein Höhepunkt im Werk des Malers und, von 1508–1511 geschaffen, als der vollkommene Ausdruck der Malerei der Hochrenaissance mit dem berühmten Fresko der *Schule von Athen*, griechische, also heidnische, Philosophen mitten im Papstpalast. Raffael und sein Mitarbeiter Sodoma haben sich am Bildrand ebenfalls dargestellt. Im ersten Raum arbeitete Giulio Romano nach Raffaels Entwürfen, im dritten Raum, der *Stanza d'Eliodoro*, stammen die Deckengemälde von Peruzzi, die Wandfresken wurden von Raffael zum Teil erst nach dem Tod des Papstes ausgeführt. Hier findet sich die bekannte Darstellung einer welthistorischen Szene: Papst Leo I. trifft den Hunnenkönig Attila und bewegt ihn zur Umkehr, womit die Stadt Rom gerettet ist.

Die anschließende *Sala di Constantino* wurde nicht mehr von Raffael, sondern von seinen Schülern Giulio Romano und Raffaelo del Colle ausgemalt; sie wird beherrscht von einer großen Szene aus der Geschichte der Stadt Rom, dem Sieg des Konstantin über seinen Mitkaiser Maxentius am *Ponte Molle*, damals, 312, *Pons Milvius* geheißen.

Man sagt Julius II. nach, daß er seinem Feind, dem sechsten Alexander, im Bett der göttlichen Giulia Farnese nachgefolgt sei. Sie war die begehrenswerteste Frau von Rom, sie verfügte dank Alexander bereits über eine gewisse Hausmacht und einen einflußreichen Bruder, und es mag Julius II., der dem Borgia-Papst viele Jahre des Exils zu verdanken hatte, eine Genugtuung gewesen sein, ihn nicht nur zu überleben, sondern auch zu beerben. Eine Tochter der Giulia Farnese mit Alexander, die sonst nirgends in Erscheinung tritt (man weiß nur von zwei Söhnen mit Sicherheit), soll einen Neffen Julius' II. geheiratet haben, und die schöne Farnesina wäre dann als Geliebte zweier Päpste gleichzustellen mit der ungekrönten Fürstin der französischen Renaissance, mit Diane de Poitiers, der Geliebten der Könige Franz I. und Heinrich II. Sie hat übrigens eine seltsame Verbindung mit dem Geschehen von Rom aufzuweisen, denn sie wurde, obwohl vom Vater und vom Gatten her unermeßlich reich, von ihrem königlichen Geliebten auch noch zur Herzogin von Valentinois erhoben, in welcher Würde sie also dem gescheiterten Eroberer Cesare Borgia nachfolgte. Die militärischen Aufgaben, die der Papstsohn in Italien nicht mehr hatte lösen können, die hatte freilich Julius II. auf sich genommen und weitgehend gelöst, *il papa terribile*, wie man ihn nannte, den furchterregenden Papst, den man häufiger im Harnisch sah als in der geistlichen Gewandung.

Es wird von niemandem bestritten, daß die rein kirchlichen Angelegenheiten Julius II. angesichts seiner drängenden staatsmännischen Aufgaben weit weniger interessierten, als man dies von einem Papst erwarten würde. Das ist zu bedauern, da er die Autorität und die Energie gehabt hätte, die durch das Regiment der Borgia auf dem Tiefpunkt ihrer Weltgeltung angelangte katholische Kirche mit neuem Leben zu erfüllen und ihr die Achtung der Völker erneut zu sichern. Für Rom tat er, was er tun mußte, um eine ruhige Stadt zu regieren; man sagt, daß man in seinem Pontifikat viele Gehängte sah, daß aber die zufälligen Toten, die von irgendwelchen Straßenräubern ermordeten Römer, selten geworden waren. Als man Alexanders Sohn Juan aus dem Wasser fischte, voll bekleidet, das Geld noch im Gürtel, aber grauenhaft verstümmelt, da hatten die Fischer ausgesagt, daß täglich Leichen ins Wasser geworfen würden, um die man sich nicht gekümmert habe; erst als der Papstsohn vermißt wurde, trommelte man die Fischer zusammen und zog Netze durch den Flußgrund und fand den vermutlich einem Eifersuchtsattentat zum Opfer gefallenen jungen Herzog von Gandia. Das war unter Julius II. anders. Nun herrschte Frieden, nun duckten sich die Römer, und wenn sie zu den Waffen griffen, so geschah dies für den Kirchenstaat.

Auch die Männer, die Julius zu Kardinälen machte, waren im allgemeinen würdig zu nennen, es fehlten die Jünglinge und Nepoten, und als Frankreich mit Hilfe eines Konzils Julius entmachten wollte, fiel dieser Versuch angesichts der Autorität des *papa terribile* ziemlich kläglich in sich zusammen. Andererseits hatte Julius selbst auch einen internationalen Mißerfolg hinzunehmen, als er die Fürsten zu gemeinsamem Vorgehen gegen die Türken vereinigen wollte; diese Aufgabe war aus dem Charakter der Kreuzzüge herausgewachsen, die Mohammedaner standen nicht mehr nur im Ostmittelmeerraum, sie hatten sich längst bis an die Donau vorgearbeitet. 1529 und 1683 wird der Kaiser des Heiligen Römischen Reiches gemeinsam mit dem, was er an Helfern zusammentrommeln kann, dem Halbmond entgegentreten müssen, und niemand wird dabei an Pilgerfahrten ins Heilige Land denken.

Die zweite Sisyphusaufgabe aller Päpste jener Zeit war der Kampf gegen die Simonie, den Ämterkauf, und Julius II. konnte ein Lied davon singen, war er doch durch diese Schande ebenfalls hindurchgegangen. Drei Jahre nach seiner Wahl trat er zum erstenmal gegen die Simonie energisch auf, und die Bulle vom Jahr 1505 ist eine der strengsten, was den Wortlaut und die Eingriffe in den Usus betrifft. Vier Jahre darauf erließ er eine Konstitution gegen das Duell, ein anderes Übel der Zeit, und auch gegen den Strandraub, der zu nichts anderem geworden war als zu einer besonderen Form der Piraterie: Schiffbrüchige wurden rund um das Mittelmeer als rechtlos angesehen, bis auf die bloße Haut ausgeplündert und zumindest im islamischen Bereich auch als Sklaven verkauft. Weder der Schiffseigner noch die Kaufleute, die Waren auf dem Schiff gehabt hatten, kamen zu ihrem Recht, sie mußten noch von Glück sagen, wenn sie gute Beziehungen zu Hehlern hatten und das Geraubte billig zurückkaufen konnten. Aber so mancher Strandungsfall war provoziert, war durch irreführende Lichtsignale herbeigeführt worden, und daß der Papst in diese Mißstände eingriff, erweist ihn als einen Mann der Praxis. Vor ihm hatte sich nämlich niemand darum gekümmert, und ganze Dörfer hatten von dieser läßlichen Sünde recht gut gelebt, auch so manche Insel vor der spanischen oder französischen Westküste.

1511 kam die erste große Krise im Leben dieses Papstes. Er mußte seinen Neffen, einen jungen Herzog, vor Gericht stellen, weil er auf offener Straße – wenn auch nicht in Rom – einen Kardinal getötet hatte; er mußte sich gegen das französisch-deutsche Absetzungskonzil wehren und brach am 17. August 1511 zusammen. Niemand glaubte an die Genesung des Mächtigen. Der glänzende Pompeo Colonna, Kriegsmann, Kardinal und Tribun, hielt eine flammende Rede, um als Römer der nächste Papst zu werden, obwohl das Kardinalskollegium nicht mehr allzu viele Römer zählte. Das Volk bewaffnete sich gerade, um das Konklave zu beeinflussen, da schlug der Papst die Augen wieder auf, begnadigte seinen Neffen und kehrte in die Macht zurück. Es war das Wunderwerk eines jüdischen Leibarztes, der den seltsamen Namen Lanzelotti führte.

Als der Tod dann wirklich kam, waren die drängendsten Probleme gelöst, das Gegenkonzil gescheitert, Frankreich ohne Einfluß in Italien und Kaiser wie Papst gegen die raubgierigen Herren von der Lagunenrepublik vereinigt. Venedig nämlich wollte sich schnell noch ein Landreich zusammenholen, da sein Seereich, die Adria und das Mittelmeer, gegenüber dem Atlantik und den amerikanischen Zielen so sehr an Bedeutung verloren hatte.

Es war im Februar des Jahres 1513, als Julius II. zu fiebern begann; jeder Kleinstadtapotheker von heute hätte ihn retten können, denn wer fiebert nicht einmal im Februar. Aber die Erkältung schritt fort, ergriff die Lungen und traf den Mann, der sich nie geschont hatte, so tief, daß er die Anordnungen für sein Leichenbegängnis gab. Längst hatte Michelangelo den Auftrag für ein Mausoleum, und die Figuren von jenem Grabmal gehören zu seinen herrlichsten Schöpfungen. Der prächtige Papst fürchtete, daß man ihm die Gewänder rauben werde, er weinte und bereute und verweigerte in einem letzten Aufbäumen gegen den Nepotismus seiner Tochter jenen Kardinalshut, den sie für ihren Halbbruder erbat.

Als er in der Nacht auf den 21. Februar 1513 verschieden war, sammelte sich eine ungeheure Menschenmenge. »Niemals in den vierzig Jahren, die ich nun in Rom lebe, habe ich eine so große gesehen«, schreibt Paris de Grassis, sein Kämmerer. »Alle wollten den toten Julius sehen und seinen Fuß küssen. Mit Trauer riefen sie seiner Seele Heil, da er im vollen Sinn ein römischer Pontifex und Vikar Christi gewesen war, Bewahrer der Gerechtigkeit, Mehrer der apostolischen Kirche, Verfolger und Bändiger von Tyrannen und Befreier Italiens von den Barbaren.«

Anders als Pius II., der nach einem weltlichen Leben ein guter Papst geworden war, überraschte Julius II. die Welt durch ein Pontifikat von großer Kraft und Entschlossenheit nach einer Vorbereitungszeit, die ihn kaum aus dem Schatten des Nepotismus hatte heraustreten sehen. »Er trat«, schreibt Gregorovius, »in die Fußstapfen Alexanders VI. und Sixtus' IV., doch ohne deren Verbrechen zu wiederholen, und so führte er das monarchische Prinzip im Kirchenstaat ein. Er war nicht der erste Papst, welcher Kriege führte, doch kennt die Geschichte keinen, der sie mit so persönlicher und weltlicher Leidenschaft geführt hat.«

Viereinhalb Jahre nach dem Tod Julius' II. schlug Martin Luther seine fünfundneunzig Thesen, am Vorabend des Kirchweihfestes, an die ehrwürdige Türe der Schloßkirche von Wittenberg, sichtbarer und verständlicher Ausdruck dessen, was sich nicht etwa die Gegner der Kirche, sondern der Kernbestand ihrer frömmsten, klügsten und bemühtesten Diener von den Päpsten und von den Konzilien erwartet hatte. Julius II. und sein Nachfolger Leo X. waren große Herren und auch große Päpste; die bescheidenen Arbeiter im Weinberg, deren die Kirche in dieser Krise bedurft hätte, waren sie nicht. Darum konnte wohl auch das von ihnen beherrschte achtzehnte Konzil nicht die Hoffnungen und Wünsche erfüllen, die in Konstanz offengeblieben waren. Ja, in den nur zwölf Sitzungen dieses achtzehnten Konzils wurde sogar mancher Fortschritt zurückgenommen, den die eifrig ringenden Reformer in Konstanz erreicht hatten, so daß wir unter Leo X. dann den römischen Klerus wieder in seiner vollen Zentralmacht vor uns sehen und die Reformparteien in Deutschland, Frankreich und der Schweiz als periphere Gruppen an Einfluß verloren haben.

Die nun anbrechende Reformation war ja keineswegs ein deutsches Aufmucken gegen Rom; sie hatte Hunderte von Quellen, sie nistete in jedem ehrlichen Kirchendenker, und das seit dem hohen Mittelalter. Luther war auch nicht der erste, der das Nötigste artikulierte. Giustiniani und Quirini, zwei Kamaldulensermönche, forderten in einem ehrfurchtsvollen Brief an den neuen Papst, daß Leo X. das Laterankonzil zu einem Konzil der Reformen mache und daß die Kirche sich künftig alle fünf Jahre zu einem großen Konzil vereinige – ein Gedanke, der auf einen der größten Päpste der Geschichte zurückgeht, auf Gregor VII.

Luther hatte gegenüber diesen und anderen Kritikern den Vorteil, daß zwischen ihm und dem zürnenden Rom die Alpenkette verlief und daß auch so mancher deutsche Fürst aus politischen wie aus religiösen Gründen der Meinung war, eine Gesundung der Kirche könne durchaus von Deutschland ausgehen. Alles, was gegen Luther geschah, zeugt von einer bemerkenswerten Unterschätzung der Möglichkeiten, die dieser politische Rückhalt dem deutschen Reformator bieten mußte. Das Papsttum reagierte verwaltungsmäßig, befehlend, strafend und schließlich durch Ausstoßung. Die wirksamere Methode, durch eigene Reformen dem deutschen Reformator den Wind aus den Segeln zu nehmen, lag den mit Rom und ihren Familien befaßten Päpsten offenbar zu fern.

Die großen Familien

Auf dem Weg von der Renaissance zum Barock tragen die Päpste – ehe sie gekrönt werden – die Namen jener italienischen Familien, denen wir in der Kunstgeschichte beinahe noch häufiger begegnen als in der politischen Historie dieser viel zu unruhigen Halbinsel, und es ist vielleicht kein Zufall, daß uns die Medicäische Venus, die Venus Ludovisi, die üppigen Bauten und Bildwerke der Barberini, der Borghese und der Aldobrandini an ebenso viele Päpste erinnern, die im sechzehnten und siebzehnten Jahrhundert nun erklärtermaßen die Fürsten von Rom sind, und dies mehr als Oberhäupter der Kirche Christi. Es gibt Religionen, in denen dieser Prunk durchaus zur Weihe, zur Heiligkeit und zum frommen Leben gehört, und kein Nachkomme des Propheten oder auch nur seiner Schwiegerkinder mußte sich je seine Kalifenherrlichkeit oder die Paläste, die Sklavinnen, den Reichtum vorwerfen lassen. Aber das Christentum hatte nun einmal als die Religion der Rechtlosen, der Namenlosen, der Unterdrückten seinen Weg begonnen und diesen Menschen im Bodensatz des prunkliebenden Römerreiches seinen Aufstieg zu verdanken. Von jener Katakombenarmut aber hatten sich die Päpste nun endgültig entfernt, und das ohne jegliche Tendenz zur Umkehr.

Ist es in einem Staatswesen einmal soweit, dann stiften jene Herrscher, die von Haus aus Vermögen, Erziehung und einen eindrucksvollen Familienrückhalt mitbringen, in der Regel weniger

243

Unheil als die Emporkömmlinge, die seit jeher Gierigen, die mit der Ungeduld armseliger Generationen das hohe Amt sehr schnell entweihen. Der Nachfolger Julius' II. nannte sich Leo X., ein Papstname, dem über die unmittelbare Wortbedeutung hinaus die Tradition von Glanz und Macht anhaftet; und doch gilt einer Gruppe kritischer Fachhistoriker dieser Leo X. ebenso als unheiliger Papst wie jener Urban VI., der ganz von unten gekommen war, sich servil hochgedient und schließlich auf der Höhe der Macht den Verstand verloren hatte, eines der wenigen Ungeheuer auf diesem ehrwürdigsten Thron der Menschheit.

Leo X., am 11. Dezember 1475 als Giovanni dei Medici geboren, war ein unehelicher Sohn Lorenzo des Prächtigen, nach anderen Quellen als viertes Kind von Lorenzos Gemahlin Clara Orsini geboren. Für seine Erziehung im Haus eines der glanzvollsten und begabtesten Fürsten der Renaissance machte dies keinen Unterschied, und daß man ihn in späteren Vorwürfen »mehr Bankier als Priester« nennt, ist noch keine unbedingte Verurteilung eines Pontifikats, in dem mehr weltliche als geistliche Probleme zu lösen waren. Für die Jahre von 1513 bis 1521, in denen Leo X. regierte, hätte der Papst getreu dem Muster anderer Monarchen eine ganze Regierung bilden und die verschiedenen Aufgaben delegieren müssen, und die Vernachlässigung seiner kirchlichen Pflichten kam zweifellos zu einem Gutteil daher, daß es stets nur einen Stellvertreter Christi auf Erden geben darf, daß dieser eine und einzige aber eben nur ein Mensch ist und nur eine begrenzte Fähigkeit hat, sich mit diesen Aufgaben zu steigern.

Ohne die politisch-historischen Peripetien seiner Auseinandersetzungen mit Frankreich, mit Kaiser Maximilian, mit Venedig und Urbino nachzeichnen zu wollen, kann man Leo X. starke Friedensliebe bescheinigen. Sie war es wohl auch gewesen, die im einwöchigen Konklave den Ausschlag zugunsten des Medicäers gegeben hatte, denn warum hätte man sonst einen Siebenunddreißigjährigen zum Papst erheben sollen, der den beinahe durchwegs älteren Kardinälen jede Aussicht nahm, selbst Papst zu werden! Er hatte einen für italienische Verhältnisse großen Staat mit einer mächtigen Herrscherfamilie und großem Vermögen hinter sich; man durfte

sicher sein, diesem Genußmenschen, diesem Welt- und Geld-
mann, nicht im Harnisch durch ganz Italien nachlaufen zu müssen.
Und diese Hoffnung trog auch tatsächlich nicht. Julius II. hatte
trotz aller seiner Unternehmungen, ganz einfach weil er ein starker
und ordentlicher Papst war, den beträchtlichen Schatz von sieben-
hunderttausend Dukaten hinterlassen. Dieser wartete, in der
Engelsburg gesichert, auf den Nachfolger, und der Nachfolger gab
schon bei seiner Inthronisation hunderttausend Dukaten für Feierlichkeiten aus. Aber seine Leidenschaft waren die Poeten und die
Maler, die Bildhauerei, die Architektur, die schönen Frauen und –
die Jagd. Dieses einem Kirchenfürsten verbotene Vergnügen
betrachtete Leo X. als seiner Gesundheit zuträglich, obwohl ihn
beim Reiten seine Fistel besonders quälte. Er jagte mehr als jemals
ein Kirchenfürst, und er beschäftigte mit echter Anteilnahme am
Literaturgeschehen so hervorragende Geister wie Pietro Bembo
und den Historiker Francesco Guicciardini, der über Alexander VI.
so harte Worte gesagt hatte. Der Essayist Paolo Giovio erhielt nicht
einfach eine Pfründe, sondern ein Bistum, und den leichtlebigen
Pornographen Aretino, den er nicht gut mit einer kirchlichen
Würde auszeichnen konnte, unterstützte Leo X. heimlich wenigstens mit Geld. Von Niccolò Machiavelli wurde die frivole Komödie
Mandragora aufgeführt und vom Kardinal Bibbiena ein ausgesprochen unsittliches Theaterstück, das *Calandria* hieß.

Dennoch war Leo X. nicht ausschweifend, oder besser gesagt: Es
gab keinen Skandal. Er war eben kein Geistlicher, sondern ein
Fürst, und die schönen Frauen fielen in seiner Gesellschaft weit
weniger auf als etwa die düstere Größe des bärtigen Michelangelo,
mit dem er sich sehr gut verstand.

Er gab das Geld mit vollen Händen aus, aber weniger für Nepoten und Mätressen als für seine Ideen, für seinen Renaissance-
traum. Er umgab sich mit Archäologen, ließ das antike Rom ver-
messen und teilweise ausgraben und wandte Unsummen an den
Neubau der Peterskirche, wollte aber nicht, daß antike Reste dafür
verwendet würden. In einer Instruktion an den Maler Raffael liest
man: »Häufig entdeckt man große Mengen von Stein und Marmor
mit Inschriften, oder aber merkwürdige Sprüche auf Denkmälern,

die es verdienen, zur Förderung der Literatur und zur Pflege der lateinischen Sprache erhalten zu bleiben. Aber nur zu oft werden diese leider zerschnitten oder zerbrochen, weil man sie als Baumaterial für neue Gebäude verwendet.«

Dieser wie selbstverständlich verbreitete Glanz des Medici-Papstes rief Neider auf den Plan, und als Leo X. einmal der in Siena herrschenden Familie Petrucci zu nahe trat, kam es in Rom zu einer gefährlichen Verschwörung, an deren Spitze der junge Kardinal Petrucci stand, die sich aber auch auf andere Kardinäle stützen konnte. Leo X. handelte nervös, aber mit großer Geistesgegenwart, sperrte die Kardinäle Riario und Farnese (also zwei Nepoten früherer Päpste, die eigentlich hätten Frieden halten sollen), blitzschnell in ein kleines Gemach neben dem seinen und ließ die Wache eingreifen. Die Kardinäle Riario und de Saulis wurden verhaftet, Petrucci wagte sich unvorsichtig nach Rom und wurde sogleich in die Engelsburg geworfen. Es gab das glücklicherweise seltene, aber immer wieder empörende Schauspiel, daß Kardinäle gefoltert wurden, und Petrucci nannte nach ausgesuchten Martern so viele Namen, daß Leo X. schließlich außerstande war, davon Gebrauch zu machen. Vielleicht hatte er auch, in richtiger Einschätzung der Folter, nicht alles Gestandene geglaubt, hatte Petrucci doch sogar Adriano de Corneto, den engsten Freund Leos, als Mitverschworenen bezeichnet. Ja als nach dem Ende der ganzen Affäre, der Flucht einiger Belasteter und dem Kniefall und den Geldbußen anderer der Papst nicht weniger als einunddreißig neue Kardinäle kreierte, da munkelte man, alles sei im Grunde nichts anderes gewesen, als ein aufgebauschter halbprivater Mordversuch: Petrucci sei zu Recht hingerichtet worden, aber die Diskriminierung so vieler anderer Kardinäle habe dem Zweck gedient, Leo neue Geldmittel für seine ungeheuren Aufwendungen beim Bau der Peterskirche zu verschaffen.

Seltsame Erklärungen, aber die Römer schienen alles von einem Papst zu glauben, der 635 Menschen für sein eigenes Wohlergehen und die allerhöchste Bequemlichkeit besoldete, und schließlich hatte einer seiner Vorgänger gar 2200 neue Schreiberstellen geschaffen, die auch eine Menge Geld gebracht hatten, weil sie so begehrt waren und so angenehme Bereicherungsmöglichkeiten boten.

Daß diesem Treiben so mancher Mönch glühenden Herzens und mit bitterem Zorn zusah, braucht uns nicht zu verwundern. Die Kirche liebte sie damals nicht, die sauberen Eiferer, die machtvollen Reformernaturen, die unbestechlichen und unabhängigen Geister, und doch hatte gerade Leo sich mit zweien von ihnen auseinanderzusetzen: mit Girolamo Savonarola, der sich nicht scheute, auf den Straßen und Plätzen Italiens in aller Offenheit über das Treiben des Papstes und der Kardinäle herzuziehen, und mit Martin Luther, der sich in Deutschland eines schnell wachsenden Anhangs erfreute.

Das starke Interesse, das deutsche Fürsten von Anfang an an Luther nahmen, bewog den Papst, gegen Luther lange Zeit ohne Schärfe vorzugehen; er schickte ihm immer wieder Disputationsgegner nach Deutschland, bald kluge Geistliche, bald höfliche Diplomaten, mußte Luther aber, da er sich nicht unterwarf, am 3. Januar 1521 aus der Kirche ausstoßen. Da Leo noch im selben Jahr starb, nahmen die wundergläubigen deutschen Protestanten dies als ein ermutigendes Zeichen.

Der berühmteste der italienischen Reformatoren, der wortmächtige Bußprediger Girolamo Savonarola (geb. 1452), hatte schon vor Leo und vor Luther von sich reden gemacht und in Florenz großen Einfluß gewonnen, ohne eigentlich ein Amt in dieser Republik zu haben. Savonarola hatte das Pontifikat Leos nicht mehr erlebt, so lange hatte man ihm nämlich nicht Zeit gelassen, die Kardinäle und die Päpste zu schmähen; er war in Florenz, nach einem Scheinprozeß, in dem er keine Chance gehabt hatte, im Jahr 1498 verbrannt worden, nachdem er das politische und das geistige Leben im Florenz der Medicäer vier oder fünf Jahre lang beherrscht hatte. Leo X. war damals ein Kardinal von dreiundzwanzig Jahren gewesen, aber die leidenschaftlichen Anklagen des Mönches aus Ferrara, um dessen Heiligsprechung sich bis heute ernsthafte Ordensmänner bemühen, hatten in ihm keinen Widerhall gefunden, hatten ihn nicht zum Reformpapst werden lassen, der er hätte werden können – denn selten hat ein junger Kardinal so sicher gewußt, daß er eines Tages Papst sein würde, wie Giovanni dei Medici.

Im Herbst 1521 hatten kriegerische Verwicklungen begonnen, Ferrara war vom Papst abgefallen und hatte sich für die Franzosen erklärt, aber die Schweizer und andere Soldtruppen des Medicäers hatten am 2. Oktober gesiegt. Die Aufregungen und die Freude hatten ein vermutlich schon länger bestehendes Leiden des Papstes akut werden lassen. War er ins Konklave umgeben von seinen Leibärzten gegangen, um zu dokumentieren, daß er krank sei und bald dem nächsten Platz machen werde, so ereilte ihn der Tod nun tatsächlich sehr früh, nämlich im fünfundvierzigsten Lebensjahr.

Hadrian VI., der auf den glänzenden Medicäer folgte, war ein großer Herr. Er hatte Karl V. erzogen, das heißt, er hatte den jungen Habsburger darauf vorbereitet, über die Welt zu herrschen, und Karl hatte seinen ehemaligen Erzieher ein Leben lang mit Dankbarkeit und Vertrauen als einen ihm besonders nahestehenden Menschen angesehen, ihn zum Regenten von Spanien gemacht, zum Generalinquisitor und endlich zum Papst. Den Römern freilich imponierte dies alles nicht; es schien, als hätten sie von Anfang an gewußt, wie kurz Reformpäpste in ihrer Mitte blieben, und als hätten sie sich entschlossen, ihn ebendarum gar nicht zur Kenntnis zu nehmen. Hadrian tat, was man binnen zwanzig Monaten tun kann; er beschnitt den Kirchenstaat auf das, was der Kirche frommte und ihr bleiben durfte, ohne sie dauernd in die binnenitalienischen Querelen hineinzuziehen. Er widersetzte sich sogar den Aufforderungen seines kaiserlichen Freundes, gegen Frankreich in den Krieg zu ziehen, und versuchte alles, den europäischen Frieden zu erhalten, da die Türken sich als die große Gefahr überdeutlich zu erkennen gaben. Man hat ihn den einsamsten aller Päpste genannt, weil er Rom, die Kardinäle und die Fürsten gegen sich hatte; aber die Einsamkeit kann niemals die Tragik eines Papstes sein, den doch schon sein Amt hoch über alle Menschen stellt; die Tragik des sechsten Hadrian bestand in der ihm zugemessenen Spanne des Wirkens, die ihm gestattete, alles zu beginnen, aber es unmöglich machte, auch nur irgend etwas zu vollenden.

Da dies so war und sein mußte, folgte auf den Eindringling, um den sich niemand wirklich gekümmert hatte, wiederum ein Papst aus dem durch seine Spielregeln und gegenseitigen Abhängigkeiten gebildeten Kreis, nämlich Giulio dei Medici, der als Clemens VII. von 1523 bis 1534 regierte. Er war ein unehelicher Sohn jenes Giuliano dei Medici, der im Dom zu Florenz dem Attentat der Rovere-Partei zum Opfer gefallen war, hatte aber keine Erinnerung daran, da er im Todesjahr seines Vaters geboren worden war. Immerhin wußte er natürlich, daß er unehelich geblieben und vaterlos geworden war, weil die Partei eines Papstes nach einer Ausbreitung auch ihrer weltlichen Macht strebte, und schon dieses Erbe erklärt, auch wenn es nicht Rachsucht war, daß er wiederum ein Rechner und Politiker auf dem Thron wurde und ganz und gar kein Kirchenmann. Als Florenz inmitten von Kriegswirren die Republik ausrief und die Mediciäer vertrieb, ruhte Clemens nicht eher, als bis er die Stadt – die dem Papsttum niemals gehört hatte – erobert und dort uneheliche Medici-Jünglinge als Herren eingesetzt hatte.

Clemens VII. ist das Beispiel dafür, daß der Kirche doppeltes Unglück zuwächst, wenn der Papst neben der schweren Aufgabe des Kirchenstaates noch eine zweite, die eines großen Familienbesitzes, zu verwalten und zu bewältigen gedenkt. Hatten schon die Parteiungen in Rom Unfrieden genug über die Kirche gebracht, so komplizierten die florentinischen Interessen dieses begabten, aber eben doch nicht übermächtigen Medici alle Angelegenheiten auf das verderblichste, ganz abgesehen davon, daß ihm für sein eigentliches Amt und dessen hohen Auftrag gar keine Zeit blieb – und erst recht keine Mittel. An die Eroberung von Florenz wandte er zwei Millionen Dukaten, sein eigener Freikauf nach den unvermeidlichen Niederlagen Roms kostete weitere vierhunderttausend Dukaten, natürlich aus dem Vermögen der Kirche. Wer sich dem Schwert zuwendet, führt ein Leben unter dem Schwert. Die Welt der Völkerwanderung erscheint noch kindlich und gläubig mit ihrer Ehrfurcht vor dem Papst und den Kirchen, Goten wie Vandalen erscheinen harmlos im Vergleich zu den beiden großen Plünderungen Roms im Jahr 1527, zuerst durch eine kleine entschlossene Schar italienischer Truppen unter der Führung eines oppositionellen Kardinals, danach ausgedehnter und furchtbarer durch eine aus verschiedenen Völkern zusammengewürfelte Streitmacht, in der Spanier und Deutsche das Übergewicht hatten und Generäle mit den großen Namen Frundsberg und Bourbon das Kommando.

Ein kleines, aber tapferes Söldnerheer unter Giovanni – dem Sohn der Caterina Sforza – versuchte, dem bedrohten Medici-Papst zu Hilfe zu kommen und den Deutschen den Weg zu verlegen; aber Giovanni fiel durch eine verirrte Kugel, seine Truppe zerstob, und das Unheil näherte sich der Ewigen Stadt. Es war um so vollständiger, als beide Anführer, Männer, die ihre Soldaten im Zaun zu halten wußten, kurz nacheinander starben: Frundsberg traf der Schlag nach einer Meuterei, Bourbon traf ein Artilleriegeschoß von den Mauern der Stadt, und es war kein Geringerer als der geniale Benvenuto Cellini, der das Rohr gerichtet hatte. Damit waren die Angreifer zwar führerlos, aber auch ohne Zucht, und was die Stadt nach der Eroberung erlebte, ist als *Sacco di Roma* eine der beschämendsten Episoden nicht nur der Kriegs-, sondern der Menschheitsgeschichte, vergleichbar dem Brand der großen Bibliothek von Alexandria oder dem militärisch völlig sinnlosen Phosphorangriff auf die Stadt Dresden.

Es spielt heute keine Rolle mehr, wie es der Papst zuwege brachte, die Mächte gegen sich aufzubringen; sicher ist, daß sie einen Hadrian VI. in Ruhe gelassen hätten, aber Clemens VII. war eben ein Staatsmann, nur erkannte er von der Höhe seiner Medicäer-Visionen leider nicht den Wandel der Zeitalter. Weder mit Franz I. von Frankreich noch mit Karl V. war gut Kirschen essen; die Franzosen hatten seit Generationen Schwierigkeiten mit den Päpsten, und die Deutschen hatten durch die Reformation die Ehrfurcht vor dem Heiligen Stuhl weitgehend verloren, auch wenn die herrschende Familie selbst streng katholisch war. Es handelte sich um einen Wandel der Atmosphäre und der allgemeinen Position des Papstes in einer veränderten Welt, und dieser Wandel war naturgemäß durch das mitbestimmt, was auch die Gutgläubigen inzwischen als wahr hatten erkennen müssen, sofern sie sich mit den Pontifikaten eines Sixtus IV. oder Alexander VI. beschäftigt hatten.

Karl, Herzog von Bourbon, einer der tüchtigsten Feldherren seiner Zeit, hatte wegen Auseinandersetzungen mit seinem Herrn, dem König von Frankreich, die Fronten gewechselt, 1525 bei Pavia einen großen Sieg für den Kaiser errungen und Franz I. gefangengenommen. Bourbon führte die spanischen und deutschen Truppen, als er siebenunddreißig Jahre alt von einer Kugel aus einem leichten Geschütz oder einer schweren Büchse getötet wurde ...

Die Spanier wie die Landsknechte waren nicht durch den römischen Widerstand gereizt, denn der war schwach gewesen: sie waren ganz einfach gierige Reisläufer, die mit möglichst viel Geld in den Taschen heimkehren wollten.

»Anno 1527 im Januario sind wir von Porto Novo bei Piazenza ausgezogen«, schreibt der Feldhauptmann Schertlin von Burtenbach in seinen treuherzig-naiven Memoiren, in denen es an ahnungslosen Brutalitäten nicht fehlt, »mit Knechten, Kürassieren, mit Spaniern und leichter Reiterei, an die 16 000 stark, mit unserem Obersten, dem Herzog von Bourbon, auf Rom zu und durch des Papstes Land; um Bologna und sonst alles verheeret und verbrannt. Den 6. Mai haben wir Rom im Sturm gewonnen, an die sechstausend Mann darin zu Tod geschlagen, die ganze Stadt geplündert, in allen Kirchen und über der Erde genommen, was wir gefunden, einen guten Teil der Stadt abgebrannt und seltsam hausgehalten, alle Kopistereien, Register, Briefe und Kurtisaneien (Registraturen) zerrissen und zerschlagen. Der Papst nahm die Flucht mit Guardiknechten (Schweizern), Kardinälen, Bischöfen und Römern, auch anderem Hofgesinde, das nit erschlagen ward in die Engelsburg. Darin haben wir ihn drei Wochen belagert, bis ihn der Hunger genötigt, so daß er die Engelsburg mußte aufgeben.

Vier von den teutschen Hauptleuten, darunter auch ich einer gewest, vier von den hispanischen, ein Herr aus Spanien, Abbas de Naggera genannt, und ein Sekretarius sind in die Engelsburg gesandt worden von dem Prinzen von Oranien und den kaiserlichen Räten, die Engelsburg aufzugeben, welches geschehen. Allda haben wir gefunden den Papst Klemens samt zwölf Kardinälen in einem engen Saal; den haben wir gefangen, mußte die Artikel, die ihm der Sekretarius vorlas, unterschreiben. War ein großer Jammer unter ihnen, weinten sehr; wurden wir alle reich.

Wir haben Rom an die zwei Monate innegehabt, so sind uns bis an die fünftausend Knechte und Kriegsvolk an der Pestilenz gestorben, von wegen der toten Körper, die nit vergraben waren worden. Im Julio sind wir des Sterbens halber heraus und in die Marca (Marken) gezogen, der bösen Luft zu entrinnen. Und als uns die von Narnia nit wollten einlassen, auch um Geld keinen Proviant geben, sind ich und ein Hauptmann genannt Anton von Feldkirchen verordnet worden zu stürmen. Haben wir mit zweitausend Knechten den Sturm ohne Beschießung angetreten, die Stadt und das Schloß erobert aus den Gnaden Gottes und gegen tausend Personen darin zu Tod geschlagen, Weib und Mann; denn die Weiber taten uns mit Waffen und durch Begießen mit heißem Wasser großen Schaden, doch haben wir viel (Beute) darin gewonnen.

Im September desselben Jahres (1527) sind wir wieder nach Rom gezogen, haben die Stadt noch besser geplündert und erst (jetzt) große Schätze unter der Erden gefunden, und sind noch sechs Monate allda gelegen ... Als anno 1528 im Februar Monsieur de Lautrec von Frankreich Oberster 40 000 Mann stark zu Roß und zu Fuß mit Landsknechten und Schweizern auch mit Leuten von seinem Volk am Meer herauf gegen Neapolis (Neapel) zog, dieselbigen Königreiche einzunehmen, zogen wir von Apulien aus nach Foggia, waren 8000 Mann stark. Von dort nahmen wir eilends den Abzug auf Neapolis, denn es war schon alles verloren, außer Neapolis, Gaëta und Sizilien.

Um den Ostertag desselben Jahres zogen die Franzosen wider uns vor Neapolis und belagerten uns in dem September sehr hart. Wir hatten schlechtes Wasser, schlechtes Brot, denn es war stinkendes Korn aus Sizilien gekommen, wenig Wein, kein Fleisch, viel krankes Kriegsvolk. Wir fielen oft aus und taten dem Feind großen Schaden. In derselben Stadt verspielte ich fünftausend Dukaten in einer Stund und es verstieß mich die Pestilenz an drei Orten (das heißt vermutlich, daß er dreimal das Quartier wechselte). Im September starben die Feinde fast, wurden sehr schwach und krank, so fielen wir aus der Stadt mit einem schlechten kleinen Volk (Heer), schlugen unsere Feinde durch die Gnade Gottes, nahmen ihnen alle ihre Geschütze und was sie hatten. Da (gemeint ist: dort) sind geblieben: Monsieur de Lautrec, Monsieur de Vaudemont, Graf Wolff von Lupfen, Herr Hans von Brandeck und viele große Herren. An die 8000 (Franzosen) flohen gegen Aversa; dieselbige Stadt beschossen wir mit ihrem eigenen Geschütz, hoben die Feinde aus und führten die größten Hansen (= Herren), den Marquis de Saluze, Petro de Navarra, gegen Neapolis. Sind sämtlich allda gestorben ... In summa: was nicht zutod geschlagen, starb ansonsten; ich glaub, es sind von dem großen Haufen nicht siebzehnhundert Mann übriggeblieben. War großer Jammer überall von Toten; so nahmen wir die Lande wiederum für die kaiserliche Majestät ein.«

Sebastian Schertlin zu Burtenbach (1496–1577) ist einer der viel zu wenigen Memoirenschreiber aus dem Landknechtsmilieu, was seinen schlichten Grund darin hat, daß die Herren eben nicht schreiben konnten, ein Defekt, der etwa im schottischen Adel noch zweihundert Jahre später als alltäglich galt. Wir zitieren ihn nicht nur wegen der lebhaften Schilderung der Geschicke von Rom, Neapel und dem Kirchenstaat, sondern um den Zeithintergrund und seine rauhen Sitten deutlich zu machen, die naturgemäß auch auf den Klerus abfärbten.

Clemens VII. war als Medici ein Mann großer persönlicher Kultur, von geistigen Ansprüchen, von unfehlbarem Geschmack in Dingen der Kunst und der Literatur. Man darf ihm auch glauben – und er hat es deutlich gemacht –, daß der Krieg seine Sache nicht war. Aber die Politik fragte eben nicht – und vor allem: Man konnte ihr nicht den kleinen Finger reichen, ohne an Hand und Arm nachgezogen zu werden, wie in jener bis heute fürchterlich wirkenden Maske, der *Bocca della Verità*, die jeder Romreisende mit leisem Schaudern betrachtet.

Clemens hat es irgendwie, trotz aller Bedrängnisse, Fluchten und Leiden in einem monatelang genußvoll leergeplünderten

Rom, geschafft, einige Handlungen zu setzen, die ihm unbestreitbar Ehre machen. Er übte strenge Kritik an den perversen Übergriffen der Inquisitoren, denen freilich ihr blutig-sadistisches Geschäft inzwischen schon so viel an Geld und Vergnügen einbrachte, daß sie nicht so ohne weiteres davon abließen, und er tat, was man aus der Ferne eben tun konnte, gegen die Judenverfolgungen in verschiedenen europäischen Ländern.

Wenn ein Geschlecht binnen weniger Jahre zu Macht, Ansehen und fürstlichem Glanz gelangt, wenn eine Kaisertochter einheiratet und ein Thron durch acht Generationen gehalten wird, so geht das in der Geschichte kaum je mit rechten Dingen zu, denn Vorurteile sind zäh, und die Etablierten verteidigen ihre Positionen. Solch ein Aufstieg, ein unwiderstehliches, leuchtendes Emporkommen wie das des Geschlechtes Farnese, konnte also eigentlich nur wenig ehrenhafte Ursachen haben – gigantische Schwindelgeschäfte, glücklich verteilte Bestechungsgelder, geschickt ausgeführte Verbrechen oder aber die Schönheit einer Frau. Wir kennen auch aus deutschen Ländern die blitzschnelle Entstehung von Grafen- und Fürstengeschlechtern mit phantasievollen Namen, ganz einfach weil eine Dame sich der allerhöchsten Gunst erfreute und jener Allerhöchste, damals *Serenissimus* genannt, annahm, sie dem Klatsch entziehen zu können, indem er sie zur Gräfin von Landsfeld oder zur Reichsgräfin von Hohenheim machte. Derlei Umschweife hatte man in der Renaissance noch nicht nötig, nicht einmal als Papst: La bella Giulia, die schöne Geliebte, die sich Alexander VI. aus der Familie Farnese geholt hatte, sie hatte ihren Bruder früh zum Kardinal machen lassen, und dieser Kardinal wurde am 13. Oktober 1534 als Paul III. Papst.

Er blieb es bis zum 10. November 1549, also fünfzehn Jahre lang, und war jedenfalls kein schlechterer Papst als die Kardinäle, die vor und nach ihm versucht hatten, dem leichtlebigen Zeitalter ernsthafte Pontifikate abzugewinnen. Er war so friedliebend, daß es nicht einmal einem frommen Kaiser wie dem fünften Karl gelang, ihn aus seiner Neutralität herauszulocken, obwohl der

Gegner, den Karl dem Papst empfahl, ein zweifellos sehr unfrommer Herrscher war, nämlich Franz I. von Frankreich.

Als erster Farnese in hoher Position war Paul III. vom ersten Augenblick an entschlossen, seine Familie zu einer Dynastie zu machen. Er hatte Söhne und Töchter, Enkel und Urenkel, und er scheute sich nicht, sie coram publico zu taufen, zu verheiraten, zu weihen, zu erheben, kurz, er war in erster Linie ein Farnese und erst in zweiter Linie Papst, aber das ist inzwischen ja nicht mehr neu: die Rovere, Borgia und Medici haben es ihm vorgelebt.

Im Lauf der Jahre gelang es ihm nicht nur, Parma und Piacenza fest in die Hand der Farnese zu bekommen, sondern auch eine verwitwete Kaiserstochter für einen seiner Enkel und ein paar kleinere Herrschaften mit wohlklingenden Namen wie Camerino oder Castro, damit auch das letzte Enkelchen sein Krönchen erhalte. Der genealogische Handstreich auf Mailand mißlang, der Brocken war zu groß, und die Farnese in Parma erloschen natürlich eines Tages im Mannesstamm, das war 1693, hundertfünfzig Jahre nach dem Tod des ersten Farnese-Papstes. In jenem Jahr 1693 gab es aber wiederum eine schöne Frau, die das Geschlecht rettete, als es unterzugehen schien: Elisabetta Maria (1692–1766), die sinnliche und für Spanien viel zu leichtlebige Gemahlin Philipps V., Stammmutter eines neuen Herrscherhauses: Sie schenkte Philipp V., Enkel des Sonnenkönigs, nicht weniger als sieben Kinder und begründete die Herrschaft der spanischen Bourbonen.

Das große Ereignis im Pontifikat Pauls III. ist aber natürlich nicht der Feldzug für das Haus Farnese und seine verschiedenen Besitztümer, sondern das bis heute vielgenannte Konzil von Trient, dem es Paul zu verdanken hat, daß man ihn zu den Reformpäpsten zählt, trotz allem, was er vor einer echten Reform zu verbergen gehabt hätte.

Das Zustandekommen des Konzils von Trient war an sich schon ein kleines Wunder; der Papst nützte dazu einen kurzen Frieden zwischen den ewigen Kontrahenten Franz I. und Karl V.; aber eben weil solche Gelegenheiten auch schnell vorübergingen, mußte das Konzil nach verschiedenen Orten einberufen und die Eröffnung auch zweimal verschoben werden, ehe am 13. Dezember 1545 tatsächlich begonnen werden konnte. Ziel des Konzils war, von der kirchlichen Seite aus, die Neuordnung nach den Verwirrungen, wie sie die Reformation im Norden und der Sittenverfall im Süden gestiftet hatten, abgesehen von weniger wichtigen Fragen der Zeremonien, der Organisation und der Orden. Der kaiserliche Auftrag freilich lautete ganz anders. Karl V. hatte auf das Konzil gedrängt, weil er eine Wiederherstellung der kirchlichen Einheit wünschte. Er nahm an, die Reform des Katholizismus könne so weit gehen, daß die Protestanten eine erneuerte und geläuterte Kirche akzeptieren würden, waren doch auch sie – wie man sah – uneins, unglücklich und bereits in mehrere Lager zerfallen, von den Streitigkeiten der Hochschullehrer, Prediger und Landespropheten ganz zu schweigen.

Da in diesen Jahren Karl V. mehr Waffenglück hatte als Franz I., sah es so aus, als würden die Nähe und die Macht des Kaisers so viel Druck auf die Konzilsberatungen ausüben, daß dieses Ziel tatsächlich erreicht werden könnte. Aus Furcht vor radikalen Reformen und vor dem Zwang, Positives aus dem Luthertum aufnehmen zu müssen, verlegten Papst und Kardinäle im März 1547 das Konzil nach Bologna, angeblich weil in Trient eine Seuche ausgebrochen sei (dabei war diese den Bergen nahe Stadt natürlich viel gesünder als das in der Hitze dunstende Bologna). Nach dem Protest des Kaisers und dem Tod Papst Pauls III. eröffnete sein Nachfolger Julius III. das Konzil 1551 neu, und zwar wieder in Trient, wo – nach langen Unterbrechungen – am 4. Dezember 1563 die fünfundzwanzigste und letzte Sitzung des Konzils stattfand. Auf dem Thron Petri waren inzwischen Marcellus II. und Paul IV. (ein Papst aus dem berühmten römischen Haus der Caraffa) gekommen und gegangen. Der Papst des Konzilendes war wieder ein Medici, und zwar Pius IV., geboren 1499 in Mailand.

Das Konzil war wichtig und ist wichtig geblieben, wenn man auch heute vergessen hat, absichtlich vergessen hat, daß gewisse Relikte aus der mittelalterlichen Kirche nur durch geschicktes Taktieren und durch die Nutzung sogenannter wechselnder Mehrheiten in die Gegenwart herübergerettet werden konnten. Zwei prominente Juristen aus dem neugegründeten, die beginnende

Gegenreformation tragenden Orden der Jesuiten erwiesen sich in der taktischen Abwehr von Reformvorschlägen als besonders tüchtig; ihrer intellektuellen Wendigkeit und ihrem Scharfsinn waren die weltlichen Teilnehmer nicht gewachsen, weder die Abgesandten des Kaisers, noch die des Königs von Frankreich oder gar die des Herzogs von Bayern. Sie hatten alle auf eine gründliche Kirchenreform gedrungen, auf die Abschaffung des Zölibats, um dem Mätressenunwesen zu steuern, und auf die Zulassung des Laienkelchs beim Abendmahl, um die Kluft zum Protestantismus in ihrer Bedeutung zu verringern. Auch die Herren aus Sachsen, Württemberg und Brandenburg, die ebenfalls für Annäherung an den Protestantismus plädierten, hatten gegenüber den Jesuiten und den Römern keine Aussichten auf durchgreifende Erfolge und mußten mitansehen, wie das, was inzwischen jeden vernünftigen Christen befremdete, nämlich der Ablaß, die Fegefeuerlehre und der Reliquienkult, aus dem kirchlichen Mittelalter bewahrt blieben und bestätigt wurden.

Die Diskrepanz zwischen den Hoffnungen und Erwartungen auf der einen Seite und dem, was als Konzilsbeschlüsse publik wurde, beschäftigte die Päpste noch bis 1588, war es doch nicht leicht, nach beinahe hundert Jahren der Reformversuche und immer erneuten Ansätze nun ein in Jahrzehnten erarbeitetes Konzilsergebnis vorzulegen, das lediglich in den schlimmsten Auswüchsen, beim Ämtermißbrauch und Ämterkauf und in der Ausbildung der Geistlichen einige wenige Verbesserungen gegenüber unerträglich gewordenen Zuständen brachte. Noch Sixtus V. (1585–1590) mußte eine besondere Kongregation von Kardinälen bilden, die sich mit der Auslegung jener Bulle *Benedictus deus* beschäftigte, in der Papst Pius IV. am 26. Januar 1564 die Ergebnisse des langen Konzils zusammengefaßt und festgehalten hatte. Schon er hatte damals die Auslegung dieser Bulle dem Papst allein vorbehalten, eine Vorsichtsmaßregel, welche die tiefe und allgemeine Enttäuschung nicht hatte verhindern können: Die Grenze gegenüber der Reform, gegenüber den Protestanten, war endgültig geworden ...

Es ist nur natürlich, daß eine so gewaltige Anstrengung wie ein allen Parteien immer wieder abgerungenes Konzil Interesse, Aufmerksamkeit und Bemühung aller kirchlichen Kreise und aller Länder auf sich zieht, vielleicht sogar in noch höherem Maße als die Kreuzzüge unseligen Andenkens. Einmal begonnen, entzog sich das Konzil auch weitgehend den direkten Einwirkungen der Päpste und gewann sein eigenes Leben, seine eigene Gesetzlichkeit, was durch die Rückkehr an den Hauptort Trient bewiesen ist, aber auch durch die immer erneute Aufnahme der Arbeiten nach den oft langen Unterbrechungen. Die Päpste in jener Jahrhundertmitte mußten also mit dem Konzil leben, und sie wollten dies natürlich auch, aber es bedeutete doch eine starke Beeinträchtigung des dem Papst zugemessenen individuellen Handlungsspielraums, weswegen die starken Persönlichkeitsunterschiede der Päpste in dieser Zeit nicht so deutlich zum Tragen kamen wie in den Jahrzehnten vorher.

Paul III., der Farnese-Papst, war die glanzvollste Erscheinung der Konzilspäpste; seinen universalen Interessen entsprach auch das Universalunternehmen, Prälaten, Theologen und Juristen aller christlichen Länder zu einer gewaltigen Versammlung zusammenzuholen und über Entwicklungen, die wahrhaft europäisch genannt werden mußten, beraten und beschließen zu lassen. Sein Nachfolger, Julius III., beschäftigte sich in den fünf Jahren seines Pontifikats (1550–1555) notgedrungen ein wenig mit Politik, weil französische Ansprüche auf Parma und Piacenza abzuwehren waren. Mit fünf Sitzungen in fünf Jahren ging unter ihm das Konzil relativ zügig weiter, doch war der Papst selbst leider eine beschämend oberflächliche Natur: Obwohl gerade während des Reformkonzils und in der beginnenden Gegenreformation ein Verhaltenswandel an der Spitze der Kirche dringend erforderlich gewesen wäre, gingen auch unter Julius III. lärmende und kostspielige Veranstaltungen in Rom weiter, und es war dieser Papst, der mit der Kardinalserhebung eines siebzehnjährigen Tierpflegers den absoluten Höhepunkt an Würdelosigkeit erreichte (daß dieser Innozenzo del Monte, vermutlich ein Sohn des Papstes, schließlich mindestens eines Mordes überführt wurde, konnte Julius freilich nicht wissen). Der Abstieg von einem Farnese zu diesem Papst – der Unterschied zwischen einem gebildeten Oberhaupt, dem zum Beispiel ein Kopernikus sein epochemachendes Werk über die Bewegung der Himmelskörper widmete, und einem Maître de plaisir wie Julius III. – beleuchtet die damals kaum berechenbaren Inkonstanten des Papsttums. Höhen und Tiefen waren nicht einmal zu ahnen, geschweige denn auszugleichen, denn es war die Unendlichkeit der menschlichen Natur, die dem Papsttum dieses Auf und Ab aufzwang.

Nach Julius herrschte drei Wochen lang ein Gelehrter, nämlich Marcellus II., ein Mann von erst fünfundfünfzig Jahren, der eine große Chance für die Erneuerung des Papsttums bedeutete, aber abberufen wurde, ehe er irgend etwas unternehmen konnte. Paul IV., der auf ihn folgte, war ein Caraffa, was wiederum ein neues starkes Geschlecht an die Macht brachte, ein Geschlecht, das seit Jahrhunderten auf diesen Augenblick gewartet hatte und ihn in Gian Pietro Caraffa (1555–1559) mit größter Entschlossenheit wahrnahm. Doch sind es bei diesem Papst nicht so sehr die schon bekannten Ärgernisse aus seinem Nepotismus, die Erhebung von Condottiere- und Abenteurerfiguren aus der eigenen Familie zu Kardinälen, welche sein historisches Bild prägen, sondern die beinahe wahnwitzige Politik, mit Hilfe Frankreichs und hugenottischer Söldner gegen die katholische Hauptmacht von damals wie heute, gegen Spanien, Krieg zu führen. Als Neapolitaner nährte der Caraffa-Papst einen abgrundtiefen Haß gegen die Neapel und Sizilien lange Zeit beherrschenden Spanier, aber es konnte natürlich nur desaströs enden, darum nun antispanische Politik vom Vatikan aus zu machen. Politisch gescheitert und zu einem Frieden gezwungen, den seine katholischen Gegner mit bemerkenswerter Langmut erträglich gestalteten, wandte Paul IV. seinen Haß gegen die Ketzer und intensivierte die Inquisition in allen Ländern. Damit unterscheidet er sich auf betrübliche Weise von seinen Vorgängern, die eigentlich alle, wenn auch mit unterschiedlicher Energie, auf eine möglichst menschliche und verständnisvolle Rückführung der Abtrünnigen in den Schoß der Kirche gedrungen hatte.

»Oft ließ er die Tage vorübergehen, die für Segnatura und

Konsistorium bestimmt waren, niemals aber den Donnerstag, an welchem sich die Kongregation der Inquisition vor ihm versammelte«, schreibt Ranke, der auf wenigen Seiten eine schlüssige und achtungsvolle Seelencharakteristik dieses Papstes gibt. »Auf das schärfste wollte er diese gehandhabt wissen. Er unterwarf ihr noch neue Verbrechen; er gab ihr das grausame Recht, auch zur Ermittlung der Mitschuldigen die Tortur anzuwenden. Bei ihm galt kein Ansehen der Person: die vornehmsten Barone zog er vor dies Gericht. Kardinäle wie Morone und Foscherari, die früherhin selbst waren gebraucht worden, um den Inhalt bedeutender Bücher, zum Beispiel der geistlichen Übungen des Ignatius (von Loyola), zu prüfen, ließ er jetzt, weil ihm Zweifel an ihrer eigenen Rechtgläubigkeit aufgestiegen, ins Gefängnis werfen.«

Der Papst war neunundsiebzig Jahre alt gewesen, als er ohne Simonie gewählt worden war, und er hat seine Nepoten zwar geschaffen wie jeder andere Papst dieses Zeitalters, dessen Pontifikat dazu überhaupt Gelegenheit geboten hatte, aber er hatte sich nicht von ihnen beeinflussen lassen wie etwa Alexander VI. »Darin wenigstens sind diese entschiedenen, leidenschaftlichen Menschen glücklicher als das schwächere Geschlecht: ihre Sinnesweise verblendet sie, aber sie stählt sie auch und macht sie in sich selber unüberwindlich« (Ranke).

Als dieser Papst die Augen schloß, brachen Haß und Wut der Römer, jahrelang zur Todesangst unterdrückt, frei heraus, und es kam zu einer Revolte, die das gesamte Institut des Papsttums gefährdete. Das Gebäude der Inquisition wurde geplündert; man legte Feuer, man verprügelte die Schreibtischtäter, scheint sie aber unbegreiflicherweise leben gelassen zu haben.

Besser als dieses kleine Strafgericht hat sich im Gedächtnis der Gläubigen ein zum Begriff gewordenes Verzeichnis mißliebiger Bücher erhalten, der *Index Librorum prohibitorum*. Noch als Kardinal hatte Caraffa im Jahr 1543 befohlen, daß kein Buch gedruckt werden dürfe, ohne vorher den Kirchenbehörden vorgelegt worden zu sein, gleichgültig, ob es sich um neue oder alte Werke handle. 1557 gab er dann den ersten Index heraus, der zwei Jahre darauf vom Tridentinischen Konzil bestätigt wurde. Pius V. setzte 1571 eine

Kommission ein, die den Index aktualisierte. Erst nach dem II. Vatikanischen Konzil erfolgte eine Neuordnung der alten Einrichtung. Erlässe der Glaubenskongregation von 1966 und 1967 setzten den Index, das gesetzliche Bücherverbot und die Strafgesetze, die damit verbunden waren, außer Kraft.

Weiser als der Papst aus dem Hause Caraffa hatte der alte Habsburger Karl sich 1556 aus der Weltpolitik zurückgezogen und in dem spanischen Kloster San Juste beschaulich gelebt, wobei ihm ein Enkel Gesellschaft leistete. Er starb dort in jenem Jahr 1558, in dem nach der blutigen Herrschaft Marias der Katholischen von England die große Elisabeth den Thron bestieg. Schon drei Monate später antwortete sie auf heftige Angriffe aus Rom mit einem Gesetz über die Begründung der englischen Staatskirche.

Der letzte Konzilspapst war wieder ein Medici, hieß Giovanni Angelo und liquidierte das düstere Erbe der Caraffa, indem er den zwei berüchtigtsten der neapolitanischen Nepoten endlich den Prozeß machen ließ: Kardinal Carlo Caraffa starb erdrosselt in der Engelsburg, Kardinal Giovanni Caraffa di Paliano wurde enthauptet. Nach ihnen starben im Jahr 1561 noch zwei weitere Caraffa, womit der blutige Skandal vollkommen wurde. In gewissem Sinn bereitete er dem Nepotismus ein Ende mit Schrecken, und es ist bezeichnend, daß jener glühend gläubige und unbedingte Paul IV., der viele Tausende von echten oder vermeintlichen Ketzern foltern und töten ließ, der Urheber dieser Ereignisse war und über den postulierten Verbrechen der Andersgläubigen die manifesten Verbrechen in der eigenen Familie, ja im Kreis der Kardinäle, nicht mehr erkennen konnte.

Um von den Verurteilten nicht sprechen zu müssen, unterschlagen die kirchlichen Kompendien alle Caraffa auf einmal – der Papst der Familie erscheint ja als Paul IV. Dennoch gab es unter den Caraffa noch sehr würdige Erscheinungen, in denen die starke katholische Tradition der Familie weiterlebte: Antonio Caraffa war Kardinal unter Pius V. und erwarb sich als Bibliothekar des dreizehnten Gregor bedeutende Verdienste um die Schriftform und den Text der Septuaginta. Der päpstliche Diplomat Carlo Caraffa, Bischof von Aversa, später Nuntius am kaiserlichen Hof zu Wien, war eines der Häupter der Gegenreformation und hinterließ wertvolle Erinnerungen aus der Zeit des Dreißigjährigen Krieges, vor dessen Ende er 1644 in Aversa starb. Da uns das Nebeneinander von Gut und Böse ja immer anzieht, vor allem im Zusammenhang mit einem Mann wie Paul IV., der sich als das Gewissen der Welt sah, gibt es eine zweibändige Familiengeschichte der Caraffa di Maddaloni, des ausgestorbenen Zweiges der großen Familie, dem Paul IV. entstammte, geschrieben von Alfred von Reumont. Es ist natürlich kein Roman, Reumont erzählt ja nur Geschichte, aber das Gemälde ist dennoch satt von Farben, unter denen freilich das Rot des Blutes dominiert. Das für uns Deutsche hinter Rom oft zurücktretende Neapel und die wenig bekannte Rolle Spaniens auf italienischem Boden werden am Schicksal und an den Taten einer großen Familie deutlich, die sich auf tragische Weise zum Handeln berufen fühlte. Als unter Papst Pius V. der große Prozeß gegen die Caraffa-Kardinäle wiederaufgenommen wurde, ergab sich, daß der Medici-Papst Pius IV. es an so manchem hatte fehlen lassen.

»Die Caraffa waren keine Heiligen gewesen«, schreibt Reumont, die unbestrittene Autorität auf diesem Gebiet, »aber der Prozeß wurde auf unverantwortliche Weise geführt. Der Fiscal-Advokat (das heißt Staatsanwalt) Alessandro Palantieri war dem Cardinal besonders abhold ... und als die gestürzten Günstlinge in seinen Händen waren, verletzte er selbst die nach der damaligen schlechten Justiz unerläßlichen Formen und fälschte die Aussagen.«

Immerhin bestreitet auch Reumont nicht, daß Giovanni Caraffa den Liebhaber seiner Frau und danach sie selbst getötet hat; hinsichtlich des Unterschleifes, der dem Kardinal Carlo Caraffa vorgeworfen wurde, konnte die Anklage eindeutige Beweise nicht erbringen.

Jacob Burckhardt und andere haben es uns bestätigt: Die Faszination, die für uns von der italienischen Geschichte ausgeht, ist darin begründet, daß große Familien und kleine Gemeinwesen in ihr eine besondere, im deutschen und französischen Bereich nicht anzutreffende Bedeutung gewinnen. Man hat in all diesen Miniaturherzogtümern, in den oft um eine einzige Stammburg gescharten traditionsreichen Geschlechtern, stets wie in der Nußschale das ganze Italien von der griechischen Besiedlung über die Römerzeit bis zu Garibaldi – und viele dieser alten Namen haben sogar heute ihren Klang, nur der Glanz, der hat sich nicht erhalten. Ihn ersetzen, je näher wir an unsere Zeiten herankommen, immer häufiger jene Prälaten, deren Milde aus der Weisheit kommt und die durch ihre umfassende Bildung in den Stand gesetzt werden, sich vom *Condotta*-Ruhm der alten Geschlechter zu distanzieren. Einer dieser Päpste, die unserer Vorstellung von dem hohen Amt und seinen Trägern auch in jener gewalttätigen Zeit entsprechen, ist Pius V., der später heiliggesprochene Antonio Michele Ghislieri, dessen Pontifikat vom Januar 1566 bis zum Mai 1572 währte.

Pius V. kam aus dem Dominikanerorden, der sich durch die Inquisition bei der Bevölkerung verhaßt gemacht hatte; der Inquisitionspapst Paul IV. jedoch schätzte eben wegen seines Eifers den jungen Dominikaner aus einem norditalienischen Dorf und gab ihm große Aufgaben. Ein Neffe dieses Papstes, der Welt besser bekannt als der heilige Karl Borromäus, verwendete sich in Rom für Ghislieri, so daß dieser 1557 Kardinal und im Jahr darauf Großinquisitor wurde. Als Papst war Pius V. sehr streng zu sich wie zu anderen. Sein privates Leben war frei von jedem Tadel, seine Arbeitsenergie beispielhaft und vor allem der Umsetzung der Konzilsbeschlüsse förderlich: Pius V. formulierte die gewonnenen, leider dem Kirchenganzen nicht immer förderlichen Kompromisse mit großer Umsicht, Beharrlichkeit und Energie zu den zahlreichen wichtigen Bullen seines Pontifikats und vollendete auch den *Catechismus Romanus*, die maßgebende Unterweisung für die Ausbildung der Geistlichen, mit der gewisse Reformen von unten her begannen, da die Reform von den Häuptern aus ja nur sehr schleppend in Gang gekommen war.

Politisch kam Pius V. mit den Schwierigkeiten seiner Zeit nicht viel besser zu Rande als seine Vorgänger. Der Bannfluch gegen Elisabeth I. von England trennte eine große Herrscherin und untadelige Frau für immer von der Kirche in Rom und ist aus heutiger Sicht wohl als eine letztlich nachteilige Handlung zu werten. Hingegen gelang gegen Ende des Pontifikats ein schwerer Schlag gegen die Überlegenheit der Türken im Mittelmeer, der große Seesieg vor der griechischen Stadt Lepanto am 6. Oktober 1571. Auf der Seite des Islam standen nicht nur die Schiffe des Sultans, die ständig christliche Niederlassungen an den Küsten und auf den Inseln des Mittelmeers bedrohten, sondern auch die sogenannten Barbareskenschiffe, teilweise von ehemaligen Christen geführte Piratenfahrzeuge aus den nordafrikanischen Hafenstädten. Sie waren zu einer Geißel der freien Schiffahrt geworden und hatten durch die Verschleppung vieler Tausender von Unschuldigen in die Sklaverei Leid und Trauer über zahllose europäische Familien gebracht. Zwar gab es zwei Mönchsorden, die sich in der Hafenstadt Livorno bemühten, bei den Unterhändlern aus Tunis, Oran, Algier und anderen Piratenstädten Gefangene freizukaufen, aber das gelang natürlich nur, wenn die Familien in Deutschland oder Frankreich über die nötigen Mittel verfügten und bereit waren, sie für den Rückkauf oder Freikauf auszugeben.

Bis zur Schlacht von Lepanto war es der Orden der Malteserritter gewesen, der die Hauptlast des Kampfes gegen die Seeräuber getragen hatte; einzelne Flottenunternehmungen Karls V. hatten keinen durchschlagenden Erfolg gehabt. Erst Lepanto, wo vor allem die Korsarenflotten im Gefolge des Sultans schwere Verluste erlitten, brachte der Seefahrt im Mittelmeer einige Jahre des Friedens. Die Flotte der Spanier, Venedigs und Maltas führte übrigens der glänzende junge Admiral Don Juan d'Austria, ein natürlicher Sohn Karls V. mit der deutschen Bürgerstochter Barbara Blomberg. Don Juan d'Austria starb bald nach seinem Triumph in den Niederlanden, wo er mit dem grausamen spanischen Oberkommandierenden, dem Herzog von Alba, ständig im Streit lag. Alba, der sich rühmte, während seiner Herrschaft in den Niederlanden achtzehntausend sogenannte Ketzer zu Tode befördert zu haben (das sind auf den Monat umgerechnet zweihundertfünfzig!), steht auch im Verdacht, den freisinnigen und berühmten Kaisersohn Don Juan d'Austria durch Gift getötet zu haben, vielleicht sogar auf Anstiftung von Don Juans Halbbruder, dem mit äußeren Vorzügen nicht eben gesegneten Philipp II., dem man Eifersucht auf die großen militärischen und privaten Erfolge des unehelichen Kaisersohnes nachsagte.

Man rühmt Pius V. nach, daß er sich von dem Zeitübel des Nepotismus »freier hielt als irgendein Papst des vorausgehenden und des nachfolgenden Jahrhunderts«, was freilich nicht allzuviel besagen will. Seine Verwandten erhielten jedenfalls keine besonders hohen oder sehr einträglichen Positionen ...

Daß es genügte, bescheiden, selbstlos, rechtschaffen und bemüht ein so hohes Amt zu verwalten, daß ein Papst ohne große Taten, aber auch ohne Tadel heiliggesprochen werden konnte, sagt mehr über das Zeitalter aus, das Pius V. zur Ausnahmeerscheinung machte, als über ihn selbst.

Wir schließen das Kapitel mit dem Papst, an den wir, ohne es zu wissen, immer wieder erinnert werden: Gregor XIII., der Papst der großen Kalenderreform. Er hieß mit seinem bürgerlichen Namen Ugo Buoncompagni und verdankte seine Wahl nach nur sechsstündigem Konklave dem damals beinahe allmächtigen Staatskanzler und Kardinal Granvella, einem burgundisch-flämischen Staatsmann, der eigentlich Antoine Perrenot de Granvelle hieß und dem man nachsagte, er habe Dijon zu einer spanischen Stadt gemacht. Die Niederlande, deren Rekatholisierung damals die militärische Hauptaufgabe Spaniens war, das reiche Burgund und das nun nicht mehr von Wien aus regierte Spanien waren drei Kardinalpunkte der Kirchenpolitik, und darum erhob sich keine Stimme gegen den Kandidaten Granvellas.

Gregor XIII. begann sein Pontifikat unter schwierigsten Verhältnissen, denn die Welt hatte sich von ihrem Entsetzen über die Blutbäder in der Pariser Bartholomäusnacht und an vielen anderen Orten noch nicht erholt. Es gibt zwar bis heute keinen Beweis dafür, daß Katharina von Medici, die Königinmutter von Frankreich, das in Wahrheit nicht eine Nacht, sondern fünf Tage und Nächte während Morden nach Rücksprache mit dem Papst anbefohlen habe. Ja es ist nicht einmal wahrscheinlich, daß die Geheimhaltung geglückt wäre, wenn man Rom eingeweiht hätte. Aber es ist immerhin sicher bezeugt, daß Gregor XIII. einen Dankgottesdienst abhalten und Preisgesänge zum Himmel aufsteigen ließ, als er erfuhr, daß allein in Paris mindestens dreitausend Hugenotten den Tod gefunden hätten. Als ihm später die grausigen Einzelheiten mitgeteilt wurden, zeigte er sich freilich tief bewegt.

Buoncompagno oder Buoncompagni war siebzig Jahre alt, als er Papst wurde, und hatte viele Jahrzehnte der rechtsgeschichtlichen Forschung gewidmet, an Universitäten gelehrt, kurz, ein zwar geistig intensives, aber doch weltliches Leben geführt; dennoch ist es abwegig, ihn etwa mit Pius IV. zu vergleichen, dessen Jugend ebenfalls vom moralischen Standpunkt aus zu beanstanden gewesen war: Buoncompagni war ein Gelehrter, er hatte einen echten Lebensinhalt und konnte schließlich mit dreißig Jahren nicht wissen, daß er vierzig Jahre später auf dem Throne Petri sitzen würde. Er blieb auch als Papst ein Mann der Wissenschaften und der Schule und bediente sich zur Durchführung seiner Pläne auf diesem Gebiet des geistig regsamsten aller Orden, der Jesuiten. Von den zwei Millionen Scudi, die er für Schulgründungen ausgab, flossen beträchtliche Beträge nach außeritalienischen Städten wie Wien, Prag, Olmütz, Graz und nach Wilna. Das umstrittene Wirken der Jesuiten in fernen Ländern subventionierte er mit großen Summen, wobei besonders die japanischen Jesuiten nicht immer nur um das Seelenheil ihrer Missionsschüler besorgt waren. Sehr fruchtbar war damals und in späteren Zeiten auch der Gedanke, für die fremden Nationen, insbesondere auch für protestantisch gewordene Länder, Kollegien in Rom zu errichten, wo Studierende die alte Religion und die Stadt der Päpste in einem kennenlernen konnten.

Das älteste und angesehenste dieser Kollegien, das *Collegium Germanicum*, geht zwar schon auf das Jahr 1552 zurück, ist also nicht von Gregor XIII. gegründet; er war es aber, der die Gründung Julius' III. durch feste Dotationen in den Stand setzte, mindestens hundert Zöglinge aus allen Kreisen Deutschlands aufzunehmen; die Leitung der Anstalt verblieb den Jesuiten, Sitz des Kollegiums war der Palazzo Sant' Apollinare. Das Kollegium hatte lange Zeit ausgezeichnete Lehrer und wurde bald beim katholischen Adel Deutschlands und Österreichs so bekannt und beliebt, daß kaum eine der großen Familien unter den Zöglingsnamen fehlt. Die Bürgerlichen bildeten schon im siebzehnten Jahrhundert eine verschwindende Minderheit.

Daraus ergab sich, daß auf vielen süddeutschen und österreichischen Bischofsstühlen immer wieder sogenannte »Germanikaner«, also Absolventen des Kollegiums, saßen, und diese waren eben Jesuitenzöglinge. Das brachte nach der Aufhebung des Ordens eine etwa mit dem Jahr 1773 beginnende Krise, die bis in die vom Kollegium aus versorgten Bistümer Gurk, Olmütz, Brixen, Konstanz, Passau und so weiter wirkte. Von den großen Aufklärern jener Zeit hinderte Friedrich II. von Preußen seine Untertanen nicht, sich am *Collegium Germanicum* in Rom ausbilden zu lassen; Joseph II. jedoch begründete für Österreicher und Ungarn ein eigenes Kollegium in Pavia. Man hat errechnet, daß aus dieser Gründung der Päpste Julius III. und Gregor XIII. nicht weniger als siebenundzwanzig Kardinäle, sechs Kurfürsten, siebenundvierzig Erzbischöfe, zweihundertachtzig Bischöfe und fünfundfünfzig Äbte hervorgegangen seien, ja sogar ein Papst, nämlich Gregor XV., der denn auch Ignatius von Loyola, den Begründer des Jesuitenordens, heiligsprechen ließ.

Drei Jahre vor seinem Tod begann Gregor XIII., nach langen Gesprächen mit Astronomen und Mathematikern, mit seiner berühmten Kalenderreform; die entscheidenden Vorschläge machten der deutsche Gelehrte Clavius und der italienische Arzt Lilio; sie beseitigten die Fehlerspanne von zehn Tagen, die sich aus dem Julianischen Kalender ergeben hatte, und führten das neue System ein, das diesen Fehler künftig verhindern sollte. Eine Bulle vom 24. Februar 1582 setzte die Kalenderreform in Kraft.

Da der Papst auch in die Peterskirche sehr viel Geld steckte und in seinem hohen Alter nicht mehr die Kraft hatte, für Ordnung im Kirchenstaat zu sorgen, begünstigten die von ihm erlassenen hohen Zölle und Steuern die Entstehung eines Banditenunwesens, wie es nirgends sonst in Europa herrschte. Die Römer, die in der Stadt selbst darunter weniger zu leiden hatten, liebten Gregor XIII. jedoch besonders und errichteten ihm nach seinem Tod im Jahr 1585 eine Statue auf dem Kapitol.

Wir merken noch an, daß die letzten Lebensjahre Gregors XIII. im Heiligen Römischen Reich Rudolf II. als Kaiser sahen, den großen Mystiker von Prag, den Herrscher, dessen Name sich nicht nur mit Astrologie, Alraunzauber und anderem Aberglauben verbindet, sondern auch mit den leider nur zum Teil auf uns gekommenen Geheimnissen der Stadt Prag, in der damals – 1529 bis 1609 – der Rabbi Löw lebte und wirkte, der halb sagenhafte Verfertiger des Golems ...

Von der Gegenreformation
zur Aufklärung

Es waren wiederum die großen Familien, die durch ihren Zwist einen Gärtnerssohn aus der Mark Ancona auf den Thron Petri erhoben. Die Medici und die Este waren gemeinsam dagegen, daß ein Farnese Papst werde (und umgekehrt), also wählte man einen untadeligen Priester geringer Herkunft, einen tüchtigen und kenntnisreichen Mann von unbedingter Strenge, der von den Franziskanern kam und für die Inquisition tätig gewesen war. Sixtus V. hieß Felice Peretti, entstammte einer dalmatinischen Familie, die nach Italien geflohen war, und verblüffte schon bald nach seiner Geburt am 13. Dezember 1521 seine einfachen Eltern durch allerlei Merkwürdigkeiten, die nicht allesamt von der Legende geboren worden sein können. Was auf jeden Fall bleibt, ist die Tatsache eines Papstes aus ganz ärmlichen Verhältnissen zwischen den Päpsten aus den großen Familien; eines Papstes, dessen ersten Unterricht ein mitleidiger Geistlicher bezahlt hatte und dessen Lebensweg durch glückhafte Zufälle in den Umkreis des Großinquisitors Michele Ghisleri führte. Er wurde mit den schier endlosen Untersuchungen gegen den Erzbischof von Toledo und Primas von Spanien betraut, jenen Bartolomé de Carranza, an dessen reiner Natur und tragischen Schicksalen die ganze groteske Nichtswürdigkeit der Inquisition offenbar wurde. Carranza hatte in England (!), aber auch in den Niederlanden zur größten Zufriedenheit König Philipps II. für eine Rückkehr zu der alten Religion und gegen den Protestantismus gewirkt, und es war ihm dabei gelungen, selbst bei seinen Gegnern eine widerwillige Achtung zu erlangen, ehe er, der zahlreiche protestantische Bücher zensiert hatte, in den Niederlanden selbst eine kleine Schrift veröffentlichte, deren deutscher Titel etwa »Erklärungen zum christlichen Katechismus« lauten könnte. Nach Denunziationen begann die Wortklauberei; man entdeckte häretische Wendungen in dieser Schrift und, als die Untersuchung einmal eröffnet war, natürlich auch in den Predigten des Erzbischofs, an die sich auf einmal so mancher ganz genau erinnerte. Da in Rom Neid wie Intrigen gegen den großen Mann nicht zu befürchten waren (oder doch nur bei den spanischen Kardinälen und dem Botschafter Philipps), versuchten nacheinander verschiedene Päpste, den Prozeß gegen Carranza nach Rom zu ziehen. Als dies an der spanischen Inquisition scheiterte, die ein so wertvolles Opfer nicht mehr preisgeben wollte, entsandte Papst Pius IV. im Jahr 1565 vier Richter nach Spanien, für deren hohe Qualifikation spricht, daß alle vier (!) später Päpste wurden. Felice Peretti war einer von ihnen. Aber erst im Mai 1567 gelang es nach schärfsten Drohungen dem energischen Pius V., Carranza nach Rom zu holen, wo er in der Engelsburg in ehrenvoller Haft gehalten und schließlich sehr milde bestraft wurde. Die Spanier aber hatten das zu erwartende gnädige Endurteil so lange hinauszuschieben vermocht, daß Carranza insgesamt achtzehn Jahre in Haft gewesen war und nach dem Urteil eben noch Zeit hatte, in den Hauptkirchen Roms zu beten: Er starb am 2. Mai 1576.

Der Prozeß gegen einen so großen Mann hatte Sixtus V., der neun Jahre darauf Papst wurde, die Übermacht der Inquisition und der kirchlichen Bürokratie gezeigt und ihn veranlaßt, eine Reihe von Reformen in die Wege zu leiten. Die größten Schwierigkeiten aber bereiteten ihm die Verhältnisse im Kirchenstaat selbst und in jenen Ländern, in denen der Protestantismus inzwischen große Erfolge errungen hatte, nämlich in England und Frankreich.

Die Maßnahmen gegen das Bandenunwesen – es soll deren an die zwanzigtausend im Kirchenstaat gegeben haben – sind aus heutiger Sicht unmenschlich, überhart, ja in manchem willkürlich, aber sie hatten binnen einem Jahr Erfolg. Schon am Krönungstag des Papstes baumelten die ersten vier an der Engelsbrücke, nicht weil sie Banditen gewesen, sondern weil sie eine bestimmte verbotene Kurzbüchse getragen hatten. Räuber in einem schwer zugänglichen Felsennest wurden ausgerottet, indem man ihnen eine Maultierkarawane mit vergifteten Lebensmitteln in den Weg schickte, und die adeligen Drahtzieher der Überfälle – Raubritter, wie es sie auch in der Mark Brandenburg oder an der Donau gab – kosteten ebenfalls die Strenge des Papstes, obwohl ein Fürst Piccolomini unter ihnen war und ein Conte Pepoli aus Bologna.

Stärker als der Papst erwiesen sich nur die Elemente: Als er den Spaniern Unsummen aus seinem Schatz gab, damit sie eine mächtige Armada von Kriegsschiffen und Truppentransportern gegen England schickten, die Insel eroberten und den Katholizismus dort wiederherstellten, trieb der protestantische Wind im Verein mit dem kühnen Francis Drake die stolze Riesenflotte auseinander. Auch die Herrschaft Heinrichs IV. von Navarra in Frankreich ließ sich nicht aufhalten; der Liebling der Nation führte seine Truppen zu gut, ersparte dem Papst dann aber das Schlimmste: Er trat zum Katholizismus über und kränkte die Kirche nur durch das Toleranzedikt von Nantes, das den Hugenotten gewisse bescheidene Rechte einräumte.

Größere Erfolge hatte der Papst mit seiner erstaunlichen Finanzwirtschaft, die sich zwar auch auf den Verkauf von Ämtern und Würden stützte, aber zu keinerlei Verschwendung führte, sondern – wie Ranke nachgerechnet hat – zur Ansammlung eines mit zweieinhalb Millionen Scudi sehr hohen Staatsschatzes. Damit er trotz der großen Ausgaben für die Kriege gegen den Protestantismus und die Bauvorhaben in Rom nicht dahinschmelze, waren selbst auf die kleinsten und notwendigsten Tätigkeiten Steuern gelegt worden, auf die Wassertransporte, auf die Gütereinfuhr aus den Marken, ganz zu schweigen von der Münzverschlechterung. »Er hatte einen portugiesischen Juden . . . an der Hand . . . der ihm diese und ähnliche Operationen angab«, sagt Ranke. »Als von dem erwähnten Impost (Steuer) auf den Wein die Rede war, sagte Albano von Bergamo: Ich billige alles, was Eurer Heiligkeit gefällt;

doch würde ich es noch mehr billigen, wenn ihr diese Auflage mißfiele.«

Die Baumaßnahmen in der Stadt Rom, die soviel Geld verschlangen, waren zum Teil spektakulär, wie die Vollendung der gewaltigen Kuppel von *San Pietro*, zum Teil aber auch kaum sichtbar und dennoch unendlich nützlich, wie die Zuführung guten Trinkwassers in die wachsende Stadt. Die mühsamen Bauten der Aquädukte, teils über, teils unter der Erde geführt, halten einem Vergleich mit den altrömischen Wasserleitungen stand und sind bis heute als *Aqua Felice* bekannt, das Wasser des Papstes Felix. (Der Name Peretti war, als zuwenig eindrucksvoll, längst vergessen; schon als Kardinal hatte sich Peretti nach seinem Heimatort Montalto genannt.) Und doch war es vielleicht ein Erbe aus jener Jugend auf den Weinhügeln und in den väterlichen Gärten, daß dieser Papst in seine Verschönerung der Stadt Rom auch die Hügel mit einbezog, daß er Straßenzüge öffnen ließ, damit die berühmtesten Kirchen besser zugänglich würden. Er war es, der durch Einebnen und Höhenführung den Grund zur Spanischen Treppe legte. Die Kirche *Trinità dei Monti* wurde unter ihm nach neunzigjähriger Bauzeit vollendet.

Für die Überreste der Antike freilich war dieser energische Bauherr vielleicht die schlimmste Gefahr seit Alarich und Geiserich; er fand sie einfach nicht schön und hörte auch auf die Delegationen alter Familien nicht, die versuchten, einige berühmte Denkmäler – das *Septizonium* des Severus zum Beispiel – vor der Zerstörung zu retten. Beim Grabmal der Cäcilia Metella, das wir noch heute an der *Via Appia antica* bewundern können, gelang dies, im übrigen aber gilt der Ausruf Rankes: »Wieviel mag unter ihm zugrunde gegangen sein! Konnte er sich doch kaum entschließen, den Laokoon und den belvederischen Apoll im Vatikan zu dulden. Die antiken Bildsäulen, mit denen die römischen Bürger das Kapitol geschmückt hatten, litt er nicht daselbst. Er erklärte, er werde das Kapitol zerstören, wenn man sie nicht entferne ... nur die Minerva ward geduldet. Aber Sixtus wollte, daß sie Rom, und zwar das christliche, bedeuten solle: Er nahm ihr den Speer, den sie trug, und gab ihr ein ungeheures Kreuz in die Hände.«

Von den nächsten Nachfolgern dieses energischen Papstes hatten zwei keine Gelegenheit, sein bedeutendes Werk zu schmälern, weil sie nämlich zu kurz regierten; der erste war Giambattista Castagna, am 15. September 1590 erwählt und am 27. September des gleichen Jahres als Urban VII. gestorben, vierzehn mutige Tage, an denen er das düstere Andenken des Mörderpapstes Urban VI., des Irren auf dem Papstthron, überwand und diesen alten Papstnamen wieder in die Reihe fügte. Der andere war Innozenz IX., geboren als Gian Antonio Facchinetti in Bologna. Er regierte etwas länger, nämlich vom 29. Oktober bis zum 30. Dezember 1591. Zwischen ihnen ist Gregor XIV. zu verzeichnen, ein überwiegend negativ beurteilter Papst, dessen Vater jedoch ein bedeutender Mann gewesen war: Francesco Sfondrato war einer der nicht sehr vielen Menschen, denen Karl V. vertraut hatte. Der Witwer war von hohen Hofämtern zum Kardinal aufgestiegen und hatte eine Zeitlang Aussicht gehabt, Papst zu werden, da inzwischen ja wieder die Kaiser die Päpste protegierten und nicht umgekehrt. Sein Sohn freilich hatte wenig Weisheit geerbt; gereizt durch die Erfolge des Libertins Navarra in Frankreich, verpulverte er die Hälfte des reichen Schatzes aus der Engelsburg zu nutzlosen Versuchen, den späteren Heinrich IV. vom Thron fernzuhalten – und daß Heinrich IV., obwohl Heinrich III. ermordet worden und der Thron nun vakant war, erst 1594 König wurde, geht nicht zuletzt auf die Interventionen Gregors XIV. zurück. Vielleicht hatte er gegenüber der katholischen Liga in Frankreich auch eine zu offene Hand, weil man dem großen Sixtus stets Knausrigkeit vorgeworfen hatte, gerade aus Frankreich.

Es unterliegt jedoch keinem Zweifel, daß dieser kränkelnde und sehr fromme Papst mit allen weltlichen und gar den machtpolitischen Geschäften völlig überfordert war und sich darum kritiklos an jenen Kardinal Montalto anschließen mußte, der zwar ein mächtiger Nepot des fünften Sixtus war, aber weder die Tatkraft noch den Genius von ihm geerbt hatte.

Die französischen Probleme waren es auch, die über den Nachfolger des Einmonatspapstes Innozenz IX. entschieden, denn nichts fürchtete man in Spanien so wie ein protestantisches Frankreich, hatte die hysterisch-grausame Ketzerfurcht in Spanien doch nicht nur Tausende von Toten gefordert, sondern sogar vor dem höchsten spanischen Kirchenamt nicht haltgemacht und den Primas, den Erzbischof von Toledo, ins Gefängnis gebracht. Heinrich IV. von Frankreich war aber auch eine ständige Herausforderung des auf dünnen Beinen mönchisch dahinlebenden Philipp II., dessen Haßgefühle sich nach und nach zu sadistischen Exzessen vor allem gegen Tiere verdichteten. Nach Franz I., den Karl V. bis an den Rand der eigenen Vernichtung bekämpft hatte, war es nun wieder ein trotz seiner zahllosen Liebschaften tüchtiger und hochbegabter Regent, der für den frommen Habsburger die Weltordnung auf den Kopf zu stellen schien. Darum mußte nun endlich ein Papst gewählt werden, von dem die spanische Partei bedingungslos Unterstützung erwarten durfte; man hatte auch schon den Papstmacher, den Kardinal Montalto, für einen der härtesten Ketzerverfolger der Kurie gewonnen, jenen Kardinal Sanseverina, der das Ergebnis der Bartholomäusnacht laut bejubelt hatte. Aber er war bei den jüngeren Kardinälen so unbeliebt und hatte sich unter den älteren so viele Feinde gemacht, daß die spanische Partei ihn nicht durchsetzen konnte. Ein Reservekandidat mußte gewählt werden, auf den sich Philipp II. und Montalto vorsorglich geeinigt hatten, damit nicht ein Überraschungskandidat zum Zuge komme.

Aber so wie nicht selten die unehelichen Kinder den legitimen an Intelligenz und anderen Gaben überlegen sind, so erwies sich dieser Notkandidat als Mann der Stunde und stiftete endlich Frieden zwischen Spanien und Frankreich. Er kam freilich aus einem alten und erfahrenen Kaufmanns- und Diplomatengeschlecht, den Aldobrandini aus Florenz, und hatte sich als Clemens VIII. (1592 bis 1605) gleich zu Beginn seines Pontifikats als ein Mann des Friedens deklariert. Auf diplomatischen Verwendungen in Polen und Österreich hatte er sich gute Verbindungen zum Hause Habsburg geschaffen, und wenn er auch nicht die glanzvolle Begabung seines ältesten Bruders, des früh verstorbenen Kardinals Giovanni Aldobrandini, besaß, so erwies er sich doch zweifellos seines schnellen Aufstiegs würdig. Obwohl er seine geistlichen Pflichten nicht vernachlässigte, erweiterte er sehr bald die Amts- und Arbeitszeiten seiner Umgebung und führte einen modern anmutenden Stil der Information und Erledigung ein, der Versäumnisse und Zufallsentscheidungen gleichermaßen ausschloß. »Frühere Päpste hatten wohl aller Gesetze überhoben geglaubt zu sein«, formuliert Ranke etwas umständlich in seinem Hinweis auf diesen Stilwandel, »die Verwaltung der höchsten Würde in Genuß zu verwandeln gesucht; der Geist der damaligen Zeit ließ das nicht mehr zu. Die Persönlichkeit mußte sich fügen, zurücktreten; das Amt war alles. Ohne ein der Idee desselben entsprechendes Betragen hätte man es weder erlangt noch verwalten können. Es liegt am Tage, daß hiermit die Kraft des Instituts (das heißt des Papsttums) selber unendlich wuchs.«

Dieses neue Zeitalter, von dem Ranke spricht, ist das des angehenden Barocks, der aufsteigenden Herrschermacht, des sich festigenden Nationalgefühls. Es hat in England die religiöse Frage in den Hintergrund gedrängt und eine eminent britische Monarchin wie Elisabeth I. auf den Schild gehoben, und es ist im Begriffe, auch im katholischen Frankreich das nationale Interesse über das religiöse zu stellen. Als man eine spanische Infantin als Herrscherin vorschlägt, nur weil sie eine Enkelin Heinrichs II. von Valois ist, geben auch die Katholiken zu erkennen, daß sie nur auf den Übertritt Heinrichs warten, um ihn als den vierten seines Namens auf den Thron Frankreichs zu rufen. Noch ist man nicht soweit, sich zu sagen: Auch die Hugenotten sind Franzosen; aber einem ehemaligen Hugenotten und nunmehrigen Katholiken würde doch der Vorzug vor einer ausländischen Prinzessin gegeben, vor allem da Frankreich ja, außer in Regentschaften, noch keine Frauen an der Spitze des Staates gesehen hatte.

Die Instruktionen, die Clemens seinem Nuntius mit nach Frankreich gibt, lassen seinen Friedenswillen erkennen, aber es währt noch vier Jahre, ehe alles getan ist, was getan werden muß: der Übertritt Heinrichs von Navarra, seine Salbung zum König von Frankreich, seine Lossprechung von den Bannflüchen, die Sixtus V. und Gregor XIII. gegen ihn geschleudert haben, und die Anerkennung seiner Herrschaft durch Spanien, die auf den Friedensschluß von Vervins im Mai 1598 folgt. Philipp II. hat diese tiefe Enttäuschung über den Papst, den großen Ärger über den ketzerischen Nachbarn (der als Navarra ein halber Spanier ist), nie überwunden und stirbt im September des Vertragsjahres.

Weniger versöhnlich zeigt sich Clemens VIII. im außerpolitischen Bereich, in den nicht abreißenden Familienaffären auf italienischem Boden und gegenüber den Denkern und Predigern, die von der Kritik an der ohnedies vielgeplagten Kirche nicht lassen können. Am 17. Februar des Jahres 1600 flammt auf dem *Campo dei Fiori* in Rom der Scheiterhaufen für Giordano Bruno auf. Durch ganz Europa war er gezogen, hatte in dem Latein, das damals noch alle verstanden, Komödien, Streitschriften und Traktate herausgegeben und eigentlich nur in Genf Schwierigkeiten gehabt, wo die Calvinisten ja genau so unduldsam waren wie die Inquisition. Statt in London oder Paris zu bleiben, begab er sich nach Venedig, schmachtete sieben Jahre in den Kerkern der Inquisition und starb im ersten Jahr dieses blutigen siebzehnten Jahrhunderts als einer der ersten Zeugen für eine freie Meinung.

Der zweite Justizmord hat die Nachwelt beinahe mehr beschäftigt als der Märtyrertod des großen Philosophen, denn es war ein schönes junges Mädchen, das hingerichtet wurde. Sie hieß Beatrice Cenci (1577–1599), hatte sich, wie auch Mutter und Schwester, gegen die Brutalitäten ihres adeligen, aber verkommenen Vaters zu wehren, der sie vermutlich auch zur Blutschande zwang, und wurde zum Arm des Familiengerichts, als sie einen Bravo dafür bezahlte, den Unhold von Vater umzubringen. Nach langer Haft und wiederholter Folter wurden sie und ihre Schwester Lucrezia von Clemens VIII. zum Tod verurteilt und am 11. September 1599 vor einer aufbegehrenden Menschenmenge enthauptet, die hernach den Henker umbrachte, weil sie an den Papst nicht herankonnte.

Beide Tragödien haben das Pontifikat Clemens' VIII. in den Augen der Nachwelt belastet, denn bedeutende Autoren haben sich mit Giordano Bruno wie mit Beatrice Cenci beschäftigt, beide sind auch zu Hauptgestalten von Opern gemacht worden. Für Ranke wiegen die welthistorischen Verdienste des Papstes schwerer als für uns, weil er als der große Geschichtsdenker Papst und europäisches Schicksal gemeinsam sehen mußte; für die menschliche Erscheinung dieses großen Papstes gewinnen jedoch heute, wo selbst Heinrich IV. und Philipp II. zu verblassen beginnen, Schicksale wie die der Beatrice Cenci oder des Giordano Bruno neue, lebhafte Farben.

Die Päpste, die auf Ippolito Aldobrandini folgten, hatten große Namen, wenn auch nur ausnahmsweise seine Bedeutung. Immerhin: Das Barockzeitalter hatte die Renaissance abgelöst, die Fürstenpracht war zu einer Mode geworden, die auch die Päpste und deren Günstlinge mitmachten, und dem neuen Prunk fehlten sehr oft die hohe Geistigkeit und Kunstsinnigkeit, die den Päpsten und vielen Kardinälen der Renaissance ins Habenkonto zu buchen waren.

Jeder Romreisende, jeder Besucher der italienischen Museen, kennt die Namen, die nun in der Papstgeschichte auftauchen oder sich in ihr durch Wiederholungen gleichsam festsetzen: Ein Medici – Leo XI. – regiert nur siebenundzwanzig Tage. Paul V. begründet den Ruhm des Hauses Borghese, der noch zweihundert Jahre später unter Napoleon aufleuchten wird, als seine schönste Schwester einen Borghese heiratet. Und auf Paul V. (1605–1621), den Papst, unter dem der Dreißigjährige Krieg beginnt, folgt für zweieinhalb Jahre (1621–1623) Alessandro Ludovisi, einer der Päpste, die mit Geld besonders gut umgehen konnten. Obwohl er in seinem relativ kurzen Pontifikat seine Familie auf das reichste ausstattete, ihr Herzog- und Fürstentümer kaufte und seinen energischen Neffen, den Kardinal Ludovico Ludovisi, zu einem der reichsten Männer Italiens machte, war er noch imstande, den Kampf der kaiserlichen Partei gegen die deutschen Protestanten mit mehr als einer Million Goldstücke zu unterstützen.

Für Deutschland im allgemeinen und Bayern im besonderen sei angemerkt, daß es Alessandro Ludovisi, als Papst Gregor XV., war, der Maximilian I. von Bayern, dem damaligen Oberhaupt der Katholischen Liga, die Kurwürde verlieh (man hatte sie Friedrich V. von der Pfalz nach der Niederlage der Protestanten in der Schlacht am Weißen Berge aberkannt). Daß Maximilian aus Dankbarkeit dafür die 3500 Bände der herrlichen *Biblioteca Palatina* aus Heidelberg nach Rom schickte und dem Papst schenkte, ist eine freundliche Legende: Die unschätzbaren Bestände wurden im Jahr 1623 durch den katholischen Feldherrn Tilly nach Rom geschickt, nachdem er (1622) Heidelberg erobert hatte. Doch blieb nicht alles in der Vatikanischen Bibliothek, wo die *Palatina* eine eigene Abteilung erhielt: Im Pariser Frieden von 1815 wurde die Rückkehr von achtunddreißig der wertvollsten Handschriften nach Heidelberg angeordnet, und sie konnte erzwungen werden, weil die Franzosen sie dem Papst geraubt hatten und die siegreichen Verbündeten sie somit also nicht dem Papst wegnahmen, sondern Napoleon. 1888 kehrte auch die berühmte *Manessische Handschrift* nach Heidelberg zurück; 852 Manuskripte und Inkunabeln aus dem der deutschen Literatur zuzuzählenden Bestand rückten die Päpste schließlich freiwillig heraus ...

Unter Gregor XV. ging ein begrenztes, aber blutiges Kapitel der Gegenreformationsgeschichte zu Ende: Das Tal der oberen Adda, allen Weintrinkern als Veltlin gut bekannt, wurde nach langen Wirren päpstliches Mandat. Das schöne Tal zwischen den imposanten Alpenstöcken des Ortlers und der Bernina und den idyllischen Ufern des Comer Sees war nämlich am 19. und 20. Juli 1620 Schauplatz eines entsetzlichen Massenmordes gewesen. Das damals Mailand zugehörige Veltlin hatte mit billigender Duldung durch den spanischen Gouverneur von Mailand mit seinen Protestanten nach dem Muster der Bartholomäusnacht abgerechnet und binnen achtundvierzig Stunden Männer, Frauen und Kinder sterben sehen, nur weil sie eben nicht katholisch waren. Der Unmensch, der die Katholiken des Tales zu diesem Verbrechen ermunterte und es deckte, hieß Don Lorenzo Suarez de Figueroa, ein Grande von Spanien, Herzog von Feria (aus einer Familie, die auch Rechtsgelehrte und Dichter hervorgebracht hat!). In einem Lexikon der menschlichen Ungeheuer würde er neben dem Seigneur d'Oppède, dem Schlächter aus dem Luberon, neben Torquemada und anderen Häuptern der Gegenreformation einen Unehrenplatz innehaben, nur gibt es solch ein Lexikon eben nicht, und

Herders sonst so verläßliches Kirchenlexikon verzichtet aus gutem Grund sogar auf das Stichwort Veltlin ...

Gregor XV. ist das keineswegs vereinzelte Beispiel eines Papstes, der, nach Verdienst und Würden in hohem Alter gewählt, das Beste tut, was er tun kann: einen jungen und tatkräftigen Vertrauten an seine Seite zu ziehen, nach römischem Brauch einen Nepoten, die ja nicht alle unwürdig zu sein brauchten. Ludovico Ludovisi vereinte mit einer erstaunlich früh gereiften Begabung für Politik und Machtausübung seine Aktivitäten für die durch den päpstlichen Onkel nun mächtige Familie mit einer weitblickenden Tätigkeit für die Kirche, und was er tat und tun ließ, kam weitgehend dem historischen Gedächtnis seines alten Onkels zugute: »Eine unermeßliche, weltumfassende Tätigkeit«, sagt Ranke, »welche zugleich in den Anden und in den Alpen vordringt, nach Tibet und nach Skandinavien ihre Späher, ihre Vorkämpfer aussendet, in England und in China sich der Staatsgewalt nähert – auf diesem unbegrenzten Schauplatz aber allenthalben frisch und ganz und unermüdet: der Antrieb, der im Mittelpunkt tätig ist, begeistert, und zwar vielleicht noch lebhafter und inniger, jeden Arbeiter an den äußersten Grenzen.«

Im Widerspruch zu dieser Erweiterung des Horizonts, zu einer Ausdehnung der kirchlichen Aktivitäten auf andere Kontinente, steht der unverständliche Rückfall ins nächtige Mittelalter durch eine neue Hexenbulle des Papstes von 1620. Man liest mit dem alten Staunen vor dem ewigen Nebeneinander von Groß und Niedrig, daß dieser Papst einen Filippo Neri und einen Franz Xaver heiliggesprochen hat. Sein Bekenntnis zum Jesuitenorden war die Heiligsprechung des Ignatius von Loyola.

Im Jahr 1623 bestieg der Florentiner Maffeo Barberini als Urban VIII. den päpstlichen Thron. Sein mit einundzwanzig Jahren ungewöhnlich langes Pontifikat ist leider eines der unrühmlichsten der Kirchengeschichte, wenn man auch nicht verkennen darf, daß gerade in jener Zeit die Vormacht der politischen Kräfte über die Möglichkeiten der Kirche so deutlich wurde wie bis dahin noch niemals. Das Pontifikat fiel zur Gänze in die Zeit des Dreißigjährigen Krieges, der als Religionskrieg zwischen christlichen Staaten begonnen hatte, aber von Kardinal Richelieu zum Machtkampf zwischen den europäischen Großstaaten gemacht wurde. Wäre die katholische Welt einmütig gegen die deutschen und skandinavischen Protestanten gestanden, sie hätte sehr bald einen vollständigen Sieg errungen; Richelieu aber, zweifellos der größte Staatsmann des Jahrhunderts, zog es vor, den alten Gegensatz zwischen Frankreich und dem Kaiser über die religiösen Ziele zu stellen. Während es nach harten Kämpfen innerhalb Frankreichs zu einem Frieden mit den Hugenotten kam, nützte Richelieu außenpolitisch die Tatsache, daß Habsburg alle seine Kräfte engagiert hatte, und legte den Grund zu Frankreichs Vormachtstellung in der zweiten Jahrhunderthälfte.

Der Papst, über den selbst die katholische Literatur nicht viel Gutes zu sagen weiß, hielt den Kirchenstaat in Frieden und vergrößerte ihn durch das Herzogtum Urbino, als die Rovere im Mannesstamm ausstarben. Im übrigen aber zeigen auch seine innerkirchlichen Aktivitäten, daß in Relation zu dem langen Pontifikat erstaunlich wenig geschah und neue Initiativen so gut wie völlig fehlten. Der Papst stattete seine Nepoten in bis dahin unbekannten Größenordnungen mit Geldmitteln und Ländereien aus, erpreßte von seinen Untertanen zu diesem Zweck immer neue und immer beträchtlichere Steuern und unterstützte den Kampf der deutschen Katholiken und des Kaisers mit vergleichsweise lächerlichen Summen. Selbst wenn das in der nichtkatholischen Literatur genannte Verhältnis von hundertfünfzehn Millionen Goldscudi für die Nepoten gegen fünf Millionen für den Kaiser strittige Posten enthält, ist es nicht berechtigt, zu sagen, daß der Kaiser mit seinen Forderungen unbescheiden gewesen sei. Schließlich erlebte der deutsche Katholizismus nach dem Auftreten Gustav Adolfs und der schwedischen Armeen eine echte Existenzkrise, die so manchen anderen Papst zu sehr viel mehr Anteilnahme veranlaßt hätte. Darin zeigten sich die Nachteile, die ein Schöngeist auf dem Stuhl Petri für das Kirchenganze mit sich bringen kann. Hochgebildet, aber politisch von sehr unsicherem Urteil, selbst dichterisch begabt, aber zu egozentrisch für die Einfühlung in einen anderen

Genius, ging Urban VIII. als der Papst des Galilei-Prozesses in die Geschichte ein. Daß er noch wenige Jahre zuvor, als Kardinal, Galilei gepriesen, in Versen gefeiert und seiner Unterstützung versichert hatte, verdeutlicht den Zwiespalt, in den das Amt diesen zu sehr vielem, nur eben nicht zum Pontifikat berufenen Mann stürzte. Daß er die bequemsten Auswege wählte und mehr geschehen ließ, als er selbst bewirkte, hat das einhellig negative Urteil der Kritiker und das beredte Schweigen der katholischen Seite über ihn herbeigeführt. »Urban VIII.«, schreibt Ranke, »betrachtete sich vornehmlich als einen weltlichen Fürsten ... (Seine) Talente, der Glanz, mit dem sie die Person des Papstes umgaben, die athletische Gesundheit selbst, deren er genoß, vermehrten nur in ihm das Selbstgefühl, welches ihm seine hohe Stellung ohnehin einflößte. Ich wüßte keinen Papst, der es in dem Grade gehabt hätte.«

Die bis heute bekannteste Episode aus diesem langen Pontifikat ist der Prozeß des Galileo Galilei und die Tatsache, daß dieser große Mann unter unverhüllten Androhungen von Folter und Ketzertod genötigt wurde, noch in hohem Alter Erkenntnissen abzuschwören, die nicht nur sein ganzes geistiges Dasein bestimmten, sondern die, genaugenommen, damals der gelehrten Welt bereits als die gültige Deutung des kosmischen Geschehens bekannt und vertraut waren. Es ist zwar richtig, daß der selbstherrliche Papst seine Position innerhalb der Kirche dazu nützte, Galilei mit einiger Langmut zu behandeln; noch wenige Jahrzehnte früher wäre der Gelehrte dem Holzstoß kaum entgangen. Andererseits aber trifft gerade den klugen und gebildeten Barberini-Papst der Vorwurf, daß, wenn irgendein Papst, so er die Möglichkeit gehabt hätte, die sinistren Überbleibsel aus dem Mittelalter, den Ketzer- und Hexenwahn und die Todesmaschine der Inquisition, abzuschaffen oder wenigstens zu entmachten.

Auch Innozens X. und Alexander VII. erfreuten sich noch relativ langer Pontifikate, und das, obwohl Giambattista Pamfili schon siebzig Jahre zählte, als er im September 1644 erwählt wurde. Und Alexander VII., ein Chigi, war immerhin sechsundfünfzig Jahre alt und hatte sich in den Diensten der Kirche schon einen beträchtlichen Ruf erworben, ehe er die Nachfolge Pamfilis antrat.

Beide Regierungen sind vom schnell aufkommenden französischen Machthunger überschattet. Der Italiener Mazarin handelte ebenso rücksichtslos für Frankreich und gegen Rom wie vor ihm Richelieu, und das Papsttum fand sich, in stetem Gegensatz zu den großen katholischen Mächten Spanien und Frankreich, in einer weitgehend einflußlosen Position. Weltpolitisch hatten sich die Versäumnisse des starken und intelligenten Urban VIII. nun voll ausgewirkt; das geschwächte Kaisertum hatte in Münster und Osnabrück in Friedensschlüsse einwilligen müssen, die mit dem Grundsatz »Wessen Herrschaft, dessen Religion« den Protestanten immerhin die Anerkennung brachten und in den Staaten protestantischer Fürsten sogar die Vormachtstellung. Innozens X. verwarf diesen Frieden – den der kluge Fabio Chigi mit ausgehandelt hatte – in der zornigen Bulle *Zelus domini dei* und verdammte, jedenfalls in diesem Papier, alle Männer, die daran mitgewirkt hatten und die sich an diesen Frieden hielten. Hätte er die von dreißig Kriegsjahren verarmten und entvölkerten deutschen Länder mit eigenen Augen gesehen, er hätte wohl anders geurteilt.

Der Nepotismus blieb auch unter Innozens noch eine bedenkliche und in diesen Ausmaßen gewiß nicht mehr läßliche Verfehlung. Eine energische Schwägerin des Papstes bereicherte sich mit kaum vorstellbarer Frechheit und ließ ihren zweiundzwanzigjährigen Sohn zum Kardinal erheben; ein anderer Verwandter war gar erst siebzehn Jahre alt, als er Kardinal wurde, Mißstände, die natürlich dazu beitrugen, die Autorität des Heiligen Stuhls im Weltgeschehen zu mindern.

Die Familie Chigi, aus der Alexander VII. stammte, war ähnlich wie die Barberini längst reich, als sie ihren ersten Papst stellen konnte. Agostino Chigi (gestorben 1520) war päpstlicher Hofbankier und hatte das sienesische Patriziat mit Rom in Verbindung gebracht. Er hatte seinem Landsmann Baldassare Peruzzi den Auftrag zum Bau der Villa Farnesina gegeben, die danach Sodoma und Raffael mit Fresken ausschmückten. Fabio Chigi hatte als Nuntius in Köln (1639–1651) sein möglichstes getan, um den Einfluß der Kirche bei den Friedensverhandlungen geltend zu machen; aber es stand niemand mehr wirklich hinter ihm, und Innozens X. war nicht der Papst gewesen, den die Versammlung der Diplomaten und Generäle geachtet oder gefürchtet hätte.

Als Papst verwahrte sich Chigi zunächst gegen den Nepotismus; zweifellos war auch die Namenswahl absichtlich erfolgt, um das Gedächtnis an den sechsten Alexander durch eine besonders saubere Amtsführung zu überdecken. Im Lauf der Jahre aber zeichnete auch Alexander VII. einige Landsleute und Familienmitglieder mit einträglichen Würden aus, ohne ihnen jedoch nennenswerten Einfluß in Rom selbst einzuräumen; nur seine Heimatstadt Siena erfreute sich bald bedeutender Benefizien.

Fabio Chigi festigte den Einfluß seiner Familie auf das römische Leben und legte den Grund zu ihrer bis ins zwanzigste Jahrhundert fortdauernden Bedeutung: Die Chigi hielten durch Jahrhunderte die Fürstentümer Campagnano und Ariccia, und ihr Palast in Rom, an der bekannten Ecke Via del Corso und Piazza Colonna gelegen, ist heute Amtssitz des italienischen Ministerpräsidenten.

In die Regierung dieses Papstes fällt der öffentliche Übertritt der schwedischen Königin Christine zum katholischen Glauben; Alexander VII. empfing sie und gab ihr in der Firmung den Namen Christina Alexandra. Sie enttäuschte ihren Protektor jedoch tief, als sie nach einem zweiten römischen Aufenthalt (1657/58) ihren Günstling Monaldesco ermorden ließ. Die üble Tat, bei der Frankreich der Königin zu Hilfe kam, enthüllt zugleich, daß die stolze Schwedin mit ihrer Konversion durchaus nicht auf alle politischen Ambitionen verzichtet hatte: Sie wollte trotz der französisch-päpstlichen Gegensätze mit Hilfe dieser beiden Mächte auf den Thron von Neapel gelangen und dieses Königreich den Spaniern entreißen, die sich durch grausame Willkürherrschaft und schlechte Verwaltung dort unbeliebt gemacht hatten. Monaldesco hatte diese Pläne angeblich verraten, wofür er ohne jedes Verfahren zum Tod verurteilt und von zwei Vertrauten der Königin in Fontainebleau ermordet wurde.

Nach so blutigen Zwischenfällen war es nur logisch, daß weder Frankreich noch Spanien den nächsten Papst, nämlich Clemens IX., ablehnten. Giulio Rospigliosi aus der kleinen alten Stadt Pistoia ging ein so großer Ruf der Frömmigkeit und der hohen Bildung voraus, daß keine Stimme gegen ihn laut wurde. Wir sehen in ihm den besonderen Fall eines Papstes, der sich auch als Bühnendichter einen bedeutenden Namen machte. Ihm war es zugute gekommen, daß die Barberini-Nepoten ein eigenes großes Theater mit dreitausend Plätzen gebaut hatten: Dort wurden seine zum Teil heiteren Opern aufgeführt, deren Komponisten freilich heute nur noch Spezialisten bekannt sind (Landi, Rossi, Abbatini, Marazzoli und andere). Die Erstaufführungen dieser Opern erstrecken sich auf die Jahre von 1632 bis 1668, fallen zum Teil also auch in sein Pontifikat, unter dem die italienische Oper einen ungeahnten Aufschwung nahm. Mit *Chi soffre speri* (1639) schuf er den Prototyp der komischen Oper; den stärksten literarischen Einfluß auf ihn hatten Calderon und Lope de Vega, deren Stücke er als Nuntius in Spanien in den Jahren von 1644 bis 1655 kennengelernt hatte.

Vielleicht war es diese Doppelexistenz als Fürst der Kirche und Schöpfer im Reich der Künste, die den Sonnenkönig gegenüber diesem Papst ein wenig versöhnlicher stimmte. Ludwig XIV. stellte dem Papst sogar ein Expeditionskorps zur Verfügung, als das christliche Kreta von den Türken bedroht wurde, und das, obwohl Frankreich ja seit Jahrzehnten mit der Pforte verbündet war und die militärischen Aktivitäten des Sultans im Rücken der österreichischen Kaisermacht dauernd ermutigte.

Clemens IX. war mit siebenundsechzig Jahren gewählt worden und hatte noch zweieinhalb Jahre regiert; sein Nachfolger Emilio Altieri bestieg nach einer relativ langen Sedisvakanz erst im April 1670 den Thron und starb im Juli 1676. Auch der zehnte Clemens zeigt eine erfreuliche Abkehr vom Nepotismus, er gleicht darin seinem Vorgänger wie in den unermüdlichen Versuchen, das Vordringen der Türken in Europa zu begrenzen. Die Aufgabe war sehr schwierig, denn Ludwig XIV. verstand es, seine politische Expansionspolitik in den Niederlanden wie in der Pfalz als Rekatholisierung darzustellen. Beide Länder waren calvinistisch, und so kamen nach den spanischen Truppen, die vergeblich gegen den niederländischen Protestantismus und den Freiheitswillen der sogenannten Geusen gekämpft hatten, nun die französischen Armeen ins Land. Sie wüteten freilich in Flandern und am Niederrhein nicht so furchtbar wie in der Pfalz.

Der einzige Fürst, der die Sorgen des Papstes hinsichtlich der Türken erheblich minderte, war der Polenkönig Johann III. Sobieski. Mit einer hübschen Französin von mittlerem Adel verheiratet, bemühte er sich schon seiner Frau wegen, es dem Sonnenkönig gleichzutun, und errang tatsächlich am Dnjestr und bei Lemberg wichtige Siege gegen die Türken, die Österreich im Nordosten zu umfassen versuchten. Erst Innozens XI. freilich gelang es, die Nachbarmächte Polen und Österreich miteinander zu verbünden: Es war ein Werk des Papstes und seines Nuntius, daß im September 1683 das eingeschlossene und von den Türken unermüdlich berannte Wien von einem kaiserlichen und einem polnischen Heer unter Sobieski befreit wurde.

Es ist eine tragische Koinzidenz der Geschichte, daß Innozens XI. (1676–1689), ein in unserem Jahrhundert seliggesprochener Papst von tiefster Frömmigkeit und unwandelbarem Gerechtigkeitssinn, auf einen König wie Ludwig XIV. traf, der für sich das Prädikat »allerchristlichst« in Anspruch nahm und glaubte, durch die Verfolgung der Hugenotten und durch Tausende von Galeerenurteilen gegen Nichtkatholiken das Recht auf hemmungslose Eroberungen zu erwerben. Ja der Sonnenkönig verschmähte es auch nicht, mit Pamphleten gegen diesen Papst zu kämpfen, dem man auf dem Feld der Weltpolitik höchstens zu große Sanftmut vorwerfen konnte, gewiß aber nicht irgendwelche Intrigen.

In Rom selbst, in der Verwaltung des Kirchenstaates, zeigte sich sehr schnell, daß der rechtschaffene Jurist Benedetto Odescalchi (wie Innozens vordem hieß) auf einige besonders drückende Steuern verzichten und dennoch die Finanzlage des Kirchenstaates bessern konnte. Weniger beliebt machte sich der Papst durch seine strengen Vorschriften gegen den Nepotismus, gegen den Luxus in jeder Form und gegen die Verleihung von Kirchenämtern an Unwürdige. Er bekämpfte auch den Geldverleih gegen zu hohe

Zinsen, weswegen er bisweilen als Antisemit dargestellt erscheint, und verbot nicht weniger als fünfundsechzig typisch jesuitische Grundsätze wegen zu laxer Moral. Für die Stadt Rom war es ein Glück im Unglück, daß sie bei zwei großen Heimsuchungen, nämlich einer Pestepidemie und schweren Überschwemmungen, einen so tüchtigen und selbstlosen Herrn hatte. Daß auch die Protestanten diesem Papst ihre Achtung nicht versagen, hat besonders gute Gründe: Als die Marquise de Maintenon, Ludwigs XIV. Mätresse und spätere heimliche Gemahlin, die Aufhebung des Toleranzedikts von Nantes durchgesetzt hatte und die grausamen Dragonaden gegen die Hugenotten begannen, verurteilte Innozens XI. diese Art der Bekehrung ebenso wie die gewaltsamen Bekehrungen des katholischen Jakob II. Stuart in England. Er hatte klarer als viele vor und neben ihm erkannt, daß Gewalt in Glaubensdingen immer auf den zurückfällt, der sie ausübt.

Nach einem kurzen Rückfall in den Nepotismus unter Alexander VIII., dem Venezianer Pietro Ottob(u)oni, setzte Innozens XII. die Politik und weise Selbstbeschränkung von Benedetto Odescalchi, seinen Namensvorgänger, fort. Alexander VIII. war erst in hohem Alter, mit neunundsiebzig Jahren, erwählt worden und starb nach einem Pontifikat von nur sechzehn Monaten, wobei man zugeben muß, daß er sich in diesem Alter vermutlich gegen die Wünsche aus seiner Verwandtschaft nicht mehr mit der nötigen Energie zu wehren vermochte.

Innozens XII., als Antonio Pignatelli in Apulien geboren, bestieg am 12. Juli 1691 den Thron und war zu diesem Zeitpunkt ebenfalls schon ein Siebziger. Aber er führte mit großer Entschlossenheit weiter, was Innozens XI. begonnen hatte. Mit der Bulle *Romanum decet pontificem* verbot er den Nepotismus für alle Zeiten und bestimmte, daß künftig nicht nur die Päpste, sondern auch alle Kardinäle schwören sollten, daß sie sich an diese Bulle halten würden. Er begrenzte die Einkünfte von Papstverwandten, die zu Kardinälen erhoben wurden, von vornherein auf zwölftausend Goldscudi, eine nicht sehr verlockende Summe, und verlangte überdies den Nachweis besonderer Verdienste um die Kirche (was freilich, wie man heute sagt, ein sogenannter Gummiparagraph war). Zur Abschreckung von Zeitgenossen und Nachfolgern unternahm er es, die Verschwendungen berechnen zu lassen, die aus dem Nepotismus folgten, wobei natürlich auch das eine kaum exakt zu realisierende Aufgabe ist. Er kam auf eine Summe von sieben Millionen Goldscudi allein zu Lasten des Kirchenstaates, andere Geldquellen der Nepoten nicht gerechnet, und auch nur für die Zeit seit Paul V., also seit 1621.

In vielem war dieser Papst, der im ersten Jahr des achtzehnten Jahrhunderts starb, eine sehr moderne Erscheinung und ein aufgeklärter Herr seiner Untertanen. Nachdem er dekretiert hatte, daß jeder Papst nur noch einen einzigen Nepoten haben dürfe, erklärte er, seine Nepoten seien die Armen, und wies ihnen den Lateranpalast zur Wohnung an. Um das Kinderelend in Rom zu mindern, gründete er Schulen für arme Knaben und Mädchen, um die sich bis dahin niemand gekümmert hatte, und verbot bei schwersten Strafen wie der Galeere das Lotto und andere Glücksspiele, die gerade in den unteren Einkommensschichten so manche Familie zerrüttet hatten.

Außenpolitisch trachtete dieser vor allem um eine Gesundung der Kirche bemühte Papst danach, die Gegensätze zu Frankreich beizulegen, die unter seinen Vorgängern zeitweise zum offenen Krieg geführt hatten. Als der sparsame elfte Innozens dem französischen Gesandten in Rom die sogenannte Quartierfreiheit (die sehr kostspielige freie Station) verweigert hatte, versuchte dieser, mit achthundert Bewaffneten gewaltsam in der heiligen Stadt einzurücken. Es kam zu Auseinandersetzungen, in deren Verlauf Ludwig XIV. das Venaissin und die päpstlichen Besitzungen rund um Avignon besetzte, ja sogar drohte, die französische Kirche von Rom völlig unabhängig zu machen.

Diesen Entwicklungen brach Innozens XII. die Spitze ab, näherte sich ein wenig Frankreich, das in den letzten Herrschaftsjahren des Sonnenkönigs auch nicht mehr so eindrucksvolle militärische Erfolge zu verzeichnen hatte, und nahm es auf sich, den Kaiser in Wien ein wenig zu vergrämen, was jedoch dank der traditionell prorömischen Politik der Habsburger zu keinen ernsthaften Krisen

287

führte. Auch darin aber zeigte sich, daß die politische Rolle der Päpste an Bedeutung verloren hatte. Sie traten nicht selten noch als Vermittler auf wie im Falle Sobieskis, der als Pole vor allem auf die Kirche hörte, oder als Geldgeber, da sie über eigene militärische Macht nicht mehr verfügten. Die Zeiten, da päpstliche Armeen italienische Herrschaften eroberten, die waren vorbei, und die große europäische Politik gehorchte inzwischen auch ganz anderen Gesetzen. Eifersüchtig wachten die großen Mächte über jede Erbschaftskonstellation, jede Heirat, jede Verwandtschaft. Erlosch eine Familie, die wichtige Länder beherrscht hatte, so brach beinahe zwangsläufig ein militärischer Konflikt um das Erbe aus, ob es sich nun um Mantua, die Pfalz oder Spanien handelte. Der Spanische Erbfolgekrieg im ersten Jahrzehnt des neuen, des achtzehnten Jahrhunderts beendete eine ganze Epoche und leitete zugleich eine neue ein wie auch die anderen großen Kriege des jeweiligen Jahrhundertbeginns. Die Päpste waren in diesen Machtkonflikten, die beinahe alle europäischen Staaten in Mitleidenschaft zogen, nicht mehr viel anderes als bekümmerte Zuschauer.

Die weisen Greise

Je näher das zwanzigste Jahrhundert seinem Ende rückt, desto deutlicher wird das achtzehnte zu der Epoche unserer Sehnsüchte. Das Ancien régime sei zwar, sagt man, mit dem Tod des Sonnenkönigs zu Ende gegangen, und die Sanierungsphase, die der intelligente Philipp von Orleans in der französischen Régence einleitete, habe den alten Glanz weitgehend verblassen lassen. In Italien und in den deutschen Staaten jedoch, wo man gegenüber Frankreich ein wenig zurücklag in allen Entwicklungen, blühte nun auf, was diesem Jahrhundert den Ehrennamen *Siècle des Lumières* eingetragen hatte, und als Frankreich sich dank einiger großer Geister über seinen fünfzehnten Ludwig und dessen niedrige Gelüste erhob, war sich das alte Europa noch einmal, ein letztes Mal, im Abendglanz der Bildung, der Manieren, der Lebenskunst und der Reisefreude einig.

Stärker als je zuvor wirkten sich nun die persönlichen Fähigkeiten der Herrscher auf Verwaltung und allgemeine Zustände der Staaten aus, und da das Rom der Päpste die gebildetsten und im allgemeinen auch die mit den besten Geistesgaben ausgestatteten Fürsten besaß, sprach es sich unter der Jugend Europas, unter Glücksrittern, Abenteurern, begabten Habenichtsen und temperamentvollen Ehrgeizlingen sehr schnell herum, daß man, auch wenn man nicht von Adel sei, in Rom sein Glück schneller machen könne als in Wien, Paris oder London, wo einflußreiche lokale

Cliquen die Fremden fernhielten. Rußland und Preußen, die Staaten, die damals ebenfalls viele Chancen für Fremde und selbst für Unbekannte boten, galten noch weitgehend als Verbannungsgebiet, eine Einstellung, die durch viele Memoiren der Epoche belegt ist. »Das achtzehnte Jahrhundert«, schreibt Maurice Andrieux, »glich in Rom einem schönen Sonnenuntergang im Herbst. Warmes Goldlicht überflutete zärtlich die uralte Landschaft, während sich überall sonst in Europa die Wolken ballten. In einem Jahrhundert der Vernunft und der Dialektik blieb Rom dem Lächeln treu, das alle Dinge überglänzt, und die Greise, die es väterlich regierten, hatten nie zuvor soviel Duldsamkeit, Güte und Behutsamkeit bewiesen.« Und Giacomo Casanova, der junge Venezianer, dessen viel zu einseitig beurteilte Memoiren eines der großartigsten Dokumente dieses Jahrhunderts sind, sagt kurz und eindeutig: »Ich wußte, daß Rom die einzige Stadt ist, wo jemand, der aus dem Nichts hervorgeht, es zum Höchsten bringen kann.«

Der große Spanische Erbfolgekrieg hatte ähnlich wie der Dreißigjährige Krieg mit unentschiedenem Ergebnis geendet, die Macht Habsburgs beschnitten, aber nicht gefährdet, die französische Vormacht ein wenig aus dem militärischen in den kulturellen Bereich abgedrängt. Weltmächte wie Spanien und die Türkei fanden sich an der Schwelle zur Defensive, und auf Kosten der Militärmacht Schweden kamen im Osten zwei neue Machtzentren empor, das riesige Rußland und das vorbildlich verwaltete Brandenburg-Preußen. Es scheint, als hätten diese neuen Konstellationen den alten römischen Familien gezeigt, daß der Papst zwar noch das Oberhaupt der katholischen Kirche sei, Rom aber nicht mehr der Nabel der Welt; diese Erkenntnis beruhigte auch das Leben in Rom selbst.

Der Papst, in dessen langem Pontifikat sich dieser Wandel angebahnt hatte, war Clemens XI., als Gian Francesco Albani 1649 in Urbino geboren und von 1700 bis 1721 auf dem Stuhle Petri. Weder in seinem persönlichen Betragen noch in seiner Amtsführung angreifbar, dem Nepotismus abhold und selbstlos-mildtätig, war dieser Papst moralisch der Gegenpol zu zwei Politikern, mit denen er zu seinem Leidwesen sehr viel zu tun hatte, mit dem spanischen Ministerpräsidenten Kardinal Alberoni, einem der fähigsten Män-

290

ner des ganzen Jahrhunderts, und mit Frankreichs Premierminister Kardinal Dubois, einem Mann, bei dem man sich nur fragen muß, ob er als Verbrecher oder als Wüstling besser charakterisiert ist. Diese Kreatur des Hauses Orleans war vom Bibliothekar zum Prinzenerzieher und Berater aufgestiegen und erwies sich als gnadenloser und ränkesüchtiger Machtpolitiker, dem das Interesse Frankreichs und des Regenten Philipp von Orleans über alle anderen Rücksichten ging – ganz ähnlich wie Alberoni, der sich nicht scheute, eine vom Papst zum Kampf gegen die Türken finanzierte Flotte für militärische Ziele Spaniens einzusetzen. Mehr Freude hatte Papst Clemens an einem Emigranten, an dem aus Frankreich nach Österreich gegangenen Feldherrn Eugen von Savoyen, dessen Siege auf dem nördlichen Balkan die Türken endgültig zum Stehen brachten und die Phase der Türkengefahr für Mitteleuropa praktisch beendeten.

Der verehrungswürdige Papst traf eine einzige wirklich folgenschwere Fehlentscheidung, und das auf dem Gebiet der fernöstlichen Mission, in das Einblick zu gewinnen ja tatsächlich sehr schwierig war: Die Jesuiten hatten in fremden Ländern ihre größten Verdienste erworben. In Europa dank ihrer Bildung und ihrer geistigen Überlegenheit über die Fürsten oft von überstarkem Einfluß, hatten sie sowohl in Südamerika als auch in China und Japan besondere Methoden entwickelt, sich alten Bräuchen und Traditionen anzupassen, und damit große Erfolge erzielt. Die Rivalität unter den Orden gebar zwangsläufig Denunziationen, vor allem aus den Reihen der Dominikaner, die ja durch das Abklingen der inquisitorischen Aktivitäten, das endliche Aufhören der Hexen- und Ketzerjagden sehr viel von ihrer Macht eingebüßt hatten. Da es nicht schwer war, in einer angepaßten, auf die zu Bekehrenden eingehenden Missionstätigkeit Abweichungen von verschiedenen Glaubenssätzen zu entdecken, hatten die Dominikaner bald genug Material beisammen, um die starke Position der Jesuiten, zum Beispiel am chinesischen Kaiserhof, zu unterlaufen. »Das die Akkomodation für immer verbietende Dekret des Papstes, eines der unseligsten Dokumente der ganzen Missionsgeschichte, ist mittelbar ... schuld am Untergang der Chinamission« (Hans Kühner). Die unmittelbare Ursache für den Zusammenbruch der christlichen Missionsarbeit in Südost- und Ostasien aber war Charles Thomas Maillard, Comte de Tournon und Marquis d'Albi, ein Spätgeborener aus dem großen Geschlecht, das mit dem Kardinal François de Tournon einst »die fleckenloseste Persönlichkeit unter den großen Staatsmännern Frankreichs« hervorgebracht hatte. Charles Thomas de Tournon (1668–1710) war päpstlicher Kämmerer ohne jegliche diplomatische Erfahrung, als ihn Clemens XI. wegen des sogenannten Akkomodationsstreites im Winter 1701/02 zum Bischof machte und nach Ostasien entsandte. 1703/04 weilte er in Vorderindien, hatte alle Hilfe von den Missionaren, erließ aber am Tag seiner Abreise, so daß also eine Berufung oder Aussprache gar nicht mehr möglich war, ein striktes Verbot jener Malabarriten, die von den Missionaren geduldet worden waren, um der christlichen Religion leichter Eingang in Indien zu verschaffen. Im November 1704 traf Tournon in China ein, wo ihm die guten Beziehungen der Jesuiten zum Kaiserhof eine ehrenvolle Aufnahme sicherten. Tournon verstieß jedoch gegen einige Vereinbarungen und verkündete im Januar 1707 zu Nanking jenes Dekret, das die Berücksichtigung und Duldung aller einheimischen Riten untersagte. Der Kaiser ließ ihn daraufhin festnehmen und den Portugiesen von Macao übergeben, mit dem Ersuchen, ihn in Gewahrsam zu halten. Da Tournon ein Hilfsangebot des spanischen Gouverneurs der Philippinen ablehnte, war er noch in Haft, als der Papst seine Ernennung zum Kardinal aussprach (August 1707), und starb in Macao im Juni 1710. Jung, aber stets kränkelnd, war er nicht nur den Reisestrapazen nicht gewachsen gewesen, sondern durch seine Schwächezustände in einer dauernden Reizbarkeit befangen, die seine heftigen und harten Reaktionen erklärt. Es kam noch im gleichen Jahrhundert zu ausgedehnten Christenverfolgungen in China und zu Beginn des neunzehnten Jahrhunderts zu der Ausweisung aller Christen aus dem Reich der Mitte.

Auf das kurze Pontifikat Innozens' XIII. (Mai 1721 bis März 1724) folgten die sechs Jahre des Pietro Francesco Orsini, ältester Sohn des Herzogs von Gravina, der sich als Papst Benedikt XIII. nannte. Der Prinz, dessen geistliche Laufbahn die Familie sehr bedauerte, wurde bereits mit dreiundzwanzig Jahren Kardinal und nacheinander Bischof von Manfredonia, Cesena und Benevent. Seine Namenswahl sollte dartun, daß Pietro de Luna als Benedikt XIII. nur ein Gegenpapst gewesen sei. Auch in seiner Arbeit war der fromme, persönlich bescheidene und wohltätige Papst vor allem an der Kirche und ihrem inneren Leben interessiert. Er ging gegen den Luxus der Kardinäle und andere Mißstände vor, verfügte aber wie so mancher herzensgute und gläubige Mensch nur über eine sehr geringe Menschenkenntnis. Schon in Benevent hatte er einen obskuren Mann namens Niccolo Coscia zu sich genommen, der ihm in kleinen Dingen nützlich gewesen war, sein Vertrauen erwarb und von dem unkritischen Papst zum Kardinal (!) gemacht wurde. Das habsüchtige und in vielem verbrecherische Treiben Coscias, von dem man Kirchenämter kaufen konnte und der hohe Würdenträger erpreßte, schädigte den Heiligen Stuhl noch viele Jahre nach dem Tod des Papstes, als Coscia längst in der Engelsburg gefangen saß.

Clemens XII. (1730–1740) erblindete schon bald nach seiner Wahl, aber es gab in diesem Jahrzehnt ohnedies nicht viel Erfreuliches zu sehen. Italien war von der Lombardei bis nach Sizilien das Territorium, wo die europäischen Mächte einander beinahe ununterbrochen irgendwelche Kleinkriege lieferten, und der machtlose Kirchenstaat wurde von durchziehenden Truppen immer wieder in Mitleidenschaft gezogen.

Ein zweites Gebiet der Mächterivalitäten war das katholische Polen. Dort hatte August der Starke von Sachsen als König geherrscht, nachdem er heimlich zum Katholizismus übergetreten war und dank ungeheurer Bestechungen die Königswahl durch den polnischen Adel gewonnen hatte. So wie er französische und polnische Gegenkandidaten aus dem Feld schlagen mußte, ehe ihm der Thron sicher war, gab es auch nach seinem Tod wieder einen Kandidaten Frankreichs und einen des Kaisers. Der Papst entschied sich für den persönlich untadeligen und hochgebildeten Stanislas Leszinski, den Schwiegervater des fünfzehnten Ludwig, während der Kaiser den Sohn des starken August favorisierte. Leszinski unterlag und wurde schließlich mit Lothringen abgefunden, wo man seinen Kunstsinn in der Residenz Nancy noch bewundern kann; Herzog Franz Stephan von Lothringen aber erhielt die Toskana. Das Karussell der großen Familien nahm weder auf die Völker noch auf den Papst Rücksicht, der, von durchwegs übermächtigen Nachbarn umgeben, manche Demütigung hinnehmen mußte.

Nach einer Sedisvakanz von sechs Monaten (in der Friedrich II. den Thron Preußens bestieg) wurde Prospero Lambertini gewählt und entschied sich für den Papstnamen Benedikt XIV. Lambertini war juristisch wie theologisch hoch gebildet, aber nicht das war es, was ihm schon in seinen Diözesen Ancona und Bologna Sympathie und Verehrung eingebracht hatte: Er war eine Persönlichkeit von souveräner Ausgeglichenheit, selbstbewußt ohne jede Überheblichkeit, heiter, gütig und doch energisch, ein Mann, der die Erfordernisse der politischen Situation ebenso deutlich erkannte wie seine seelsorgerischen Pflichten.

»Das Andenken Benedikts XIV. wird gesegnet, weil er sich entschloß, die unerläßlichen Zugeständnisse zu machen«, schreibt Ranke. »Man weiß, wie wenig sich Benedikt XIV. durch die hohe Bedeutung seiner Würde blenden, mit Selbstgefühl erfüllen ließ. Seiner scherzhaften Munterkeit, seinen bolognesischen Bonmots wurde er nicht ungetreu, obgleich er Papst war. Er stand von seiner Arbeit auf, trat zu seiner Umgebung, brachte seinen Einfall vor, den er indes gehabt, und ging wieder an seinen Tisch. Er blieb immer über den Dingen. Mit freiem Blick überschaute er das Verhältnis des päpstlichen Stuhles zu den europäischen Mächten und nahm wahr, was sich halten lasse (und) was man aufgeben müsse.«

Wenige Jahre, nachdem ein Papst noch die Verleihung der polnischen Königswürde für den Heiligen Stuhl in Anspruch genommen hatte, brachte Benedikt XIV. die Versöhnung mit zwei bedeutenden katholischen Mächten zustande, zu denen Rom die seit Jahrhunderten gespannten Beziehungen nur zeitweise hatte verbessern können, mit Portugal und mit Spanien. Mit Spanien wurde ein Konkordat geschlossen, das dem Papst einen Einnahmeausfall brachte, den Spanien jedoch finanziell ausglich; damit war der alte Streit um die Vergabe innerspanischer Pfründen endlich beigelegt, und auch die spanische Italienpolitik verlor ihre Schärfe.

In Portugal hatte der Papst den damals fähigsten Politiker zum Gegenspieler, den allmächtigen Minister Carvalho, Marques de Pombal, dem die merkantilen Aktivitäten des Jesuitenordens ein Dorn im Auge waren. Da es auch in Frankreich Unzukömmlichkeiten mit Ordensgeschäften gegeben hatte, untersagte der Papst dem Orden seine einträglichen und nicht selten ziemlich geheimnisvollen internationalen Geschäfte. Benedikt hatte die Bedeutung Pombals schon erkannt, ehe dieser sich nach dem verheerenden Erdbeben von Lissabon im Jahr 1755 als der Retter der Hauptstadt, ja vielleicht der portugiesischen Monarchie, erwies und die Welt durch seine Reformen in Erstaunen versetzte.

Man sagt von diesem Papst nicht nur, daß er einer der gelehrtesten Männer gewesen sei, die je auf dem Stuhl Petri gesessen, sondern auch, daß er sich in seiner Bibliothek am wohlsten gefühlt und die Montagabende seiner privaten Akademie, des wissenschaftlichen Gesprächs, am meisten geliebt habe. Daraus folgte bei diesem tätigen und praktischen Menschen eine behutsame Reform der Kirchenorganisation, die in der Mitte des Aufklärungsjahrhunderts gerade zur rechten Zeit kam. Benedikt delegierte Rechte und Pflichten, die den Heiligen Stuhl in zahllose Querelen verstrickt hatten, an die Herrscher von Portugal, Spanien, Sizilien und anderen katholischen Ländern und ließ Institutionsrechte durch feste Summen ablösen. Er gab auch nach, als ihm Kaiser und Könige die zu große Zahl der Feiertage vorstellten, wenn er auch nicht vorschrieb, daß an diesen aufgehobenen Feiertagen nun gearbeitet werden müsse – dafür sollte nun die weltliche Macht sorgen.

In Rom selbst war Benedikt ein umsichtiger Herr seiner Untertanen, schützte sie gegen den Wucher, senkte die Preise durch Aufhebung von Monopolen und Förderung des freien Handels und verbot nicht nur die Freimaurer, sondern auch die geheimen Ehrenkodizes des Adels, da die Ehrenaffären und Duelle damals überhandnahmen.

Es ist bezeichnend, daß erst mehr als zweihundert Jahre später mit Johannes XXIII. wieder ein Papst an die Regierung kam, den man mit einer Persönlichkeit, einer Vollnatur wie Benedikt XIV., vergleichen konnte, und es schuf mitten im achtzehnten Jahrhundert, als die Aufklärung zu ihrem großen Angriff auf den Katholizismus ansetzte, eine symptomatische Zone der Ruhe, daß große Geister wie Voltaire oder Walpole sich vorbehaltlos für diesen Papst aussprachen und ihm ihre Verehrung zollten. Man darf am Rande erwähnen, daß es Benedikt XIV. war, der den jungen Abbate Casanova, eben enttäuscht aus einer ärmlichen apulischen Diözese nach Rom gekommen, freundlich aufnahm und geduldig der selbstgefälligen Beredsamkeit des Jünglings lauschte, vielleicht weil er spürte, daß dieser junge Venezianer einer der großen Zeugen des Jahrhunderts sein würde.

In seiner Auffassung seines hohen Amtes nimmt Benedikt XIV. die Rolle vorweg, zeichnet jenen Bewegungsspielraum vor, den eine spätere, säkularisierte Welt den Nachfolgern des Petrus noch zubilligen wird; aber er hat gleichzeitig deutlich gemacht, wieviel ein Papst auch unter diesen neuen Macht- und Einflußverhältnissen zu wirken imstande ist und wie gut es der Kirche ansteht, sich auf ihre eigentlichen Aufgaben zu besinnen. Natürlich hatte er jene Strömungen im Kardinalskollegium zu bekämpfen, die sich dieser an sich gebotenen Entwicklung widersetzten – man würde solche Gruppierungen heute als Falken bezeichnen. Es gab eine um den einflußreichen Kardinal Acquaviva gescharte spanische Partei in Rom, wo man sich über die friedfertige Bonhomie des alten Gelehrten kaum verhüllt lustig machte und mit Festen und Mätressen in jenem Stil weiterlebte, wie ihn die Nepotenpäpste eingeführt oder doch weiter geduldet hatten. Aber als Benedikt XIV. am 3. Mai 1758 starb, da blickte er neben allen seinen Handlungen, Dekreten und Bullen auch auf ein wissenschaftliches Werk von siebzehn Quartbänden zurück, eine geistige Leistung, die allein ihm die Unsterblichkeit sichert und die Spötter unter seinen Zeitgenossen, die Vergessenen und Besserwisser, beschämen mußte. Es ist auch gewiß kein Zufall, daß es bis zum September 1914 dauerte, ehe ein Papst an diesen großen Namen anzuknüpfen wagte und sich Benedikt XV. nannte ...

Ranke nimmt an, daß Benedikt XIV., hätte er länger gelebt, den Jesuitenorden verboten hätte. Nun wurde dieser große Papst ohnedies dreiundachtzig Jahre alt, worin man im allgemeinen und vor allem in jenem Jahrhundert eine besondere Gnade des Himmels erblicken muß, und man möchte darum annehmen, daß Benedikt trotz einzelner Wirtschaftsskandale rund um den Orden nicht das Kind mit dem Bade ausschütten wollte. Daß die Jesuiten als Beichtväter von Herrschern und deren Gemahlinnen ebenso großen Einfluß ausübten wie als Organisatoren des Schulwesens, war offenkundig; die Frage, ob diese Einflüsse schädlich, für die Kirche ungünstig und darum zu verbieten seien, ließ sich nicht mit einem Satz beantworten: In Portugal hatten die Jesuiten zweifellos eine so starke Herrschaft ausgeübt, daß sie den schwachen König und vor allem dessen Familie völlig bevormundeten; in Wien wiederum hatten nur vereinzelte Jesuiten wie etwa der verhaßte Lamormain (1570–1648), dem man eine Mitschuld an der Ermordung Wallensteins zuschreibt, besonderen Einfluß gewonnen. Es hing also im Grunde von der Persönlichkeit des jeweilig Regierenden ab, welche Möglichkeiten er den Jesuiten einräumte, nur hatte die allgemeine Aversion gegen den Orden um die Mitte des Aufklärungsjahrhunderts eine solche Intensität erreicht, daß selbst die fromme Maria Theresia von Österreich und Ungarn sich der von Portugal ausgehenden Verbotswelle anschloß und den Orden 1773 aufhob. Damit war auch der berühmten Jesuitenmission in Paraguay (»Das heilige Experiment«) der Boden entzogen, denn es waren vor allem österreichische Jesuitenpatres, die mit sensationell neuen Methoden am Paraná die schulische Erziehung der Indianerkinder begründet und ihre Schutzbefohlenen gegen Sklavenjäger aus dem portugiesischen Brasilien verteidigt hatten. Hundert Jahre später wurde das Verbot, das schon Maria Theresia bedauert hatte, wieder aufgehoben.

Die Verfolgung der Jesuiten erstreckte sich durch mehrere Pontifikate und nahm zuletzt Formen an wie das Vorgehen König Philipps von Frankreich gegen den Templerorden. Nach Papst Clemens XIII., einem Venezianer aus der Dogenfamilie Rezzonico (1758–1769), war es vor allem Lorenzo Ganganelli aus Rimini, der als Clemens XIV. kaum eine andere historische Initiative setzte als das Ordensverbot, die Bulle *Dominus ac Redemptor noster* vom 21. Juli 1773. Die Hauptvorwürfe, die darin gegen den Orden erhoben werden, verraten spanische Einflüsse: Mißwirtschaft in Paraguay (!), unlautere Geld- und Handelsgeschäfte, laxe Moral und Ungehorsam gegen die Kirche. Unnötig und schäbig war es, den siebzigjährigen Ordensgeneral Ricci, einen persönlich untadeligen Mann, in der Engelsburg unter härtesten Bedingungen gefangenzuhalten. Bei verschalten Fenstern, ohne Heizung und von der Außenwelt völlig abgeschnitten, starb Ricci in der Haft, ohne daß jemals gegen ihn ein Prozeß geführt oder ihm irgendein Verbrechen nachgewiesen worden wäre.

Die ausgleichende Gerechtigkeit traf weder Clemens XIV. noch den von ihm bestellten geistlichen Kerkermeister Alfani, sondern Pius VI. (1775–1799), der in seinem langen Pontifikat den Wandel der Welt deutlicher zu spüren bekam als alle Päpste vor ihm. Giovanni-Angelo Braschi stammte aus dem verarmten Grafengeschlecht von Cesena, dem er allerdings durch den letzten namhaften Nepoten der Kirchengeschichte, durch Luigi Onesti-Braschi, Reichtum und herzogliche Würden zu verschaffen wußte. Pius VI. widmete sich zunächst der Stadt Rom, der die vorangegangenen Päpste zwar immer wieder eine gewisse Aufmerksamkeit zugewandt und einzelne Kirchen restauriert hatten, die aber angesichts der großen Probleme des Jahrhunderts innerhalb der kirchlichen Gesamtaktivitäten an Gewicht verloren hatte.

Nach dem durch Benedikt XIV. bewirkten Interessenausgleich mit den romanischen Staaten ergaben sich unvermutet schwerwiegende Streitpunkte mit einem der treuesten Anhänger der Kirche, mit Habsburg. Joseph II. war zunächst als Mitregent seiner Mutter in Erscheinung getreten, hielt aber 1780, als er allein zu herrschen beginnen konnte, mit seinen aufklärerischen Reformen nicht mehr hinter dem Berg. Beurteilt man auch heute dieses Reformwerk im allgemeinen als zumindest übereilt und unausgewogen, so mußte seine Ankündigung – die ausgedehnten Klosteraufhebungen, die Beendigung kirchlicher Gerichtsbarkeit, die Staatsaufsicht über die Priesterausbildung und das Toleranzpatent vom Oktober 1781 – in

Rom geradezu Panik auslösen. Braschi war neuen Ideen so abhold, daß er etwa den Gleichheitsgrundsatz der Französischen Revolution später als absurd bezeichnete; daß er sich gegen die einseitige Aufkündigung kirchlicher Positionen wandte, die zum Teil fünfzehnhundert Jahre alt waren, entsprach jedoch nur seiner Pflicht. In der richtigen Erkenntnis, daß diese Krise schriftlich nicht erfolgreich behandelt werden könne, begab er sich auf die Reise nach Wien, und das war damals tatsächlich ein Jahrhundertereignis. Von der katholischen Bevölkerung der Länder, durch die er zog, und vor allem von den Wienern jubelnd begrüßt, erreichte Pius VI. in langen Verhandlungen nur die Zurücknahme unwesentlicher Bestimmungen. Am Kern seines Reformwerks hielt Joseph II. damals noch fest, vor allem auch deswegen, weil zum Beispiel die überfällige Reform der Gerichtsbarkeit, die Ersetzung der Grundherren-Gerichtshoheit durch beamtete und ausgebildete Juristen, ein Gebot der Stunde war, so daß sich kirchliche Sonderrechte nicht aussparen ließen. Beispiele aus anderen Ländern wie etwa dem erzkatholischen Bayern zeigen übrigens, daß Joseph II. wohl einer der ersten, aber keineswegs der einzige war, der die Notwendigkeit erkannte, den ausgedehnten Kirchenbesitz und die Sonderstellung der Kirche in der Gesellschaft des zu erneuernden Staates erheblich einzuschränken. Josephs Reformen brachten schließlich auch eine gewisse materielle Entlastung der Kirche in einigen Bereichen, durch staatliche Spitäler, öffentliche Armenfürsorge und staatliche Grundschulen. Seine Vorstellungen von einer Art österreichischer Staatskirche, Ideen, bei denen die Bischöfe von Laibach, Seckau und Gurk Pate standen, ließen sich freilich nicht verwirklichen; sie zeigen aber, wie ernsthaft auch hochbegabte Herrscher wie der Sonnenkönig oder eben Joseph II. unter Beibehaltung des Katholizismus von Rom loszukommen wünschten.

Der Papst weilte nur einen Monat in Wien (22. März bis 22. April 1783), eine angesichts der langen Reise und der damaligen diplomatischen Gepflogenheiten auffällig kurze Frist, aus der die Erfolglosigkeit der päpstlichen Bemühung bereits hervorgeht. Dabei hatte Pius VI. schon als Kardinal den Beinamen *il persuadore* (der Überredungskünstler) erhalten. Als sich die Wagenkolonne des

Papstes vom Süden her der Donaustadt näherte, fragte Christof Anton Graf Migazzi, Erzbischof von Wien und härtester Widersacher der Reformen, in einer Audienz den Kaiser, ob nun die Kirchenglocken Wiens geläutet werden dürften. »Aber gewiß«, antwortete der Souverän, »die Kirchenglocken sind doch Ihre Artillerie!«

Im übrigen aber ließ es Joseph zumindest äußerlich an Ehrfurcht und Rücksichtnahmen gegenüber dem Besuch aus Rom nicht fehlen, und er verwies es auch dem aufklärerischen Satiriker Alois Blumauer, als dieser beim Segen des Papstes sein Haupt bedeckt hielt. Blumauer antwortete damals mit dem bis heute umlaufenden Bonmot: »Ist der Segen gut, geht er auch durch den Hut.« Und es ist bezeichnend, daß sich beim Besuch Johannes Pauls II. im Spätsommer 1983 in Wien – also beinahe genau zweihundert Jahre nach Pius VI. – ein ähnlicher, von Millionen von Fernsehzuschauern registrierter Vorfall ereignete: Der Wiener Fernsehdirektor Marboe scharwenzelte lachend zum Handkuß beim Papst, als habe er einer Soubrette die Hand zu küssen, nicht dem Heiligen Vater.

Da der Großherzog Leopold I. von Toskana ein Bruder des aufklärerischen Kaisers war, weitete die Säkularisationsbewegung sich auch auf Italien aus und wurde auch in Deutschland aufgegriffen, da so mancher Fürsterzbischof darin die Möglichkeit erblickte, in der Loslösung von Rom seine eigene Position zu stärken.

Pius VI. hatte noch manchen Ärger in Pistoia, Neapel, Salzburg und Trier, doch erloschen diese kleinen Querelen vor dem Anblick des großen Brandes, der am 14. Juli 1789 in Paris ausbrach. Ein Ereignis wie dieses hatte es in der christlichen Welt schließlich noch nicht gegeben, und da es nicht mehr um Konfessionen ging (um die man viel zu lange gestritten hatte), sondern um das Christentum und das christliche Erbe selbst, erkannte nun der ganze Klerus den Ernst der Stunde.

Alle französischen Könige des letzten Jahrhunderts hatten Zwist mit der Kirche gehabt. Der Sonnenkönig hatte Krieg gegen den Papst geführt, sein Nachfolger, der Regent, war ebenso ein sündiger Lüstling wie sein Minister Dubois, und Ludwig XV. verweigerte die Kirche gleich zweimal den geistlichen Beistand in Todesnot, weil er zauderte, seine Mätressen in die Wüste zu schicken. Die letzte Ölung erhielt er – unter einmalig demütigenden Umständen – erst, als die Dubarry Paris verlassen hatte. Heinrich III. und Heinrich IV. waren von Priestern umgebracht worden, und unter Ludwig XVI. hatte sich kein Geringerer als der Kardinal von Rohan in der Halsbandaffäre unsäglich kompromittiert. Trotz all dieser Auseinandersetzungen und Skandale begriff die Kirche sehr schnell, daß die große Revolution in Frankreich etwas ganz Neues sei. Daß sie sich so entschlossen gegen die französische Priesterschaft wandte, hatte allerdings seine Ursache auch in zurückliegendem Streit über den von Rom wiederholt verurteilten Jansenismus, eine philosophische Richtung des Christentums, und über die Machenschaften des Jesuiten La Valette, Generalprokurator auf der Insel Martinique. Schon dreißig Jahre vor der Revolution hatte das französische Parlament die Jesuiten für staatsgefährlich erklärt und den Orden aufgehoben, der zuletzt in dem lasterhaften und intriganten Père de La Chaise unheilvollen Einfluß auf Ludwig XIV. und die Maintenon ausgeübt hatte.

Unter den 162 geistlichen Mitgliedern der Nationalversammlung, die sich der Revolution angeschlossen hatten, war der Bischof Talleyrand der radikalste, erklärte alle Güter der Kirche als Nationaleigentum und schlug vor, damit die großen Schulden aus der Mißwirtschaft der letzten beiden Könige zu bezahlen. Der Kirchenbesitz wurde auf dreitausend Millionen Goldfrancs geschätzt und diente als Deckung für die Ausgabe von Papiergeld, der sogenannten Assignaten. Am 13. Februar 1790 wurden alle Mönchsorden aufgehoben, sofern sie sich nicht dem Unterricht und der Krankenpflege widmeten. Aus den 136 Bistümern machte man 83, bei deren Bischofsernennung der Papst nicht mehr mitzureden hatte. Da das Kirchengut eingezogen war, sollten Bischöfe ebenso wie die Pfarrer Wohnung und feste Bezüge erhalten. Die Kirche selbst machte durch den Erzbischof von Paris und andere Prälaten Vorschläge, die ein relativ beträchtliches Entgegenkommen zeigen, aber die Dinge waren in zu schnellem Fluß, und schon der nächste Schritt schied die Geister endgültig: Die Nationalversammlung verlangte von allen Priestern, die im Amt bleiben wollten, den Eid auf die Verfassung. Pius VI. wandte sich an den frommen Ludwig XVI., der zu diesem Zeitpunkt immerhin noch ein Vetorecht hatte und darum von den spottlustigen Parisern Monsieur Veto genannt wurde. Der König fügte sich erst Ende Dezember 1790 diesem Druck, als er längst kein freier Mann mehr war; im Jahr darauf starb der Graf Mirabeau, der beste Kopf der Revolution, unter höchst verdächtigen Umständen: Er war die letzte Chance des Königs gewesen, auf dem Thron zu bleiben, die letzte Chance damit auch für die Kirche, in Frankreich zumindest im Staatsoberhaupt einen Freund zu besitzen.

Ende 1791 begann die Deportation jener Priester, welche den Eid verweigert hatten, und in der sogenannten *Terreur*, während der Septembermorde des Jahres 1792, starben in den Höfen der Pariser Gefängnisse und davor mehr als dreihundert Priester, wenig später weitere in Meaux, Versailles, Chalons-sur-Marne und in Lyon. Hundert Jahre nach der Aufhebung des Edikts von Nantes, das den Hugenotten Duldung zugesichert hatte, waren es nun katholische Priester, die auf den alten Fluchtwegen nach Deutschland und in die Schweiz, nach Holland und nach Italien auswandern mußten.

Unter den Maßnahmen der Nationalversammlung, die den Papst empörten, waren freilich auch solche, die heute selbstverständlicher Bestand der Sozialgesetzgebung sind (Unterstützung für ledige Mütter ohne Ansehung ihres Lebenswandels, Zulassung der Ehescheidung und ähnliche).

Vom 7. November 1793 bis zum 30. Juli 1795 war die Ausübung der katholischen Religion in ganz Frankreich verboten, vorher und nachher erheblich behindert, wobei einzelne Kirchenfürsten von großem Namen zur Revolution übergegangen waren – nicht nur aus Opportunismus, sondern weil durch Voltaire, Bayle, Montesquieu und andere der Boden dafür bereitet worden war, das Christentum als eine Lehre und eine Welterklärung unter vielen anderen anzusehen und seiner Alleinherrschaft zu entkleiden. Ohne sich so unwürdig zu betragen wie Jean-Baptiste-Joseph

Gobel aus dem elsässischen Thann, der als Erzbischof von Paris verheiratete Priester duldete und aus Angst um sein Leben die schlimmsten Lästerungen mitansah, waren es doch so bedeutende Männer wie Talleyrand, Jarente (Orleans), Lomenie de Brienne von der alten Stadt Sens und andere, die sich der Revolution anschlossen. Fünfzigtausend andere Priester verweigerten den Eid auf die Verfassung, obwohl sie damit Freiheit und Leben riskierten. Soweit sie nicht flüchteten, fanden sie in den katholisch oder royalistisch gebliebenen Landschaften Frankreichs Zuflucht, in der Bretagne, der Vendée, dem Poitou und in großen Teilen des Anjou. Pius VI. hatte keine andere Möglichkeit, als den nach dem neuen Recht geweihten Bischöfen die Bestätigung zu verweigern, die Wahl als ungültig zu erklären und die Herren zu suspendieren (13. April 1791). Wie schon der Sonnenkönig, griffen die Revolutionäre daraufhin nach dem päpstlichen Besitz in Frankreich, nach Avignon und dem Venaissin.

Als Napoleon durch seinen Staatsstreich Erster Konsul wurde, war der jakobinische Spuk mit der Herrschaft der Göttin der Vernunft und anderen künstlichen Inthronisationen zu Ende. Selbst nicht sonderlich religiös, erkannte der Korse Bonaparte doch, daß ihm ein in Religionskämpfen liegendes Volk keine Hilfe bei seinen großen Plänen leisten werde, und wandte sich an Pius VI., mit der Bitte, an der Neuordnung der religiösen Verhältnisse in Frankreich mitzuwirken.

Die Verhältnisse konnten indes kaum verwickelter sein, als sie waren, und daß Pius VI. das ungeheure Entscheidungstempo des energischen Korsen einigermaßen mitging, ist vielleicht die größte Leistung seines Pontifikats. Die davongejagten Bischöfe lebten zum größten Teil noch; diejenigen, die den Eid geleistet hatten, saßen noch in ihren Diözesen, und da Napoleon die aufgehobenen Diözesen nicht wieder einrichten wollte, weil er diese Folge der Revolution als organisatorisch und wirtschaftlich vernünftig billigte, gab es das, was man heute einen Überhang von Oberhirten nennen würde, deren jeder alle seine Beziehungen nach Rom und nach Paris spielen ließ, um im Amt zu bleiben oder ein Amt zu erhalten. Das große Konzil von 1801 arbeitete Napoleon zu langsam; er löste es kurzerhand auf und setzte sich mit einem einzigen Mann zusammen, der ebenso schnell dachte wie er, mit dem Marchese Consalvi, einem Mann von glänzenden Manieren und großen Kenntnissen. Binnen sechs Wochen hatten die beiden ein Konkordat ausgehandelt, das die Gefahr beseitigte, Frankreichs künftiges religiöses Leben ausschließlich den abtrünnigen Priestern anvertraut zu sehen; andererseits hatte Consalvi aber auch viele von jenen enttäuscht, die geflohen waren und nun Rückkehr und Wiedereinsetzung erhofften.

Indes waren die allgemeinen politischen Verhältnisse nun, da Pius VII. (1800–1823) endlich in Venedig gewählt worden war, so trostlos, daß man bald aufhörte, Consalvi Vorwürfe zu machen. Seiner Geschicklichkeit war es schließlich zu danken gewesen, daß nach viermonatigem Konklave die Wahl auf Barnabas Chiaramonti gefallen war, nach anderen Kandidaten, die Österreich nicht genehm gewesen waren: Es waren also Napoleons Sieg bei Marengo und Consalvi, die der Kirche endlich einen Papst bescherten – nur hätte er vermutlich seine Wahl nicht angenommen, wäre ihm klar gewesen, inmitten welcher Weltbrände und Kriegsgewalten er sein Amt würde ausüben müssen.

Der Kaiser in Wien wollte Pius VII. einen Kardinal-Staatssekretär an die Seite stellen, der als Venezianer österreichischer Untertan gewesen wäre, aber Pius VII. war gut beraten, an dem Marchese Consalvi festzuhalten, einem Mann, dessen feiner Geist damals schon Beziehungen zu allen Lagern anbahnte, ein Mann, der als Freund Wilhelm von Humboldts gelten darf und dem Napoleon die Ehre erwies, ihn bald in seine Nähe zu ziehen, bald auf das eifrigste zu verfolgen.

Die Lage war ungemein schwierig, denn Napoleon wollte zwar die Ordnung, aber er war nicht bereit, Opfer für sie zu bringen. Zwanzig Bischöfe, die der Revolution nachgegeben hatten, behauptete er, halten zu müssen, weil sie zuviel Einfluß besäßen, und als er nach den Siegen über Österreich praktisch Herr über Italien wurde, schloß er für die italienischen Gebiete mit dem Heiligen Stuhl ein Konkordat, das er ganz ähnlich für seine Zwecke auslegte wie das auf Frankreich bezügliche.

Auch für Pius VII. kam, wie für seinen Vorgänger, der Augenblick einer langen und wichtigen Reise, worin wir abermals das Erstarken der weltlichen Mächte bestätigt finden. Napoleon wünschte, zum Kaiser gekrönt, das heißt genaugenommen nur gesalbt, zu werden, die Krone setzte er sich in Notre Dame bekanntlich selbst aufs Haupt. Zu der Zeremonie vom 2. Dezember 1804 war der Papst einen Monat vorher in Rom aufgebrochen und am 25. November in Fontainebleau mit Napoleon zusammengetroffen. In der Hoffnung, die strittigen Punkte des Konkordats und der später veröffentlichten Napoleonischen Kommentare klären zu können, blieb Pius VII. bis April 1805 in Frankreich und erreichte auch nicht wenig, wie zum Beispiel die Wiederzulassung einiger Orden und die Wiedereröffnung des Seminars für die Auswärtigen Missionen. Zuletzt gab es noch einige Aufregung, weil Napoleon – ganz ähnlich wie einst Philipp der Schöne von Frankreich – den Papst zur Verlegung seines Amtssitzes nach Frankreich bestimmen wollte. Pius VII. aber hatte vorsichtig und wohlberaten schon vor seinem Aufbruch nach Frankreich (dem damals eine gleichwertige Schutzmacht für den Papst nicht gegenüberstand) eine Abdankungsurkunde unterzeichnet, die veröffentlicht und gültig werden sollte, falls man ihn hindere, nach Italien zurückzukehren. Am 16. Mai traf Pius VII. wieder in Rom ein.

In der Folge verschlechterten sich die französisch-römischen Beziehungen freilich wieder, weil Napoleon statt des konzilianten Botschafters Cacault seinen Onkel, den korsischen Kardinal Fesch, zum Heiligen Stuhl entsandte. Fesch – von dessen Bilderräubereien in ganz Europa noch heute ein schönes Museum in Ajaccio Kunde gibt – konnte sich mit Consalvi kaum jemals einigen. Ja er verwahrte sich auch nicht gegen die wiederholten Demütigungen des Heiligen Vaters, als Napoleon seine Macht auf die Halbinsel ausdehnte, und als Pius endlich Napoleon exkommunizierte, setzte ihn dieser zunächst auf italienischem Boden, in Savona, gefangen, dann aber in Fontainebleau. Erst nach den Siegen der Verbündeten und nach Napoleons Eintreffen auf der Insel Elba konnte Pius VII. nach Rom zurückkehren.

Es spricht für die Größe dieses frommen Mannes, daß er trotz aller tiefen Ärgernisse und Enttäuschungen, die Napoleon ihm bereitet hatte, nicht nur Laetizia Buonaparte bei sich aufnahm, die Mutter des gestürzten Kaisers, sondern auch manches andere, weniger würdige Familienmitglied. Ja, er bemühte sich sogar, freilich vergeblich, das Los Napoleons auf der Regeninsel Sankt Helena zu mildern.

Auf dem Wiener Kongreß traf Consalvi mit dem alten Widerpart der Kirche, mit dem abtrünnigen Bischof Talleyrand, zusammen, der dort nun freilich für die Bourbonen verhandelte. Es gelang dem Marchese, die Eigenstaatlichkeit des Kirchenstaates durchzusetzen, wenngleich man zu den mittelalterlichen Herrschafts- und Verwaltungsformen nicht mehr zurückkehrte: Zu einigen Reformen und Verbesserungen war die französische Oberherrschaft doch gut gewesen ...

Das Pontifikat des siebenten Pius zeigte deutlicher als alle vorangegangenen, daß die politischen Veränderungen in einem sich erneuernden Europa neben Gefahren und Streit auch eine Unmenge Arbeit mit sich brachten. Ein Beispiel unter vielen war die Rückkehr der Bourbonen auf den Thron, die natürlich neuerliche Verhandlungen über die Lage der Kirche nötig machten. Und bezeichnenderweise erwies sich die Materie als so kompliziert und umfangreich, daß man endlich doch wieder zu dem Konkordat des verhaßten Korsen zurückkehrte beziehungsweise es im wesentlichen in Geltung beließ.

Im Juli 1823 stürzte Pius VII., nunmehr einundachtzig Jahre alt, in seiner Wohnung, brach sich den Oberschenkelhals und starb sieben Wochen darauf. Sein tüchtiger Kardinal-Staatssekretär, einer der größten in diesem Amt, folgte ihm im Januar 1824 im Tode nach. Man muß allerdings annehmen, daß Ercole Consalvi mit seinem Lebenswerk nicht ganz so zufrieden war wie der Papst selbst. Während er in Wien weilte, hatten in Rom die Barone die alten Ordnungen wiederhergestellt, und es bedurfte der ganzen Energie des Kardinals, wenigstens die tauglichsten Neuerungen der Franzosen durchzusetzen, auch wenn sie vom Feind stammten. Seine Polizeiordnung, auf Napoleons Neuerungen fußend, funktionierte nur in Rom selbst, nicht auf dem Lande, und nur durch die Wirtschaftsgesetzgebung, der die alten Familien nicht schnell genug widersprechen konnten, vermochte Consalvi ein wenig Reformgeist in die alten Verfassungsmaterialen des Kirchenstaates gleichsam einzuschmuggeln. Auch dies, die Schwierigkeiten eines hochintelligenten und aufgeklärten Politikers am Hof und im Staat des Papstes, kennzeichnet die Lage des Papsttums am Beginn des neunzehnten Jahrhunderts.

Die Ära der
übermächtigen Staatssekretäre

Auch in der Geschichte der Päpste rückten die Extreme zueinander, und das auf den ersten Blick rein philosophische Bonmot *les extrèmes se touchent* gilt merkwürdigerweise für das neunzehnte Jahrhundert viel deutlicher als für den langsamen Schritt der alten Zeiten. Zwischen Leo XII. (1823–1829), einem Papst, unter dem das Mittelalter noch einmal aufzuleben schien, und Leo XIII. (1878 bis 1903), den man als den ersten modernen Papst bezeichnet, liegen Entwicklungen, die uns schon sehr vertraut sind und die sich zum Teil bis in das zwanzigste Jahrhundert fortsetzen. Eine von ihnen aber war für das Papsttum von besonderer Bedeutung, obwohl es sich um rein weltliche Vorgänge handelte: die Einigung Italiens, das Ende der Kleinstaaterei auf der Apenninenhalbinsel, das Ende auch der Überfremdung italienischen Territoriums durch österreichische, französische und spanische Interessen. Konnte man bisher sagen: Wieviel wäre dem Papsttum erspart geblieben, hätte es sich von vornherein in Frankreich niedergelassen – so durfte man jetzt hoffen, daß die politische Einigung Italiens auch eine Beruhigung in bezug auf die Existenz der Päpste bringen würde.

England und Österreich waren die standhaftesten Gegner Napoleons gewesen und dank der Staats- und Verhandlungskunst Metternichs auf dem Wiener Kongreß dafür auch belohnt worden, England weitgehend außerhalb Europas, Österreich dadurch, daß so manche Eroberung Napoleons nicht in die Eigenstaatlichkeit zurückkehrte, sondern einen neuen Herrn im Kaiser zu Wien erhielt. Die durch Jahrhunderte geschickt lavierende Handelsrepublik Venedig, die über die gefährlichsten Koalitionen triumphiert hatte, war dem großen Korsen ruhmlos erlegen und erwachte zu einem gewissen Eigenleben unter österreichischer Oberhoheit (was, wie Kenner behaupten, ihr ganz gut anstand). Dennoch muß man sagen, daß die ausgedehnten italienischen Besitzungen und Einflußzonen, die Österreich in der ersten Hälfte des neunzehnten Jahrhunderts noch hielt, einen Anachronismus darstellten. Der Nationalismus war während der Freiheitskriege nicht nur bei den deutschen Studenten erwacht, und es fiel den verschiedenen revolutionären und geheimbündlerischen Gruppierungen nicht schwer, Österreich als die reaktionäre Vormacht des nachnapoleonischen Europa, als den Hauptgegner eines eigenen und freien Italien hinzustellen.

Militärische Konfrontationen mit Frankreich und später mit Preußen schwächten die österreichische Position, und auch der Seesieg über die italienische Flotte bei Lissa vermochte nichts daran zu ändern, daß die Zeiten sich eben gewandelt hatten. Die zeitweise grotesken Miniaturrivalitäten, die durch Jahrhunderte Blut und Energien verzehrenden Kleinstaatenkämpfe auf italienischem Boden endeten durch die weitblickende Politik eines Cavour. Die Unterstützung durch Napoleon III. und die malerischen Aktionen des Italofranzosen Garibaldi wirkten mit der Unfähigkeit des österreichischen Marschalls Gyulay glückhaft zusammen; Volksabstimmungen in der Toskana, in Parma und Modena kamen hinzu, und am 14. März 1861 war Viktor Emanuel von Savoyen-Sardinien König von Italien.

Danach blieben nur noch Venedig und der Kirchenstaat ungelöste Fragen. Venetien eroberten die Preußen bei Königgrätz für die bei Custozza jämmerlich geschlagenen Italiener, und Rom fiel der Armee des jungen Italien in die Hände, als die Preußen 1870 bei Sedan gesiegt hatten. Um die Gewaltanwendung vor der Geschichte festzuhalten, hatte Papst Pius IX. die Stadt Rom verteidigt; es kam zur Beschießung und am 20. September 1870 zum Einmarsch der italienischen Truppen in das jubelnde Rom (daher die in vielen italienischen Städten anzutreffenden Straßennamen *Via XX Settembre).* Bei der Volksabstimmung entschieden sich 133 681 Römer für Italien, 1507 für den Papst …

Diese Ereignisse warfen ihre Schatten weit voraus; sie beschäftigten zum Teil schon Pius VII., und die Kräfte, die zu der Befreiung und Einigung Italiens trieben, bekundeten ihr Temperament und ihre Methoden zum erstenmal deutlich unter der Regierung des Papstes Leo XII., eines Grafen della Genga aus Spoleto. Der noch auf einem Schloß geborene Papst reagierte auf die ersten Aktionen der mittelitalienischen Geheimbünde mit der Härte der von Preußen, Österreich und Rußland gemeinsam begründeten Heiligen Allianz. Selten haben kirchliche Autoritäten so ausschließlich auf ihre Geheimpolizei und ihre Kerker gesetzt wie Leo XII. und sein grausamer Handlanger, der Kardinallegat Agostino Rivarola. Von dem freisinnigen Kardinal Consalvi hielt man nicht mehr viel; was er angeordnet und eingeführt hatte, galt von vornherein als verdächtig, selbst die von Consalvi im seuchengeplagten Italien anbefohlene Pockenimpfung wurde nun verboten! Graf Hannibal, auf einem Schloß geboren, hat die Zeichen der Zeit zweifellos nicht verstanden, aber das muß man für jene Jahre des Vormärz auch von ungleich stärkeren Intelligenzen sagen. Dabei hatte der Papst aus seiner Tätigkeit als Nuntius gute Kenntnisse der deutschen Zustände, ja er weilte so viele Jahre vor allem im südlichen Deutschland, daß er nach seiner Wahl im September 1823 eine Weile brauchte, ehe er sich auf die italienischen Verhältnisse einstellen konnte. Er sprach den Kirchenbann über Carbonari und Freimaurer aus und ging mit großer Strenge gegen freiheitliche Bestrebungen in der Romagna und in der Stadt Bologna vor, Maßnahmen, die in diesem Stadium der Gärung keinen Erfolg mehr bringen konnten. Eine glücklichere Hand hatte Leo XII. bei seinen Bemühungen, der Kirche und der Mission in fremden Ländern neue Geltung zu verschaffen, nach Jahren, in denen die militärischen und politischen Ereignisse für die ganze Welt im Vordergrund gestanden hatten.

Leo XII. arbeitete mit großen Kenntnissen und bemerkenswerter

Ausdauer in Bereichen, in denen die Päpste seit Jahrhunderten wenig Erfolg zu verzeichnen gehabt hatten: in Richtung Hannover, wobei die Initiativen natürlich auf England zielten, in den Niederlanden, in Rußland und in Preußen. In Basel wurde im Jahr 1828 ein Bistum errichtet, eine Institution von besonderer Bedeutung in dieser Stadt freiester Forschung und Lehre am Schnittpunkt dreier Herrschaftsbereiche.

In Südamerika hatte die Loslösung von Spanien voll eingesetzt und zum Teil auch die kirchliche Organisation gefährdet. Leo XII. verhandelte mit den neuen Regierungen, mit den gleichsam über Nacht entstandenen selbständigen Staaten auf dem Boden der alten Kolonialgebiete, und besetzte die verwaisten Bischofssitze neu.

Vielleicht wäre das Gesamturteil über dieses Pontifikat günstiger, wenn die italienischen Angelegenheiten schon früher von dem tüchtigen und gewandten Kardinal-Staatssekretär Bernetti übernommen worden wären; dieser wurde aber erst wenige Monate vor dem Tod Leos XII. im Februar 1829 in sein Amt berufen.

Einen für die katholische Kirche in England und Irland sehr wichtigen Erfolg hat Leo XII. mit angebahnt, aber nicht mehr erlebt: Der gemeinsame Kampf gegen Napoleon hatte Papsttum und Großbritannien so weit einander angenähert, daß der Herzog von Wellington 1829 wesentliche Toleranzerlasse zugunsten der Katholiken durchsetzen konnte.

Pius VIII., ein Graf Castiglioni, kam erst in seinem siebzigsten Lebensjahr zu seinem hohen Amt und konnte es nur zwanzig Monate lang, bis zum 30. November des Revolutionsjahres 1830, ausüben. Damit war diesem aufrechten Freund des fortschrittlichen Kardinals Consalvi leider nicht die Zeit gegeben, an der Politik der Kurie gegenüber dem neuen Europa und den liberalen Bestrebungen in beinahe allen Ländern etwas zu ändern. Zwei Wochen vor dem Tod des Papstes erschien in Frankreich die erste Nummer der Zeitschrift *L'Avenir* unter dem Motto »Gott und die Freiheit«; sie war im wesentlichen das Werk des nunmehr achtundvierzigjährigen bretonischen Adeligen Hugues Félicité Robert de Lammenais und strebte eine zukunftsorientierte Politik des Weltkatholizismus an und seine Versöhnung mit der aufkommenden Demokratie. »Die Majorität«, sagt Lammenais in der Ankündigung seiner sehr schnell an Einfluß gewinnenden Zeitschrift, »verlangt die Religion und die Freiheit. Keine feste Ordnung ist mehr möglich, wenn die beiden einander als Feinde ansehen. Von ihrer naturgemäßen und naturnotwendigen Einigung hängt das Heil der Menschheit in der Zukunft ab ... Der Clerus möge seine Zeit verstehen lernen.« Das sind Worte aus dem Jahr 1830, die prophetisch klingen, denn das nächste Pontifikat, die Regierung Gregors XVI. (1831–1846), brachte tiefe und heftige Konflikte zwischen der Kirche und weltlichen Fürsten. Bartolomeo Cappellari aus Belluno hatte seine Karriere im Orden der Kamaldulenser gemacht, war mit siebenundfünfzig Jahren deren Generalprokurator geworden und hatte mit einer so frommen wie geistvollen Schrift über das Papsttum die Aufmerksamkeit römischer Kreise auf sich gelenkt. 1826 nach Rom geholt, nahm er an allen wichtigen Sitzungen der obersten Kirchenbehörden teil und wurde nach seiner Wahl zum Papst von vielen engagierten Katholiken lebhaft begrüßt. »Die Frömmigkeit, die Wissenschaft und die Weisheit sitzen wieder auf dem unvergänglichen Stuhle«, schrieb Lammenais im *Avenir*.

Weniger glücklich waren die Römer mit der Wahl eines Papstes aus dem damals noch österreichischen Belluno, dem bald darauf mit dem Kardinal-Staatssekretär Lambruschini ein weiterer Österreich zuneigender hoher Würdenträger zugesellt wurde, wie man annehmen darf nicht ohne Einflußnahme Metternichs. Lambruschini war Nuntius in Paris gewesen, wo er nach der Julirevolution von 1830 nicht mehr bleiben konnte, und ersetzte zwei Jahre später den bis dahin sehr erfolgreich taktierenden Bernetti. Lambruschini, persönlich sehr fromm, aber autoritär, von zwingendem Verstand und unbändigen Energien, nahm zwar dem Papst sehr viel Arbeit und aufreibende Kämpfe ab, bestimmte aber die Politik des Heiligen Stuhls in schweren Zeiten in unzulässiger Weise nach seinen eigenen Grundsätzen.

Verbindliche Urteile aus heutiger Sicht sind gerade zu diesem Pontifikat sehr schwer zu fällen; neigt man in der Frage der Mischehen heute zu einer liberaleren Auffassung als Lambruschini, so muß man in seiner Auseinandersetzung mit Preußen die Partei der weltlichen Macht ergreifen. Sieht man aber, mit welcher Rücksichtslosigkeit der Zar gegen die katholische Bevölkerung Polens vorging, so muß man insbesondere Gregor XVI. bewundern, der sich nicht scheute, seine Korrespondenz mit dem Zaren zu veröffentlichen, ja der noch als Achtzigjähriger die unmittelbare Konfrontation mit diesem mächtigen Monarchen suchte, der doch gegen jede Opposition im eigenen Land mit so großer Härte vorging. Er mußte sich vom Papst alle Grausamkeiten seiner Beamten und seiner Truppen Punkt für Punkt vorhalten lassen.

Große Verdienste erwarb sich Gregor XVI. auch in der Weltmission, vor allem in Amerika, wo eben die großen Trecks in die Indianergebiete aufbrachen und sogar einzelne Gesandtschaften katholisch gewordener Indianer Rom erreichten. Gegen den Sklavenhandel und die letzten Hochburgen der Mittelmeerpiraterie kämpfte der Papst an der Seite der Weltmächte (Bulle *In supremo apostolatus fastigio* ...).

Auch die katholische Geschichtsschreibung betont, daß Gregor XVI. den größten Teil seines Lebens in klösterlicher Abgeschiedenheit zugebracht hatte, daß er ein hochgebildeter Papst war, aber von kirchlichen Dingen eben sehr viel mehr verstand als von den weltlichen. Gegen die nach außen gerichteten Aktivitäten seines Kardinal-Staatssekretärs setzte er eine stille, aber konsequente Bemühung um Rom und die Wissenschaften. Die Ausgrabungen, die Rettung von Altertümern und die Förderung der Studien lagen ihm ebenso am Herzen wie die Sicherung und wissenschaftliche Edition alten Literaturgutes. Als Kuriosum sei noch vermerkt, daß es dieser den römischen und den altchristlichen Altertümern zugewandte Papst war, der die Dampfschiffahrt auf dem Tiber einführte und es auch nicht verschmähte, bei der Wiedererrichtung der Paulskirche jene Alabastersäulen einzubauen, die ihm Mehmed Ali zugesandt hatte, der Erneuerer des ägyptischen Staates (*San Paolo fuori le mura* war 1823 durch einen Brand vernichtet worden).

Gregor starb nach kurzer Krankheit am 1. Juni 1846. Lambruschini hatte sich gegenüber dem liberalen Europa, aber auch gegenüber verschiedenen fremden Regierungen durch die scharfe Sprache seiner Polemik so sehr exponiert, daß er für jeden Nachfolger Gregors eine Belastung dargestellt hätte. Er wurde mit Ämtern betraut, die ihn der Öffentlichkeit entzogen, mußte aber im Revolutionsjahr 1848 dennoch aus seiner Wohnung fliehen, die von seinen Verfolgern völlig zerstört wurde, und verbarg sich in der Festung Gaëta. Er starb im Mai 1854 vereinsamt: Seine Hoffnung, als Nachfolger des Papstes, den er so weitgehend beherrscht hatte, selber Papst zu werden, hatte sich nicht erfüllt. Allerdings erlebte er es noch, wie der nächste Papst – Pius IX. – sich nach liberalen Anfängen bald ebenso dem stärkeren Temperament seines absolutistisch gesinnten Kardinal-Staatssekretärs beugte.

Es ist erstaunlich, aber nicht gerade unlogisch, daß die Päpste dieses Jahrhunderts, die so gut wie alle aus gräflichen Familien kamen, nach Bildung und Wesensart wesentlich liberaler eingestellt waren und einen weiteren Horizont hatten als ihre Kardinal-Staatssekretäre, die aus dem Bürgertum oder sehr jungem Adel stammten – und war es nicht so, hatten sie auch alte eigene Familientraditionen wie der Marchese Consalvi, so waren sie mindestens ebenso liberal wie die Päpste, denen sie zur Seite standen. Pius IX. (1846–1878!) war ein Graf Mastai-Ferretti und hatte in seinen Jugendjahren an Epilepsie gelitten, so daß er weder eine militärische noch eine geistliche Laufbahn einschlagen konnte. Das Leiden legte sich aber, der Graf wurde schon mit dreißig Jahren auf weite diplomatische Reisen geschickt und nach seiner Rückkehr Erzbischof der alten Residenz Spoleto. Er war erst seit sechs Jahren Kardinal, als sich das Konklave von 1846 nach nur zweitägiger Dauer auf ihn einigte, und man nahm allgemein an, daß er der Papst eines großen eher politisch-verwaltungsmäßigen als kirchlichen Reformwerkes sein werde. Schon Gregor XVI. hatte derlei beabsichtigt, neben Lambruschini aber natürlich nicht durchführen können und wohl auch aus Altersgründen davon Abstand genommen.

Mit der Wahl Pius' IX. verbanden sich also sehr viele Hoffnungen, und der Papst schien sie auch Zug um Zug einlösen zu können, indem er mit einer großen Amnestie begann. Er ließ Laien zu den Ministerien des Kirchenstaates zu und erließ am 14. März 1848 eine Verfassung, die ein Zweikammersystem vorsah: Die eine sollte aus vom Papst ernannten Herren bestehen, die andere jedoch vom Volk gewählt werden. Freilich sollte das Kardinalskollegium über beiden Vertretungen stehen. Das Volk bejubelte die Verfassung, aber es zeigte sich bald, daß sie zu spät erlassen worden war: Man verlangte vom Papst die Kriegserklärung an das verhaßte Österreich, und als sie ausblieb, wurde der Premierminister Pellegrino Rossi, ein aufgeklärter Diplomat, auf der Treppe des Palasts der *Cancellaria* ermordet. Der Papst floh über Gaëta nach Portici, in Rom wurde die Republik ausgerufen.

Damit hatten die Römer nun freilich viele Sympathien enttäuscht, und als der Papst mit Hilfe der großen Mächte Frankreich, Österreich und Spanien nach siebzehn Monaten wieder in Rom einzog, hatte er in dem vierundvierzigjährigen Jacob Antonelli aus dem Städtchen Sonnino den sogenannten starken Mann an der Seite. Antonelli war Jurist ohne Priesterweihe, hatte die Flucht des Papstes organisiert und war ein erbitterter Gegner aller liberalen Bestrebungen, die ihm allerdings ziemlich gewalttätig entgegentraten. »Über Antonellis politische Wirksamkeit ein völlig zutreffendes Urteil zu fällen«, sagt de Waal, »wird erst dann möglich sein, wenn die Geschichte und ihre Entwicklungen über seine Ziele und Maßnahmen gerichtet haben werden, und wenn die Dokumente veröffentlicht werden können, die jetzt noch im Geheimarchiv des Vatikans verschlossen liegen.«

Sicher ist, daß Antonelli aus einer heruntergekommenen Familie kam, für die schon Gregor XVI. einiges tat und Pius IX. dann natürlich noch mehr. Sicher ist auch, daß Antonelli zunächst den liberalen Kurs mitmachte, dann aber, als er den Gesinnungswandel des vertriebenen Papstes erkannte, seine Einstellung radikal änderte und ein Polizeiregiment aufrichtete, so schlecht derlei auch einem Kardinal ansteht. Den Mahnungen der Mächte, dem Volk doch entgegenzukommen, begegnete Antonelli hochfahrend und unter wortgewandter Verteidigung aller päpstlichen Rechte, und einige begabte Männer, die ihm bei einer Milderung des Kurses hätten behiflich sein können, wurden Jahr für Jahr übergangen, weil er sich nur mit mediokren und unterwürfigen Naturen umgab.

Da Antonelli zwei Jahre vor dem Papst starb, erlebte dieser im hohen Alter von sechsundachtzig Jahren den eigentlichen Antonelli-Skandal: Der Tod des Staatssekretärs machte offenbar, daß er ein ungeheures Vermögen angehäuft hatte und daß es eine Tochter von ihm gebe, eine Gräfin Lambertini, die, gegen die anderen Verwandten auftretend, darauf Anspruch erhob.

Politisch war Antonelli vielleicht wegen dieser privaten Schwierigkeiten, die den Jesuiten natürlich nicht verborgen geblieben waren, in den letzten Jahren seines Lebens nicht mehr so deutlich in Erscheinung getreten, auch machte ihm sein altes Rheuma zu schaffen. Die großen Kräfte der italienischen Einigung hatten sich zwar jahrelang am Kirchenstaat gebrochen wie an einem Felsen im Meer, schließlich aber hatten Italien, die Römer und Pius IX. zu dem am Anfang dieses Kapitels schon erwähnten Garantiegesetz von 1871 gefunden. Der Papst war ein souveräner Fürst mit fester Rente, exterritorial in seinem ausgedehnten Palast, den er jedoch in den letzten sieben Jahren seines Lebens nicht mehr verließ.

Je mehr der Kirchenstaat zerfiel, desto deutlicher zeigte sich Rom als bleibender Mittelpunkt der katholischen Welt, und es gab Versammlungen, zu denen zweihundert, ja einmal sogar fünfhundert Bischöfe nach Rom gereist kamen, nunmehr bereits zu einem guten Teil des Weges mit der Eisenbahn. Dies war der Fall bei der Achtzehnhundertjahrfeier der Apostelfürsten Petrus und Paulus im Jahr 1867. Bei dieser Gelegenheit wurde der seit 1864 vorbereitete Plan eines Vatikanischen Konzils verkündet, das dann am 8. Dezember 1869 in der Peterskirche eröffnet wurde und in der Definition der Unfehlbarkeit des ex cathedra sprechenden Papstes gipfelte (18. Juli 1870). Tags darauf erklärte Frankreich Preußen den Krieg . . .

Das Unfehlbarkeitsdogma und die 1864 erlassene Enzyklika *Quanta cura* gegen eine ganze Reihe populärer oder modischer Ideen, Lehren und Strömungen verstärkten trotz der politischen Beruhigung in Europa gewisse Loslösungstendenzen von Rom, nicht nur im linken, sondern auch im bürgerlichen Lager. Auch die Altkatholiken spalteten sich damals ab.

Damit bietet sich am Beginn der sogenannten Gründerzeit, als Europa sich auf einer neuen, schüchtern-demokratischen Basis konsolidiert, das betrübliche Bild wachsender Verärgerung in den Regierungen bis dahin zumindest korrekter, wenn auch nicht immer kirchenfreundlicher, Staaten wie Preußen. Auch Österreich kündigt 1870 das Konkordat mit dem Heiligen Stuhl – Zeichen schwerer Zerwürfnisse, ohne die sich ein frommer Monarch wie Franz Joseph I. niemals zu dieser Maßnahme entschlossen hätte.

Zwei Jahre darauf begann in Preußen die große Auseinandersetzung zwischen dem durch Bismarck repräsentierten Staat und der katholischen Kirche, die mit dem heute halb vergessenen Begriff *Kulturkampf* bezeichnet wurde (ein Wort, das später auch Frankreich und Belgien, aber auch die Schweiz und andere Länder für verwandte Konflikte aufnahmen). Der sogenannte Kulturkampf brach aus, als der preußische Staat angesichts der in dem Vatikanischen Konzil sichtbar gewordenen starken Zentralisationstendenzen der Kirche in den vier Maigesetzen von 1873 die überfällige Regulierung zwischen Staat und Kirche vornahm und die strittigen und unklaren Traditionen aus dem Mittelalter durch eine moderne Gesetzgebung ersetzte (Bedingung des Universitätsstudiums für Geistliche; Anzeigepflicht ihrer Ernennung an die staatlichen Behörden; Einspruchsrecht; Begrenzung der kirchlichen Strafen und Zuchtmittel; Gesetz über den Austritt aus der Kirche). Aus heutiger Sicht erscheint der Konflikt, der nun ausbrach, in gewissem Sinn als Mißverständnis: Die Welt organisierte sich, und man konnte die der staatlichen Aufsicht entwöhnte Kirche dabei nicht aussparen. Bewußte oder aggressive antiklerikale Tendenzen lagen dem Gesetzeswerk wohl nicht zugrunde, wurden aber sogleich vermutet und dank der Federfertigkeit der Kleriker auch schnell angeprangert. Zwischen den protestantischen Preußen und den katholischen Polen führte der Kulturkampf überdies zu nationalen Gegensätzen in den gemischtsprachigen Gebieten Westpreußens und des südlichen Ostpreußen.

Das alles liegt inzwischen über hundert Jahre zurück, aber es ist nützlich, sich die Situation zu vergegenwärtigen. Nach 1848 hatten sich nicht nur in Europa, sondern auch in den jungen Staaten der Neuen Welt und sogar in Asien die Liberalisierungstendenzen einigermaßen durchgesetzt. Die Reaktion hatte bis dahin immer noch gesiegt, wenn sie zum Gegenschlag ausgeholt hatte, in der Gegenreformation ebenso wie nach 1815. Nun aber schufen die neuen Verfassungen stabile Grundlagen für legale Auseinandersetzungen, und die nur noch strafgesetzlich, nicht mehr weltanschaulich kontrollierte Presse gestattete offene Diskussionen, in denen zwar die Gotteslästerung oder auch die Majestätsbeleidigung verboten blieben, aber zum Beispiel die Notwendigkeit eines Kirchenstaates ebenso freimütig in Zweifel gezogen werden konnte wie die Unfehlbarkeit des Papstes.

In dieser Entwicklung liegt für den unbefangenen Betrachter von heute nichts Lästerliches, Sündiges, ja nicht einmal etwas Antikatholisches. Niemand vermag sich heute den Papst an der Spitze eines Staatswesens von etwa zehn Millionen Einwohnern vorzustellen (die der Kirchenstaat heute umschlösse, legte man die alten Grenzen seiner größten Ausdehnung zugrunde), mit allen politischen und sozialen Problemen, einer UNO-Mitgliedschaft, Weltbankanleihen, Arbeitslosigkeit und Unruhen. Und ebenso undenkbar sind auch unter heutigen staatlichen Verhältnissen ausgedehnte autonome Gruppen von Priestern bis hinauf zum Bischof, die vom ersten Ausbildungstag an der staatlichen Gewalt und Aufsicht entzogen sind, ihre eigene Gerichtsbarkeit haben und als immune Fremdkörper, von Rom aus gesteuert, in einer nationalen Gemeinschaft mitleben.

Wir wissen heute, daß es zum Heil der Kirche und zugunsten ihrer Position innerhalb der Nationen und Völker geschah, wenn die Gesetzgeber alte und zum Teil vage Privilegien aufhoben und durch zeitgemäße und zukunftstaugliche Regelungen ersetzten; aber es ist andererseits auch verständlich, daß die Kirche und das Papsttum den weltweiten Vorgang nicht als die unvermeidliche (in den Augen vieler längst fällige) Normalisierung anzusehen vermochten. Obwohl weder Preußen noch gar Österreich, Frankreich oder das junge italienische Königreich die Kirche in ihrer Existenz zu gefährden wünschten, fühlte so mancher Katholik die Religion schon dadurch bedroht, daß der Katholizismus, die alleinseligmachende Lehre und die für die Gläubigen einzige von Christus autorisierte Kirche, mit den anderen Religionen nun weitgehend oder völlig gleichgestellt war. Man hatte eben noch zu wenig Erfahrungen mit der Demokratie und erblickte darum im Verlust von Privilegien und Vorrangstellungen bereits eine Diskriminierung.

Aus diesem Gefühl, das damals offenbar in Mitteleuropa weit verbreitet war, entstand schon 1848 zunächst in Deutschland der nach Pius IX. benannte Piusverein aus einer Keimzelle rheinischer Katholiken in Mainz, und es ist sehr bezeichnend, daß er sich zwar als »Verein für religiöse Freiheit« verstand, aber in der »Pflege katholischer Überzeugung und der Vertheidigung katholischer Rechte das Mittel erblickte, den allenthalben auftretenden Umsturzbewegungen entgegenzuwirken«. Vorbild waren verwandte Vereinsgründungen in Irland, England und Frankreich, die wichtigste Folgeerscheinung bildete der Piusverein in der Schweiz unter der starken Persönlichkeit des Grafen Theodor von Scherer-Boccard. Der Graf, der seine Ansprachen mit der gleichen Leichtigkeit in deutscher, französischer und italienischer Sprache hielt, gab dem Schweizer Katholizismus eine neue, die Völker der Schweiz religiös einigende Note, durch die sich die Zwinglianer und Calvinisten zeitweise an die Wand gedrückt fühlten. Als Scherer-Boccard, nach drei Jahrzehnten an der Spitze des Vereins, 1885 gestorben war, ebbte die Welle der dynamischen Initiativen allerdings bald ab.

Der alte und nun schon lange regierende Papst war damit zu einem Symbol des unverletzten Glaubens und des Führungsanspruchs der katholischen Kirche geworden, und zwar für die Katholiken in aller Welt bis hin zu den fernsten Missionsstationen. Er tritt als Leitfigur einer hinabgehenden Alten Welt neben Kaiser Franz Joseph I., während andere Monarchen wie der Abenteurer Napoleon III. oder der säbelrasselnde Wilhelm II. eher jenen Kreisen recht zu geben schienen, die den monarchischen Gedanken überhaupt als ein Relikt aus dem Mittelalter ansahen. Der Papst als Monarch und die geistlichen Kurfürsten, die Kardinäle, als Premierminister und die Beichtväter als heimliche Lenker allerhöchster Entscheidungen, dies alles hatte 1848 die Überlebenschance verloren, nicht durch antichristliche Tendenzen oder – wie etwa Antonelli annahm – durch die Herrschaft des Mobs, sondern ganz einfach durch die intensivere und freiere öffentliche Diskussion demokratischer Einrichtungen und ihrer Aufgaben. Als der Katholik Lammenais, einer der besten Geister seines Jahrhunderts, Entwicklungen in dieser Richtung skizzierte, sagte sich der Papst entrüstet von ihm los (Gregor XVI. 1832 in der Bulle *Mirari vos*); 1871 exkommunizierte Pius IX. den aufrechten Ignaz von Döllinger (1799–1890), Münchner Sohn eines bedeutenden Arztes, Theologe und Universitätsrektor, eine der kraftvollsten Erscheinungen des deutschen Katholizismus, die durch das Dilemma der zweiten Jahrhunderthälfte zu einer tragischen Gestalt wurde. Dieses Zerwürfnis der Päpste mit ihren treuesten und begabtesten Parteigängern kennzeichnet deutlicher als einzelne Streitpunkte die beklagenswerte Trägheit, wie sie der alten und mächtigen Kirche und dem kaum noch überschaubaren Gefüge der Traditionen innewohnte. Der kluge einzelne hatte es zweifellos leichter, die Zeichen der Zeit zu erkennen und zu deuten.

Pius IX. feierte 1877 das sehr seltene Fest des fünfzigjährigen Bischofsjubiläums, verschied aber wenige Monate später im Februar 1878 nach einem Pontifikat von einunddreißig Jahren und siebeneinhalb Monaten. Es war also beträchtlich länger als jene Spanne von fünfundzwanzig Jahren, die nach einer altrömischen Sage kein Nachfolger des heiligen Petrus überschreiten sollte.

Der letzte Papst des neunzehnten, zugleich der erste des zwanzigsten Jahrhunderts kam aus einem Felsennest auf dem Lepinergebirge, dem Fünftausend-Einwohner-Städtchen Carpineto; er hieß Joaquino Vinzenzo Conte Pecci und war 1810 zur Welt gekommen. Nach hundert Jahren, in denen auch die katholische Welt von den Jesuiten nicht viel wissen wollte, wurden die Söhne des Grafen Pecci nun wieder bei den Jesuiten von Viterbo aufgezogen. 1832 erwarb Joaquino den theologischen Doktorgrad, 1837 wurde er Hausprälat Papst Gregors XVI. Der junge Gelehrte erhielt zuerst praktische Aufgaben in Benevent und in Umbrien, die ihm einen guten Ruf bei der Bevölkerung dieser bis dahin schlecht verwalteten Provinzen schufen, war dann als Nuntius in Brüssel tätig, wo heftige publizistische Kämpfe für und wider die Kirche tobten, und kehrte 1845 nach Besuchen in Paris, London und dem westlichen Deutschland nach Italien zurück, um die Diözese Perugia zu übernehmen. Obwohl er sich auch hier sehr schnell die Liebe und das Vertrauen der Bevölkerung erwarb, konnte es nicht ausbleiben, daß die Revolutionen von 1848 und die Einigungskämpfe, die ja viele Ortsfremde nach Mittelitalien brachten, auch rund um Perugia Unruhe stifteten. Pecci kämpfte für die Kirche und für die anderen Bischöfe mit Reden und Streitschriften, aber auf verlorenem Posten. Das zum Teil aus Untergrundkämpfen hervorgegangene, zum Teil von den Gnaden fremder Mächte errichtete junge Königreich Italien suchte sein Heil in radikaler Zukunftsorientierung und ging in der Entmachtung der Kirche oft über das hinaus, was festgegründete alte Staatswesen für notwendig erachteten. Vor allem im ehemaligen Kirchenstaat ging der Wandel aller Verhältnisse überstützt und ohne Ordnung vor sich, und Pecci wandte sich wiederholt nicht nur an die örtlichen Behörden, sondern auch an König Viktor Emmanuel – stets mutig, aber meist erfolglos.

Der hochgebildete und geistig sehr bewegliche Pecci war trotz seines Auftretens für die Rechte der Kirche und des Papsttums einer der wenigen Bischöfe, die zu den neuen Herren ein erträgliches Verhältnis herbeiführten und bei ihnen wirkliche Achtung genossen. Wenn er dennoch Bischof von Perugia blieb – wovon die Diözese natürlich nur Vorteile hatte –, so hatte dies seinen Grund in der bekannten Eifersucht des zeitweise beinahe allmächtigen Kardinal-Staatssekretärs Antonelli, dem der elegante, mit gewinnendem Wesen begabte Graf Pecci ein Dorn im Auge war.

Erst 1853 wurde Pecci Kardinal, und erst 1877, nach dem Tod Antonellis, wurde er nach Rom berufen und Kämmerer der römischen Kirche. Wie sehr man überzeugt war, daß er der beste Nachfolger für Pius IX. sei, zeigte sich in einem sehr kurzen Konklave. Leo XIII. bestieg am 20. Februar 1878 den Thron der Kirche und regierte bis zum 20. Juli 1903. Ohne eine spektakuläre Schwenkung einzuleiten, zeigte sich Leo XIII. doch sehr bald als ein Mann des Ausgleichs, bevorzugte bei seinen Ämtervergaben die sogenannte Mittelpartei unter den Kardinälen und erreichte bald in zahlreichen persönlichen Kontakten eine deutliche Verbesserung des Klimas zwischen dem Papsttum und den Großmächten. Dort, wo der Kampf am heftigsten getobt hatte, in Preußen, gewann der Papst einen der größten Politiker seiner Zeit als Freund, den Fürsten Bismarck – ein Beweis dafür, daß Männer von echter Qualität und säkularem Format einander auch über die Kluft der Meinungsverschiedenheiten hinweg erkennen und schätzen lernen. Der Jahre während, unzählige Federn in Bewegung setzende und viel Wesentliches vernebelnde Kulturkampf wurde beendet, und die Sympathie Bismarcks für diesen großen Papst zeigte sich darin, daß er den Heiligen Vater bat, als Schiedsrichter in einem Kolonialkonflikt zu fungieren. (Es ging um die Karolineninseln im Pazifischen Ozean, eine spanische Inselgruppe, wo ein deutsches Kriegsschiff die kaiserliche Fahne gehißt hatte . . .)

War der Konflikt auch unbedeutend und mit dem sprichwörtlich gewordenen Panthersprung nicht zu vergleichen, so zeigte er doch die Allgegenwart der päpstlichen Autorität und die Ausweitung der Interessen, Aufgaben und Pflichten der Kurie. Stärker als alle Päpste vor ihm wandte Leo XIII. sein Interesse überseeischen Gebieten zu, und wenn auch die katastrophalen Fehler mancher seiner Vorgänger auf dem Gebiet der Ostasienmission nicht mehr rückgängig zu machen waren, so war es doch Leo XIII., der die tauglichen Organisationsformen für das Leben der Kirche in Amerika, Asien und Australien schuf und dort zahlreiche Erzbistümer und Bistümer begründete.

In seiner Arbeit in Europa verließ sich Leo XIII. weitgehend auf seine eigene diplomatische Begabung und die durch ihn erneut befestigte Autorität des Heiligen Stuhls. Er erreichte zwar in Belgien keine Befriedung, aber er wirkte auf die französischen Katholiken ein, befahl ihnen, mit der Republik Frieden zu machen, und empfing die Besuche einflußreicher protestantischer Staatsoberhäupter wie Eduards VII. von England und Wilhelms II. von Deutschland.

Die stärksten Verdienste dieses Papstes liegen jedoch auf sozialem und wissenschaftlichem Gebiet. Hans Kühner hat mit guten Gründen darauf hingewiesen, daß die soziale Revolution in der frühkapitalistischen Gesellschaft des ersten Jahrhundertdrittels der katholischen Kirche eine ungeheure Chance eröffnet hatte, eine Chance, vergleichbar der Rolle, welche die Kirche heute in Mittel- und Südamerika spielt. Die Päpste haben, beherrscht von allzu konservativen Staatssekretären, diese Chance, die eigentlich ein stummer Auftrag der Massen war, nicht genützt; als Leo XIII. dies erkannte, war es beinahe schon zu spät. Die Sozialenzyklika *Rerum novarum* vom 15. Mai 1891 beschäftigte sich als erste ihrer Art mit der Arbeiterfrage, mit der Arbeiterfürsorge und -wohlfahrt, und betonte, daß die aktuellen Probleme der Arbeiter neben den wirtschaftlichen auch sittliche und religiöse Aspekte hätten. Die Enzyklika, die auch Pius X. in einer Neufassung wiederaufnahm, erlangte eine gewisse Bedeutung für die christlichen Parteien, die sie in die Lage versetzte, sich der Arbeiterschaft zu nähern; der gewaltige Vorsprung der sozialistischen Bewegungen auf marxistischer Basis war freilich nicht mehr einzuholen.

Leo XIII. hat, wie so mancher andere Papst vor ihm, ein Leben lang die engste Beziehung zu den Wissenschaften gehalten und weiter gepflegt, so vielfältig die Aufgaben auch waren, die den Doktor der Theologie mit größter Dringlichkeit beschäftigten. Der Papst las die ganze antike Literatur, verehrte Dante und soll als bis heute einziger Mensch die *Göttliche Komödie* des Dichters aus Florenz auswendig rezitiert haben. Er dichtete selbst, meist in lateinischer Sprache, und öffnete die Archive des Vatikans bis auf einige wenige Rayons der ernsthaften Forschung.

Bis ins hohe Alter rüstig und wachen Geistes, zog er diese Beschäftigungen, das weite Feld der Wissenschaften und der Literatur, in späteren Jahren den Amtsgeschäften immer deutlicher vor und traf, um sich zu entlasten, eine der sehr wenigen Fehlentscheidungen seines Lebens, indem auch er einen Kardinal-Staatssekretär von großem Ehrgeiz an seine Seite holte. Freilich war Mariano Rampolla, Marchese di Tindaro, eher mit Consalvi als mit Antonelli zu vergleichen, ein Mann von starken Geistesgaben und festen

Grundsätzen, der jedoch in seiner tiefen Abneigung gegen die das Papsttum einengende neue italienische Staatsgewalt die Anlehnung an Frankreich und Rußland (!) suchte. Das war heftige, zu viel Streit führende und letztlich aussichtslose Politik angesichts der unsicheren inneren Verhältnisse Frankreichs, und das wiederholt vor den Kopf gestoßene katholische Österreich-Ungarn legte denn auch sein Veto ein, als Rampolla nach dem Tod Leos XIII. alles tat, um die Nachfolge dieses großen Papstes antreten zu können.

Obwohl Pecci erst zum Priester geweiht worden war, als ihm die Bestellung zum päpstlichen Hausprälaten bereits sicher war, feierte er sein fünfzigjähriges Priesterjubiläum und auch noch das fünfzigjährige Bischofsjubiläum. Das fünfundzwanzigste Jahr seines Pontifikats am 20. Februar 1903 vereinte die katholische Welt mit vielen Verehrern dieses Papstes aus anderen Lagern, aber ein halbes Jahr später, am 20. Juli 1903, war Leo XIII. tot.

Die Päpste in unserer Zeit

Als das erste Jahrtausend der christlichen Zeitrechnung zu Ende ging, überboten die mehr oder weniger gelehrten Propheten einander an düsteren Voraussagen, für die nicht zuletzt die Bibel selbst, aber auch die Apokryphen und die religiösen Schriften der Juden die Basis bildeten. Die deutlichste Sprache spricht die Offenbarung des Johannes, die einzige Bibelstelle, in der das Tausendjährige Reich expressis verbis erwähnt wird, und nicht nur das Reich, sondern auch sein Widersacher:

»Und ich sah einen Engel vom Himmel fahren, der hatte den Schlüssel zum Abgrund und eine große Kette in seiner Hand. Und er griff den Drachen, die alte Schlange, das ist der Teufel und Satan, und band ihn tausend Jahre und warf ihn in den Abgrund und verschloß ihn und tat ein Siegel oben darauf, daß er nicht mehr verführen sollte die Völker, bis daß vollendet würden die tausend Jahre ... Und ich sah Throne, und sie setzten sich darauf, und ihnen ward gegeben das Gericht. Und ich sah die Seelen derer, die enthauptet sind um des Zeugnisses von Jesus und um des Wortes Gottes willen, und die nicht angebetet hatten das Tier noch sein Bild und nicht genommen hatten sein Malzeichen an ihre Stirn und auf ihre Hand; diese wurden lebendig und regierten mit Christus tausend Jahre. Die andern Toten aber wurden nicht wieder lebendig, bis daß die tausend Jahre vollendet wurden. Dies ist die erste Auferstehung.«

Darauf folgen die bekannten, oft zitierten und in ihrer visionären Kraft von keinem anderen Stück Dichtung erreichten Zeilen über den letzten großen Krieg der Teufel und der Heiligen, über das Feuer vom Himmel und das Sichöffnen aller Gräber, Bilder, die gerade seit dem ersten Abwurf einer Atombombe eine schreckliche Realitätsnähe gewonnen haben. Im Hochmittelalter, im Übergang vom ersten zum zweiten Millenium, waren es nur die Kometen, die Nordlichter und einzelne Erdbeben, welche die Menschheit in Schrecken versetzten, jene, die es sich leisten konnten, in die Berge übersiedeln ließen und die Erwartung einer zweiten Sintflut nährten.

Nun, wir wissen, daß damals nichts dergleichen geschah, daß die große Geißel früher Zeiten die Seuchen waren, aber daß auch die Kriege mit der Entwicklung der Waffen und dem Anwachsen der Bevölkerung von Jahrhundert zu Jahrhundert mehr Opfer forderten. Und wenn auch der Spanische Erbfolgekrieg und hundert Jahre darauf der große Befreiungskampf Europas gegen Napoleon den ganzen Erdteil unter Waffen sahen, so brach der erste Krieg, der die Bezeichnung Weltkrieg erhielt, doch erst 1914 aus, am Ende jenes zweiten Jahrtausends, das nun alle Schrecken nachzuliefern scheint, die an der ersten Jahrtausendwende der Menschheit noch erspart geblieben waren.

Der Papst, in dessen Pontifikat der Erste Weltkrieg anhob, war Pius X. (1903–1914), in der schweren Nachfolge des großen Giacchino Pecci. Am 31. Juli 1903, elf Tage nachdem Leo XIII. dreiundneunzigjährig gestorben war, trat das Konklave zusammen, und man hegte eigentlich nur geringe Zweifel daran, daß Kardinal Rampolla, ein Mann von hohen Gaben und bemerkenswerter Tatkraft, gewählt werden würde. Als sich dies im dritten Wahlgang dann bestätigte, erklärte Kardinal Puzina, Erzbischof des österreichischen Krakau, daß er beauftragt sei, im Namen des Kaisers von Österreich die *Esclusio* auszusprechen, jenes Veto, das ohne ausdrückliche schriftliche Festlegung den großen katholischen Mächten zustand, um dem neuen Papst nicht von vornherein Gegner zu schaffen.

Die Diskussion über das Veto war nur kurz, das Konklave sollte ja kein Ort politischer Auseinandersetzungen sein, und es gab als würdige Alternative den Kardinal-Patriarchen Giuseppe Sarto, 1835 im damals noch österreichischen Venetien geboren. Daß er von armen Eltern stammte, ist ebenso eine Legende, wie daß sein Vorgänger bürgerlicher Herkunft war; neuere Papstgeschichten glauben ihren heute überwiegend einfachen Lesern solche Annäherungen schuldig zu sein, aber sie sind überflüssig. Wichtiger ist, daß Sarto als Hilfsgeistlicher und später als Dorfpfarrer wirkte, daß er als Vorsteher eines Seminars viel Kontakt mit Studenten hatte und schließlich ein Papst mit reicher Seelsorger-Erfahrung wurde. Daß es ihm auf anderen Gebieten, vor allem dem der Politik und der allgemeinen geistigen Entwicklung, an Kenntnissen und Einfühlungsvermögen fehlte, bekannte er selbst mit dem ihm eigenen Freimut.

Konnte man noch verstehen, daß er in den ersten Wochen seines hohen Amtes künftige Rücksichtnahmen auf das Vetorecht der katholischen Großmächte verbot, so reagierte er auf publizistische und kulturpolitische Strömungen vor allem in Frankreich starr und ohne Verständnis. Frankreich hatte schon die Entmachtung des frankophilen Kardinal-Staatssekretärs Rampolla bedauert; der neue Leiter der vatikanischen Politik war ein Spanier aus alter Diplomatenfamilie, nämlich Raphael Merry del Val, noch nicht vierzigjährig zum Kardinal ernannt, ein sehr fähiger Kirchenpolitiker, der sich jedoch in erster Linie dem allerdings dringenden Ausgleich der Interessen mit Italien widmete und gegenüber Frankreich in der traditionellen spanischen Animosität verharrte. Das Ergebnis war eine neuerliche Zusammenstellung zeitgenössischer Irrtümer und bedrohlicher modernistischer Tendenzen, ähnlich dem Syllabus Pius' IX. Nur ging Pius X. insofern über diese erste Mahnung hinaus, als er von allen Geistlichen den sogenannten Modernisteneid verlangte, und das war zweifellos eine sehr radikale, die ganze Kirche zutiefst betreffende Maßnahme, von der man aus heutiger Sicht sagen muß: Die alte Kirche hat sich so vielen Zeitströmungen als überlegen erwiesen, daß sie auch das überstanden hätte, was nun in West und Ost in Blättern und Blättchen an Kritik, Angriffen und Abweichungen laut wurde.

Vermutlich waren es die Unerfahrenheit des Priesters und die Irritation eines frommen Seelsorgers, die jene Anfänge einer überschäumenden Publizistik zu wichtig nahmen; heute reagiert die Kirche jedenfalls mit ungleich größerer Gelassenheit.

Ebendieser literarische und journalistische Wirbel um heute vergessene oder doch unwichtig gewordene Streitpunkte darf uns den Blick nicht trüben für die Hauptarbeit dieses Papstes, die sich im innerkirchlichen Bereich vollzog und zumindest in den ersten Jahren, ehe die Gesundheit des Papstes schwankend wurde, eine der energischsten Reformbewegungen war, die der Kirchenorganisation überhaupt und jemals zuteil geworden sind. Die Basis dafür lieferte die erste Kirchenvisitation seit fünfundsiebzig Jahren, die Ergebnisse waren bessere Kirchendisziplin und ein (erst nach dem Tod des Papstes in Geltung tretendes) neues Kirchenrecht. Es war naturgemäß weitgehend nur eine Kodifikation bereits geltenden Rechts, wozu eine Verminderung der Festtage kam und die Milderung der alten, strengen Fastenregeln.

Das mag nach Kleinarbeit aussehen, aber ein ehemaliger Ortspfarrer wußte eben, wessen die Basis bedurfte und daß zum Beispiel die Neuregelung des einst ausufernden kirchlichen Taxenwesens und eine Verbilligung all dieser Gebühren, Prämien und Leistungen die Kluft zwischen dem kleinen Volk und den Geistlichen bis hinauf zu den Prälaten überbrücken konnte. Es war eine der wichtigsten Leistungen dieses sehr frommen und inzwischen ja auch heiliggesprochenen Papstes, daß er im Aufbruch eines neuen Jahrhunderts und in den Stürmen antiklerikaler Diskussionen zumindest im eben geeinten Italien Volk und Kirche wieder versöhnte und dazu auch dem Staat entgegenkam: Obwohl noch viele Fragen ungeklärt waren, obwohl eine echte staatliche Souveränität für einen, wenn auch verkleinerten, Kirchenstaat noch nicht erreicht war, gestattete Pius X. den Gläubigen doch eine gewisse Teilnahme am politischen Leben dieses neugeschaffenen Königreichs und glättete damit die Wogen, die seit Garibaldi zeitweise ja sehr hoch gegangen waren.

Natürlich hätte der Papst den Ausbruch des Ersten Weltkriegs nicht verhindern können; aber es lähmte manche Friedensbemühungen und behinderte einen unter Umständen nützlichen Gedankenaustausch, daß sich Pius X. nicht nur mit Frankreich entzweit hatte, sondern daß auch traditionell katholische Staaten wie Portugal und Spanien zeitweise die Beziehungen zum Heiligen Stuhl abbrachen. Die Raubzüge des Staates, die viele französische Kirchen schädigten, die Trennung von Kirche und Staat in dieser einstigen Vormacht des katholischen Glaubens in Europa und die Zerwürfnisse mit Portugal seit 1911 trübten die letzten Lebensjahre Pius' X. und beschleunigten den Verfall seiner angegriffenen Gesundheit. Die übereifrigen Rapporte aber, die ihm der Monsignore Umberto Benigni von der Modernistenfront erstattete, waren nicht dazu angetan, die Stimmung in Rom zu bessern.

Als Pius X. nach kurzer Krankheit am 20. August 1914 starb, verließ er eine Welt, die schon in allen Ecken und Enden brannte, in der das große Elend des Krieges jedoch noch nicht vorstellbar geworden war, zumindest nicht in jenem apokalyptischen Ausmaß, das es bald darauf in Przemysl und vor Verdun, an der Somme und am Isonzo erreichen sollte. Der Papst des Ersten Weltkriegs – wenn man diese Annäherung wagen darf – war darum nicht Pius X., sondern Giacomo della Chiesa, Kardinal und Erzbischof von Bologna, einstiger Vertrauter des in seinem Aufstieg schließlich gescheiterten Rampolla, ein Mann von hoher Intelligenz, dem es freilich an körperlicher wie seelischer Robustheit mangelte.

Er wurde im ersten Geheimkonklave gewählt, so wie es nach Abschaffung des Vetorechts und zum Ausschluß aller Einflußnahmen Pius X. bestimmt hatte. Seither gibt es über die Vorgänge hinter den geschlossenen Türen nur Andeutungen und Umschreibungen und die mangels anderer Nachrichten vielbeachteten Rauchzeichen.

Der Marchese della Chiesa hatte mit sechzig Jahren das hohe Amt angetreten, und er hatte in Eugenio Pacelli einen hochbegabten, zähen und geschickten Kardinal-Staatssekretär an seiner Seite. Hatte sich sein Vorgänger in innerkirchlichen Aktivitäten auszeichnen können und im Modernismuskampf teilweise mit inquisitorischer Beharrlichkeit gegen Windmühlen gekämpft, so fand della Chiesa, der sich als Papst Benedikt XV. nannte, um so mehr konkrete Probleme vor und wurde darüber hinaus von allen Streitparteien des großen Konflikts immer wieder als unparteiische Autorität angerufen. Es gab ja noch keinen Völkerbund, es gab schon gar keine Vereinten Nationen, und die Haager Konvention hatte damals noch den Charakter eines Schiedsgerichtshofes, der schon wenige Wochen nach Kriegsbeginn vollkommen überfordert war und schließlich zu keiner Zeit schnell gearbeitet hatte.

Es lag in der Natur der Sache, daß vor allem die Unterliegenden sich an den Papst wandten, und es war unvermeidlich, daß Benedikt XV. seine Stimme gegen den deutschen Einmarsch in Belgien erhob, was ihm für den Rest des Krieges aussichtsreiche Verhandlungen mit der Regierung des Deutschen Reiches so gut wie unmöglich machte (konfessionelle Ursachen waren dabei nicht im Spiel!).

Karl Kraus schrieb während des Ersten Weltkrieges sinngemäß, daß die kriegführenden Parteien zunächst annähmen, es gehe ihnen besser als dem Gegner; danach rede man sich ein, daß es dem Gegner zweifellos auch nicht besser gehe als dem eigenen Lager, und schließlich erkenne man, daß es allen Beteiligten schlechter gehe als vor dem Waffengang.

Das, was katholische Papsthistoriker »den evangelischen Stolz« des Reichskanzlers Michaelis genannt haben, verflüchtigte sich bald angesichts des wachsenden Verbrauchs an Menschen und Materialien im Stellungskrieg, und schließlich wurde der Papst dann doch in Friedensbemühungen eingeschaltet, bei Friedensappellen um seine Stimme gebeten. Es lag in der Natur der Sache, daß nicht alles öffentlich vor sich gehen konnte, sondern im Halbdunkel bleiben mußte. Daraus konnte dann ein Zwielicht werden, wenn es sich – wie im Fall des Prinzen Sixtus von Parma – um einen Sonderfrieden handelte, um eine Separateinigung der Habsburger mit den Gegnern, was das Deutsche Reich, das für Sarajevo in den Krieg eingetreten war, mit einigem Recht als Verrat auffassen durfte. Wie weit die Kirche den Brüdern der Kaiserin Zita bei diesen

Verhandlungen zur Hand gegangen war, ist bis heute nicht geklärt. Hingegen fand Papst Benedikt XV. offene Anerkennung auch bei Friedensvorkämpfern, die nicht ohne weiteres dem katholischen Lager zuzuzählen waren, wie der große Freigeist Romain Rolland, der den Vatikan »ein Zweites Rotes Kreuz« nannte, bei Gerhart Hauptmann, bei Maxim Gorki und anderen.

All diese Hoffnungen zu erfüllen war freilich nicht möglich; die Gegner hatten sich ineinander verbissen, die Zahl der Toten ging auf beiden Seiten in die Millionen, und so blieb dem Papst, der die Kontrahenten nicht an einen Tisch bringen konnte, im Grunde nichts anderes mehr übrig als sein großes Hilfswerk, das einsetzte, als die Waffen schwiegen und die Völker erkannten, wieviel Elend dieser zweifellos überflüssige, ja leichtfertige Krieg über die Welt gebracht habe. Die neuen Staaten, weder ihre Grenzen noch ihrer selbst sicher, hatten die große Mutter Austria verloren und suchten Halt beim Papst. Es hätte in den Friedensverhandlungen vermutlich eine gute Chance gegeben, den Kirchenstaat rund um Rom in vernünftiger Kleinheit wiedererstehen zu lassen, mit der Tibermündung und einigen anderen Orten der Umgebung, wäre Italien nicht so vorsichtig gewesen, sich diese Frage in Geheimverträgen mit den Alliierten zur eigenen Entscheidung reservieren zu lassen. So konnte Benedikt XV. die allgemeine Welle der Verachtung nicht zugunsten des Vatikans nutzen, die nach dem Verrat des Dreibundlandes Italien und nach dem Waffenstillstandstrick an der Piave den Italienern ins Gesicht schlug.

Zu den weniger sichtbaren Verdiensten dieses klugen Papstes gehörte, daß er die Modernismuskampagne seines Vorgängers und die Denunziationslisten des unseligen Benigni ein für allemal begrub; Benedikt selbst war unter den Verdächtigen gewesen, ebenso wie Angelo Giuseppe Roncalli, der später ein so großer Papst werden sollte.

In den frühen zwanziger Jahren suchte eine Grippewelle von bis dahin nie gekanntem, seither glücklicherweise auch nicht wiederholtem Ausmaß das verheerte Europa mit seinen notleidenden und unterernährten Massen heim. Bei den Siegern wie bei den Besiegten gab es Tausende von Todesfällen, und am 22. Januar 1922 starb der ohnedies schon geraume Zeit kränkelnde Papst. Der in der üblichen Frist gewählte Nachfolger war der Kardinal Achille Ratti, bis dahin Erzbischof von Mailand, ein Norditaliener wie seine Vorgänger und fünfundsechzig Jahre alt. Er nahm den Namen Pius XI. an, obwohl sich mit Pius X. nicht nur glückhafte Erinnerungen verbanden. Bald aber wurde klar, daß dieser gebildete und Künsten wie Wissenschaften aufgeschlossene Kirchenfürst sein Amt mehr voraus- als zurückschauend zu führen gedachte. In die missionarischen Bemühungen seines Vorgängers investierte er beträchtliche Energien. Der große Krieg hatte das Bild des weißen Mannes in der ganzen Welt verdüstert; Inder, Neger, Algerier und andere farbige Völker hatten in die Schützengräben Einzug gehalten, vor Gallipoli, in den Kolonien und auf den Kriegsschiffen gekämpft, und was sie dabei erlebt und gesehen hatten, war nicht dazu angetan, den Glauben an die Überlegenheit der Europäer und ihre Vormachtstellung zu festigen. Die Missionare hatten in diesen Jahren keinen leichten Stand, und der aus den Trümmern der Türkei erwachende Islam konnte vor allem in Nordafrika starken Zuwachs an Anhängern verbuchen.

Ein zweites, nicht minder wichtiges Missionsgebiet war Europa selbst, wo die Hekatomben von Toten und die tiefe Not breitester Schichten dem Kommunismus viel Zulauf brachten, um so mehr, als die Marxisten nun eine zumindest räumlich bedeutende Schutzmacht hatten – die junge Sowjetunion. Wirtschaftlich noch schwach, besiegt und von inneren Kriegen zerrissen, übte der Staat der Linksintellektuellen doch eine starke Anziehungskraft auf die fortschrittliche oder auch nur neugierige Bourgeoisie aus. Eine Fülle junger Talente, die unter den Zaren nicht publiziert hatten, schrieben, von der Weltstunde geweckt, eine erregend realistische und frische Prosa; Filme eines neuen Stils eroberten die Kinosäle des Westens; Revolutionsgraphik vereinte sich mit den Werken jener Künstler und Künstlerinnen, die wie etwa Käthe Kollwitz das Liebste im Krieg verloren hatten.

Hier wartete auf die Kirche eine so ungeheure und so dringende Aufgabe, daß sie zu verkennen verhängnisvoll für den gesamten Weltkatholizismus gewesen wäre. Pius XI. begründete die »Katholische Aktion«, die sich auf die Bischöfe stützte, aber auch von der katholischen Laienschaft gut aufgenommen wurde. Dem allgemeinen Sittenverfall in der Nachkriegszeit suchte die Eheenzyklika *Casti connubi* entgegenzuwirken.

Zur Absicherung dieser Glaubensarbeit schloß der Papst neue Konkordate, wo immer es ihm möglich war (Österreich, Bayern, Preußen), und versuchte die Positionen der Kirche auch dort zu verteidigen, wo die Staatsgewalt antichristlich eingestellt war (Sowjetunion, Mexiko, Spanien). Vorausschauend verboten die deutschen Bischöfe den Katholiken die Mitgliedschaft bei der jungen NSDAP, ohne damit freilich viel Erfolg zu haben. Das deutsche Zentrum bildete keinen tauglichen Abwehrblock gegen den Marxismus, so daß die in ihren Methoden nicht wählerischen Nationalsozialisten bald auch starken Zustrom aus dem christlich-bürgerlichen Lager und dessen junger Generation erhielten.

Für das Papsttum besonders wichtig war der unter Pius XI. abgeschlossene sogenannte Lateranvertrag. Da unter Mussolini die staatliche italienische Seite nun eine sehr deutliche Übermacht erlangt hatte und es keine italienische Regierung mit katholisch gesinnten Ministern mehr gab, war der Lateranvertrag zwar kein Diktat, aber doch das Ergebnis einer Situation, in der Pius XI. nicht viele Alternativen zur Verfügung standen. Pietro Gasparri führte die Unterredungen für den Vatikan, Mussolini oder sein Außenminister für Italien. Die Grenzen des neuen Vatikanstaates waren sehr eng gezogen, die Fläche mit etwas weniger als einem halben Quadratkilometer lächerlich gering, und zwar durchaus unnötigerweise: Der Vatikan liegt mit San Pietro und den Gärten ohnedies am Rand der Stadt Rom und zieht sich im Süden und Südwesten der Vatikanstadt durch die damals kaum verbauten Gebiete um die alten Kirchen von *Madonna delle Fornaci* und *Madonna della Stella* hin, Hügel, die bis zur *Via Aurelia antica* reichen und dort einen natürlichen Abschluß gefunden hätten. In ihrer heutigen Umgrenzung schließt die Vatikanstadt *(Città del Vaticano)* nicht einmal die Villa Barberini mit ihren Gärten ein.

Das Pontifikat des elften Pius zeigt uns das Papsttum in völlig neuen, nun aber doch wieder geordneten Verhältnissen. Der Heilige Vater ist wieder Staatsoberhaupt, und es sollte sich bald zeigen, daß die Aufgaben und Probleme eines modernen Staates selbst in der kleinen *Città del Vaticano* einiges Kopfzerbrechen verursachen können – Probleme, die Pius XI. bei der Formulierung der Lateranverträge noch nicht vorhersehen konnte, sonst hätte er zum Beispiel die Währungshoheit beansprucht und nicht nur eigene Briefmarken.

Die gewaltigen Umwälzungen am Ende des Ersten Weltkrieges hatten Achille Ratti noch als Nuntius in Polen gesehen und als Kommissar der Kirche bei den Abstimmungen in Oberschlesien und Westpreußen, auch im südlichen Ostpreußen und in anderen Kommissionen. Man kann nicht behaupten, daß es ihm gelungen sei, sich gegen den Druck der polnischen Insurgenten zu behaupten, aber heute ist auch das schon wieder gleichgültig: Was allenfalls durch einen energischen und unparteiischen päpstlichen Kommissar für Deutschland hätte gerettet werden können, wäre 1945 dann doch verlorengegangen.

Wichtiger ist für uns die Tatsache, daß sich dieser Papst, obwohl schon sechsundsiebzig Jahre alt, als Hitler an die Macht kam, unzweideutig gegen den Antisemitismus im allgemeinen und Hitler im besonderen aussprach. Er hat Hitler auch in jenen Jahren nicht empfangen, da England und Frankreich ihm eine beträchtliche Toleranz entgegenbrachten. Der Geist von München erzeugte in Europa eine allerdings nur kurze Euphorie, die Aussöhnung der Erbfeinde Frankreich und Deutschland schien Wirklichkeit geworden zu sein, und Hitler erschien in einem anderen Licht. Pius XI. jedoch ließ sich nicht täuschen und war nur insofern inkonsequent, als er die iberischen Diktaturen nicht im gleichen Maß verurteilte. Sowohl der Portugiese Salazar als auch General Franco genossen die Sympathien des sonst so klug abwägenden und so unbeugsam moralischen Papstes ungeachtet ihrer Gewaltherrschaft.

Man darf auch nicht verkennen, daß das 1933 abgeschlossene Reichskonkordat eine ungeheure Aufwertung der noch sehr jungen und zurückhaltend beurteilten Reichskanzlerschaft Adolf Hitlers bedeutete. Zwar ist es unsinnig, zu sagen, das »einzig wirklich fixierbare Ergebnis« des Konkordats seien viertausend zu Tode gemarterte Priester gewesen (Kühner). Die Hitlerregierung hat sich, vor allem, solange Pius XI. noch lebte, auch ihrerseits bemüht, das Reichskonkordat nicht allzu sichtbar zu verletzen. Aber es zeugt als Staatsvertrag zwischen der Kirche und den Nationalsozialisten zweifellos von einer profunden Fehleinschätzung des weltlichen Partners, die zu Lasten Pius XI. und seines Kardinal-Staatssekretärs, des späteren Pius XII., geht. Die traditionelle Freundschaftsklausel der Konkordatstexte brachte so manchen deutschen Priester in einen gewissen Zwiespalt und verunsicherte die sich schnell bildende katholische Opposition gegen die neuen Herren in Berlin. Das Reichskonkordat von 1933 gilt übrigens in verschiedenen seiner Punkte bis heute weiter ...

Am 10. Februar 1939, also am Beginn des Kriegsjahres, starb Pius XI. nach siebzehnjährigem Pontifikat, und es gab in diesem Fall eigentlich keine Zweifel oder auch nur Unsicherheit über die Nachfolge: Ganz Europa kannte inzwischen den Kardinal-Staatssekretär Eugenio Pacelli, aus römischer Familie, die schon Pius IX. im vorangegangenen Jahrhundert geadelt hatte. Es war eine sogenannte Noblesse de Robe, eine Dynastie bekannter Juristen, aus der Eugenio Maria am 2. März 1876 geboren worden war. 1917, mit einundvierzig Jahren, wurde Pacelli Nuntius in München, 1920 dann in Berlin: ein Papst also, der mit deutschen Angelegenheiten sehr ausgiebig befaßt war und nach seiner Ernennung zum Kardinal die Konkordate mit Österreich und dem Deutschen Reich zustande brachte. Der Kardinal-Staatssekretär hatte bei dieser Gelegenheit mit Hitler zu tun bekommen, der zwar noch nicht als der große und alleinige Führer amtierte, aber der greise Reichspräsident Hindenburg nahm nur noch sehr geringen Einfluß auf die Geschäfte, und der Kardinal-Staatssekretär mag schon damals geahnt haben, was die Welt von Adolf Hitler zu gewärtigen haben werde.

Schon bei den Konkordatsverhandlungen hatte Hitler seinen Vizekanzler, den Katholiken Papen, vorgeschoben, und als nach 1934 Hitlers Macht innerhalb Deutschlands kaum noch Schranken kannte, übertrug er die Federführung in der Kirchenpolitik dem kühlsten und klügsten seiner Berater, nämlich Martin Bormann.

Dieser holte sich einen hochbegabten jungen österreichischen Juristen als sachkundigen Helfer, der den Vorzug hatte, aus Hitlers Lieblingsstadt Linz zu stammen, und so ergab sich bis in die eigentlichen Krisenjahre des Zweiten Weltkriegs hinein eine NS-Kirchenpolitik, die sich gegenüber dem, was Hitler, Ribbentrop und andere sonst für Politik hielten, sehr deutlich abhob. Die auffällige Besonnenheit und kluge Dosierung des obrigkeitlichen Drucks in der an sich unausweichlichen Auseinandersetzung mit der Kirche hatte nicht zuletzt den Erfolg, daß die zeitgeschichtliche Forschung den Eindruck gewann, die Kirche sei Hitler mit unzulässiger Toleranz begegnet – aber es war für sie eben schwer, als erster laute und harte Töne anzuschlagen. Graf Galen in Münster durchschaute Bormanns Spiel, Kardinal Innitzer in Wien ließ sich düpieren.

Die Haltung des Papstes selbst, die Deutschlandpolitik Pius' XII., ist bis heute umstritten, und dies allein ist schon bedauerlich genug angesichts des Blutopfers von etwa viertausend katholischen Priestern, die an vorderster Front, nämlich in Hitler-Deutschland und den besetzten Gebieten, für Christentum und Menschlichkeit gekämpft hatten.

Eugenio Pacelli hat Deutschland besser gekannt als jeder andere nichtdeutsche Papst vor ihm, aber er war – Friedrich Heer hat das ganz richtig gesehen – noch eine Gestalt des neunzehnten Jahrhunderts, in dem ein Hitler eben nicht denkbar war. Die vielen Jahre, die Pacelli in München und Berlin zubrachte, haben ihm zweifellos ein sehr positives Deutschlandbild vermittelt; im Unterschied zu vielen westlichen Politikern hatte er keine Deutschenfurcht, und die Kriegsängste, die Frankreich schon vor Hitler (!) immer wieder befielen, mußten Pius XII., solange er noch Staatssekretär war, den Eindruck vermitteln, daß die Deutschen eben durch die Propaganda aus dem Ersten Weltkrieg zu Unrecht verteufelt seien. Anders läßt sich die unendliche Langmut kaum erklären, mit der Pius XII. dem Deutschland eines Adolf Hitler begegnete und sich eigentlich bis zum Schluß darauf beschränkte, in Einzelaktionen zu helfen und zu retten.

Das wäre viel, sehr viel, wenn Eugenio Pacelli ein Privatmann gewesen wäre. Für den Papst der grausamen Jahre des Zweiten Weltkrieges war es entschieden zu wenig. Darf man auch nicht annehmen, daß Hitler selbst durch eine jener eindeutigen Verurteilungen zu treffen gewesen wäre, so hatte er doch katholische Verbündete und in den unterworfenen Ländern Gruppen katholischer Kollaborateure an der Seite, die sehr wohl zu beeinflussen gewesen wären. Und aus dem Personenkreis vom 20. Juli 1944 sind uns besonders viele Zeugnisse tiefer Gläubigkeit bekanntgeworden, so daß etwa der Bann, den Päpste früherer Jahrhunderte wegen wesentlich geringerer Verfehlungen ausgesprochen haben, oder die Lösung aller auf Hitler geleisteten Eide gewiß mehr gewesen und geworden wären als kirchlicher Theaterdonner. Auf solche eindeutige Maßnahmen, Aussagen und Entschlüsse aus dem Vatikan hat die Menschheit aber leider vergeblich gewartet, eine Tatsache, die nicht begreiflicher wurde in den seither verstrichenen Jahrzehnten.

Die politischen Ereignisse dieses Pontifikats der Jahre von 1939 bis 1958 sind uns noch allzugut in Erinnerung, und es war kein Geringerer als der große katholische Denker und Schriftsteller Friedrich Heer (1916–1983), der in seinem utopischen Roman *Der achte Tag* schon 1950, als Pius XII. noch lebte, einen letzten Papst imaginierte, der Neger war, weil Afrika zum letzten Hort des wahren Glaubens geworden sei. Pius XII. nannte Heer nicht ohne Begründung den letzten Papst des neunzehnten Jahrhunderts. Gerade seine Klugheit, seine Umsicht, seine Vielsprachigkeit waren es, die diesen hochbegabten Papst verführten, alles selbst zu tun und zu entscheiden; das eingesetzte Fünferkollegium der Kardinäle agierte bedächtig und unsicher neben seiner dominierenden Intelligenz.

Dabei war auch die zeitliche und praktische Bedeutung des Kirchenstaates gerade in den Kriegsjahren auf überraschende Weise deutlich geworden. Nach dem Kriegseintritt Italiens in jenem letzten Augenblick, da Frankreich schon geschlagen war und dieser Entschluß kein Risiko mehr zu bergen schien, übersiedelten die Botschaften der Alliierten in die Vatikanstadt mit ihren vierundvierzig Hektar Fläche, und hatte der Papst damals auch noch keinen Fernsehsender, so verfügte er doch über eine starke Rundfunkstation, die diese Insel der Neutralität und der Menschlichkeit in Verbindung mit der ganzen Welt brachte. Vom Vatikan ging auch die Initiative aus, nach dem Sturz Mussolinis und der Flucht des Königs, Rom zur offenen Stadt zu erklären, damit es nicht, wie die deutschen und französischen Städte, ein Opfer der anglo-amerikanischen Bomberverbände werde.

Angesichts dieser außerordentlich schwierigen Verhältnisse und der Vielzahl drängender konkreter Probleme stellt es eine besondere Leistung dieses Papstes dar, die weltweite Geltung des Katholizismus gefördert und die Krise der Missionen nach dem Ersten Weltkrieg weitgehend überwunden zu haben. Dies war nur durch bedachtsame Toleranz möglich, etwa in China, wo nach den schweren Fehlern päpstlicher Unduldsamkeit im achtzehnten Jahrhundert die Positionen des Katholizismus völlig neu aufgebaut werden mußten. Pius XII. gestattete (dies nur als ein Beispiel) die Verehrung des Konfuzius und der eigenen Ahnen, worin er eher einheimische Gebräuche als religiöse Handlungen erblickte. Zwar verdeckte der Sieg des Kommunismus bald auch diese Erfolge, aber die Schwierigkeiten, die Mao und die Seinen gerade mit dem Ahnenkult hatten und haben, zeigen, wie klug und zukunftweisend die Entscheidung des Papstes in dieser Sache war.

1946 hatte Pius XII. für die Friedensarbeit der Kirche nach dem furchtbaren Krieg ein Zeichen dadurch gegeben, daß er zweiunddreißig neue Kardinäle ernannte, darunter Bischöfe aus Nord- und Südamerika, aus China, Australien, Kanada und Afrika. Die Heranziehung des jeweils einheimischen Klerus bedeutete nach den Erschütterungen zweier großer Kriege eine Festigung des Bandes zwischen Rom und den farbigen Völkern, aber auch den nun entstehenden neuen Staaten auf den Gebieten der alten Kolonialmächte. Andererseits gingen der Kirche in Osteuropa und in der übrigen Welt durch das Vordringen des Kommunismus wertvolle und zum Teil sehr alte Positionen zunächst verloren. Hier mußte ein Wiederaufbau teils geheim, teils mit äußerster Vorsicht einsetzen und ist, wie das Beispiel Polen zeigt, dennoch zu ungeahnten Erfolgen gediehen. Pius XII. hat, um all diesen nun unter neuen

Herren neuen Einflüssen ausgesetzten Völkern die Treue zum Glauben zu erleichtern und zu vereinfachen, gewisse strenge Gebote gelockert und den populären Kult der Gottesmutter Maria intensiviert, der besonders geeignet ist, Unterdrückten oder Unfreien und ihren Familien Trost zu bringen und Hoffnung zu geben. Am 9. Oktober 1958 starb Pius XII. in Castel Gandolfo, dem Erholungsort der Päpste, nach einem Pontifikat von mehr als achtzehneinhalb Jahren.

Pius XII. hatte Pius X. heiliggesprochen, nach einer unüblich kurzen Frist, zumindest für unser Jahrhundert, da Heiligsprechungen, Wunder, Visionen und anderes, das früher sehr schnell geglaubt und akzeptiert wurde, gerade von der Kirche selbst genau geprüft werden. Zur Heiligsprechung Pius' IX., die Pius XII. ebenfalls beabsichtigte, war es eben wegen dieser nun doch ziemlich komplizierter Verfahren nicht mehr gekommen – auch hatte es unter Pius IX. weniger seinetwegen als durch den harten Kardinal-Staatssekretär Antonelli zahlreiche Todesurteile und Galeerenstrafen gegeben, also Vorfälle, denen gegenüber die Menschheit seit Hitler besonders sensibilisiert war. Gelang es also nicht mehr, diesen lang regierenden neunten Pius heiligzusprechen, so hat doch Pius XII. für die eigene Heiligsprechung einige Voraussetzungen geschaffen, in einer Weise, die seiner tiefen Frömmigkeit und seinem unwandelbaren Glauben zugute zu halten ist: Er hatte im Lauf seines Lebens bereits zweimal Erscheinungen der Mutter Maria gehabt, und kurz vor seinem Tod erschien sie ihm zum drittenmal, so daß ein ungeschriebenes Gesetz erfüllt war, das dreimalige visionäre Begnadung als Voraussetzung für die Heiligsprechung nennt.

Das Konklave vom Oktober 1958 zeigte bereits, wie sehr sich die europäische Szene gewandelt hatte. Da gab es einen angesehenen Kardinal, der von Agram nach Rom nicht weit zu reisen gehabt hätte, es aber nicht tun konnte, denn die Tito-Regierung hätte den unbequemen Kritiker – es war Kardinal Stepinac – gewiß nicht wieder einreisen lassen. Auch von Budapest wäre die Reise nach Rom nicht weit gewesen, und die Kardinäle hätten sich gewiß gefreut, den Erzbischof von Gran, Kardinal Mindszenty, in ihrer Mitte begrüßen zu dürfen – aber er saß in der amerikanischen Botschaft, geschützt durch die Exterritorialität, und er wäre sofort als Hochverräter verhaftet worden, hätte er diese Freistatt verlassen.

Da Pius XII. schon fünf Jahre lang keine neuen Kardinäle ernannt hatte und die große Ernennungswelle nunmehr zwölf Jahre zurücklag, war das Konklave, soweit man derlei überhaupt sagen kann, überaltert, und man rechnete nicht nur mit vielen Wahlgängen, sondern auch mit einem Übergangspapst, das heißt mit einem alten Herrn, unter dem sich der künftige Papst dann in einem geeigneten Kirchenamt profilieren würde. Schon am dritten Tag aber einigte man sich auf Angelo Giuseppe Roncalli, einen Landarbeiterssohn aus Sotto il Monte bei Bergamo, den Kardinal-Patriarchen von Venedig. Er nahm den seit Jahrhunderten nicht mehr gewählten Papstnamen Johannes an – es hatte da ja einige Päpste gegeben, an die sich die Kirche nur gezwungenermaßen erinnerte – und verblüffte die Kardinäle dadurch, daß er sich die Ziffer XXIII zulegte, jenes Papstes, der immerhin das Konzil von Konstanz einberufen hatte. Roncalli gab dafür einige Begründungen, und sie zeigen schon seine Neigung zur Pointe: Die Päpste mit dem Namen Johannes hätten im allgemeinen nur kurz regiert – womit er seine Wahl als Interims-Papst ironisierte –, und jener dreiundzwanzigste Johannes sei zwar vom Kaiser anerkannt, für die Kirche aber doch ein Gegenpapst gewesen, dessen Ordnungszahl einem rechtmäßig gewählten Papst durchaus zur Verfügung stehe.

Johannes XXIII. regierte vier Jahre und sieben Monate, bis zum 3. Juni 1963. Fünf Monate später, am 22. 11., wurde in Dallas John Fitzgerald Kennedy unter bis heute nicht völlig geklärten Umständen erschossen. Damit hatte die Welt binnen eines halben Jahres die beiden Männer verloren, an die sich die stärksten, überzeugtesten Hoffnungen der Menschheit geknüpft hatten, und in beiden Fällen erfaßte die Woge der weltweiten Trauer Menschen aller Bekenntnisse, aller politischen Richtungen und aller Nationen. »Papst Johannes ist und wird bleiben der charismatische Papst unseres Jahrhunderts«, schrieb der Freiburger Kirchenhistoriker Hubert Jedin, und der sonst oft sehr unbekümmert, ja bisweilen schonungslos wertende Hans Kühner sagt: »Mit diesem Papst hat eine in ihrer Tragweite noch kaum zu überschauende neue Epoche des Papsttums begonnen – eine Epoche, die zum ersten Male gezeigt hat, daß ein Papst gleichzeitig Vater und Mitbruder aller Menschen zu sein vermag, der Christen und der Nichtchristen, denn beide haben ihn gleichermaßen geliebt.«

Ist dieser Eindruck inzwischen auch ein wenig verwischt worden, in die Distanz gerückt durch Paul VI., überdeckt durch die angestrengte Aktivität des Johannes Paul II., so bleibt doch vor allem Jedins Wort bestehen, denn das Charisma war trotz des hohen Amtes und der tiefen Frömmigkeit so vieler Päpste nur einigen wenigen von ihnen eigen: Leo dem Großen, Gregor dem Großen, Julius II., Benedikt XIV. und Leo XIII. Mit ihnen allen hatten die kleinen Geister der Kurie, die Apparatschiks, die es ja auch in Rom gab und gibt, ihre liebe Not. Die starken Persönlichkeiten sind eben nicht jene Machtpolitiker, die sich mit einem Ehrfurchtszaun aus unmündigen Kreaturen umgeben, sondern die glücklichen Naturen, die unbesorgt aus dem inneren Reichtum heraus wirken, sich mitteilen und handeln, wobei die Improvisation und die Anekdote, die plötzliche oder auch die verblüffende Initiative Kriterien dieses Schöpfertums sind, das sich niemals Ruhe gönnt. Es war an Benedikt XIV. deutlich zu beobachten gewesen, es hatte den Renaissancepapst Julius II. trotz aller Fehler und Unzulänglichkeiten zum Freund und Mäzen der Genies werden lassen, und es machte die nicht einmal fünf Pontifikatsjahre des Angelo Roncalli zu der glücklichsten Zeit des Abendlandes, zu einer so kurzen Spanne des Glücks freilich, daß es schnell verwehte.

Mit vierundvierzig Jahren war Roncalli Titular-Erzbischof geworden und hatte vor allem im diplomatischen Dienst Verwendung gefunden – in Bulgarien, in der Türkei, in Griechenland. 1944 reiste er als Nuntius in die kurz zuvor von den deutschen Truppen beinahe kampflos geräumte Stadt Paris, 1953 wurde er Kardinal.

Roncalli hatte einen großen liberalen Lehrmeister gehabt, den

Grafen Giacomo Radini-Tedeschi, Oberhirt von Bergamo, der Pius X. zu freiheitlich gesinnt war, andererseits aber auch zuviel Einfluß hatte und zuviel Ansehen genoß: Selbst Benignis Denunziationen waren gegen diesen großen Mann machtlos, aber daß Roncalli mit ihm auf die schwarzen Listen kam und als Modernist, als Neuerer, galt, hat ihn lange Zeit von Rom ferngehalten und ihm die merkwürdigsten Verwendungen eingetragen, ganz ähnlich wie einst Leo XIII.

Die Jahre in Paris waren politisch ungemein heikel gewesen. Die Wogen der Erregung gingen nach der Befreiung Frankreichs besonders hoch, denn gerade jene, die im Krieg nichts geleistet hatten, versuchten nun post festum am Schild der *Grand Nation* herumzupolieren, verlangten die Ablösung jenes Nuntius Valeri, der in Vichy akkreditiert gewesen war, und muteten dem Papst zu, gleich dreiunddreißig Bischöfe zu entpflichten, weil sie mit den Deutschen kollaboriert hätten. Die Lage ähnelte also ein wenig jener nach der Französischen Revolution, als die Bischöfe, die ihr Zugeständnisse gemacht hatten, nun wieder weichen sollten, und Roncalli hatte die gleiche schwierige Aufgabe wie einst der große Consalvi, nur daß er es nicht mit Napoleon zu tun hatte, sondern mit dem General de Gaulle . . .

Fast gewinnt man den Eindruck, daß der Patriarch von Venedig, als er seinen mächtigen Korpus in die zu engen Papstgewänder zwängte, eine gewisse Erleichterung verspürte. Nun endlich würde er nach seiner kräftigen und großen Natur leben können! Daß von ihm ähnlich viele Anekdoten umlaufen wie von Benedikt XIV. besagt natürlich nicht allzuviel; aber es ist doch bezeichnend, daß er zum Entsetzen seiner Leibwächter das Publikum in die Vatikanischen Gärten ließ, auch wenn er sich darin erging, ja daß er überhaupt der Papst der großen Öffnung wurde, der Papst, der sich nach seinen eigenen Worten in erster Linie als guter Hirte verstand, nicht so sehr als Diplomat.

Auch daß er die Ausdrucksweise des *Osservatore Romano* veränderte, den Verzicht auf die ehrfurchtsvoll-gewundenen Anreden verlangte, die Arbeiterpriester wieder zuließ, die Gefängnisse besuchte und dergleichen mehr, kündigte einen neuen Stil an, für die Kurie selbst aber noch mehr: einen grundsätzlichen Wandel. Papst Johannes XXIII. war von ebenjenen erzkonservativen Kräften der Kirche, die ihn nun umgaben, ein Vierteljahrhundert lang von Rom, ja von Italien ferngehalten worden. Das war Kirchenpolitik mit Hilfe der Personalpolitik, das hatte ihm die Verspätung des Kardinalspurpurs eingetragen und die heikle Aufgabe in Paris, aus der man eigentlich nur Undank ernten konnte, denn entweder waren die Abgesetzten böse auf den Nuntius oder die neue französische Regierung.

Ganz ähnlich, wie er in Frankreich vorgegangen war – heruntergehandelt, als es um die Zahl der Gemaßregelten ging, und großzügig, als die Inthronisation von Résistance-Bischöfen verlangt wurde –, ganz ähnlich verhielt er sich nun in seinen ersten Maßnahmen als Papst. Mit an sich nicht entscheidenden Konservativismen wie der Lateinpflicht in Priesterseminaren oder der Erhöhung des Anteils italienischer Kardinäle versöhnte er die Partei, die noch immer Pius-Politik machte, oder vielmehr: Er schläferte ihren Argwohn ein, um sein großes Ziel dann um so sicherer und gegen alle Widerstände durchsetzen zu können: das große Vatikanische Konzil, das zweite seiner Art, das er am 25. Januar 1959 verkündete und nach geheimen, aber intensiven Auseinandersetzungen innerhalb der Kurie am 11. Oktober 1962 endlich eröffnen konnte. Es sollte die lange Periode der zentralistisch-absolutistischen Papstpolitik beenden und eine neue Ära einläuten, eine Öffnung des Vatikans gegenüber der Welt; es war als Einladung an die Völker gedacht, die Kirche in ihrem Mittelpunkt zu besuchen und den Papst kennenzulernen, der über die Dogmen die Menschlichkeit stellen wollte.

Die Generaltendenz der großen Veranstaltung war durch den Papst selbst vorgezeichnet worden, als er sagte, er sehe in der Kirche kein großes Museum, sondern bemühe sich, aus ihr einen großen Garten zu machen. Und als man ihm die ersten Entwürfe zu Kommissionen und Entschließungen zeigte, die das Konzil beschäftigen sollten, rügte er bei einem dieser Dokumente, daß es »dreißig Zentimeter Verurteilungen« enthalte: Die Sprache der

Kirche in diesem Jahrhundert sei nicht die Strenge, sondern das Verständnis.

Für den Außenstehenden ist nur Weniges als Reizwort zu erkennen, für die Eingeweihten jedoch war von vornherein klar, daß es zu geheimen Kämpfen und zu hitzigen Debatten kommen werde. Die Kurialbeamten – die aus organisatorischen Gründen unentbehrlich waren – bemühten sich um eine Regie, die in allen wichtigen Ausschüssen die Konservativen in Schlüsselpositionen bringen mußte; andererseits aber waren unter den zweieinhalbtausend Bischöfen aus aller Welt viele Hunderte, für die dieses II. Vatikanische Konzil die lang ersehnte (und bitter notwendige) Gelegenheit bot, endlich an höchster Stelle und vor der Weltöffentlichkeit auf die Probleme der Dritten Welt aufmerksam zu machen und die besondere Lage des Katholizismus in den Entwicklungsländern dem Heiligen Vater offen darzulegen. Und da sie lange gewartet hatten und weit gereist waren, kämpften sie naturgemäß nun auch um die Beachtung.

Die Kurie schob die heißesten Themen vor sich her, da aus dem letzten, nunmehr an die hundert Jahre zurückliegenden Vatikanischen Konzil einige Hauptfragen unerledigt geblieben waren oder jedenfalls nicht ausdiskutiert werden konnten, weil ein Teil der Konzilsteilnehmer wegen des deutsch-französischen Krieges sofort abgereist war. Dadurch begann nun ein Konzil, auf das brennende Fragen des zwanzigsten Jahrhunderts warteten, mit aus heutiger Sicht innerkirchlich-theologischen Problemen von eher theoretischem Charakter, wie die Frage der göttlichen Offenbarung, die durch die intensive Bibelforschung und neue Manuskriptfunde sich heute ganz anders präsentiert als um 1870, und mit der Frage nach der Unfehlbarkeit des Papstes, auf die man besser gar nicht mehr zurückgekommen wäre. Dennoch entbrannte sofort ein heißer Streit zwischen den konservativen Kirchenhistorikern und den Jesuiten, die beschuldigt wurden, bei der Bibelforschung moderne naturwissenschaftliche Methoden eingesetzt zu haben – ein Streit, der nach dem Tod Johannes' XXIII. noch nachklang in den archäologischen Diskussionen um die Gräber der Apostelfürsten.

Positiv an dem großen Konzil war zweifellos der mit etwa vierzig Prozent sehr hohe Anteil von Bischöfen und Kardinälen aus nichteuropäischen Ländern; positiv zu werten war ferner der starke Anteil von Bischöfen aus dem Ostblock. Er spiegelte jene versöhnlichen Tendenzen wider, die auch in der Reise von Chruschtschows Schwiegersohn nach Rom ihren Ausdruck fand. War er auch kein Politiker, sondern ein Zeitungsmann, so wußte doch die ganze Welt das Ereignis in seiner Bedeutung zu würdigen. Für so manchen Herrn in der nächsten Umgebung des Papstes freilich glich diese Einzelaudienz einem Empfang des leibhaftigen Satans im Allerheiligsten.

Da Angelo Roncalli siebenundsiebzig Jahre alt gewesen war, als er Papst wurde, da er starkes Übergewicht hatte und die neuen Aufgaben auch für einen gesunden Siebziger übergroße und allzu plötzliche Belastungen bedeuten mußten, durfte man kein langes Pontifikat mehr erwarten. Dennoch war die Betroffenheit in der ganzen Welt sehr groß, als sich herumsprach, der Papst leide an Krebs und folge nur unter starken Schmerzen den Sitzungen des großen Konzils. Und als Johannes XXIII. am 3. Juni 1963 starb, da trauerten um ihn nicht nur die katholische Welt und das christliche Europa, sondern Menschen aller Religionen und Rassen, wie es sich in dieser Art und allgemeinen Anteilnahme noch nie zuvor ereignet hatte.

In der neueren Papstgeschichte schlagen die Pendel nicht mehr so extrem aus wie im Mittelalter und in der Renaissance, als auf so manchen frommen ein sehr weltlicher Papst folgte und als es durchaus sein konnte, daß ein heiligmäßiger Papst äußerst diskutable Vorgänger und Nachfolger hatte. In unserem Jahrhundert genießt die Kirche dank der neuen Medien eine ungleich größere Öffentlichkeit als früher, und sie hat früher als so mancher Machthaber begriffen, daß diese große Öffentlichkeit, dieses gnadenlose Licht der Scheinwerfer und Flashes, nicht nur Ruhm, sondern auch Verachtung bringen kann, nicht nur Zulauf, sondern auch Abwendung. Es gibt heute nicht viele Geheimnisse, die so gut gehütet werden wie die des Vatikans, trotz täglicher Rundfunksendungen,

Bulletins und häufiger Ansprachen. Sehr vieles, was in anderen Staaten exakte Information ist, tritt uns in der *Città del Vaticano* noch immer als Gerücht, als Geraune, als Ondit entgegen, gleichsam, als sei es nicht vornehm und nicht der Kurie gemäß, über kirchliche Dinge und gar über den Papst selbst sich im Stil einer nüchternen nachrichtendienstlichen Information auszudrücken.

Darum herrschte über die Persönlichkeit und die Neigungen des neuen Papstes, der im Juni 1963 gewählt worden war und den Namen Paul VI. angenommen hatte, zunächst einige Unklarheit, in die sich auch gewisse Widersprüche mengten. Schon aus Ehrfurcht vor dem eben Verstorbenen betonte Giovanni Battista Montini zunächst, daß er auf dem Weg Johannes' XXIII. weiterschreiten und das große Konzil in seinem Sinn zu Ende führen werde. Anderes konnte er auch kaum sagen angesichts der allgemeinen Trauer um den dahingegangenen großen Papst und Menschen Angelo Roncalli. Bald aber zeigte sich, daß Montini, Sohn eines christlichen Abgeordneten und Journalisten, in die Schule Pius' XII. gegangen war, dem er in der Zeit, da Pacelli noch Kardinal-Staatssekretär war, als enger Mitarbeiter jahrelang sehr nahe gestanden hatte.

In den Jahren von 1952 bis 1958, also den letzten Lebensjahren Pius' XII., hatte Giovanni Battista Montini bereits heikle Aufgaben im sogenannten Sekretariat für die Ordentlichen Angelegenheiten der Kirche zu lösen gehabt und war mit Domenico Tardini der vertrauteste Helfer einer päpstlichen Politik, die sich nach Pius X. und Pius XI. ausrichtete, also noch immer an der absolutistischen Auffassung der Papstmacht festhielt. Paul VI. war fünfundsechzig Jahre alt, als er Papst wurde, und er hatte sein ganzes Leben lang sehr viel mit Politik zu gehabt, bei den Verhandlungen des Heiligen Stuhls mit den Faschisten und in den Bemühungen der Päpste, trotz der großen Kriege und der erbitterten nationalen Gegensätze die internationale Achtung für das Papsttum aufrechtzuerhalten. Erst zuletzt, als er Erzbischof von Mailand wurde, stellten sich Montini auch soziale Fragen, weil er inmitten der größten Industrieballung Italiens residierte und die Kirche, trotz aller gerade in Mailand übermächtigen Traditionen, die Augen doch nicht vor jenen Problemen und Gefahren verschließen konnte, die wenige Jahre später in der Katastrophe von Seveso bei Monza gipfeln sollten.

Die Welt atmete daher erleichtert auf, als der neue Papst erklärte, er wolle die große Aussprache mit der Welt fortsetzen, die sein Vorgänger so überzeugend begonnen habe. Aber es zeigte sich bald, daß zunächst in seiner Umgebung, dann aber auch auf dem Konzil die konservativen Tendenzen sehr schnell die Oberhand gewannen, wenn auch die Erzkonservativen, die Anhänger des belgischen Erzbischofs Marcel Lefebvre, gemaßregelt und von Paul VI. aus der Gemeinschaft der Kirche gewiesen wurden. Niemand weiß, wie Johannes XXIII. auf die konkreten Fragen reagiert hätte, die sich einem Papst in unserer Zeit stellen; die fünf Jahre waren eben zu kurz und die Initiativen Roncallis so stürmisch, daß eher er auf die Welt zuging als sie auf ihn. Aber Paul VI. hatte fünfzehn Jahre Zeit, den großen Anstoß weiterzuführen, den sein Vorgänger gewagt hatte, und wir wissen heute alle, daß es nicht dazu kam. Die Päpste sind nicht Glieder einer Dynastie, in der die Söhne vom Vater erben, in der ein gemeinsames Familieninteresse und das gleiche Blut die große Linie der Politik bestimmen; die Päpste sind Individualitäten, und sie sind – das schafft die entscheidenden Verflechtungen –, sobald sie zu ihrer großen Aufgabe antreten, immer auch schon Jahrzehnte hindurch in der Kirche gebildet und ausgebildet worden. Je älter Paul VI. wurde, desto deutlicher meldete sich in ihm das Erbe der Lehrmeister, und unter ihnen war eben kein Angelo Roncalli gewesen ...

Wilhelm Sanfuchs sagt in seinem schönen Buch über diesen Papst, er habe als ein Hamlet gegolten, ein Zauderer, und das waren Befürchtungen, die zweifellos nicht eingetroffen sind. Ja man könnte sagen, daß einem Papst in unseren bewegten Zeiten gar keine Gelegenheit zum Zaudern eingeräumt wird. Paul VI., schlank und beweglich, begann die Reisemöglichkeiten zu nützen, die von der Technik unserer Tage angeboten werden, und verwirklichte damit zumindest räumlich und äußerlich jene Intensivierung der Kontakte innerhalb der christlichen Welt, die sich sein Vorgänger zum Ziel gesetzt hatte. Wichtiger als die vielbeachtete Reise zu den Vereinten Nationen, als die Reisen nach Asien und Afrika aber war Pauls VI. Reise ins Heilige Land, in deren Verlauf das länger als ein halbes Jahrtausend während Zerwürfnis mit der Ostkirche zumindest durch versöhnliche Gesten beendet wurde. (In der Sache freilich gab es keine nenneswerte Annäherung.) Immerhin ist es als ein positives Zeichen zu werten, daß in Zeiten, in denen die Christen aller Konfessionen in ihrem Glauben bedroht sind, sich Papst und Patriarch treffen und miteinander sprechen konnten.

Die großen humanen und sozialen Fragen unserer Zeit überforderten zum Teil nicht nur den Papst, sondern die ganze Kirche, etwa wenn die Welt von Paul VI. erwartete, daß er jene Diktaturen verurteile, in denen die Menschen zu Hunderten, wenn nicht zu Tausenden, einfach verschwanden und jene, die wieder auftauchten, von furchtbaren Folterungen berichteten. Hätte der Papst offen gesagt, wie es ihm dabei ums Herz war, so hätte dies vermutlich die letzte Mitsprachemöglichkeit des Klerus vernichtet, die in vielen süd- und mittelamerikanischen Staaten, aber auch im Osten doch noch gewisse Kontakte und Verbindungen zwischen diktatorisch abgeschlossenen Zonen und der Welt aufrechterhält.

Viel Diskussion gab es auch und gibt es noch immer um das Zölibat, dessen Aufhebung vor allem von den am Vatikanischen Konzil interessierten Laienkreisen erwartet wurde. Paul VI. enttäuschte viele Hoffnungen durch seine diesbezügliche Enzyklika vom 24. Juni 1967, in der es unter anderem heißt: »Wir sind der Auffassung, daß die bestehende Vorschrift des priesterlichen Zölibats auch heute noch mit dem priesterlichen Heilsdienst verbunden bleiben muß. Sie muß dem Priester Halt sein in seiner ausschließlichen, totalen und für immer gegebenen Entscheidung zur alleinigen und höchsten Liebesgemeinschaft mit Christus, sowie zum Dienst für Gott und seine Kirche.« Wir haben auf den ersten Seiten dieses Buches die Grundsätze zitiert, nach denen der Apostel Paulus einen Presbyter oder Bischof, jedenfalls das geistliche Oberhaupt einer christlichen Gemeinde bestellt zu sehen wünscht; dabei wird ein vollständiges und ordentliches Familienleben nicht nur geduldet, sondern geradezu gefordert.

Auch in den Fragen eines Schwangerschaftsabbruchs nahm Paul VI. eine unduldsame Haltung ein und schloß einen Eingriff selbst für den Fall der medizinischen Indikation aus. Die heftigen Diskussionen um beide Enzykliken, die von manchen Presseorganen sogar mit Papstkarikaturen geziert wurden, sind vermutlich der Grund dafür, daß Paul VI. in späteren Jahren die weniger auffällige Form apostolischer Sendschreiben wählte. Mit einem dieser Schreiben knüpfte er an die achtzig Jahre vorher ergangene Sozialenzyklika Leos XIII. an, eine der wenigen manifesten Beziehungen zwischen Paul VI. und jenem großen Papst an der Schwelle unseres Jahrhunderts. Eine zweite, wenn auch nicht völlig zum Durchbruch gelangte Anknüpfung können wir in der ökumenischen Arbeit erblicken, der Paul VI. im Anschluß an die Konzilsprogrammatik seines Vorgängers viele Ansätze widmete. Kardinal Bea hatte das Zweite Vatikanum als eine Generalmobilisierung für die Ökumene bezeichnet, und Paul VI. setzte dieses große Bemühen insofern fort, als er sich immer wieder auch an die nichtchristlichen oder die völlig agnostischen Gruppen wandte. Die Erfolge lagen mitunter in Details wie etwa den Bemühungen um eine gemeinverbindliche Bibelübersetzung, beginnen aber in unseren Tagen Früchte zu tragen.

Leider waren Augustinus Bea SJ, dem deutschen Kurienkardinal, und dem Papst nur fünf gemeinsame Arbeitsjahre vergönnt. Bea leitete das Sekretariat für die christliche Einheit, erlebte noch den großen Erfolg eines gemeinsamen Gebetsgottesdienstes zwischen der durch Erzbischof Arthur Michael Ramsey von Canterbury vertretenen anglikanischen Kirche und dem Papst und starb im Jahr 1968. Für die fortgesetzte Diskussion der politischen, wirtschaftlichen und religiösen Weltprobleme schuf Paul VI. als an das großen Konzil anschließendes Beratungsorgan die römische Bischofssynode. Sie wurde am 30. September 1967 eröffnet und konnte freilich nicht darüber hinwegtäuschen, daß das Zweite Vatikanum sehr viele Hoffnungen nicht erfüllt, die echten und tiefen Probleme nicht gelöst hatte.

1975 war unter großer Anteilnahme vor allem der italienischen Bevölkerung noch das Heilige Jahr gefeiert worden; bald darauf begann der Papst an schmerzhaften Arthritisanfällen zu leiden und starb nach deutlichen Todesahnungen am 6. August 1978 in Castel Gandolfo.

So wie sich Paul VI. in vielen seiner innerkirchlichen Aktivitäten nicht an seinen unmittelbaren Vorgänger anschloß, sondern an Pius XII., nahm er auch die ausgedehnten archäologischen Arbeiten wieder auf, die seit 1940 vor allem unter der Peterskirche im Gange waren und die von Pius XII. nachhaltig gefördert wurden. Hat man die weihevolle Schönheit der Bramante-Kirche auf sich wirken lassen, so kann man im eigentlichen Hügel, unter dem gewaltigen Kirchenbau, eine zweite, geheimnisvollere Welt besichtigen, die sogenannten Vatikanischen Grotten mit zahlreichen Papstgräbern bis weit zurück ins frühe Mittelalter und, mit einer Sondererlaubnis, auch die Nekropole, die zweiundzwanzig Mausoleen und zwei offene Gräber umfaßt. Eines ist jenes »besonders verehrte Grab«, das von der allen Romarchäologen bekannten Roten Mauer teilweise überschnitten wird, einer Mauer, die einst die christlichen Gräber am Hang des Vatikanhügels von den Bestattungen eines anstoßenden römisch-heidnischen Friedhofs trennen sollte.

»Unter der untersten Nische der Roten Mauer lag ein Häuflein Gebeine. Sie fanden sich im Bereich des alten Zentralgrabes, das wir als das des Apostels erkannt haben. Nur ist ihre jetzige Lage, die einen menschlichen Eingriff deutlich voraussetzt, etwas erhöhter, als das Grab selber angelegt gewesen sein kann ... Die ärztliche Prüfung ergab ... daß alle diese Gebeine der gleichen Person angehören. Jene Person wurde weiterhin als alter und kräftiger Mann definiert. Bei den Gebeinen fehlt der Schädel.« Das sind die nüchtern klingenden, aber doch das Hauptergebnis der Gräberarchäologie umschreibenden Feststellungen von Engelbert Kirschbaum SJ, einem der Hauptbeteiligten an diesen Ausgrabungen, und er fährt fort: »Damit ist zunächst nur bewiesen, daß diejenigen, die zu einer Zeit, die wir nicht sicher kennen, das Haupt von den übrigen Gebeinen getrennt und in den Lateran gebracht haben, diese Gebeine für die des Apostels Petrus hielten ... Wir können nur sagen, daß sie die Gebeine dem Grabe entnommen haben, das wir heute als das des heiligen Petrus erkennen, und daß es tatsächlich Gebeine eines alten Mannes sind . . . Es ist gewiß eine große Verantwortung, irgendwelche Gebeine als die des heiligen Petrus auszugeben. Doch dürfte es keine geringere Verantwortung bedeuten, die echten irdischen Reste des Apostelfürsten achtlos beiseite zu schieben . . . Ein endgültiges Wort darüber zu sagen ist wahrscheinlich bei der Lage der Dinge, wie sie ist, überhaupt nicht mehr möglich.«

Das ist jener vorbildliche wissenschaftliche Skeptizismus, der die vielen heute wissenschaftlich tätigen Jesuiten immer noch auszeichnet, ihnen aber auch schon so manchen Angriff aus anderen Bereichen des Klerus eingetragen hat, nicht zuletzt auf dem großen Vatikanischen Konzil. Dennoch ist die gesamte Apostelgräber-Archäologie heute ein Diskussionsthema, dem sich neben Archäologen auch Altphilologen, Theologen und Topographen mit so großer Intensität und bisweilen überbordender Spitzfindigkeit widmen, weswegen es Paul VI. war, der dem Gezänk der Fachwissenschaft wiederholt durch entschiedene päpstliche Äußerungen die Richtung wies. Gewißheiten wird man gleichwohl – das sagt Kirschbaum deutlich, und er weiß schließlich, wovon er spricht – heute nicht mehr erlangen können. Doch haben die Grabungen unter Pius XII. und Paul VI. größte Wahrscheinlichkeit dafür erbracht, daß die Gebeine des Petrus tatsächlich unter Sankt Peter ruhen, unter der alten konstantinischen Kirche, deren Mauern man heute noch an manchen Stellen der Grotten sehen kann, und daß es nur die Häupter von Paulus und Petrus waren, die an anderen Stellen beigesetzt wurden: an der Via Appia, wo seit 258 eine intensive Apostelverehrung unter der heutigen Basilika *San Sebastiano ad Catacumbas* nachgewiesen ist, und später im Papstaltar von *San Giovanni in Laterano*, den Giovanni di Stefano um 1367 entwarf. Die beiden Apostelhäupter sind allerdings schon dreihundert Jahre vorher im Lateran nachweisbar, vermutlich galt der Beisetzungsort an der *Via Appia antica* als zu unsicher.

Als Europa sich in den fünfziger und sechziger Jahren unseres Jahrhunderts von den schweren Schäden des Zweiten Weltkriegs nach und nach erholte, nahm das Interesse eines großen Publikums für das alte Rom und damit auch für die Geschichte der Kirchen und der Päpste zu, und die Pilgerfahrten, die bis dahin im wesentlichen einer Begegnung mit dem Papst auf dem Petersplatz oder in Massenaudienzen gegolten hatten, fanden zu den Stätten, an denen die Geschichte des Katakombenchristentums einmündete in die Geschichte der ersten Päpste und der ersten christlichen Kaiser des Römerreiches. Es ist wohl kein Zufall, daß in dieser Phase eines öffentlichen Interesses für eine alte und in ihrem Charakter sehr schwankende Institution wie das Papsttum die Persönlichkeit des Papstes immer deutlicher *vor* das Amt trat und die menschliche Erscheinung immer wichtiger wurde, wichtiger als die mächtige Tradition und der mächtige Prunk. Jahrhundertelang hatten die Päpste wie die Könige von sich selbst im Pluralis majestatis gesprochen; Johannes Paul I., mit seinem bürgerlichen Namen Albino Luciani und 1912 in Forno di Canale geboren, lehnte eine feierliche Inthronisation ab, erklärte, seinen zusammengesetzten Papstnamen in Verehrung für seine beiden Vorgänger gewählt zu haben, und ließ sich am 3. September 1978, am Tag seiner Amtseinführung, mit der weißen Wollstola bekleiden, dem Pallium, dem alten Symbol für die Einheit der Bischöfe untereinander und mit dem Bischof von Rom.

Luciani, der nach einem Pontifikat von nur dreiunddreißig Tagen an Herzversagen starb, war ein Arbeiterkind und war mit sechsundvierzig Jahren zum Bischof von Vittorio Veneto ernannt worden, also in jenem Städtchen, das nach einem Sieg benannt war, den es nie gegeben hat – die Italiener hatten nur am Waffenstillstandstag die Waffen später niedergelegt als ihre Gegner. Aus diesem Ort einer lächerlichen Geschichtslüge wandte sich Luciani in seinen fiktiven Briefen an die *Illustrissimi*, die Großen der Welt, und sammelte sie in einem Band (deutsch unter dem Titel *Ihr sehr ergebener ...*), der sich um eine Erneuerung der Kirche bemühte. Sie sollte eine Kirche der Armen werden und eine Verbesserung der Gesellschaft in allen Bereichen, von der Erziehung der Jugend

354

angefangen bis zur Bekämpfung des Terrorismus, fördern. Die umfassende Diskussion, die Luciani in diesem Buch entfacht, erweist ihn als würdigen Nachfolger eines umsichtig und weltweit interessierten Papstes wie Johannes XXIII., an den die gemeinsame Bescheidenheit ihn stärker annähert als an den scheuen und stolzen Paul VI. Daß Johannes Paul I. so schnell starb, beraubte die Kirche einer großen Hoffnung; es war seit mehr als dreihundert Jahren das kürzeste Pontifikat und hat darum zu einer Reihe von Spekulationen Anlaß gegeben, von denen allerdings zu sagen ist, daß zunächst wohl nur die Autoren der betreffenden Bücher Gewinn daraus zogen. Sie kamen auch verhältnismäßig spät auf den Markt und verlieren schon dadurch an Glaubwürdigkeit, denn unnatürliche Tode wecken – wie etwa der Fall Mirabeau oder der Tod der Adrienne Lecouvreur zeigen – vom ersten Augenblick an Verdacht. Festzuhalten ist an dieser schwer zu qualifizierenden Publizistik rund um einen frühen Papsttod lediglich, daß der weltweite Erfolg dieser Bücher auf ein bis heute weltumspannendes Interesse an der Institution des Papsttums und an den Papstpersönlichkeiten schließen läßt. Bedauerlich ist, daß gerade ein Reformpapst, wie Johannes Paul I., ein Papst, dessen Eintreten für eine Kirche der Armen bekannt war, im Mittelpunkt von Ermordungsgerüchten steht und daß die konservativen Kirchenkreise, die Statthalter des ererbten Kirchenprunks, als Täterhintergrund für möglich gehalten werden, als befände man sich noch in jenen dunklen Jahrhunderten, in denen es rund um den Papstthron tatsächlich manchen kriminellen Spuk gab.

Nicht alle Kardinäle waren schon zu Hause angekommen, als die Nachricht vom Tod des Papstes sie umkehren hieß: Hundertelf Kardinäle machten sich abermals auf den Weg ins Konklave.

Angerührt von dem schnellen Tod und der großen Einfachheit des Albino Luciani, suchten die Kardinäle wohl alle nach einem Mann, der diesen abrupten Eingriff des Schicksals vergessen machen konnte, und es sollen tatsächlich ein paar ehrfurchtslose, aber gut unterrichtete Amerikaner einen Computer mit den Daten und Charaktereigenschaften der Konklavekardinäle gefüttert haben, worauf die Maschine dann sagte, daß der Erzbischof von

Krakau, nach allem, was man von ihm wisse, der Nachfolger sei, der die engste charakterliche Verwandtschaft mitbringe, daß er die dem Verstorbenen am ehesten entsprechende Persönlichkeit sei.

Nun, wir wissen heute trotz des Konklavegeheimnisses, daß die Wahl des Kardinals Karol Wojtyla, des ersten Nichtitalieners seit 445 Jahren, das Ergebnis einer gemeinsamen Erleuchtung gewesen ist, wie der Wiener Kardinal König sich ausdrückte (der seinerseits angesichts des Mangels an geeigneten italienischen Persönlichkeiten ebenfalls ein sehr aussichtsreicher Kandidat gewesen war). Die Erleuchtung bestand darin, angesichts der Unsicherheit über die Menschen auf die Völker hinauszublicken, und da gab es wohl keines, das in seiner bedrohten und blutigen Geschichte so mutig am katholischen Glauben festgehalten hatte wie das polnische. Gewiß läßt sich der Friedensnobelpreis mit einer Papstwahl nicht vergleichen; aber daß 1978 ein polnischer Papst gewählt wurde und fünf Jahre später Lech Walesa, ein polnischer Arbeiter, zum Träger des Friedensnobelpreises, das zeigt doch, daß es die Weltstunde war, die in jenen Oktobertagen 1978 hinter den hundertelf Kardinälen stand und ihre Wahl mit beeinflußte.

Karol Wojtyla, am 18. Mai 1920 bei Krakau geboren, ist der Sohn eines österreichischen Offiziers. Neunzehn Jahre alt, als sein Land überrannt wurde, studierte er unter schwierigsten Verhältnissen und teilweise im Untergrund zunächst polnische Sprache und Literatur und schließlich Theologie. Im Nachkriegspolen wegen seiner kulturellen und geistlichen Aktivitäten gefährdet, erhielt er 1946 die Priesterweihe und konnte dadurch seine Studien in Rom abschließen. Nach jahrelanger Lehrtätigkeit an theologischen Hochschulen von Krakau und Lublin wurde er 1958 Weihbischof von Krakau und 1963 Erzbischof dieser alten und berühmten Krönungsstadt der polnischen Könige.

An den Arbeiten des großen Vatikanischen Konzils beteiligte er sich vor allem in den Kommissionen für den Klerus, für die Liturgiereform und die christliche Erziehung und erwarb sich das Vertrauen Pauls VI. in so hohem Maß, daß dieser ihn zum Generalsekretär der ständigen Bischofsynode (vgl. S. 351) ernannte, also an eine Schlüsselstellung reformatorischer Kirchenarbeit setzte. Da er aus seiner römischen Studienzeit schon recht gut Italienisch, darüber hinaus aber als gebildeter Pole auch Französisch und einigermaßen Deutsch sprach, hatte das Konklave in ihm einen Kandidaten, der mit der vor einem neuen Papst liegenden Arbeit schon vertraut war, der die Welt auch hinter dem Eisernen Vorhang kannte und seine Energie vielfach bewiesen hatte.

Im vierten Wahlgang gewählt, verzichtete auch Johannes Paul II. auf die prunkvolle Inthronisierung und verneigte sich in seiner Namenswahl vor dem Gedächtnis seiner drei Vorgänger. Und tatsächlich scheint von jedem der drei in ihm etwas weiterzuleben: die Jovialität und Großherzigkeit Johannes' XXIII., die Bescheidenheit bei unbestreitbaren literarischen Fähigkeiten von Johannes Paul I., der tiefgläubige und dadurch strenge Konservativismus in allen Dingen der Kirche von Paul VI.

Wir erleben in einem nun im achten Jahr stehenden Pontifikat eine überraschend schnell, ja rauschhaft angewachsene Präsenz der Kirche auf der ganzen Welt. In einem Augenblick, da so viele überkommene Werte diskutiert und oft abgelehnt werden, sind alt und jung in allen Ländern und nicht selten über die christlichen Kontinente hinaus mitgerissen von der Persönlichkeit dieses Papstes, der sich furchtlos überallhin begibt, auf den heißen Boden der Revolutionen, in die eisigen Zonen des staatlichen Atheismus, der diktatorisch befohlenen Abkehr vom Christentum.

Es läßt sich heute noch nicht beweisen, aber wenn eines Tages die Archive über die achtziger Jahre unseres Jahrhunderts Auskunft geben werden, wird sich ermessen lassen, welche Rolle dieser polnische Papst mit seiner unerschrockenen Aktivität in der polnischen *Solidarnosz*-Krise gespielt hat. Das durch ihn wieder ins Bewußtsein der Welt gerückte polnische Volk, die überraschende und glückhafte Einbeziehung der Papstheimat in das christliche Weltgeschehen mögen manchen einsichtigen Kremlpolitiker dazu bewogen haben, in Polen vorsichtiger zu taktieren als in Ungarn und der Tschechoslowakei.

Jeder die Besinnung fördernden Kraft unserer Zeit steht heute freilich der Wahnsinn des Terrorismus gegenüber; jede moralische Institution von weltweitem Ansehen ist auch weltweit gefährdet –

keineswegs nur durch jene, deren offizielle und geheime Politik solch ein Papst stört, sondern auch durch die Unzahl jener terroristischen Gruppen und halbverrückten Einzeltäter, die sich durch einen Anschlag auf einen Papst, einen Präsidenten, einen höchsten Richter bekanntmachen wollen und die im Gelingen eines solchen Anschlags einen Sieg über die etablierte gesellschaftliche Ordnung erblicken. So wie bei den Attentaten auf John F. Kennedy und auf seinen Bruder Robert bis heute die Hintermänner der Mörder und die eigentlichen Beweggründe der Aktion im dunkeln liegen, gibt es auch für das Attentat auf Johannes Paul II. bis zur Stunde noch keine Gewißheit, ob es die immer raffinierter arbeitenden Geheimdienste des Ostblocks waren, die den bekannten türkischen Attentäter gedungen haben, oder ob rechtsextreme türkische Gruppen hinter dem Anschlag stehen. Es macht nur leider wenig Unterschied: Die Feststellung, daß Kirche und Christentum heute von rechts und von links bedroht sind, ist bestürzend genug, das Feuer züngelt an allen Rändern unserer Welt. Die Feinde jeder Verjüngung, jeder Erneuerung der alten moralischen Institutionen, der christlichen Erneuerung der Welt, sie haben – zum erstenmal seit vielen Jahrzehnten – zu den alten und primitiven Waffen gegriffen, um diesen Papst, gegen dessen Persönlichkeit es keinen Widerstand zu geben schien, durch Meuchelmord aus der Welt zu schaffen: Fünf Tage vor seinem einundsechzigsten Geburtstag wurde Johannes Paul II. mitten in Rom, inmitten einer jubelnden Menge schwer verletzt und rang lange mit dem Tod, ehe er seine weltweite Arbeit für den Glauben und die Kirche wiederaufnehmen konnte.

Der Papst, der selbst harte Zeiten und viele Gefahren zu bestehen hatte, ist zweifellos ein Mensch mit einem ungesuchten und natürlichen Verständnis für die kleinen Leute, für den Bauernstand, dem Johannes XXIII. entstammte, und für die Arbeiterschaft, mit deren Los in unserem Jahrhundert er sich in der großen Enzyklika *Laborem exerzans* vom 15. Juni 1982 beschäftigte, die im Mittelpunkt seiner Ansprache vor der Internationalen Arbeitsorganisation in Genf stand. Aber es gibt Gegenden der Welt, wo eine ganz andere Wirklichkeit nicht nur die Bauern und die Arbeiter umgibt, sondern für alle Menschen soziale Unsicherheit, innere Konflikte und äußere Bedrohung schafft, jene Dritte Welt, deren größten katholischen Block der Subkontinent Südamerika bildet. Dort steht der Klerus, nachdem er oft diktatorische Regierungen und sich bereichernde Cliquen gestützt hat, mit einer neuen, jungen und mutigen Priestergeneration auf der Seite der Unterdrückten; dort ist unter zahlreichen Blutopfern bis hinauf zu den Bischöfen eine realistische »Theologie der Befreiung« im Entstehen, die dringend der Ermutigung aus Rom bedürfte, so wie die Ärmsten der Armen in den Slums lateinamerikanischer Städte dankbar wären für die Erlaubnis, die Pille nehmen zu dürfen und damit letztlich dem Kinderelend auf den Straßen zu steuern.

Der Besuch dieses großen und von den Hoffnungen der ganzen Welt begleiteten Papstes im gärenden Mittelamerika im März 1983 hat gezeigt, daß es Menschen gibt, die ihn und seine Hilfe zu nötig brauchen, denen sie so dringend zugewandt werden müßte, daß darüber die pflichtgemäße Demut vor dem hohen Amt verlorenging. Johannes Paul II. wird die Proteste von Managua richtig verstanden haben, um so mehr, als er – wie auch einige andere Päpste vor ihm – ja nicht nur Theologe und Priester ist, sondern auch Dichter und Dramatiker und die menschliche Natur in Verhältnissen kennenlernte, wie sie die Priesterschüler im allgemeinen nicht durchleben müssen. Und wenn er bei der Übernahme seines Amtes das schöne Wort sprach: »Helft mir, euch zu dienen«, so hat er inzwischen gewiß erkannt, daß der Hilfe jene am meisten bedürfen, die ihre Not nicht artikulieren können oder verschweigen müssen.

In den vielen Pontifikatsjahren, die wir dem rüstigen polnischen Papst wünschen, wird es sich zweifellos noch wiederholt ereignen, daß das Oberhaupt der Kirche so manche Hoffnung enttäuschen, so manchen drängenden Reformwunsch nicht erfüllen wird. Daß Wojtyla nicht der entschlossene Reformpapst ist, der Johannes XXIII. hätte werden können, ist in den ersten Pontifikatsjahren schon klargeworden. Die gläubigen Frauen Südamerikas warten noch immer vergeblich auf die kirchliche Erlaubnis, die Pille zu nehmen, weil es nicht so ganz einfach ist, in den Slums der Großstädte Kalender zu studieren und die für die zugelassene Knaus-Ogino-Methode nötigen Berechnungen anzustellen (vor allem wenn die Frau eine Analphabetin ist). Andere ungelöste Probleme wirft der Priesterstand selbst auf, der Grad seiner Anpassung an die heutige Welt und ihre Umgangsformen, das Maß an Identifizierung mit der zu betreuenden Jugend, die Aufgabe des Priesters, zwischen Medizin und Sozialkunde noch die religiöse Hilfe an Süchtige, an Arbeitslose, an Asoziale geben zu können. Johannes Paul II. ist bisher den Weg gegangen, in durchaus moderner Weise die Kirche ins Bewußtsein der Menschheit zurückzurufen und seine eigene hohe Funktion, seine eigene Person als institutionellen und sinnlich-greifbaren Trost anzubieten, erfaßbar auch für die ärmsten und hilflosesten Menschheitsgruppen in den Entwicklungsländern. Das ist zweifellos sehr viel, und wir haben und hatten wiederholt Gelegenheit, im Fernsehbild mitzuerleben, daß diese Auftritte des Papstes eine kathartische Wirkung haben, daß sie erheben und trösten. Aber es wird einer anderen Art von Inbrunst und Hingabe bedürfen, um die vielen nicht individuellen, sondern auf ganzen Ländern lastenden Probleme und Drangsale, wenn schon nicht zu lösen und zu beenden, so doch zu erleichtern. Es gibt, da sich die viel reisenden Minister um die anonyme leidende Menge nicht kümmern, niemand anderen als den Papst, wenn Hilfe kommen soll.

In diesem Jahrhundert der zwei großen Kriege mit so vielen Toten, wie früher ganze Kontinente an Bewohnern zählten, haben nicht nur viele Menschen den Glauben an einen weisen Ordner des Weltgeschehens verloren, sondern auch das Vertrauen zu seinem Stellvertreter auf Erden und zu der Funktion der Kirche mit ihren Priestern, Kirchen, Klöstern und anderen Institutionen. Johannes Paul II. ist der erste Papst, der durch die Nöte seiner Zeit hindurchgegangen ist, sie nicht nur aus der Distanz erlebt, sondern am eigenen Leib erfahren hat – und der Priester werden wollte, weil er als junger Mensch mit dem, was auf ihn einstürmte und ihn bedrängte, nur noch leben zu können meinte, wenn er als Arbeiter im Weinberg des Herrn tätig wurde. Andere junge Männer und

Mädchen, die er kannte, wandten sich unter den gleichen Eindrükken politischen Parteien zu, riskierten ihr Leben in Widerstandszellen oder griffen zur Waffe. Johannes Paul II. hat diese Altersgenossen, die einen anderen Weg gingen, niemals verachtet oder auch nur verurteilt; er wußte, daß die tiefsten Lebensentscheidungen jeder für sich treffen muß. In seiner Bescheidenheit hat er wohl nicht erkannt, daß diese frühen Wagnisse, diese mannhaften Entscheidungen, ihm jenes Charisma auf die Stirn zauberten, das einen Papst auch noch in unserem Jahrhundert zu einem Menschenlenker und zu einem Symbol der Hoffnung machen kann. Seine Aufgaben sind ins Unendliche gewachsen, und er weiß es, wenn er vor der Afrikareise sagte: »Jede Reise ist für mich wie ein Examen; ich bereite mich jedesmal sorgfältig vor, und dann stelle ich immer wieder fest, daß die tatsächlich erlebte Wirklichkeit doch viel komplizierter ist als jene, die man aus dem Gedruckten oder Gehörten kennt. Man lernt nie aus.«

Das große Lernen – wann beginnt es für einen Papst? Konnte und kann man sich auf dieses Amt, auf diese Würde und diese ungeheure Verantwortung vorbereiten? Nicht immer zeigten die Lebensläufe und Amtsgeschäfte der Päpste, daß solch eine Vorbereitung überhaupt ernsthaft versucht worden ist, nicht immer sind die Erwartungen erfüllt worden, mit denen die große Gemeinschaft der Gläubigen ein neues Oberhaupt der Kirche auf dem Bischofsstuhl von Rom begrüßte.

»Weil die für die polnische Nation ruhmvolle Wahl eines Papstes aus Polen erfolgt ist, erleben wir viel Freude«, sagte Stefan Kardinal Wyszynski bei einer Begegnung mit Jugendlichen in der Primasbasilika von Gnesen. »Die Jugend freut sich. Es freuen sich auch die Kardinäle in der Sixtina und das einfache Volk auf den Straßen Roms. Aus der Weltpresse wissen wir, daß eigentlich alle, die ganze Welt sich freut. Aber wir können es nicht dabei bewenden lassen. Man gab auf lustige Weise zum besten, ein gewisser nichtglaubender Bruder von uns habe in Polen aus Freude, daß ein Pole Papst geworden sei, sich tüchtig betrunken. Man kann ein so ungewöhnliches Ereignis auch so durchleben, aber das löst das Problem nicht, denn es genügt nicht, sich zu freuen, denn wir haben das Gefühl der Verantwortung. Es heißt in der französischen Presse – ich habe es selbst gelesen –, Johannes Paul I. starb deshalb, weil sein Herz, als er den gewaltigen Umfang seiner Verantwortung erfaßte, es nicht aushielt. Es genügt nicht, etwas zu fordern vom Heiligen Vater, von der Kirche, von den Bischöfen und Priestern. Man muß ihnen helfen, denn unsere Verantwortlichkeit ist etwas Gemeinsames.«

Literaturbericht

Die Literatur zur Geschichte des Papsttums und zu einzelnen Päpsten ist, wie nicht anders zu erwarten, inzwischen in allen Sprachen der christlichen Welt ins Unendliche gewachsen. Wer den verständlichen Wunsch empfindet, sich über den knappen Text dieses einen Bandes hinaus zu informieren, oder wer sich mit dem einen oder anderen Papst eingehender beschäftigen möchte, hat die Qual der Wahl, andererseits aber auch den Genuß, namhafteste, auch nichtkatholische, Historiker auf diesem reizvollen Gebiet der Geschichtsschreibung vertreten zu finden. Angesichts der Überfülle des Vorhandenen und der reichen einschlägigen Bestände in so gut wie allen öffentlichen Bibliotheken beschränke ich mich auf die Nennung der Standardwerke:

Für die Päpste bis herauf ins Zeitalter der Renaissance ist eine lebendige, wohldokumentierte und ausreichend ausführliche Darstellung in der *Geschichte der Stadt Rom im Mittelalter* von Ferdinand Gregorovius inzwischen auch als Taschenbuchkassette zugänglich. Dieses nur in Einzelheiten von der neueren Forschung überholte Werk ist trotz gewisser Eigenheiten in Wortwahl und Stil bis heute gut lesbar und durch seinen reichen Sachgehalt ungemein fesselnd. Zu Unrecht auf den Index gesetzt, bemüht sich die unübertroffene Darstellung um unparteiische Wertungen, bei allem natürlichen Temperament und Engagement des unvergessenen Ostpreußen. Die Päpste der Jahre von 1477 bis 1799 sind am ausführlichsten dargestellt bei Ludwig Pastor, dem langjährigen Leiter des österreichischen Historischen Instituts in Rom und späterem österreichischen Botschafter beim Vatikan (ursprünglich vier, in neueren Ausgaben sechzehn Bände). Das Werk ist in seiner Grundtendenz um eine Rechtfertigung der Politik der Päpste bemüht, was Pastor auch durch Dokumentenpublikationen zu untermauern versuchte. Etwa den gleichen Zeitraum behandelt Leopold von Ranke in seiner großartigen Zusammenschau *Die römischen Päpste in den letzten vier Jahrhunderten* (in verschiedenen Ausgaben, ein bis drei Bände). Ranke stellt immer wieder die großen Zusammenhänge her und schiebt zwischen die Lebensbilder der einzelnen Päpste allgemeinhistorische Darlegungen von bestechender Klarsicht ein, die bis heute ihren Wert behalten haben. Ähnlich wie Gregorovius nimmt er zwar nicht den katholischen Standpunkt ein, doch sind seine Wertungen überlegt und von der natürlichen Ehrfurcht des großen Historikers vor einer so einzigartigen Institution, wie es das Papsttum ist, getragen.

Eine gut lesbare und keineswegs unkritische einbändige Darstellung der Papstgeschichte veröffentlichte Maurus Schellhorn OSB unter dem Titel *Der heilige Petrus und seine Nachfolger* (Wien 1958), während Hans Kühner, gestützt auf seine zahlreichen Spezialarbeiten und durch sie legitimiert, temperamentvoll und deutlich berichtet (*Das Imperium der Päpste*, Frankfurt 1980), das handlichste und sympathischste aller Kurzkompendien.

Mitunter schockierend, aber in der Darstellung wohltuend sachlich und gut belegt ist der Band *Unheilige Päpste* (Tübingen 1970) von E. R. Chamberlin, eine leider notwendige Ergänzung zu den vorgenannten Werken, während die zweifellos in vielem berechtigte Opposition von Karlheinz Deschner in seinen umfänglichen Darstellungen eher ermüdet als informiert. Zu Einzelfragen wird man ihn gleichwohl mit Gewinn konsultieren (*Mit Gott und den Faschisten*, Stuttgart 1965).

Die schwierige Frage der Apostelgräber behandelt aus intimster Kenntnis das im Text schon zitierte Werk von Engelbert Kirschbaum SJ (*Die Gräber der Apostelfürsten*, Frankfurt 1957, dritte neubearbeitete Auflage 1974), die zum Teil unterhaltsamen *Papstfabeln des*

Mittelalters hat kein Geringerer als Ignaz von Döllinger gesammelt (neu aufgelegt Frankfurt 1962).

Nennenswerte Spezialwerke, aufgelistet:

Andrieux, Maurice, *La Vie quotidienne dans la Rome pontificale au XVIIIᵉ siècle*, Paris 1962.

Aretin, Karl Otmar von, *Papsttum und moderne Welt*, München 1970

Bernhart, Joseph, *Der Vatikan als Weltmacht*, München 1951

Borst, Arno, *Die Katharer*, Stuttgart 1953

Burckhardt, Jacob, *Die Kultur der Renaissance in Italien*, 2 Bände, Stuttgart 1960

Burckhardt, Jacob, *Die Zeit Konstantins des Großen*, Basel 1853

Caspar, Erich, *Geschichte des Papsttums*, 2 Bände, Tübingen 1930 bis 1933

Chamberlin, E. R., *Unheilige Päpste*, Tübingen/Stuttgart 1970

Chledowski, Casimir von, *Rom*, 3 Bände, München 1913–1915

Daniel-Rops, Henry, *Die Kirche im Frühmittelalter*, Innsbruck 1953

Die Religion in Geschichte und Gegenwart, 6 Bände, Tübingen 1957 bis 1965

Döllinger, Ignaz von, *Das Papsttum*, Darmstadt 1969

Dubnow, Simon, *Weltgeschichte des jüdischen Volkes*, 10 Bände, 3. Auflage, Berlin 1925 ff.

Goetz, Walter, *Italien im Mittelalter*, 2 Bände, Leipzig 1942

Grundmann, Herbert, »Ketzergeschichte des Mittelalters«, in: *Die Kirche in ihrer Geschichte*, Band 2, Göttingen 1967

Haller, Johannes, *Das Papsttum – Idee und Wirklichkeit*, 5 Bände, Hamburg 1963

Hennig, Richard, *Terrae Incognitae*, 4 Bände, Zweite, verb. Auflage, Leyden 1944 ff.

Jedin, Hubert, *Kleine Konziliengeschichte*, Freiburg/Basel/Wien 1969

Kantorowicz, Ernst, *Friedrich der Zweite*, Berlin 1936

Kühner, Hans, *Tabus der Kirchengeschichte*, Nürnberg 1971

Küng, Hans, *Die Kirche*, Freiburg/Basel/Wien 1969

Lea, Henry Charles, *Geschichte der Inquisition im Mittelalter*, 3 Bände, Bonn 1905–1913

Lucka, Emil, *Torquemada und die spanische Inquisition*, Wien/Leipzig 1926

Madaule, Jacques, *Das Drama von Albi – Der Kreuzzug gegen die Albigenser und das Schicksal Frankreichs*, Olten/Freiburg 1964

Nigg, Walter, *Das Buch der Ketzer*, Zürich/Stuttgart 1962

Ostrogorsky, Georg, *Geschichte des byzantinischen Staates*, München 1952

Pernoud, Regine, *Die Kreuzzüge in Augenzeugenberichten*, Düsseldorf 1961

Runciman, Steven, *Geschichte der Kreuzzüge*, 3 Bände, München 1957–1960

Schmidlin, Josef, *Papstgeschichte der neuesten Zeit*, 4 Bände, München 1933–1939

Schramm, Percy Ernst, *Kaiser, Könige und Päpste*, 5 Bände, Stuttgart 1968–1971

Schreiber, Hermann, *Die Vandalen*, Bern und München 1979

Schreiber, Hermann, *Halbmond über Granada. 800 Jahre arabische Herrschaft in Spanien*, Bergisch Gladbach 1980

Schroeder, Oskar, *Geschichte der Päpste im 20. Jahrhundert*, München 1968

Seppelt, Franz Xaver, *Geschichte der Päpste*, 5 Bände, München 1954–1959

Stadler/Heim, *Vollständiges Heiligenlexikon*, Augsburg 1858, Reprint in 5 Bänden, Hildesheim 1975

Ullmann, Walter, *Die Machtstellung des Papsttums im Mittelalter*, Graz/Wien/Köln 1970

Zimmermann, Harald, *Das dunkle Jahrhundert*, Graz/Wien/Köln 1971

Liste der Päpste

Der besseren Übersichtlichkeit wegen sind die Gegenpäpste in Klammern gesetzt worden. Die Jahreszahlen der Pontifikate in den ersten beiden Jahrhunderten unserer Zeitrechnung differieren nach den verschiedenen Quellen oft um mehrere Jahre. Der erste Papst mit einem bekannten Krönungstag ist Pontian.

Petrus	zwischen 64 und 67 in Rom gekreuzigt		
Linus	67–76	Pontian	230–235
Kletus	76–88	Anterus	235–236
Clemens I.	88–97	Fabian	236–250
Evaristus	97–105	Kornelius	251–253
Alexander I.	105–115	(Novatian	251)
Sixtus I.	115–125	Lucius I.	253–254
Telesphorus	125–136	Stephan I.	254–257
Hyginus	136–140	Sixtus II.	257–258
Pius I.	140–155	Dionysius	259–268
Anicet	155–166	Felix I.	269–274
Soter	166–175	Eutychianus	275–283
Eleutherus	175–189	Kajus	283–296
Viktor I.	189–199	Marcellinus	296–304
Zephyrin	199–217	Marcellus I.	308–309
Kalixtus I.	217–222	Eusebius	309
(Hippolyt	217–233)	Miltiades	311–314
Urban I.	222–230	Silvester I.	314–335

Markus	336	Sabinian	604–606
Julius I.	337–352	Bonifatius III.	607
Liberius	352–366	Bonifatius IV.	608–615
(Felix II.	355–365)	Deusdedit	615–618
Damasus I.	366–384	Bonifaz V.	619–625
(Ursinus	366–367)	Honorius I.	625–638
Siricius	384–399	Severin	640
Anastasius I.	399–401	Johannes IV.	640–642
Innozenz I.	401–417	Theodor I.	642–649
Zosimus	417–418	Martin I.	649–655
Bonifatius I.	418–422	Eugen I.	654–657
(Eulalius	418–419)	Vitalianus	657–672
Cölestin I.	422–432	Adeodatus II.	672–676
Sixtus III.	432–440	Donus	676–678
Leo I.	440–461	Agatho	678–681
Hilarius	461–468	Leo II.	682–683
Simplicius	468–483	Benedikt II.	684–685
Felix III.	483–492	Johannes V.	685–686
Gelasius I.	492–496	Konon	686–687
Anastasius II.	496–498	Sergius I.	687–701
Symmachus	498–514	(Theodor	687)
(Laurentius	498, 501–505)	(Paschalis	687)
Hormisdas	514–523	Johannes VI.	701–705
Johannes I.	523–526	Johannes VII.	705–707
Felix IV.	526–530	Sisinnius	708
Bonifatius II.	530–532	Konstantin (I.)	708–715
(Dioskur	530)	Gregor II.	715–731
Johannes II.	533–535	Gregor III.	731–741
Agapet I.	535–536	Zacharias	741–752
Silverius	536–537	Stephan II.	752–757
Vigilius	537–555	Paul I.	757–767
Pelagius I.	556–561	(Konstantin II.	767–768)
Johannes III.	561–574	Stephan III.	768–772
Benedikt I.	575–579	(Philipp	768)
Pelagius II.	579–590	Hadrian I.	772–795
Gregor I.	590–604	Leo III.	795–816

Stephan IV.	816–817	Agapet II.	946–955
Paschalis I.	817–824	Johannes XII.	955–964
Eugen II.	824–827	Leo VIII.	963–965
Valentin	827	Benedikt V.	964–966
Gregor IV.	827–844	Johannes XIII.	965–972
Sergius II.	844–847	Benedikt VI.	973–974
(Johannes	844)	(Bonifatius VII.	974)
Leo IV.	847–855	Benedikt VII.	974–983
Benedikt III.	855–858	Johannes XIV.	983–984
(Anastasius		(Bonifatius VII.	984–985)
»Bibliothecarius«	855)	Johannes XV.	985–996
Nikolaus I.	858–867	Gregor V.	996–999
Hadrian II.	867–872	(Johannes XVI.	997–998)
Johannes VIII.	872–882	Silvester II.	999–1003
Marinus I.	882–884	Johannes XVII.	1003
Hadrian III.	884–885	Johannes XVIII.	1004–1009
Stephan V.	885–891	Sergius IV.	1009–1012
Formosus	891–896	Benedikt VIII.	1012–1024
Bonifatius VI.	896	(Gregor	1012)
Stephan VI.	896–897	Johannes XIX.	1024–1032
Romanus	897	Benedikt IX.	1033–1044
Theodor II.	897	Silvester III.	1045
Johannes IX.	898–900	Benedikt IX.	1045
Benedikt IV.	900–903	Gregor VI.	1045–1046
Leo V.	903	Clemens II.	1046–1047
(Christophorus	903–904)	Benedikt IX.	1047–1048
Sergius III.	904–911	Damasus II.	1048
Anastasius III.	911–913	Leo IX.	1049–1054
Lando	913–914	Victor II.	1055–1057
Johannes X.	914–928	Stephan IX.	1057–1058
Leo VI.	928	(Benedikt X.	1058–1059)
Stephan VII.	928–931	Nikolaus II.	1058–1061
Johannes XI.	931–935	Alexander II.	1061–1073
Leo VII.	936–939	(Honorius II.	1061–1072)
Stephan VIII.	939–942	Gregor VII.	1073–1085
Marinus II.	942–946	(Clemens III.	1080–1100)

Victor III.	1086–1087	Clemens IV.	1265–1268
Urban II.	1088–1099	Gregor X.	1271–1276
Paschalis II.	1099–1118	Innozens V.	1276
(Theoderich	1100–1102)	Hadrian V.	1276
(Albert	1102)	Johannes XXI.	1276–1277
(Silvester IV.	1105–1111)	Nikolaus III.	1277–1280
Gelasius II.	1118–1119	Martin IV.	1281–1285
(Gregor VIII.	1118–1121)	Honorius IV.	1285–1287
Calixtus II.	1119–1124	Nikolaus IV.	1288–1292
Honorius II.	1124–1130	Cölestin V.	1294
(Cölestin II.	1124)	Bonifatius VIII.	1294–1303
Innozens II.	1130–1143	Benedikt IX.	1303–1304
(Anaklet II.	1130–1138)	Clemens V.	1305–1314
(Viktor IV.	1138)	Johannes XXII.	1316–1334
Cölestin II.	1143–1144	(Nikolaus V.	1328–1330)
Lucius II	1144–1145	Benedikt XII.	1334–1342
Eugen III.	1145–1153	Clemens VI.	1342–1352
Anastasius IV.	1153–1154	Innozens VI.	1352–1362
Hadrian IV.	1154–1159	Urban V.	1362–1370
Alexander III.	1159–1181	Gregor XI.	1370–1378
(Viktor IV.	1159–1164)	Urban VI.	1378–1389
(Paschalis III.	1164–1168)	(Clemens VII.	1378–1394)
(Calixtus III.	1168–1178)	Bonifatius IX.	1389–1404
(Innozenz III.	1179–1180)	(Benedikt XIII.	1394–1423)
Lucius III.	1181–1185	Innozenz VII.	1404–1406
Urban III.	1185–1187	Gregor XII.	1406–1415
Georg VIII.	1187	(Alexander V.	1409–1410)
Clemens III.	1187–1191	(Johannes XXIII.	1410–1415)
Cölestin III.	1191–1198	Martin V.	1417–1431
Innozens III.	1198–1216	(Clemens VIII.	1423–1429)
Honorius III.	1216–1227	(Benedikt XIV.	1425–1430)
Gregor IX.	1227–1241	Eugen IV.	1431–1447
Cölestin IV.	1241	(Felix V.	1439–1449)
Innozens IV.	1243–1254	Nikolaus V.	1447–1455
Alexander IV.	1254–1261	Calixtus III.	1455–1458
Urban IV.	1261–1264	Pius II.	1458–1464

Paul II.	1464–1471	Clemens IX.	1667–1669
Sixtus IV.	1471–1484	Clemens X.	1670–1676
Innozens VIII.	1484–1492	Innozens XI.	1676–1689
Alexander VI.	1492–1503	Alexander VIII.	1689–1691
Pius III.	1503	Innozens XII.	1691–1700
Julius II.	1503–1513	Clemens XI.	1700–1721
Leo X.	1513–1521	Innozens XIII.	1721–1724
Hadrian VI.	1522–1523	Benedikt XIII.	1724–1730
Clemens VII.	1523–1534	Clemens XII.	1730–1740
Paul III.	1534–1549	Benedikt XIV.	1740–1758
Julius III.	1550–1555	Clemens XIII.	1758–1769
Marcellus II.	1555	Clemens XIV.	1769–1774
Paul IV.	1555–1559	Pius VI.	1775–1799
Pius IV.	1560–1565	Pius VII.	1800–1823
Pius V.	1566–1572	Leo XII.	1823–1829
Gregor XIII.	1572–1585	Pius VIII.	1829–1830
Sixtus V.	1585–1590	Gregor XVI.	1831–1846
Urban VII.	1590	Pius IX.	1846–1878
Gregor XIV.	1590–1591	Leo XIII.	1878–1903
Innozens IX.	1591	Pius X.	1903–1914
Clemens VIII.	1592–1605	Benedikt XV.	1914–1922
Leo XI.	1605	Pius XI.	1922–1939
Paul V.	1605–1621	Pius XII.	1939–1958
Gregor XV.	1621–1623	Johannes XXIII.	1958–1963
Urban VIII.	1623–1644	Paul VI.	1963–1978
Innozens X.	1644–1655	Johannes Paul I.	1978
Alexander VII.	1655–1667	Johannes Paul II.	seit 1978

Personenregister

Abbas de Naggera 251
Abbatini, Komponist 284
Abbo v. Fleury 91
Acelin, Gilles 156
Acquaviva, Kard. 296
Adalbert 92
Aetius 23, 28f., 32
Afiarta, Paul 62
Agrippa v. Nettesheimb 90
Aichspalter, Petrus 151
Aistulf, Kg. d. Langobarden 58
Alarich, Kg. d. Goten 11, 18–22, 31f., 272
Albani, Gian Francesco, s. Clemens XI.
Albano v. Bergamo 271
Alberich v. Spoleto 77
Alberich II. v. Tuszien 84ff.
Alberoni, Kard. 290f.
Alberti, Leone Battista 188, 202
Albertus Magnus 90
Albi, Marquis d' 292
Albinus 23
Albornoz, Aegidius Alvarez 175ff.
Aldolerandini, Giovanni 274
Aldolerandini, Ippolito 277
Alessius 91
Alexander II. 105
Alexander III. 123ff.
Alexander V. 182
Alexander VI. 180, 214ff., 223f., 227–234, 237f., 240, 245, 251, 254, 260, 283
Alexander VII. 281ff.
Alexander VIII. 286
Alexander Severus 58

Alfani 298
Alfonso XI., Kg. v. Kastilien 175
Alfred der Große, Kg. v. England 44, 47
Alfred v. Reumont 232, 263
Ali, Mehmed 314
Altieri, Emilio, s. Clemens X.
Amadeus VIII., Hzg. v. Savoyen 187
Amalric v. Citeaux, Arnauld 132, 134
Ambrosius, Erzbischof v. Mailand 17
Anacletus 10
Anaklet II. 117f.
Anastasius I. 21
Anastasius II. 38
Anastasius, Gegenpapst zu Hadrian II. 71f.
Anatolius, Erzbischof v. Konstantinopel 27
Andreas, fränk. Gesandter 168
Andreas v. Perugia 168
Andrieux, Maurice 290
Anicetus 10
Q. Anicius Faustus 39
Anskar, Missionar 73
Anton v. Feldkirchen 252
Antonelli, Jacob 316f., 321ff., 341
Ardarich, Kg. d. Gepiden 28f.
Aretino 245
Arius 15f., 20
Arnulph v. Kärnten 74f.
Ataulf, Kg. d. Goten 22
Athanasius 15
Atiya, Azis S. 130, 133
Attila 28–33, 35, 120, 236
August der Starke, Hzg. v. Sachsen, Kg. v. Polen 293

Sachregister